Colette
beschließt zu sterben

1

Alto Yukimura

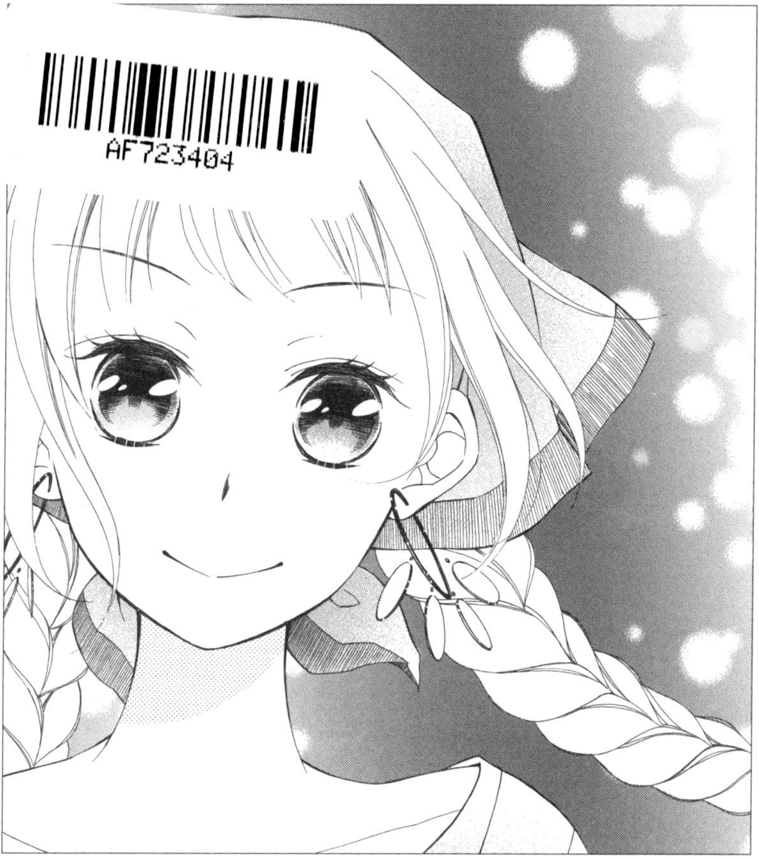

Colette
beschließt zu sterben

1

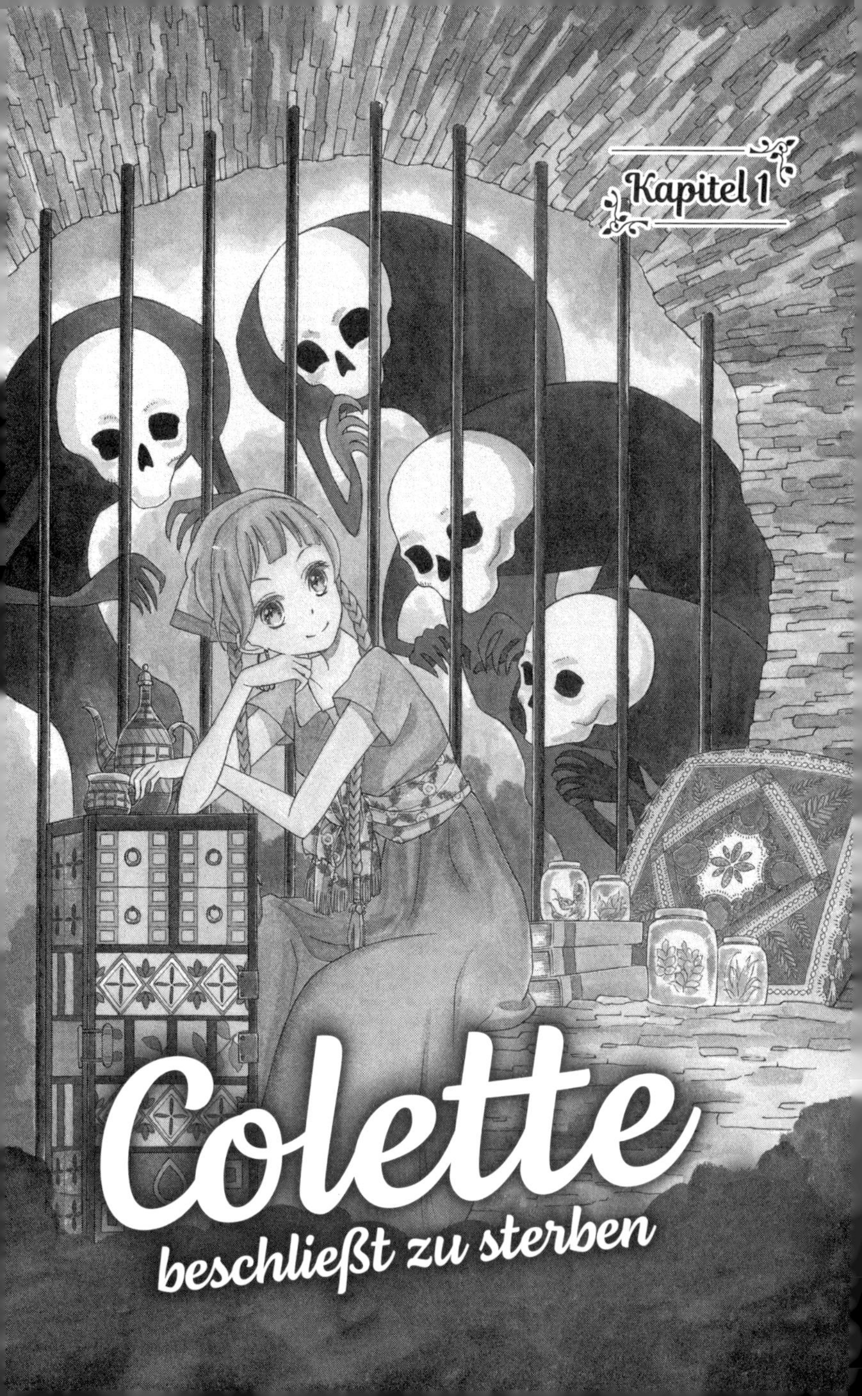
Kapitel 1
Colette
beschließt zu sterben

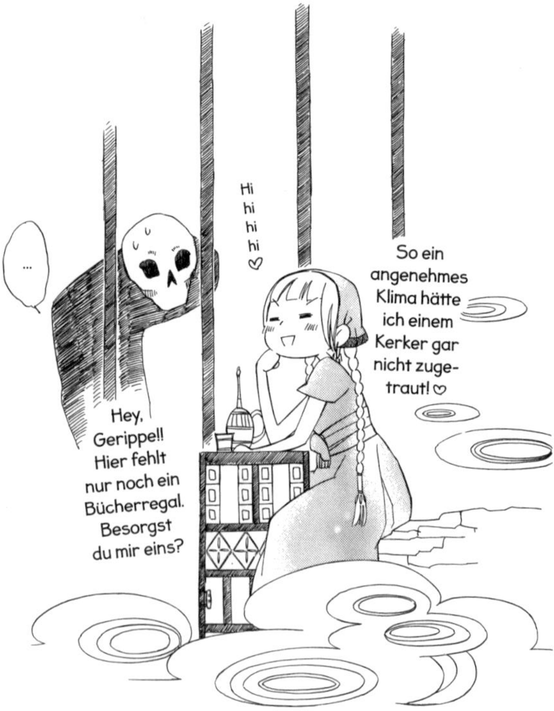
So ein angenehmes Klima hätte ich einem Kerker gar nicht zuge-traut! ♡
Hi hi hi hi ♡
...
Hey, Gerippe!! Hier fehlt nur noch ein Bücherregal. Besorgst du mir eins?

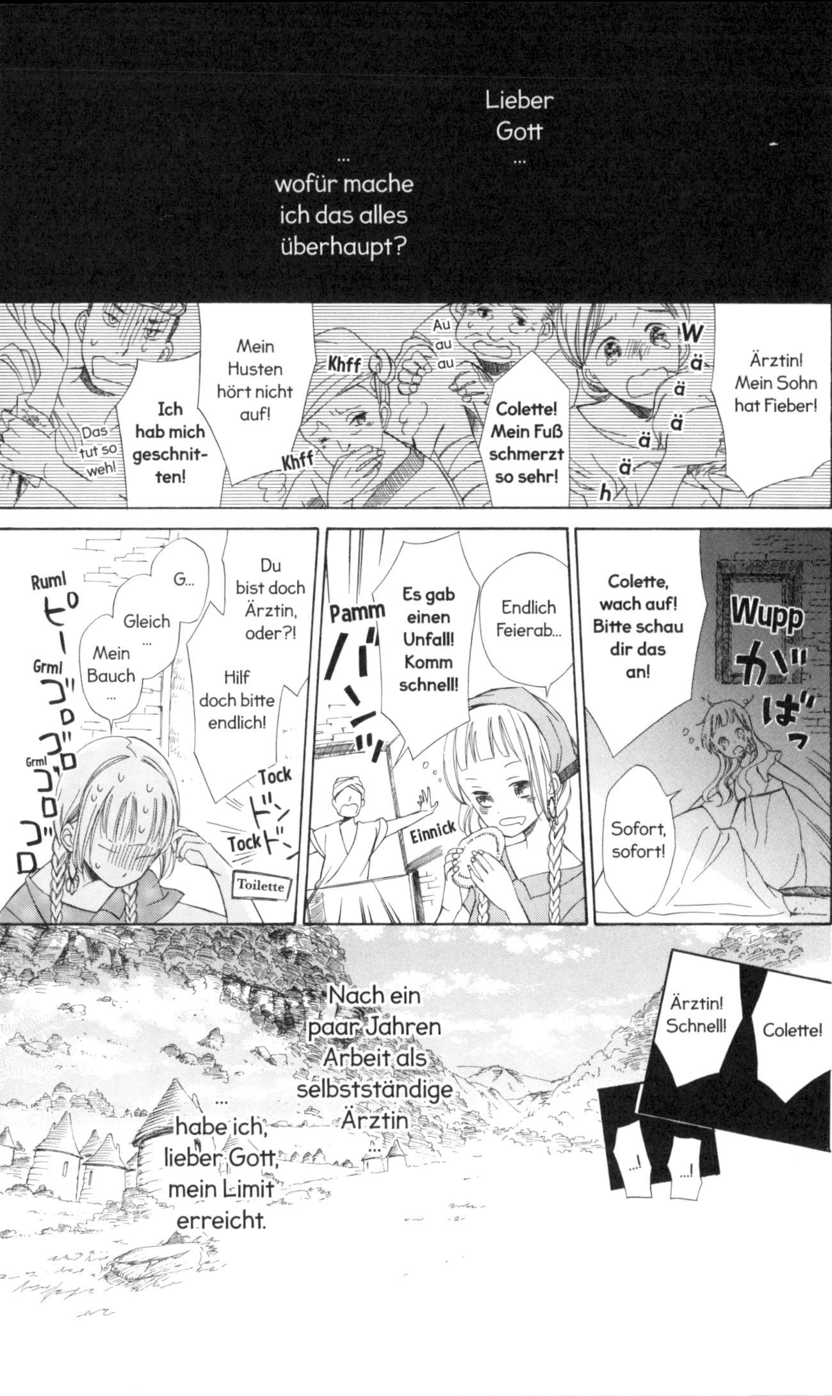
Lieber Gott …
… wofür mache ich das alles überhaupt?
Ärztin! Mein Sohn hat Fieber!
Wäääääh
Colette! Mein Fuß schmerzt so sehr!
Au au au
Khff
Khff
Mein Husten hört nicht auf!
Ich hab mich geschnitten!
Das tut so weh!
Colette, wach auf! Bitte schau dir das an!
Wupp
Sofort, sofort!
Endlich Feierab…
Es gab einen Unfall! Komm schnell!
Pamm
Einnick
Du bist doch Ärztin, oder?!
Hilf doch bitte endlich!
G…
Gleich …
Mein Bauch …
Ruml
Grml
Grml
Tock
Tock
Toilette
Colette!
Ärztin! Schnell!
…!
…!
Nach ein paar Jahren Arbeit als selbstständige Ärztin …
… habe ich, lieber Gott, mein Limit erreicht.

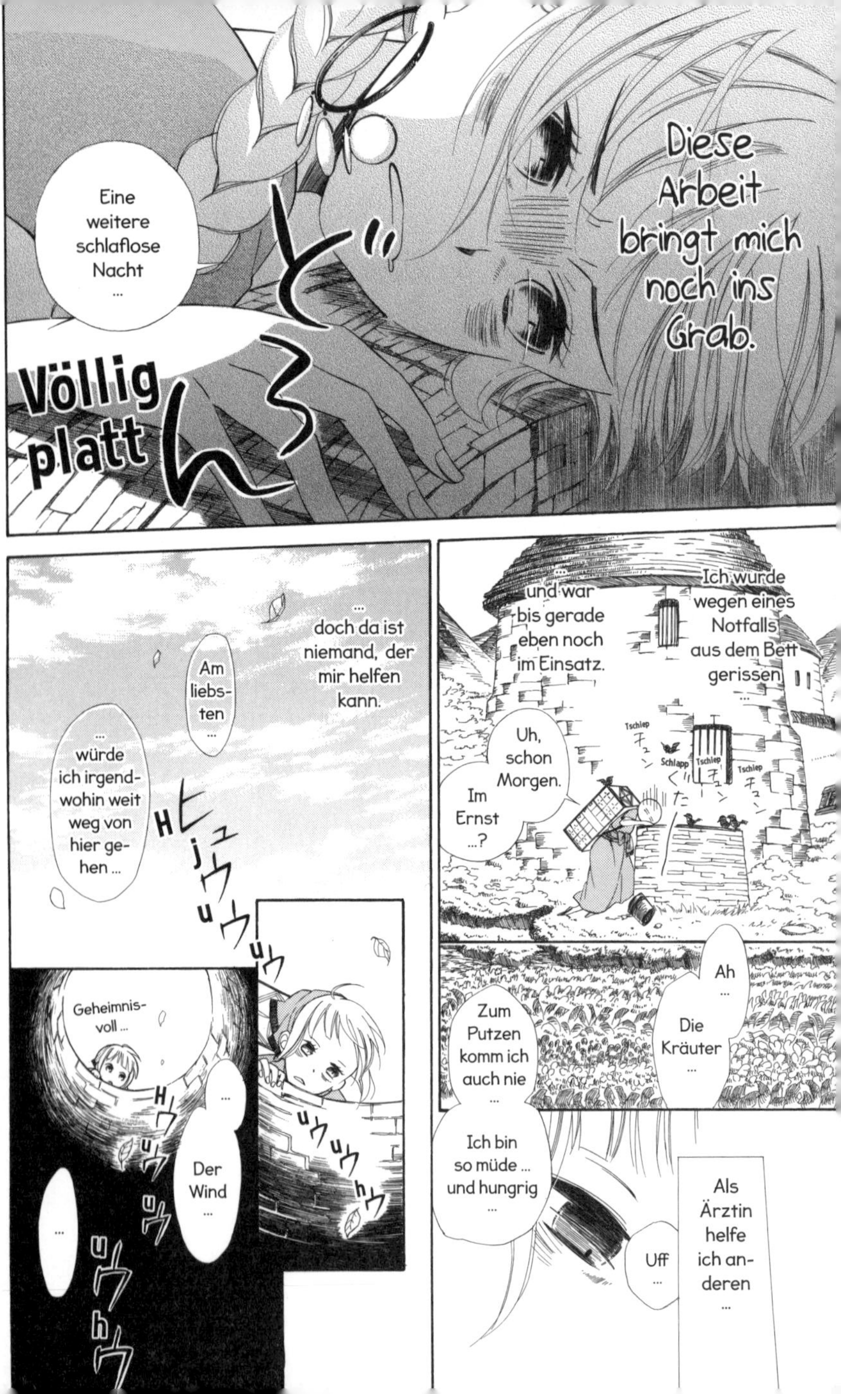
Diese Arbeit bringt mich noch ins Grab.
Eine weitere schlaflose Nacht …
Völlig platt
Ich wurde wegen eines Notfalls aus dem Bett gerissen …
… und war bis gerade eben noch im Einsatz.
Tschiep
Schlapp
Tschiep
Tschiep
Uh, schon Morgen.
Im Ernst …?
… doch da ist niemand, der mir helfen kann.
Am liebsten …
… würde ich irgendwohin weit weg von hier gehen …
Hju
Ah … Die Kräuter …
Zum Putzen komm ich auch nie …
Ich bin so müde … und hungrig …
Als Ärztin helfe ich anderen …
Uff …
Geheimnisvoll …
Huuh
… Der Wind …
…
uuh

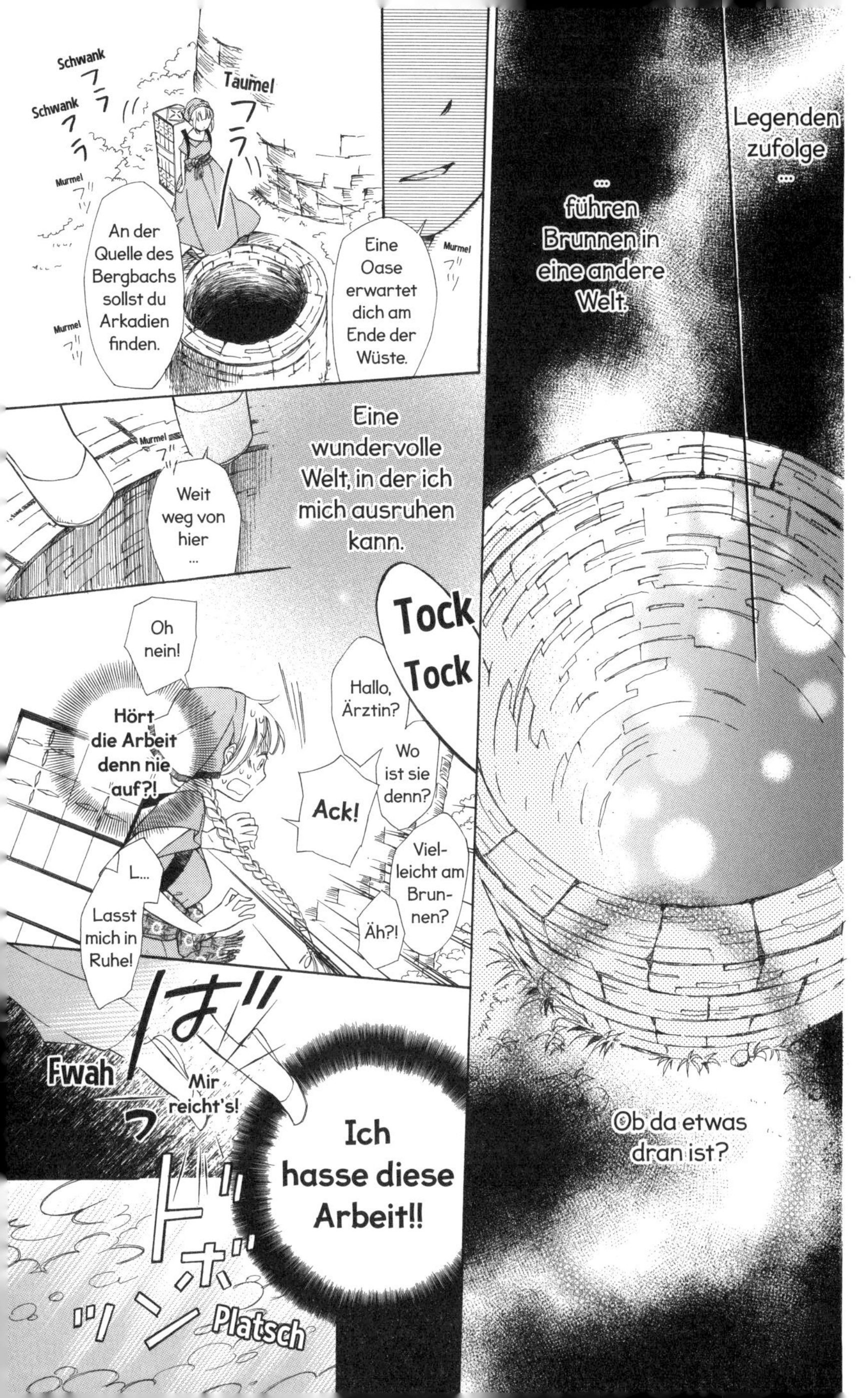
Legenden zufolge ...
... führen Brunnen in eine andere Welt.
Ob da etwas dran ist?
Taumel
Schwank
Schwank
Murmel
Eine Oase erwartet dich am Ende der Wüste.
Murmel
An der Quelle des Bergbachs sollst du Arkadien finden.
Murmel
Eine wundervolle Welt, in der ich mich ausruhen kann.
Murmel
Weit weg von hier ...
Tock Tock
Hallo, Ärztin?
Oh nein!
Hört die Arbeit denn nie auf?!
Wo ist sie denn?
Ack!
Vielleicht am Brunnen?
Äh?!
L... Lasst mich in Ruhe!
Mir reicht's!
Fwah
Ich hasse diese Arbeit!!
Platsch

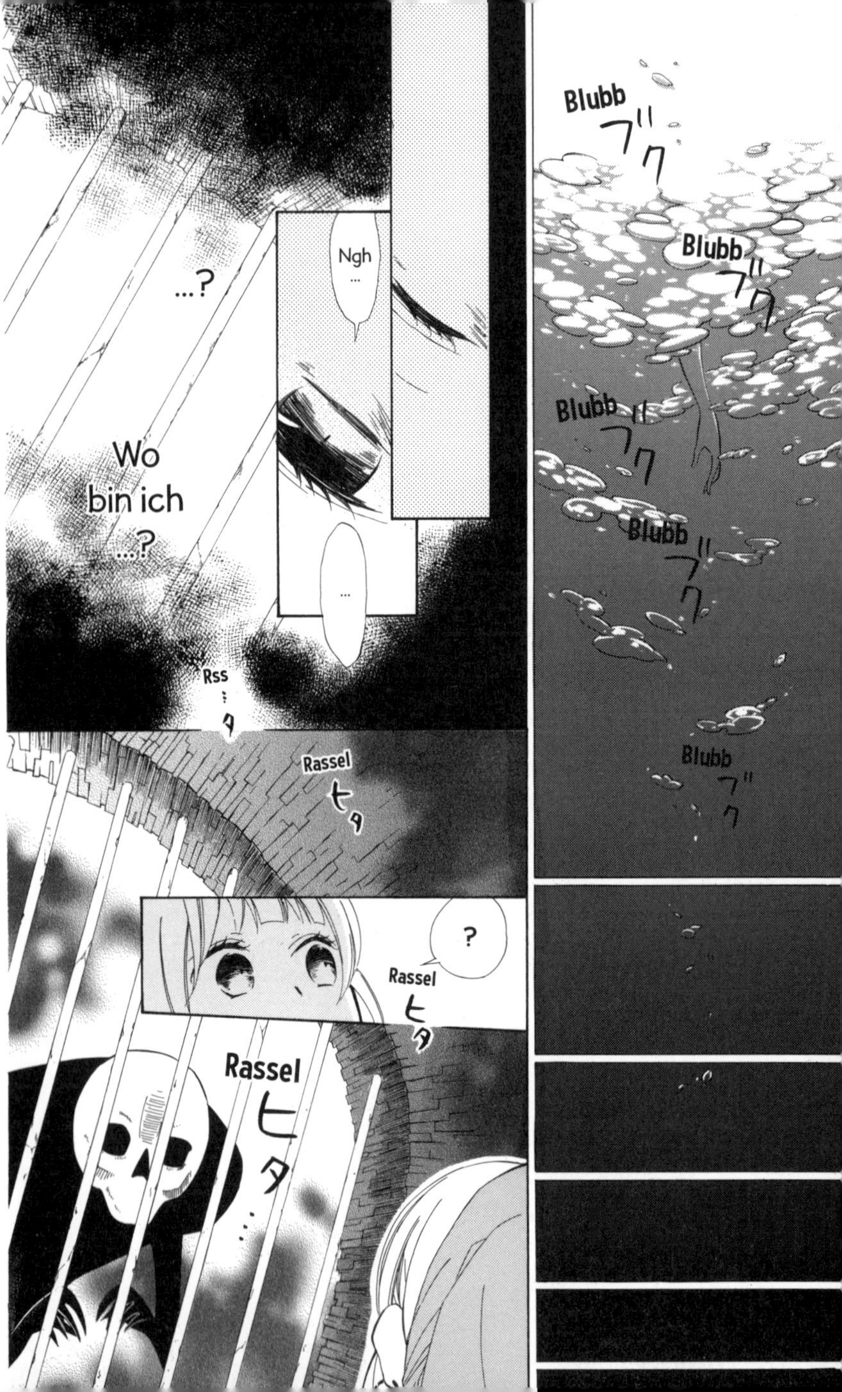
Blubb
Blubb
Blubb
Blubb
Blubb
Ngh ...
...?
Wo bin ich ...?
...
Rss
Rassel
?
Rassel
Rassel

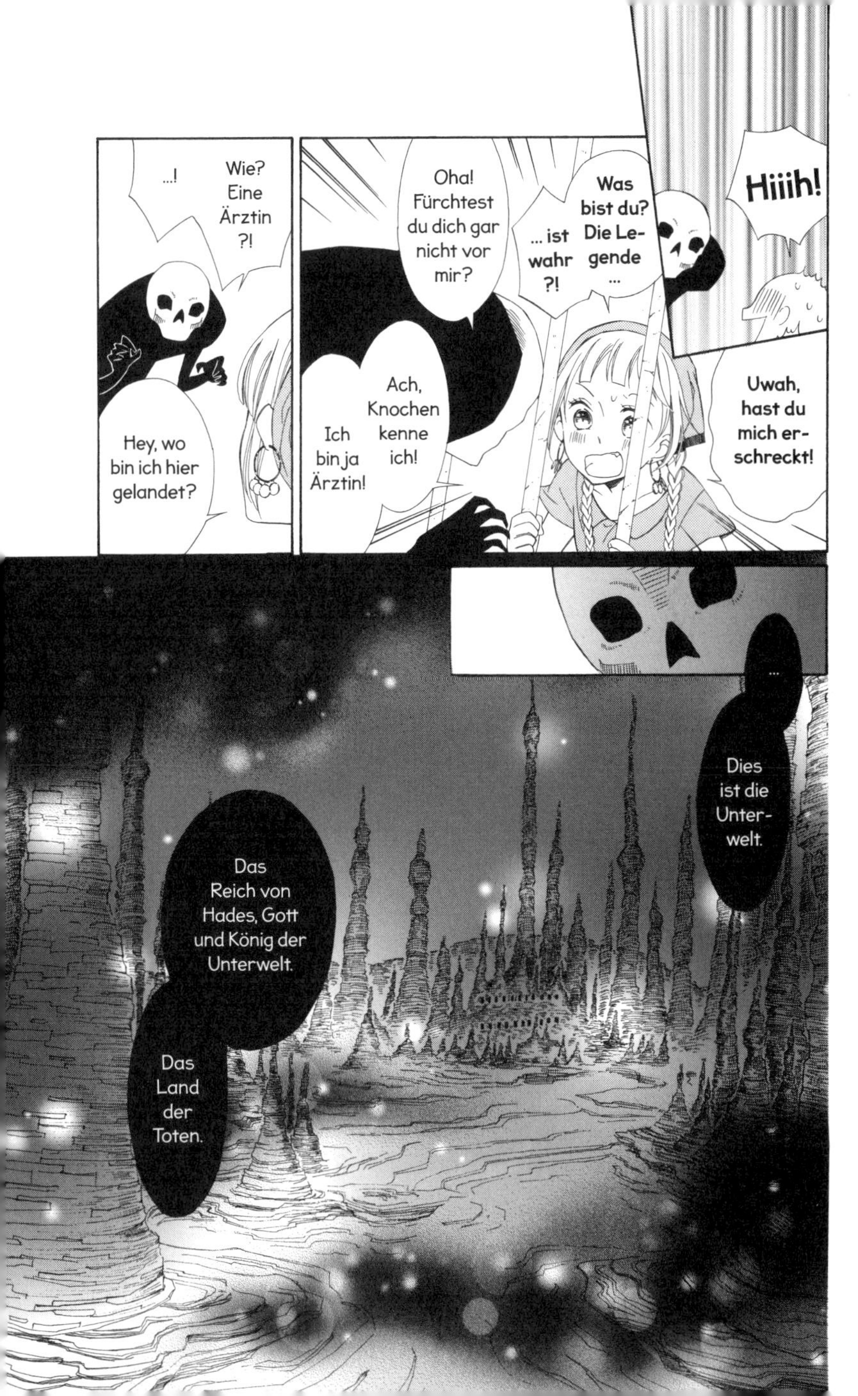
Hiiih!
Uwah, hast du mich erschreckt!
Was bist du? Die Legende ...
... ist wahr ?!
Oha! Fürchtest du dich gar nicht vor mir?
Ach, Knochen kenne ich!
Ich bin ja Ärztin!
Wie? Eine Ärztin ?!
...!
Hey, wo bin ich hier gelandet?
...
Dies ist die Unterwelt.
Das Reich von Hades, Gott und König der Unterwelt.
Das Land der Toten.

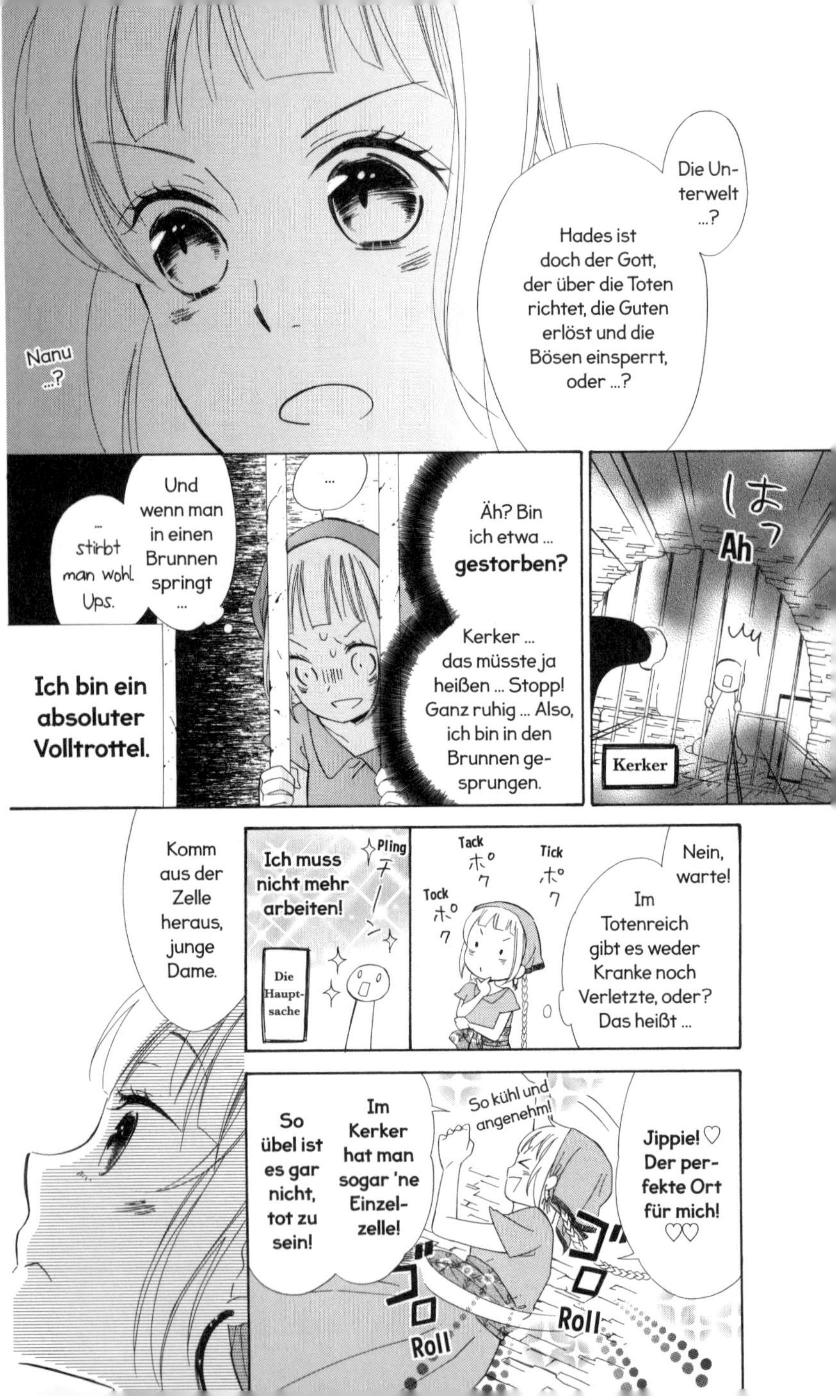
Die Unterwelt ...?
Hades ist doch der Gott, der über die Toten richtet, die Guten erlöst und die Bösen einsperrt, oder ...?
Nanu ...?
はっ
Ah
Kerker
Äh? Bin ich etwa ... gestorben?
Kerker ... das müsste ja heißen ... Stopp! Ganz ruhig ... Also, ich bin in den Brunnen gesprungen.
...
Und wenn man in einen Brunnen springt ...
... stirbt man wohl. Ups.
Ich bin ein absoluter Volltrottel.
Nein, warte! Im Totenreich gibt es weder Kranke noch Verletzte, oder? Das heißt ...
Tick
Tack
Tock
Pling
Ich muss nicht mehr arbeiten!
Die Hauptsache
Komm aus der Zelle heraus, junge Dame.
Jippie! ♡ Der perfekte Ort für mich! ♡♡
So kühl und angenehm!
Im Kerker hat man sogar 'ne Einzelzelle!
So übel ist es gar nicht, tot zu sein!
Roll
Roll

1

Hallo und willkommen! Ich heiße Alto Yukimura. Vielen Dank, dass ihr den ersten Band von Colette beschließt zu sterben gekauft habt.

Wer hätte gedacht, dass aus diesem Werk, das ich ursprünglich als One Shot zeichnete, nicht nur eine Kurzzeit-, sondern sogar eine Langzeitserie werden würde?

Dies habe ich all den Lesern zu verdanken, die Gefallen an Colette gefunden haben. Vielen herzlichen Dank.

Als klar war, dass Colette in Serie gehen würde, dachte ich mir, dass der Titel, der sich ursprünglich nur auf den One Shot bezogen hatte, nicht so ganz mit dem Inhalt zusammenpasst. Da mir aber kein anderer Titel einfiel, entschied ich schließlich, ihn einfach so zu lassen.

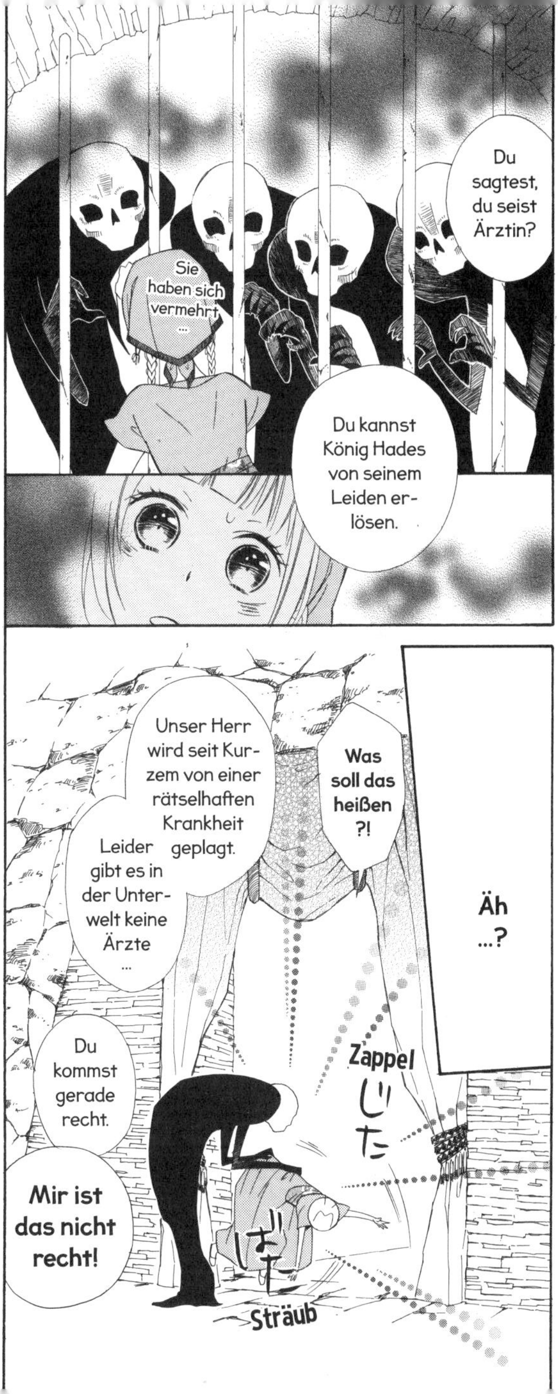

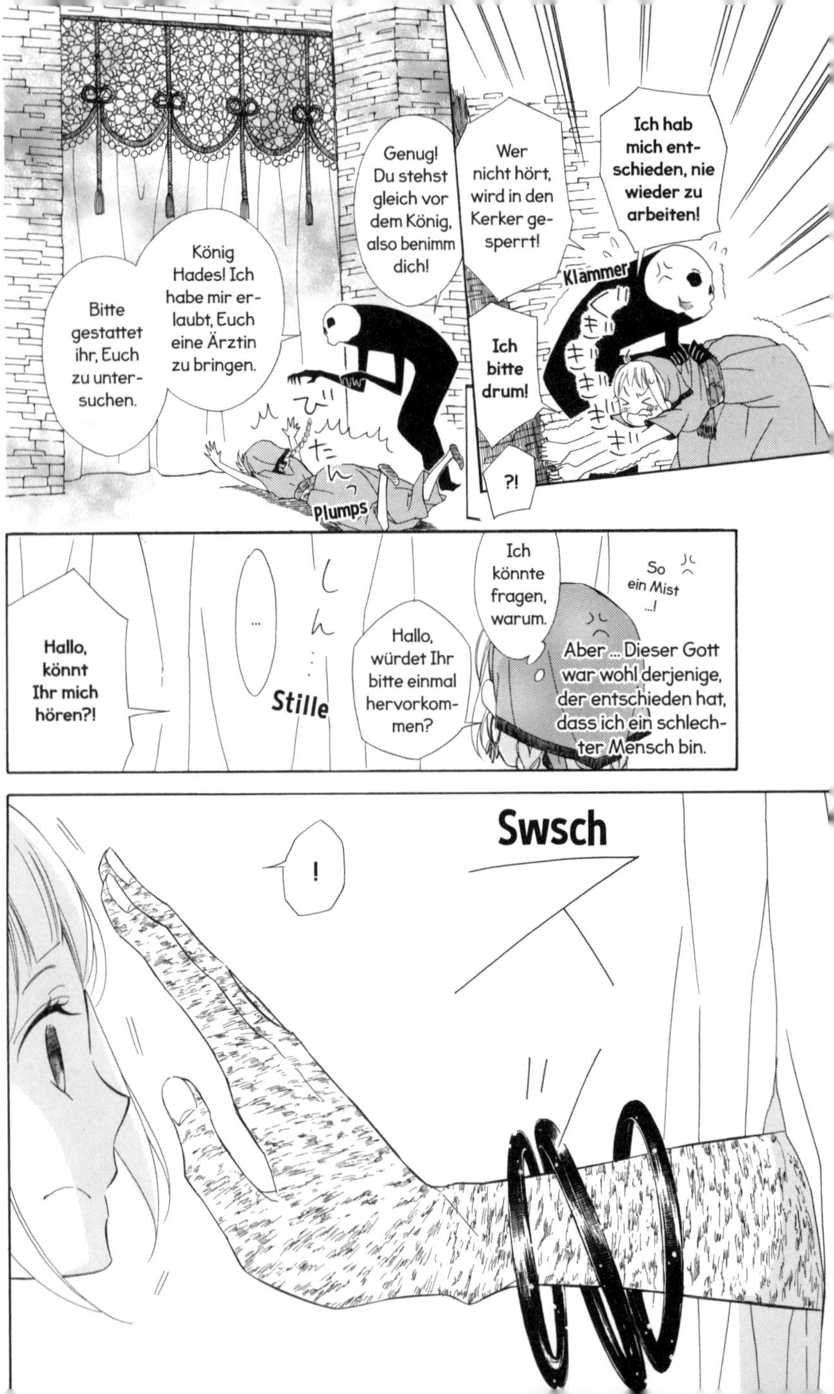
Ich hab mich entschieden, nie wieder zu arbeiten!
Wer nicht hört, wird in den Kerker gesperrt!
Klammer
Ich bitte drum!
?!
Genug! Du stehst gleich vor dem König, also benimm dich!
König Hades! Ich habe mir erlaubt, Euch eine Ärztin zu bringen.
Bitte gestattet ihr, Euch zu untersuchen.
Plumps
So ein Mist ...!
Aber ... Dieser Gott war wohl derjenige, der entschieden hat, dass ich ein schlechter Mensch bin.
Ich könnte fragen, warum.
Hallo, würdet Ihr bitte einmal hervorkommen?
Stille
...
Hallo, könnt Ihr mich hören?!
Swsch
!

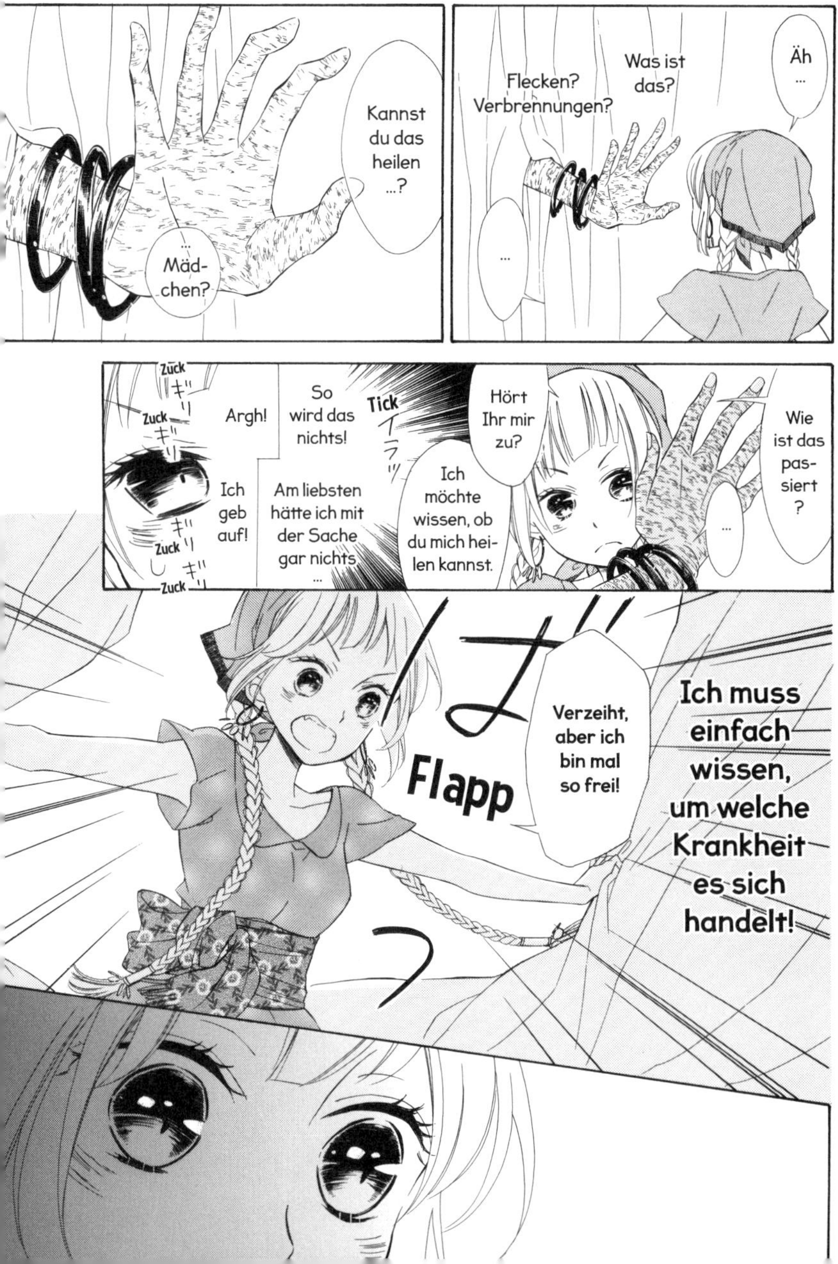

Äh …
Was ist das?
Flecken? Verbrennungen?
…
Kannst du das heilen …?
… Mädchen?
Wie ist das passiert?
…
Hört Ihr mir zu?
Ich möchte wissen, ob du mich heilen kannst.
Tick
So wird das nichts!
Am liebsten hätte ich mit der Sache gar nichts …
Argh!
Ich geb auf!
Zuck
Zuck
Zuck
Zuck
Ich muss einfach wissen, um welche Krankheit es sich handelt!
Verzeiht, aber ich bin mal so frei!
Flapp

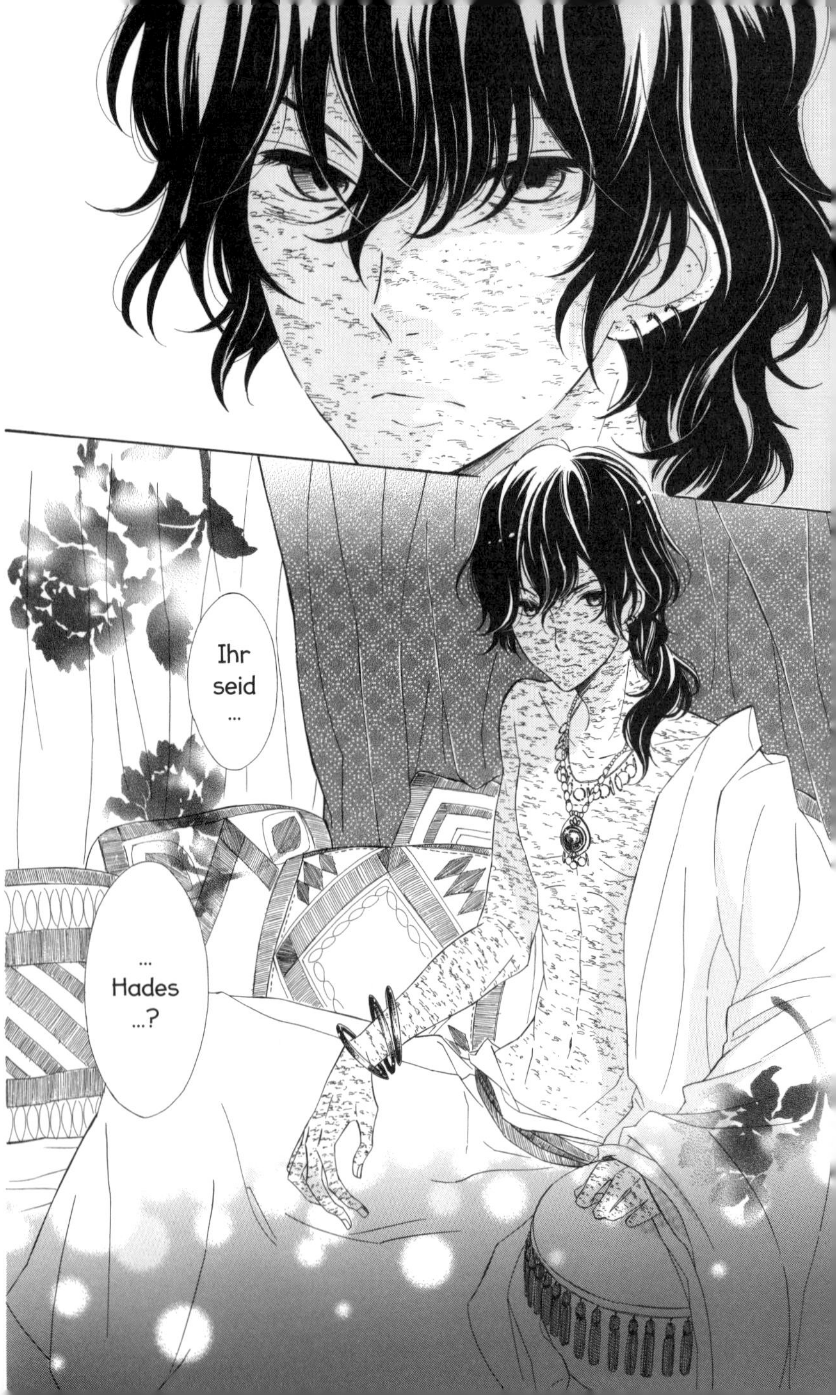
Ihr seid ...
... Hades ...?

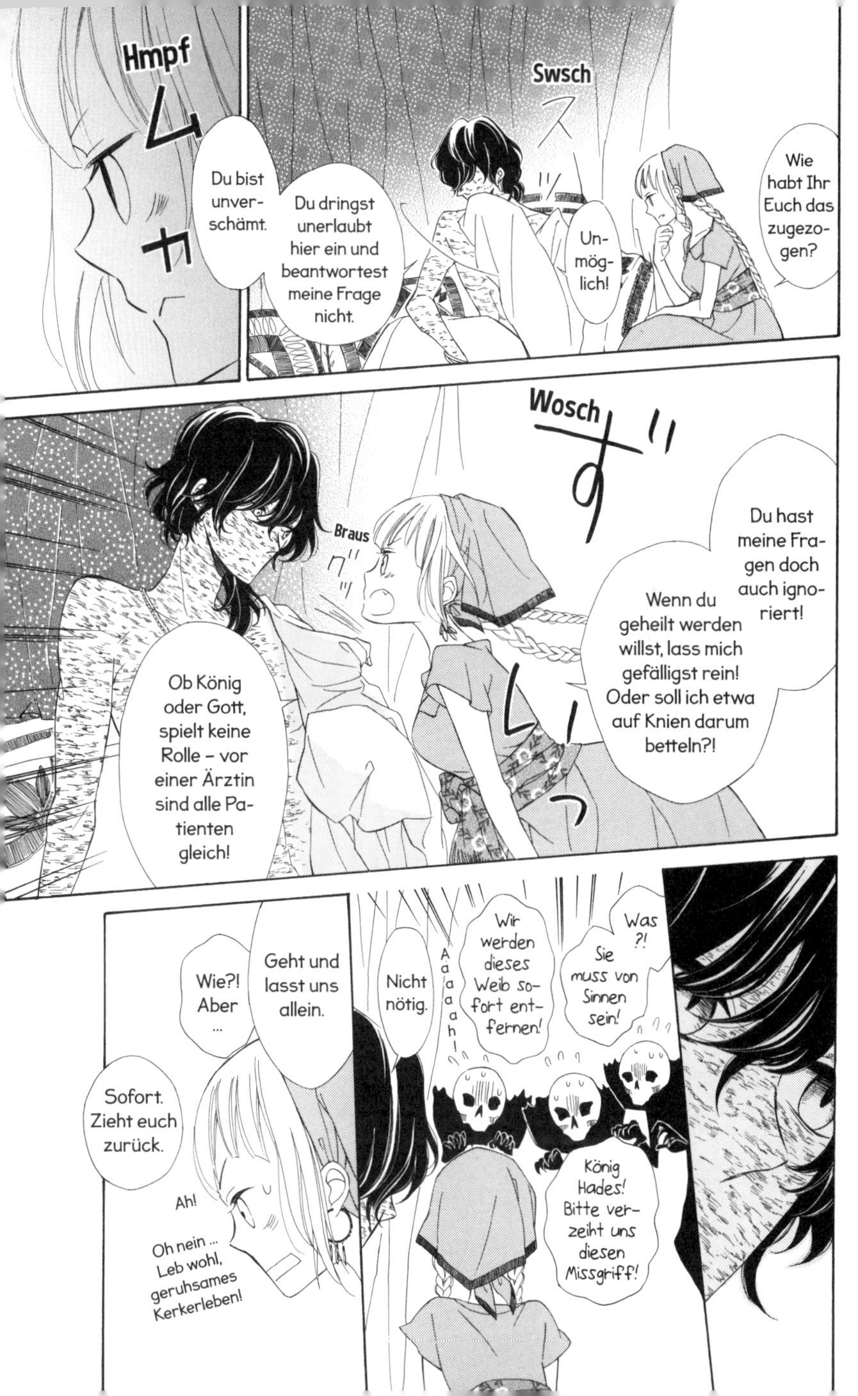
Wie habt Ihr Euch das zugezogen?
Un-mög-lich!
Swsch
Du dringst unerlaubt hier ein und beantwortest meine Frage nicht.
Du bist unver-schämt.
Hmpf
Wosch
Du hast meine Fra-gen doch auch igno-riert!
Wenn du geheilt werden willst, lass mich gefälligst rein! Oder soll ich etwa auf Knien darum betteln?!
Braus
Ob König oder Gott, spielt keine Rolle – vor einer Ärztin sind alle Pa-tienten gleich!
Was?!
Sie muss von Sinnen sein!
Wir werden dieses Weib so-fort ent-fernen!
Aaaaah!
König Hades! Bitte ver-zeiht uns diesen Missgriff!
Nicht nötig.
Geht und lasst uns allein.
Wie?! Aber ...
Sofort. Zieht euch zurück.
Ah!
Oh nein ... Leb wohl, geruhsames Kerkerleben!

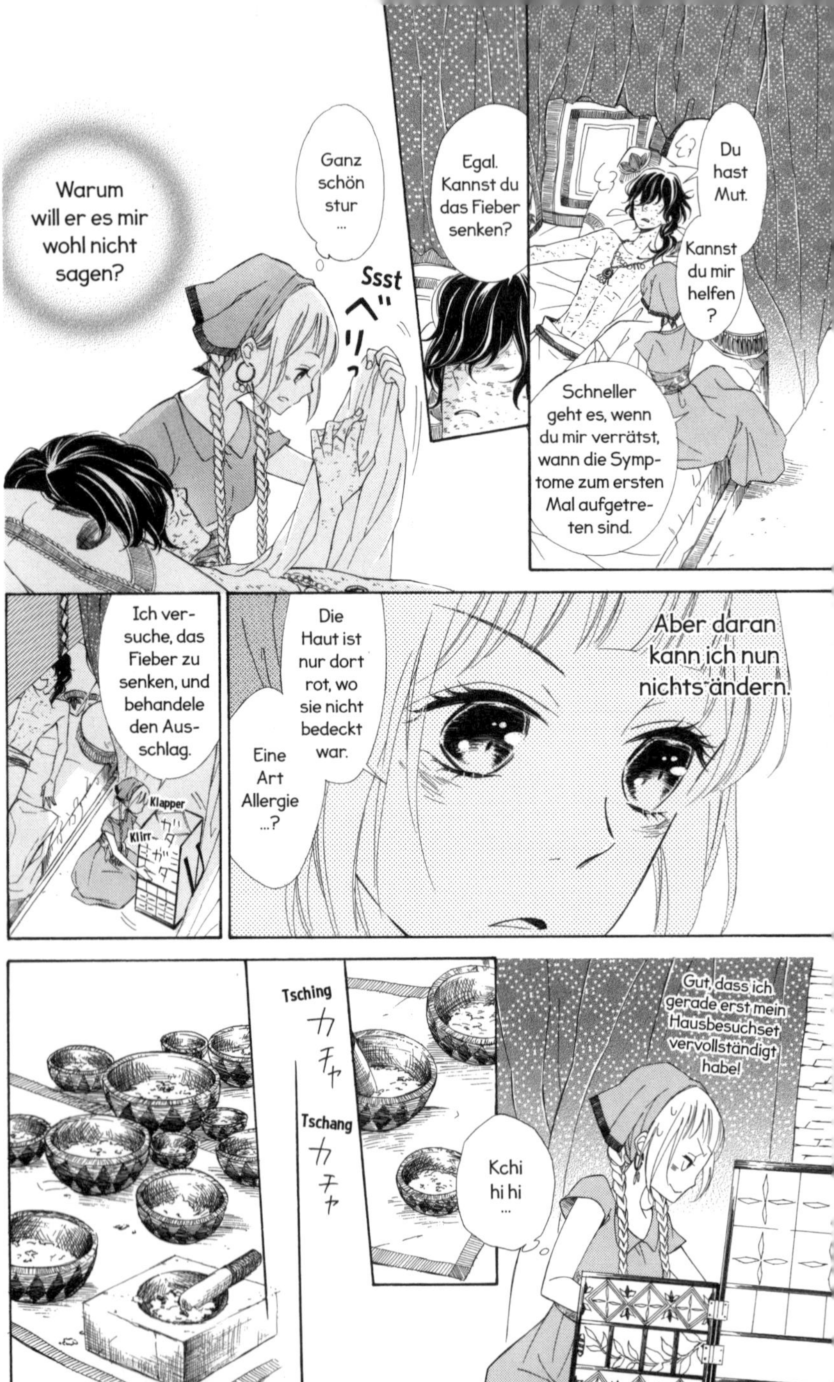

Du hast Mut.
Kannst du mir helfen?
Schneller geht es, wenn du mir verrätst, wann die Symptome zum ersten Mal aufgetreten sind.
Egal. Kannst du das Fieber senken?
Ganz schön stur ...
Ssst
Warum will er es mir wohl nicht sagen?
Aber daran kann ich nun nichts ändern.
Die Haut ist nur dort rot, wo sie nicht bedeckt war.
Eine Art Allergie ...?
Ich versuche, das Fieber zu senken, und behandele den Ausschlag.
Klapper
Klirr
Gut, dass ich gerade erst mein Hausbesuchset vervollständigt habe!
Kchi hi hi ...
Tsching
Tschang

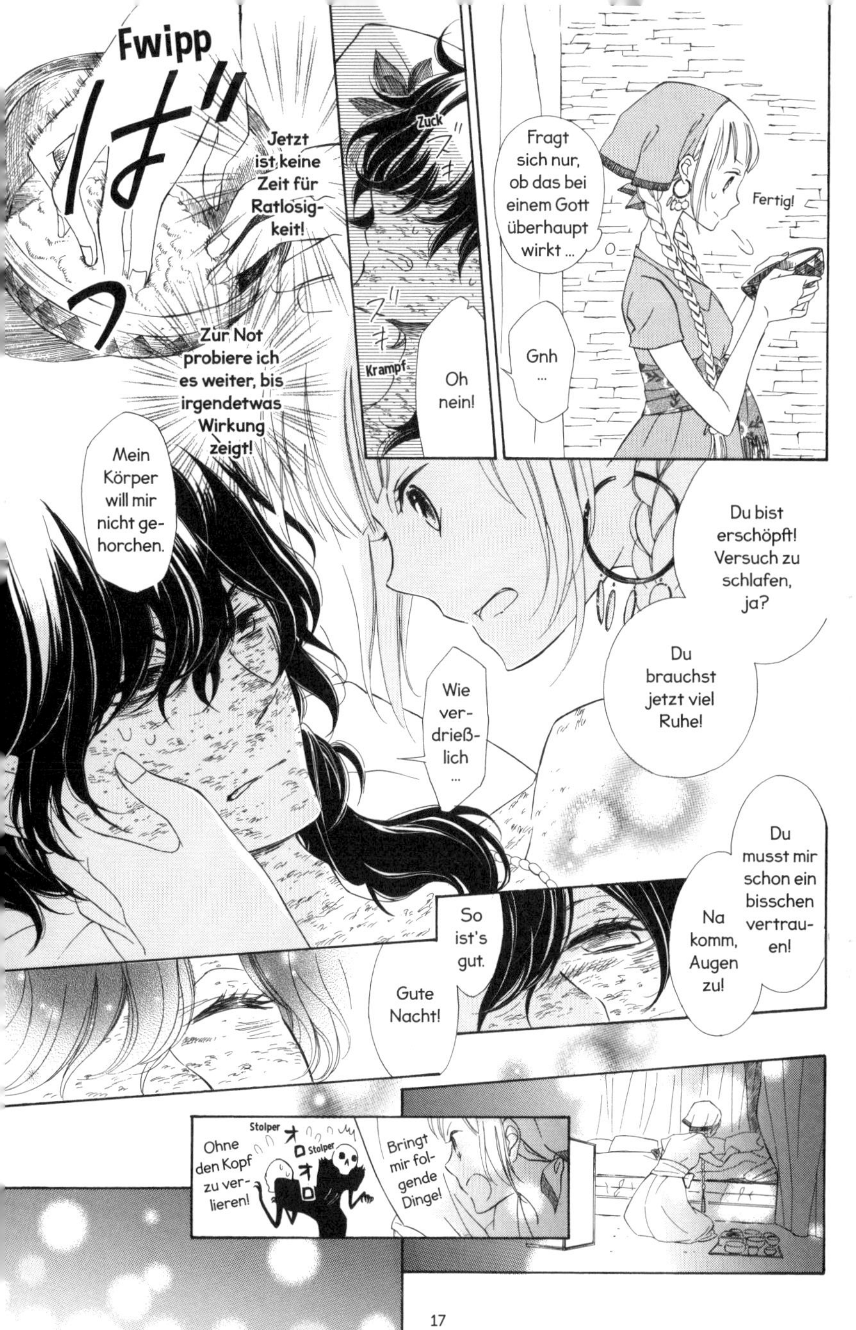
Fertig!
Fragt sich nur, ob das bei einem Gott überhaupt wirkt ...
Gnh ...
Zuck
Krampf
Oh nein!
Fwipp
Jetzt ist keine Zeit für Ratlosigkeit!
Zur Not probiere ich es weiter, bis irgendetwas Wirkung zeigt!
Du bist erschöpft! Versuch zu schlafen, ja?
Du brauchst jetzt viel Ruhe!
Wie verdrießlich ...
Mein Körper will mir nicht gehorchen.
Du musst mir schon ein bisschen vertrauen!
Na komm, Augen zu!
So ist's gut.
Gute Nacht!
Bringt mir folgende Dinge!
Stolper
Stolper
Ohne den Kopf zu verlieren!

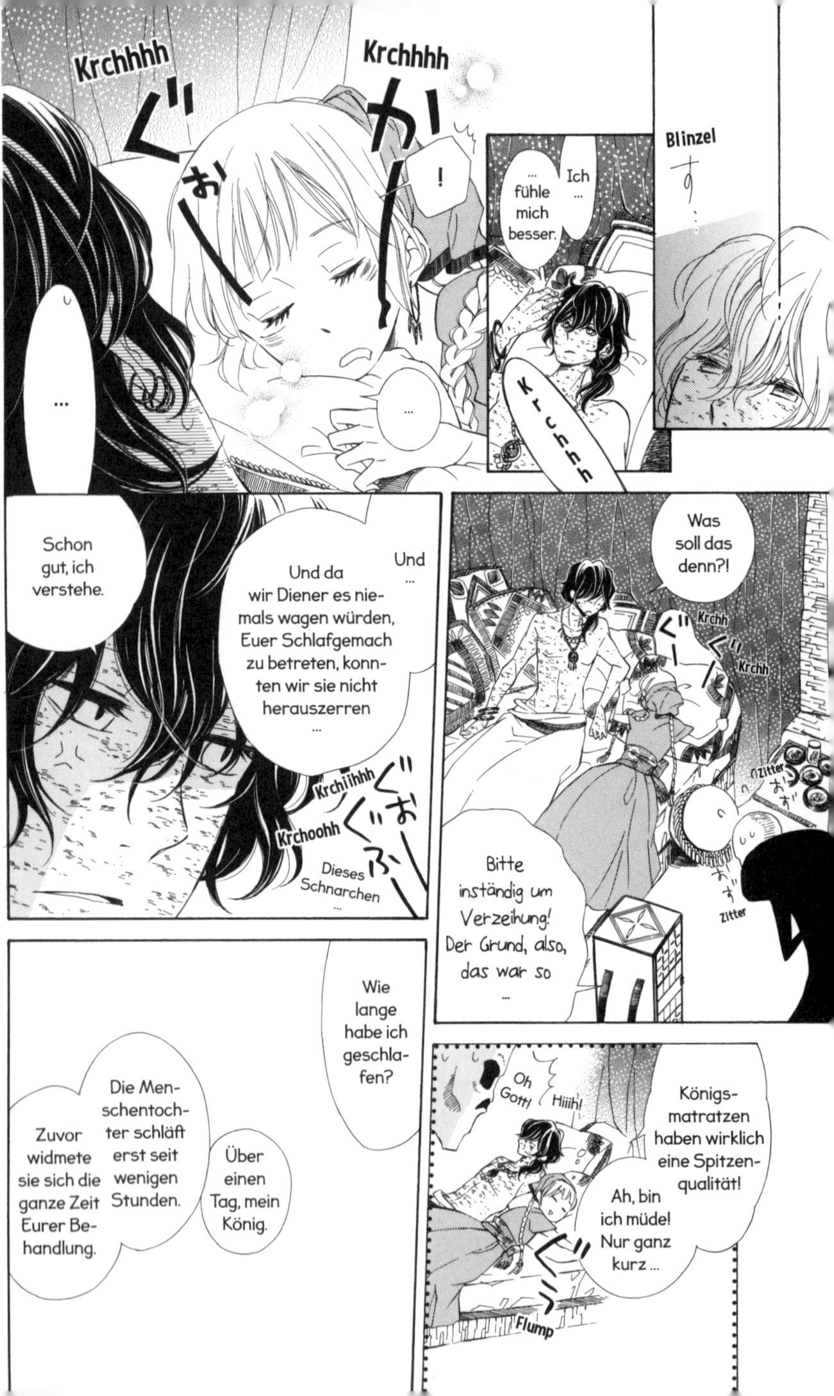

Blinzel
Ich …
… fühle mich besser.
Krchhhh
Krchhhh
Krchhhh
!
…
…
Was soll das denn?!
Krchh
Krchh
Zitter
Bitte inständig um Verzeihung! Der Grund, also, das war so …
Zitter
Und …
Und da wir Diener es niemals wagen würden, Euer Schlafgemach zu betreten, konnten wir sie nicht herauszerren …
Schon gut, ich verstehe.
Krchiihhh
Krchoohh
Dieses Schnarchen …
Oh Gott!
Hiiih!
Königsmatratzen haben wirklich eine Spitzenqualität!
Ah, bin ich müde! Nur ganz kurz …
Flump
Wie lange habe ich geschlafen?
Über einen Tag, mein König.
Die Menschentochter schläft erst seit wenigen Stunden.
Zuvor widmete sie sich die ganze Zeit Eurer Behandlung.

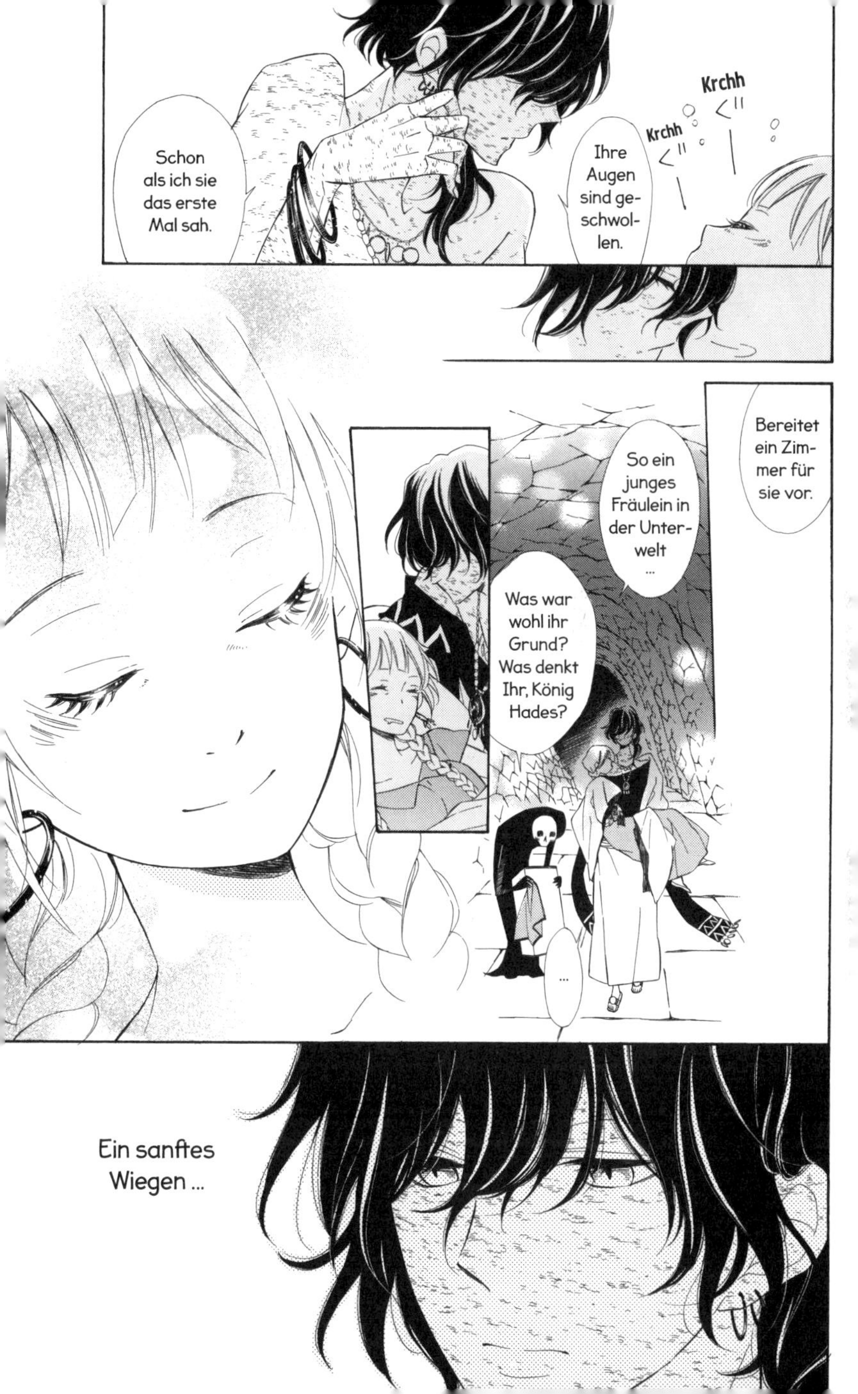
Krchh
Krchh
Ihre Augen sind geschwollen.
Schon als ich sie das erste Mal sah.
Bereitet ein Zimmer für sie vor.
So ein junges Fräulein in der Unterwelt ...
Was war wohl ihr Grund? Was denkt Ihr, König Hades?
...
Ein sanftes Wiegen ...

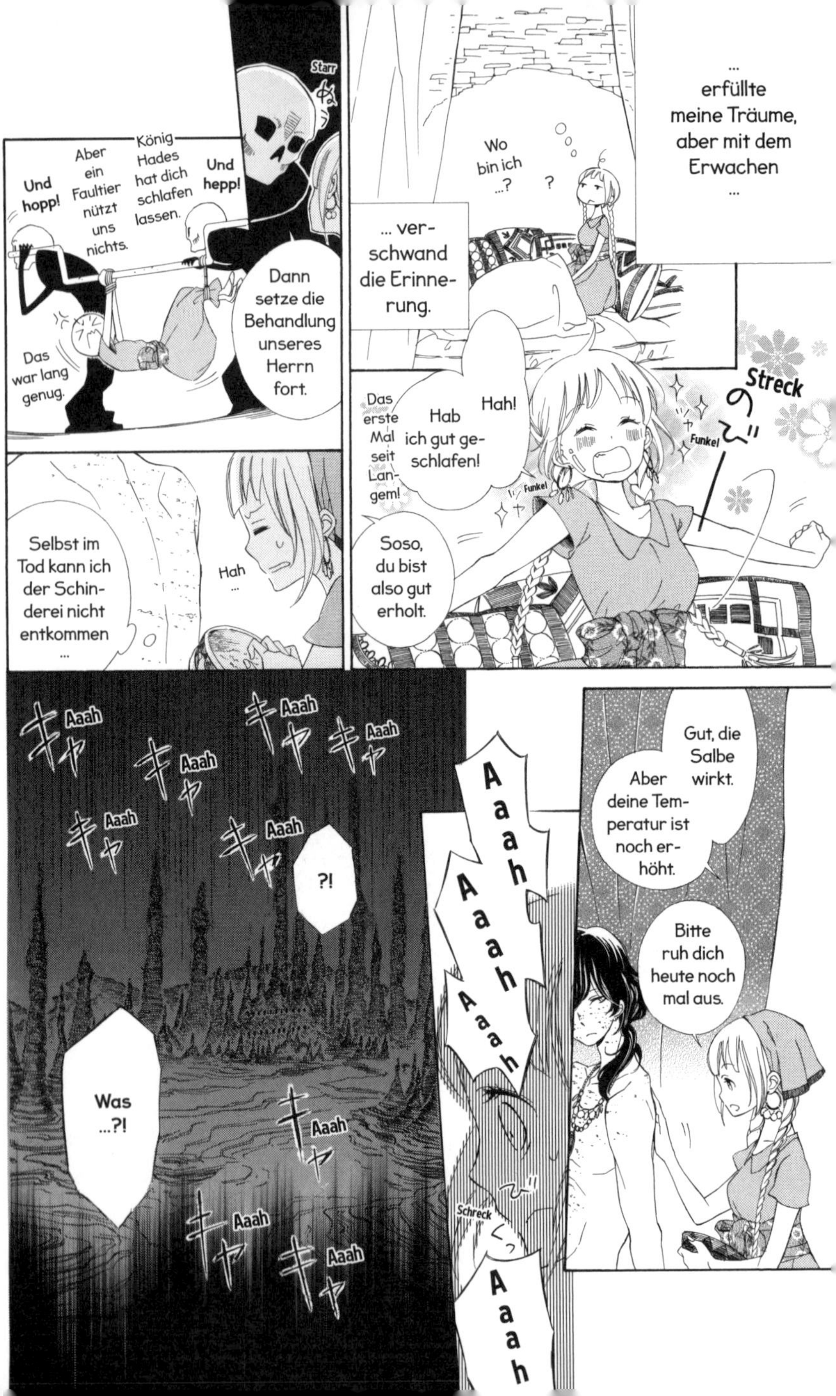

... erfüllte meine Träume, aber mit dem Erwachen ...
Wo bin ich ...? ?
... verschwand die Erinnerung.
Starr
Und hepp!
König Hades hat dich schlafen lassen.
Aber ein Faultier nützt uns nichts.
Und hopp!
Dann setze die Behandlung unseres Herrn fort.
Das war lang genug.
Streck
Funkel
Hah!
Hab ich gut geschlafen!
Das erste Mal seit Langem!
Funkel
Soso, du bist also gut erholt.
Hah ...
Selbst im Tod kann ich der Schinderei nicht entkommen ...
Gut, die Salbe wirkt.
Aber deine Temperatur ist noch erhöht.
Bitte ruh dich heute noch mal aus.
Aaah
Aaah
Aaah
Schreck
Aaah
Aaah
Aaah
Aaah
Aaah
Aaah
Aaah
?!
Aaah
Was ...?!
Aaah
Aaah

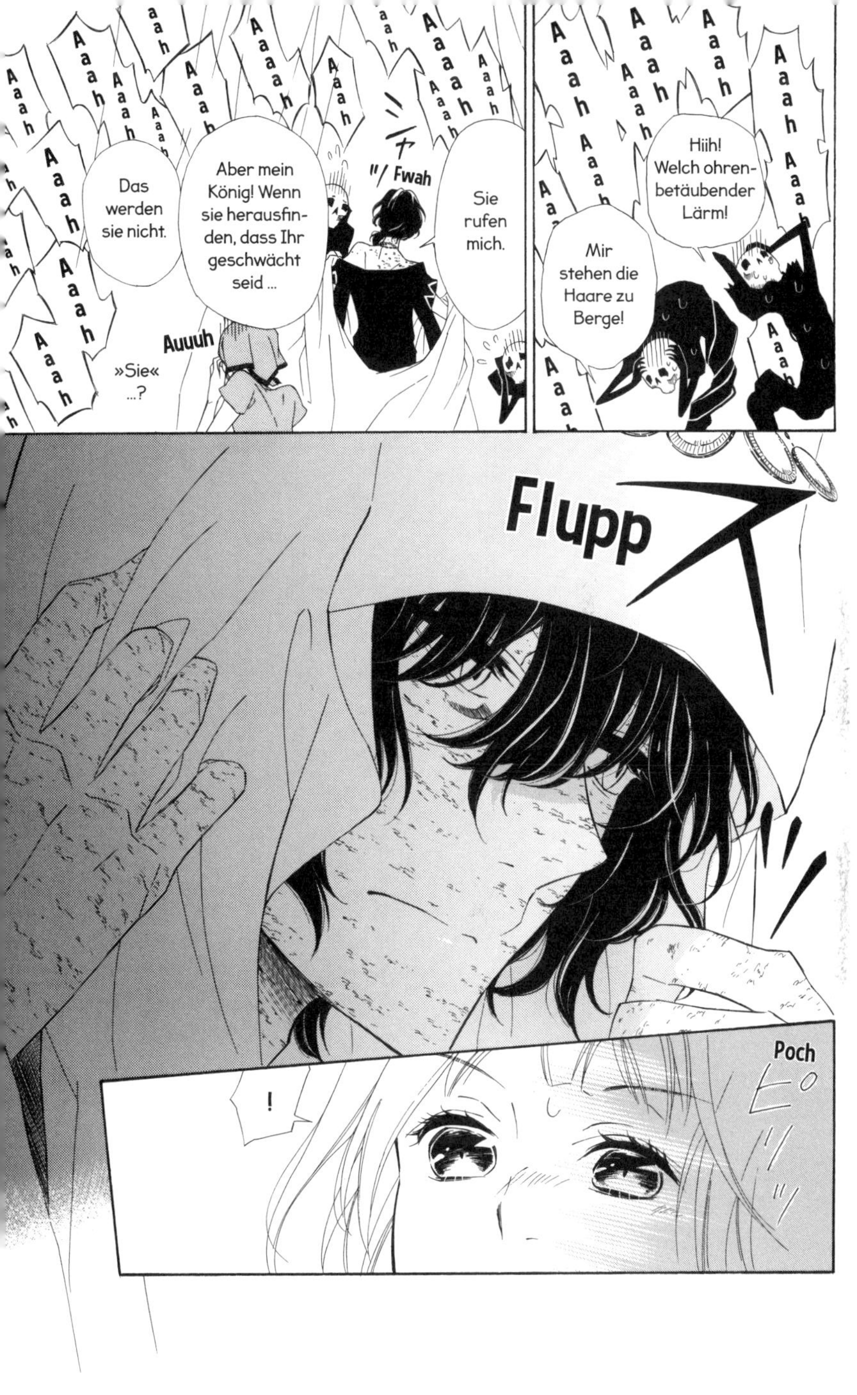
Aaah
Hiih! Welch ohrenbetäubender Lärm!
Mir stehen die Haare zu Berge!
Fwah
Sie rufen mich.
Aber mein König! Wenn sie herausfinden, dass Ihr geschwächt seid …
Das werden sie nicht.
Auuuh
»Sie« …?
Flupp
Poch
!

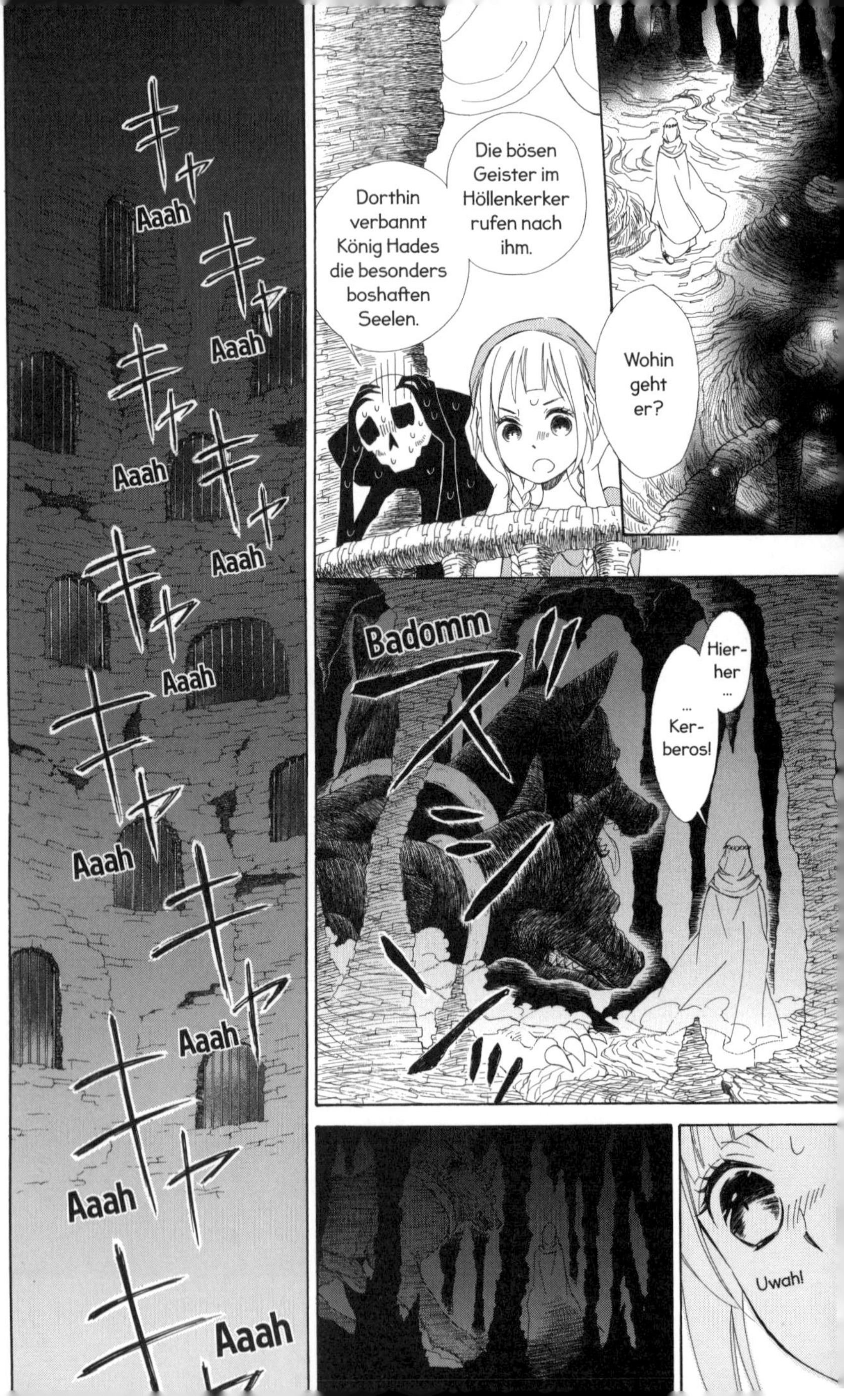

Wohin geht er?
Die bösen Geister im Höllenkerker rufen nach ihm.
Dorthin verbannt König Hades die besonders boshaften Seelen.
Badomm
Hierher ...
... Kerberos!
Uwah!
Aaah
Aaah
Aaah
Aaah
Aaah
Aaah
Aaah
Aaah
Aaah

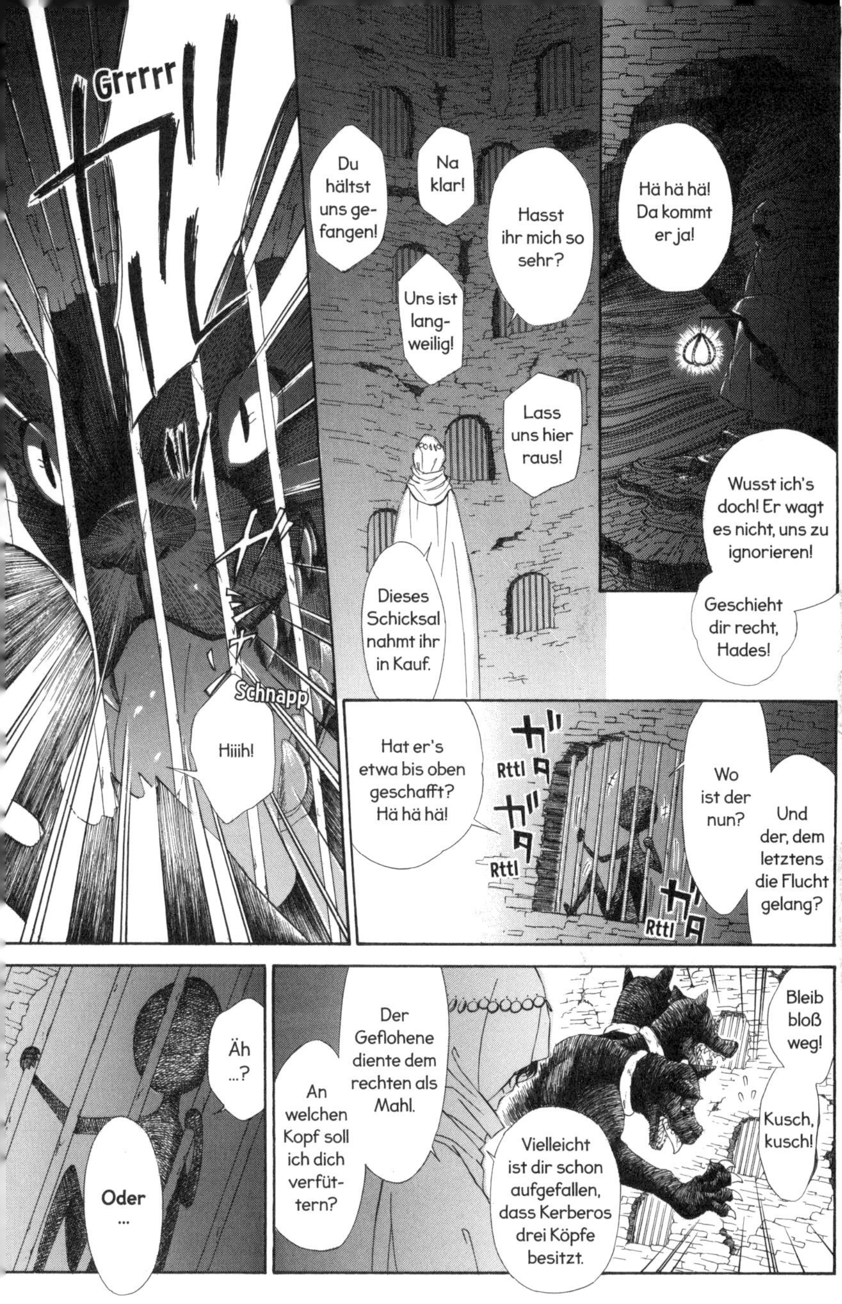
Hä hä hä! Da kommt er ja!
Wusst ich's doch! Er wagt es nicht, uns zu ignorieren!
Geschieht dir recht, Hades!
Hasst ihr mich so sehr?
Na klar!
Du hältst uns gefangen!
Uns ist langweilig!
Lass uns hier raus!
Dieses Schicksal nahmt ihr in Kauf.
Grrrrr
Schnapp
Hiiih!
Wo ist der nun?
Und der, dem letztens die Flucht gelang?
Rttl
Rttl
Rttl
Hat er's etwa bis oben geschafft? Hä hä hä!
Bleib bloß weg!
Kusch, kusch!
Vielleicht ist dir schon aufgefallen, dass Kerberos drei Köpfe besitzt.
Der Geflohene diente dem rechten als Mahl.
An welchen Kopf soll ich dich verfüttern?
Äh ...?
Oder ...

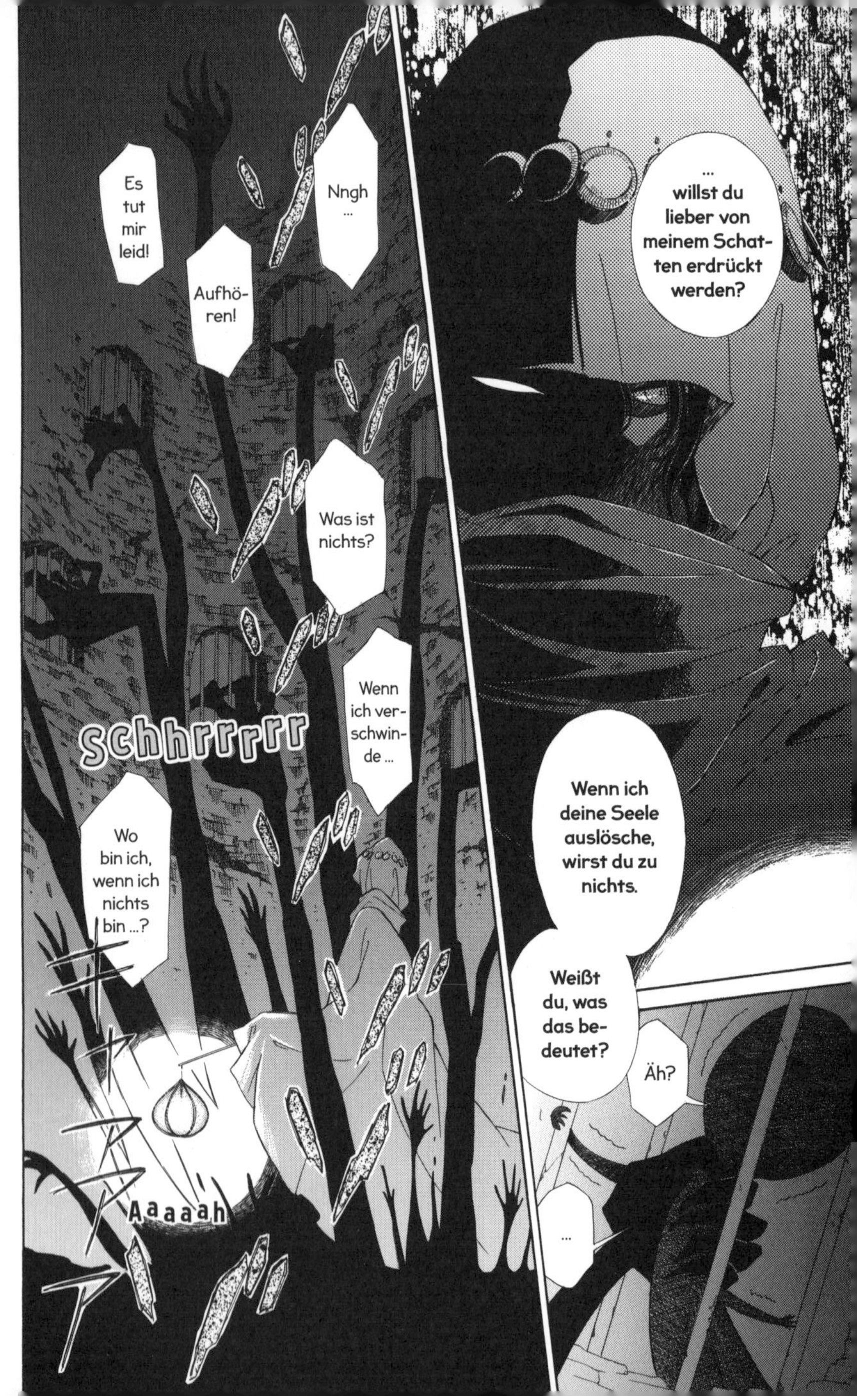

... willst du lieber von meinem Schatten erdrückt werden?
Wenn ich deine Seele auslösche, wirst du zu nichts.
Weißt du, was das bedeutet?
Äh?
...
Nngh ...
Es tut mir leid!
Aufhören!
Was ist nichts?
Wenn ich verschwinde ...
Schhrrrrrr
Wo bin ich, wenn ich nichts bin ...?
Aaaaah

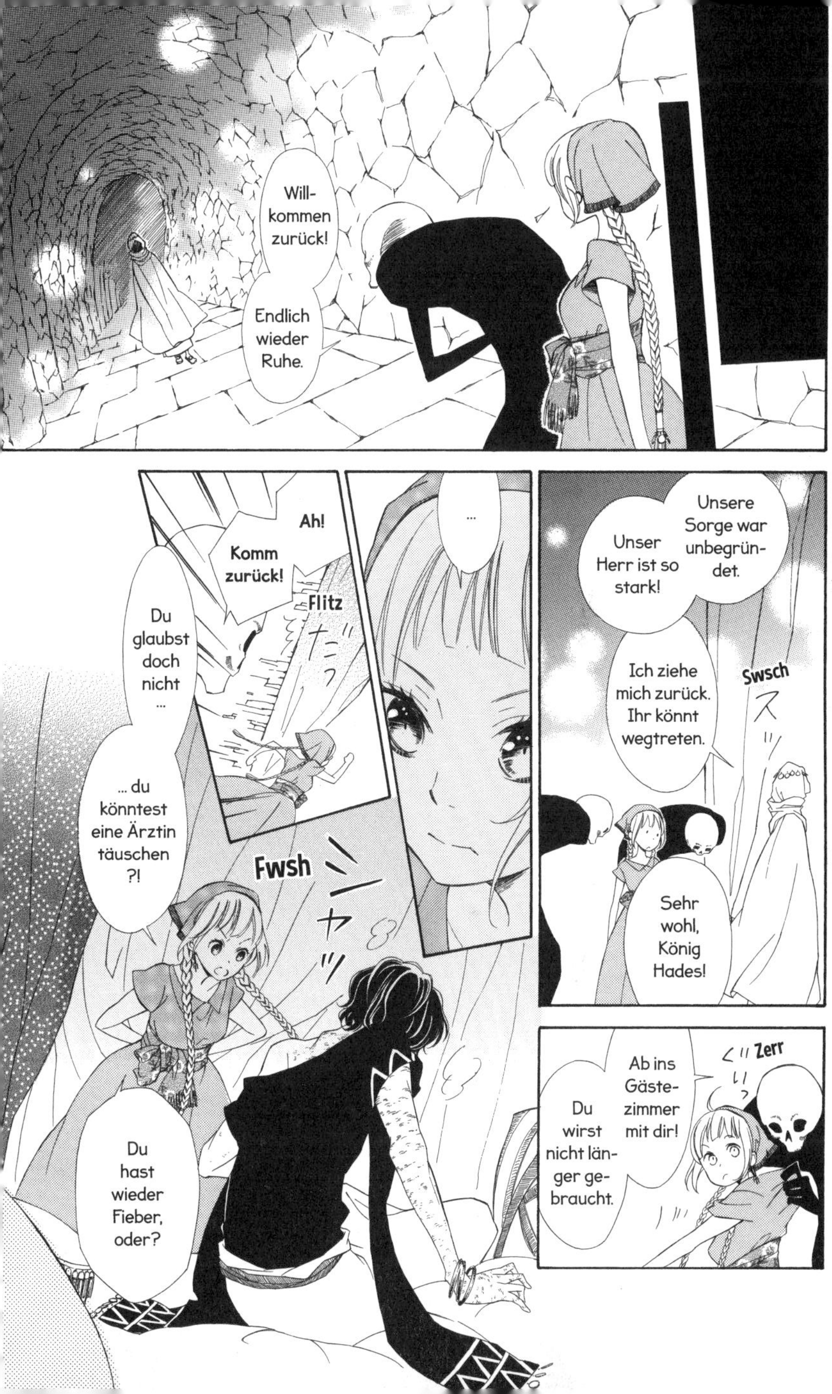
Willkommen zurück!
Endlich wieder Ruhe.
Unsere Sorge war unbegründet.
Unser Herr ist so stark!
Ich ziehe mich zurück. Ihr könnt wegtreten.
Swsch
Sehr wohl, König Hades!
...
Ah!
Komm zurück!
Flitz
Du glaubst doch nicht ...
... du könntest eine Ärztin täuschen ?!
Fwsh
Zerr
Ab ins Gästezimmer mit dir!
Du wirst nicht länger gebraucht.
Du hast wieder Fieber, oder?

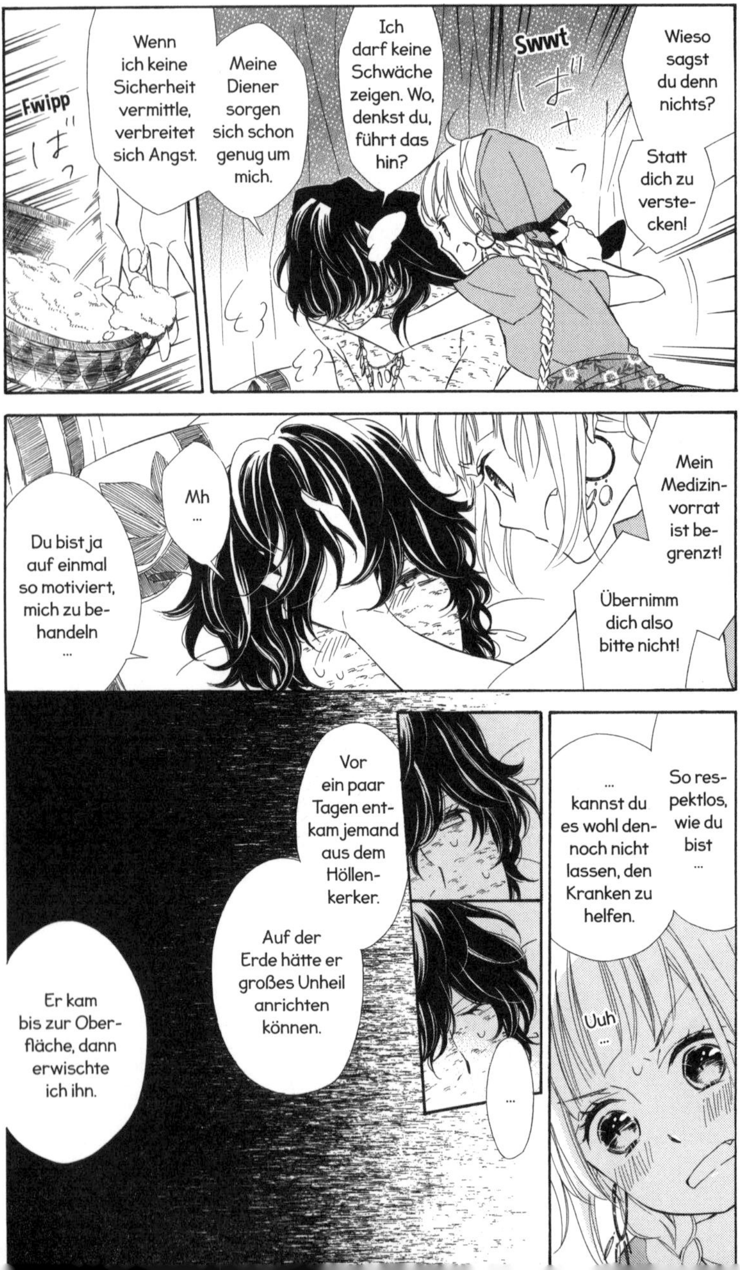
Wieso sagst du denn nichts?
Statt dich zu verstecken!
Swwt
Ich darf keine Schwäche zeigen. Wo, denkst du, führt das hin?
Meine Diener sorgen sich schon genug um mich.
Fwipp
Wenn ich keine Sicherheit vermittle, verbreitet sich Angst.
Mein Medizinvorrat ist begrenzt!
Übernimm dich also bitte nicht!
Mh ...
Du bist ja auf einmal so motiviert, mich zu behandeln ...
So respektlos, wie du bist ...
... kannst du es wohl dennoch nicht lassen, den Kranken zu helfen.
Uuh ...
Vor ein paar Tagen entkam jemand aus dem Höllenkerker.
...
Auf der Erde hätte er großes Unheil anrichten können.
Er kam bis zur Oberfläche, dann erwischte ich ihn.

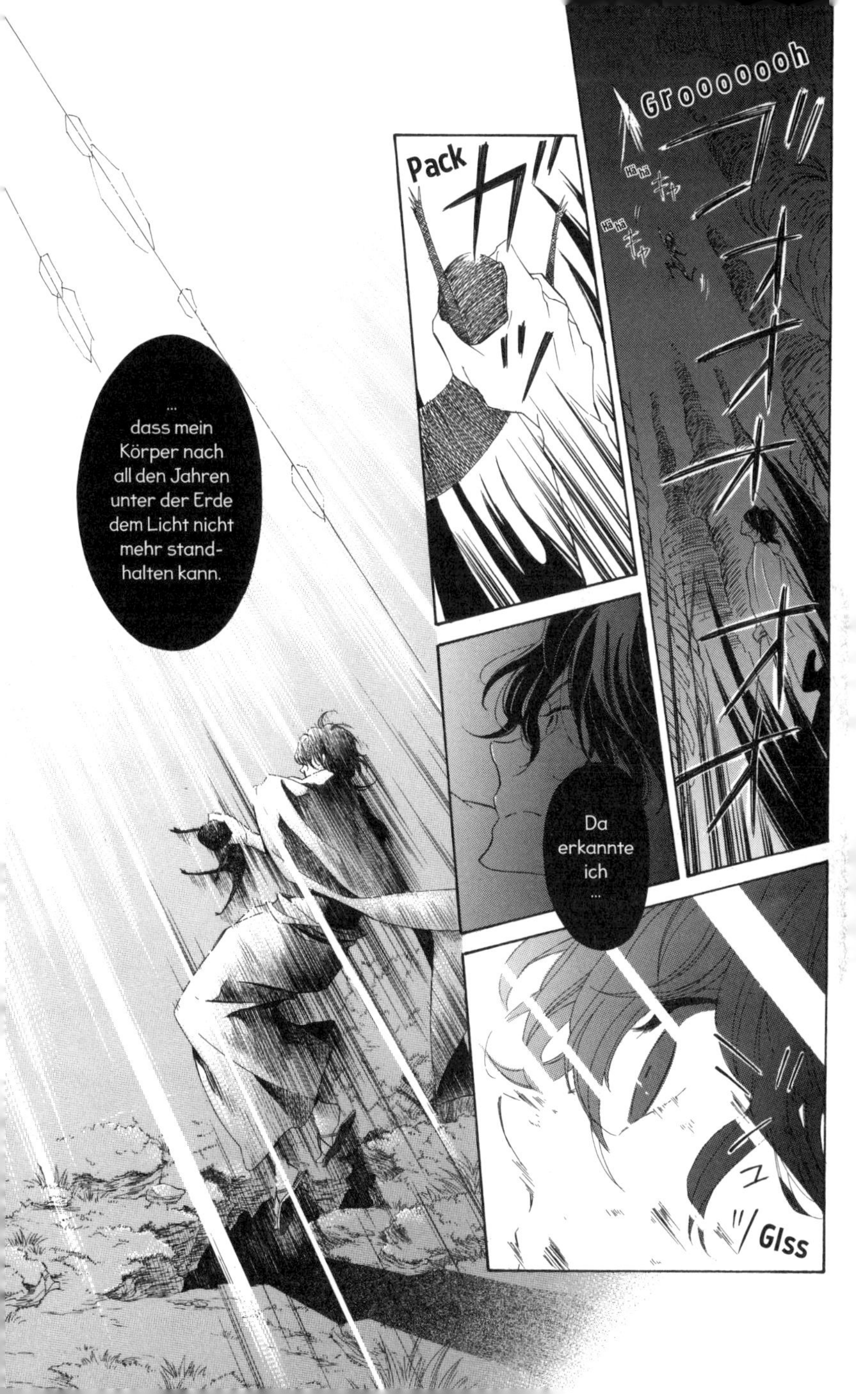
Groooooooh
Hä hä
Hä hä
Pack
Da erkannte ich ...
Glss
... dass mein Körper nach all den Jahren unter der Erde dem Licht nicht mehr stand- halten kann.

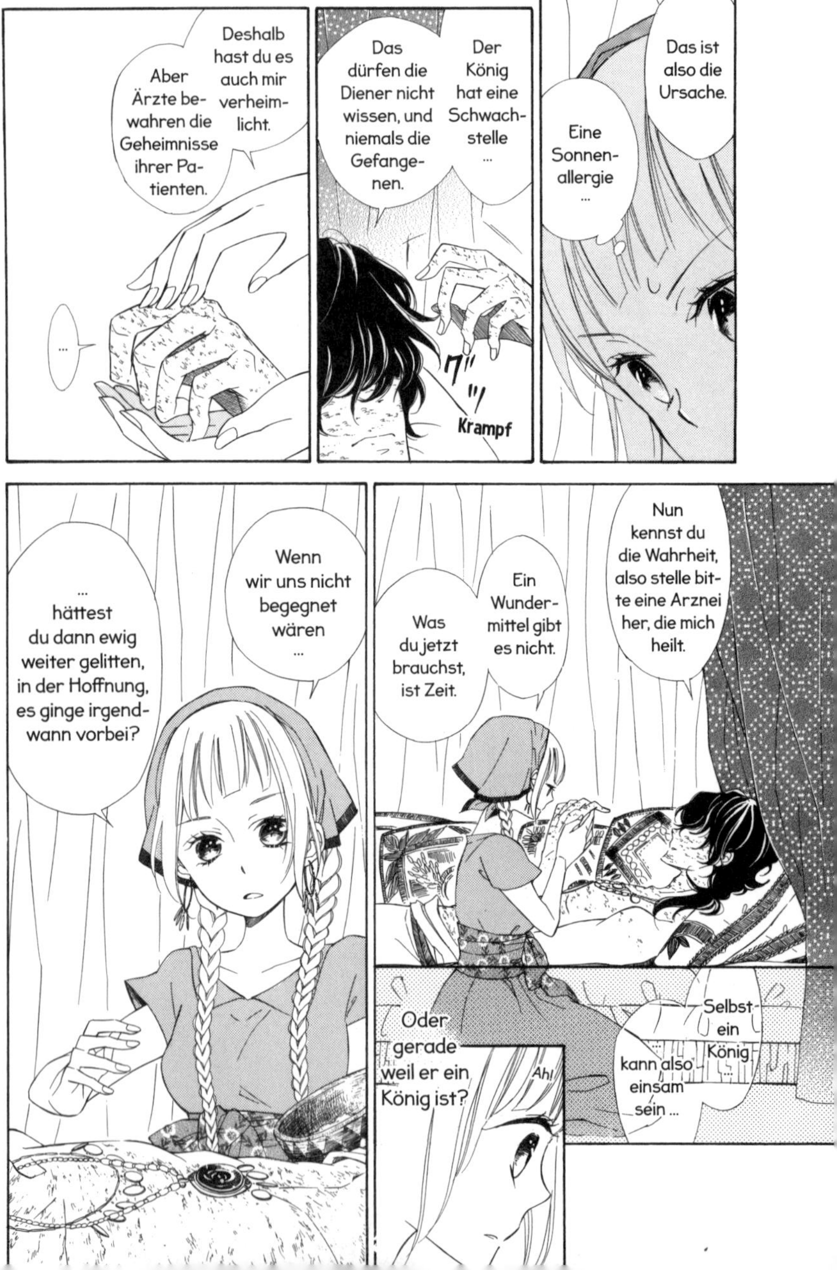
Das ist also die Ursache.
Eine Sonnenallergie ...
Der König hat eine Schwachstelle ...
Das dürfen die Diener nicht wissen, und niemals die Gefangenen.
Krampf
Deshalb hast du es auch mir verheimlicht.
Aber Ärzte bewahren die Geheimnisse ihrer Patienten.
...
Nun kennst du die Wahrheit, also stelle bitte eine Arznei her, die mich heilt.
Ein Wundermittel gibt es nicht.
Was du jetzt brauchst, ist Zeit.
Selbst ein König ...
... kann also einsam sein ...
Oder gerade weil er ein König ist?
Ah!
Wenn wir uns nicht begegnet wären ...
... hättest du dann ewig weiter gelitten, in der Hoffnung, es ginge irgendwann vorbei?

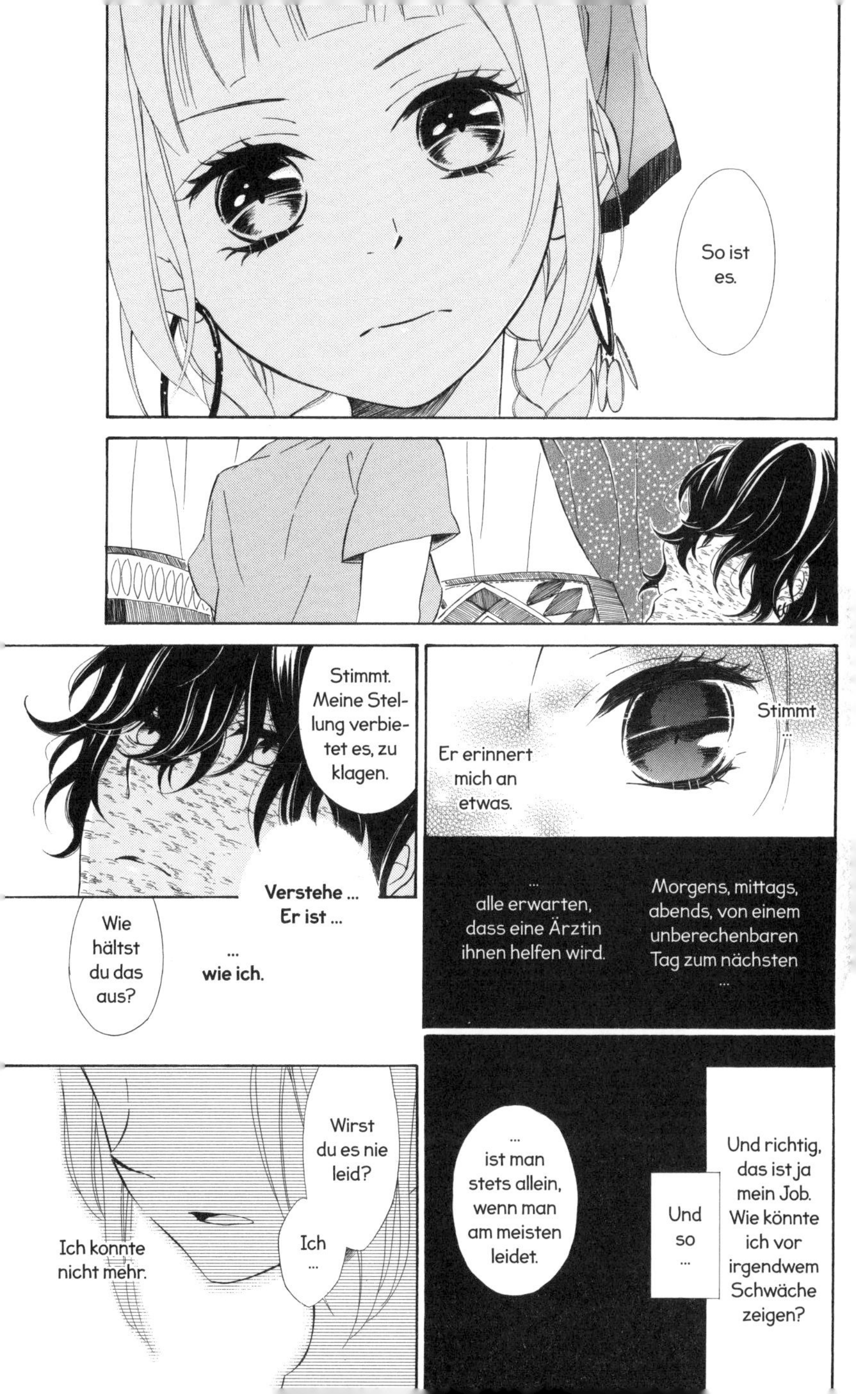
So ist es.
Stimmt ...
Er erinnert mich an etwas.
Morgens, mittags, abends, von einem unberechenbaren Tag zum nächsten ...
... alle erwarten, dass eine Ärztin ihnen helfen wird.
Stimmt. Meine Stellung verbietet es, zu klagen.
Verstehe ... Er ist ...
... wie ich.
Wie hältst du das aus?
Und richtig, das ist ja mein Job. Wie könnte ich vor irgendwem Schwäche zeigen?
Und so ...
... ist man stets allein, wenn man am meisten leidet.
Wirst du es nie leid?
Ich ...
Ich konnte nicht mehr.

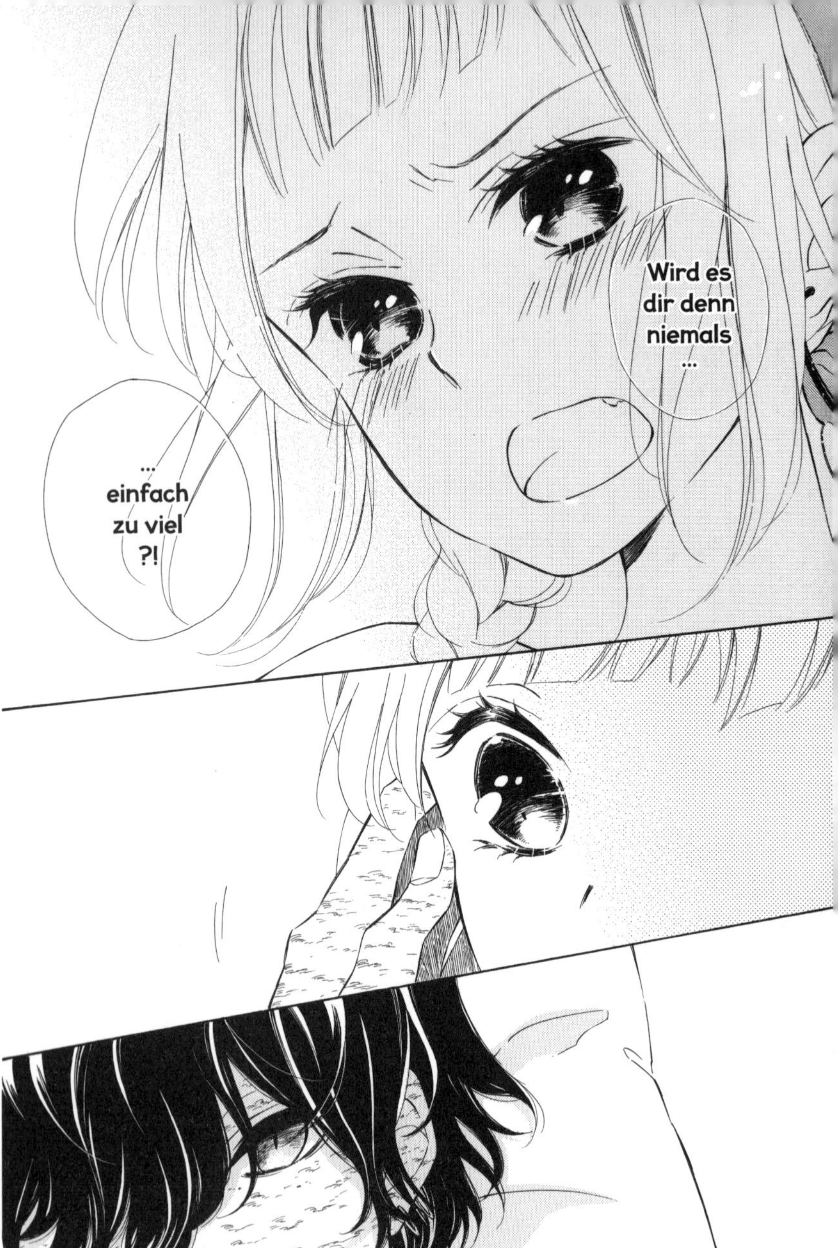
Wird es dir denn niemals …
… einfach zu viel ?!

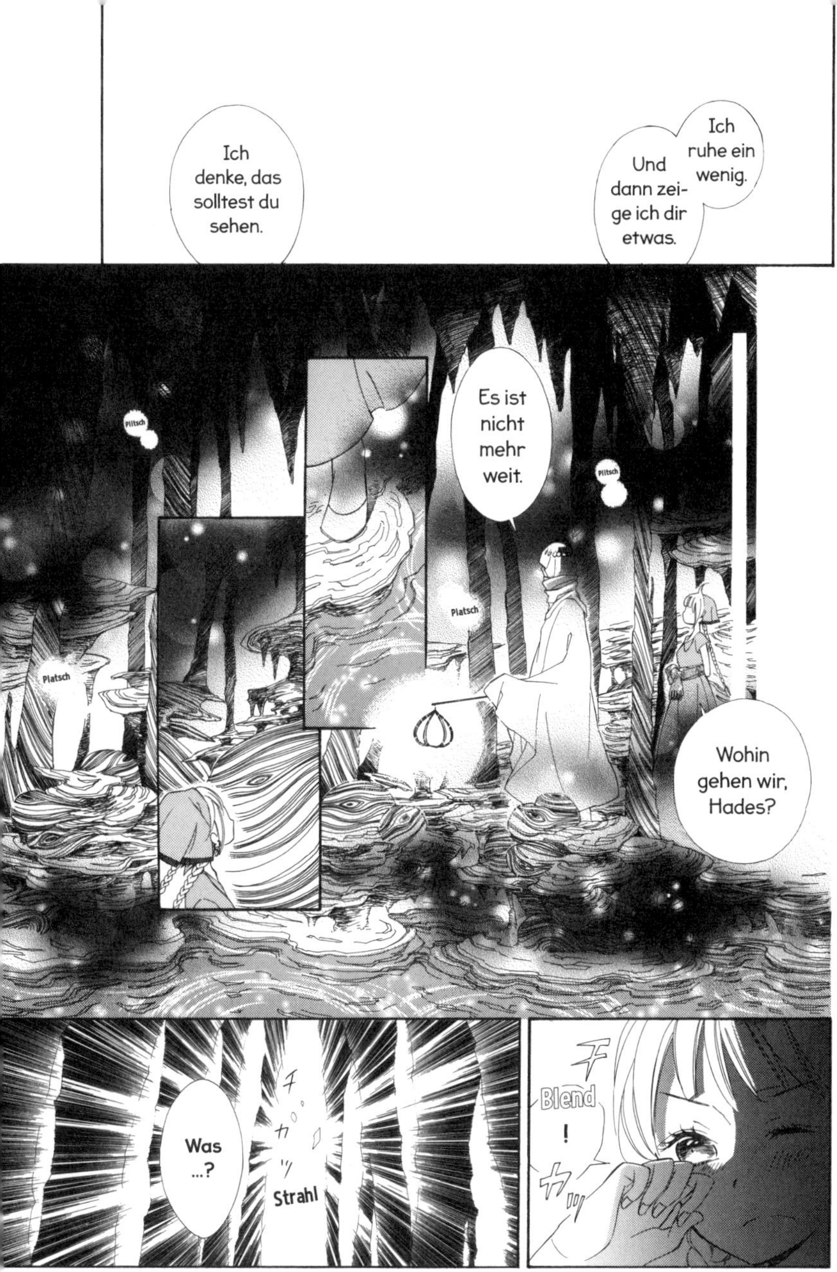
Ich ruhe ein wenig.
Und dann zeige ich dir etwas.
Ich denke, das solltest du sehen.
Wohin gehen wir, Hades?
Plitsch
Es ist nicht mehr weit.
Platsch
Plitsch
Platsch
Blend
!
Strahl
Was ...?

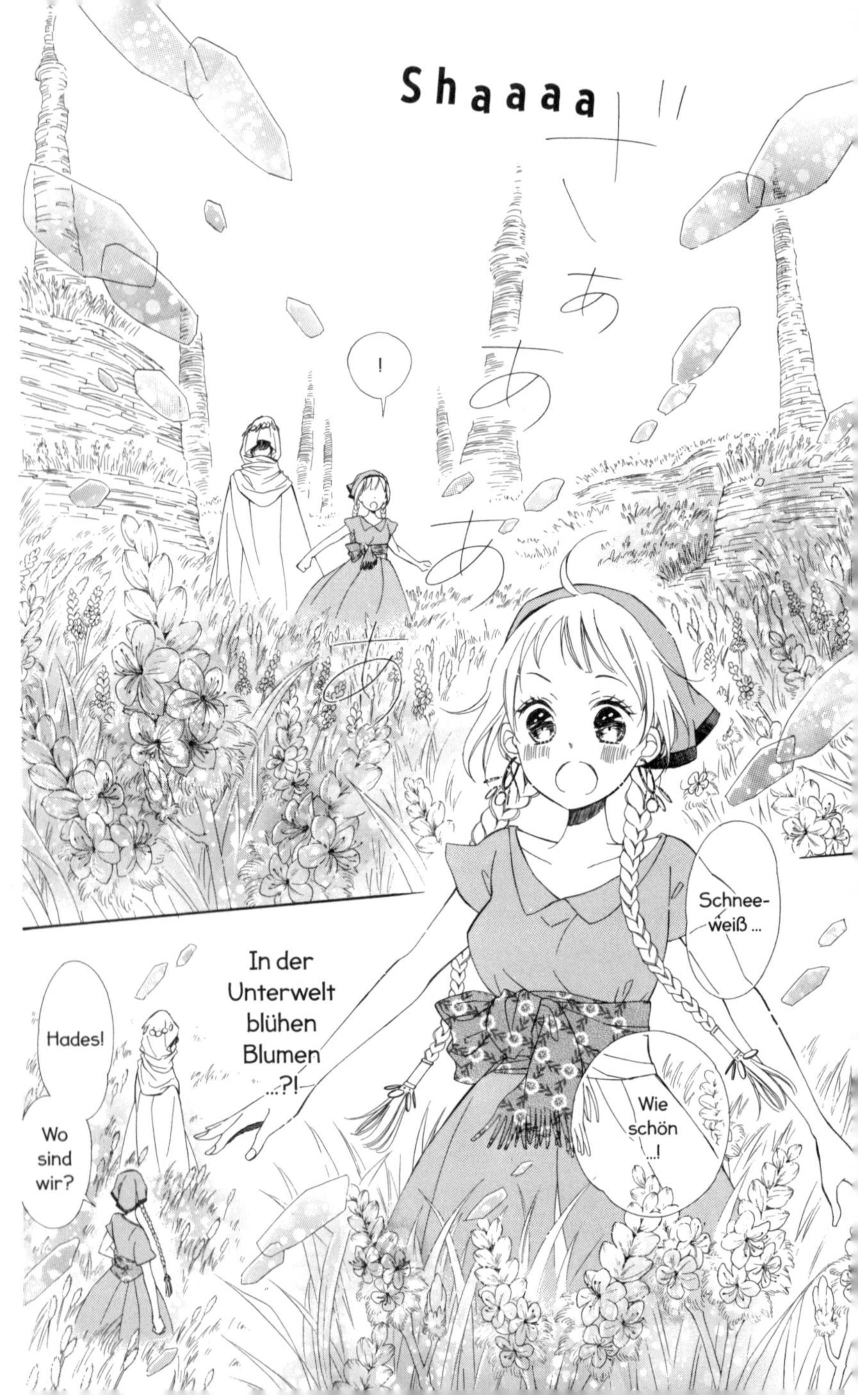
Shaaaa
!
Schnee-
weiß ...
Wie
schön
...!
In der
Unterwelt
blühen
Blumen
...?!
Hades!
Wo
sind
wir?

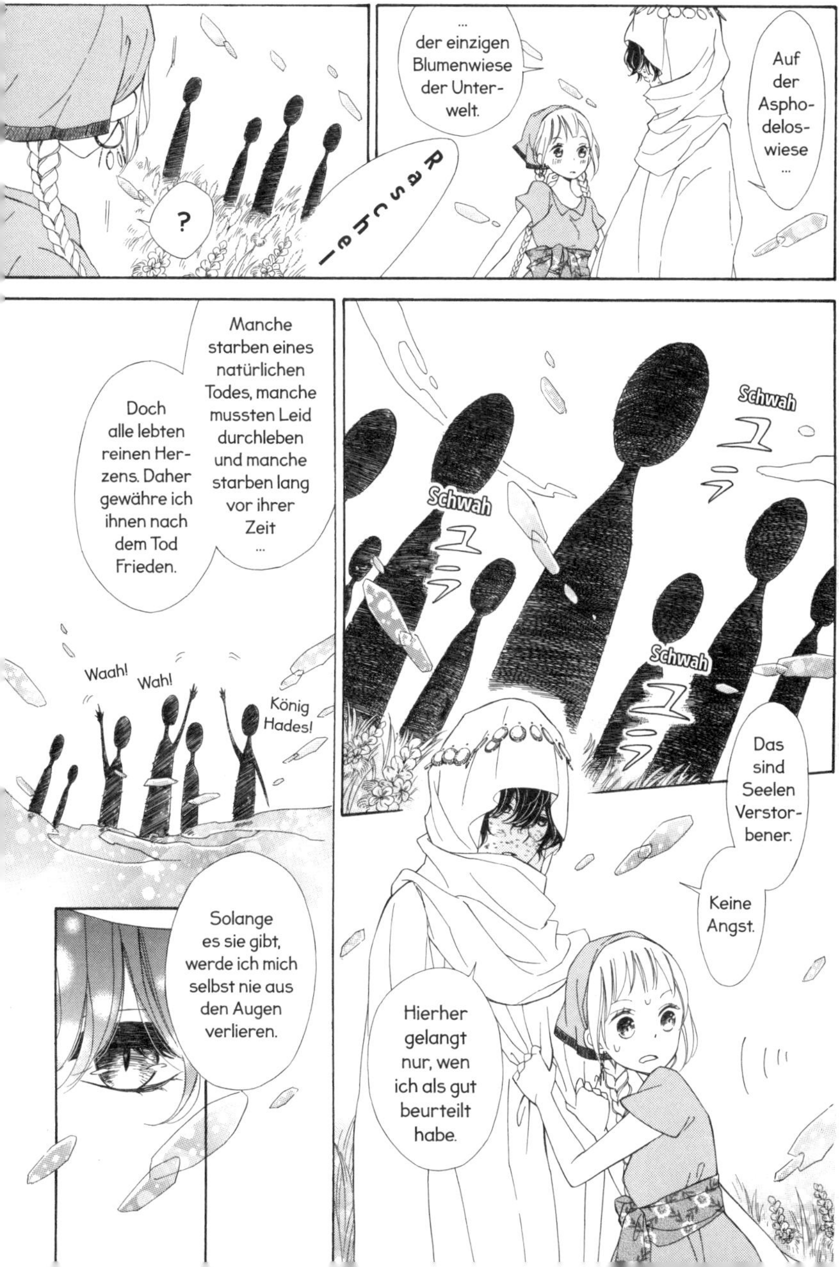
Auf der Asphodeloswiese …
… der einzigen Blumenwiese der Unterwelt.
Raschel
?
Schwah
Schwah
Schwah
Das sind Seelen Verstorbener.
Keine Angst.
Hierher gelangt nur, wen ich als gut beurteilt habe.
Manche starben eines natürlichen Todes, manche mussten Leid durchleben und manche starben lang vor ihrer Zeit …
Doch alle lebten reinen Herzens. Daher gewähre ich ihnen nach dem Tod Frieden.
König Hades!
Wah!
Waah!
Solange es sie gibt, werde ich mich selbst nie aus den Augen verlieren.

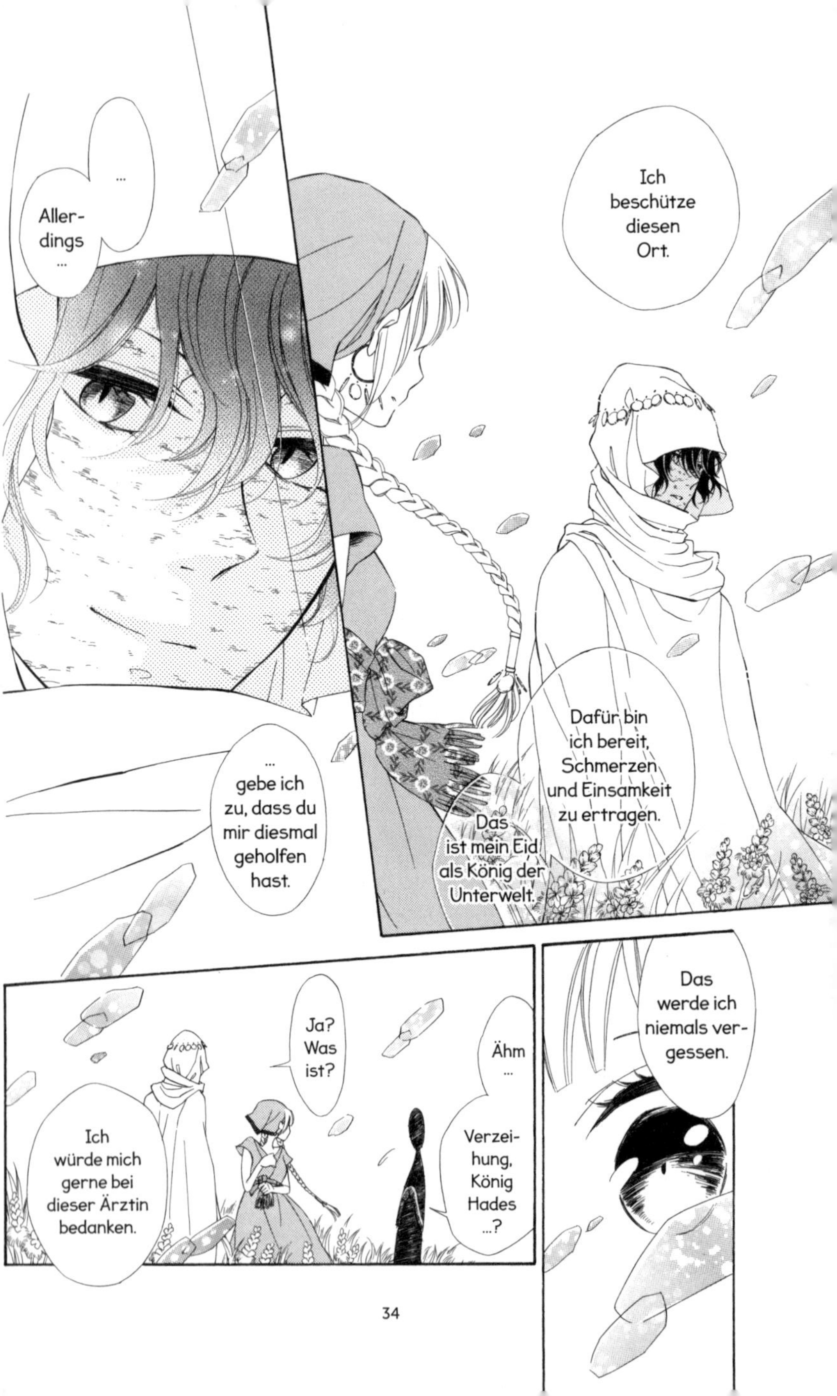
Ich beschütze diesen Ort.
Dafür bin ich bereit, Schmerzen und Einsamkeit zu ertragen.
Das ist mein Eid als König der Unterwelt.
... Allerdings ...
... gebe ich zu, dass du mir diesmal geholfen hast.
Das werde ich niemals vergessen.
Ähm ...
Verzeihung, König Hades ...?
Ja? Was ist?
Ich würde mich gerne bei dieser Ärztin bedanken.

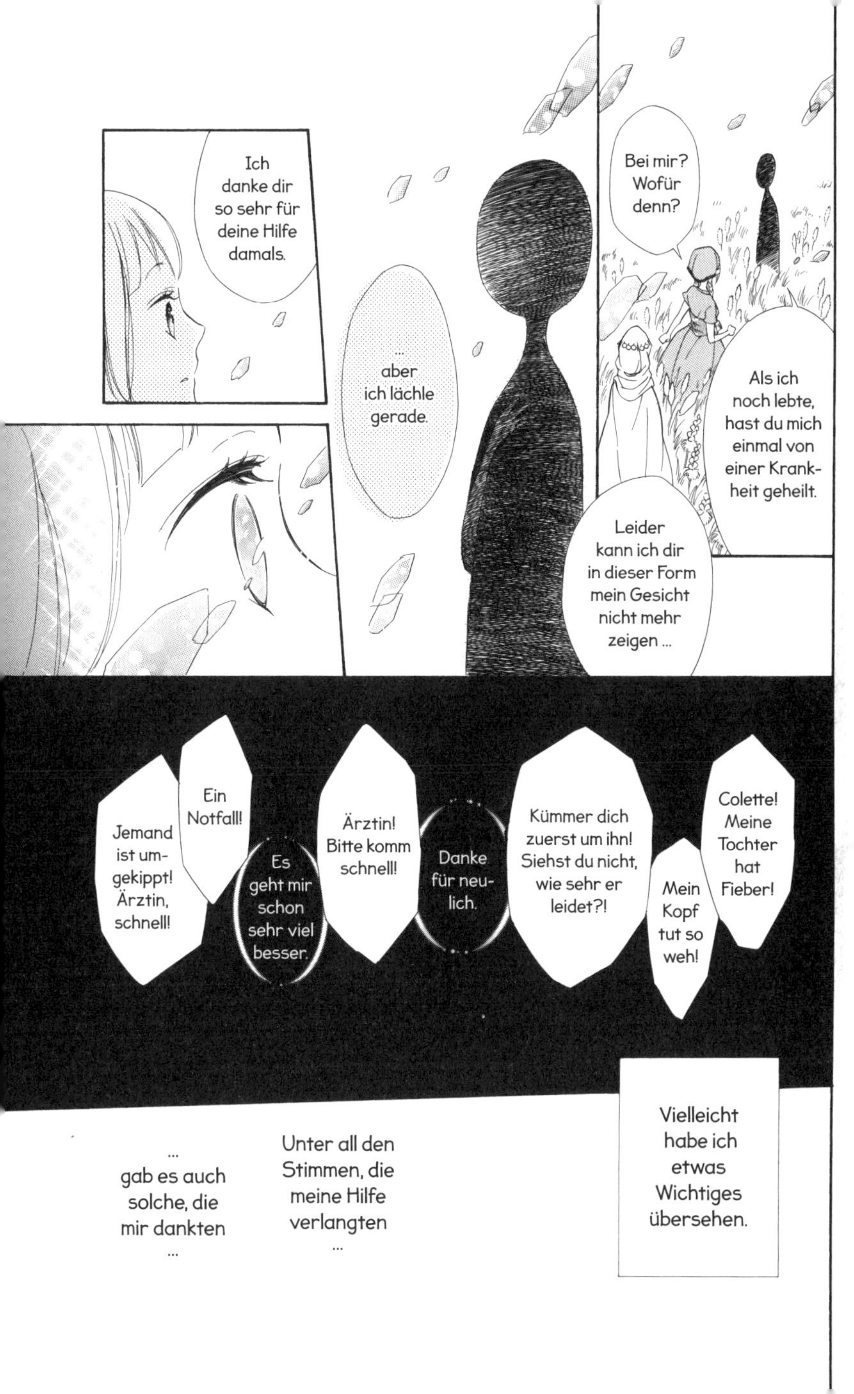

Bei mir? Wofür denn?
Als ich noch lebte, hast du mich einmal von einer Krankheit geheilt.
Leider kann ich dir in dieser Form mein Gesicht nicht mehr zeigen ...
... aber ich lächle gerade.
Ich danke dir so sehr für deine Hilfe damals.
Colette! Meine Tochter hat Fieber!
Mein Kopf tut so weh!
Kümmer dich zuerst um ihn! Siehst du nicht, wie sehr er leidet?!
Danke für neulich.
Ärztin! Bitte komm schnell!
Es geht mir schon sehr viel besser.
Ein Notfall!
Jemand ist umgekippt! Ärztin, schnell!
Vielleicht habe ich etwas Wichtiges übersehen.
Unter all den Stimmen, die meine Hilfe verlangten ...
... gab es auch solche, die mir dankten ...

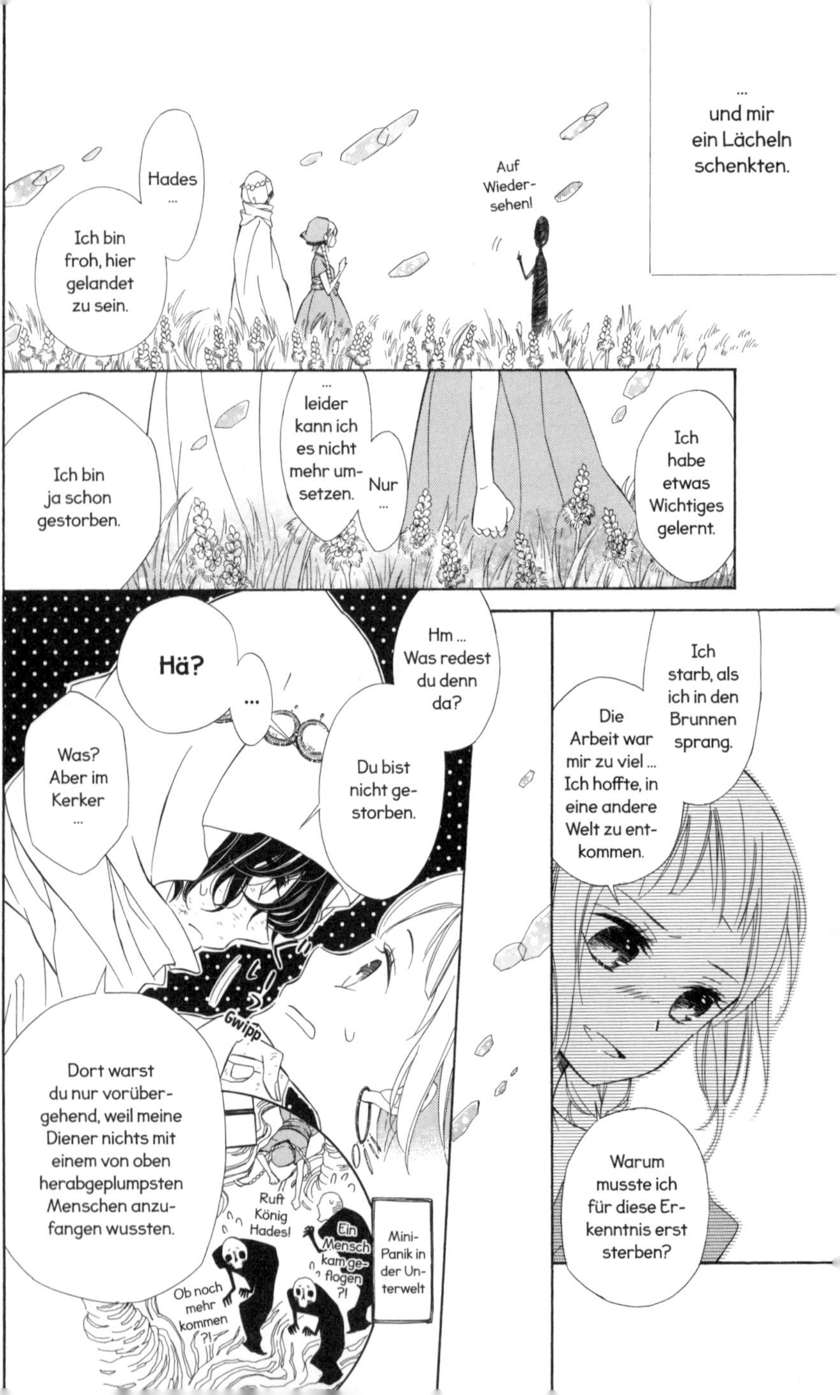

... und mir ein Lächeln schenkten.
Auf Wiedersehen!
Hades ...
Ich bin froh, hier gelandet zu sein.
Ich habe etwas Wichtiges gelernt.
Nur ...
... leider kann ich es nicht mehr umsetzen.
Ich bin ja schon gestorben.
Ich starb, als ich in den Brunnen sprang.
Die Arbeit war mir zu viel ... Ich hoffte, in eine andere Welt zu entkommen.
Warum musste ich für diese Erkenntnis erst sterben?
Hm ... Was redest du denn da?
Du bist nicht gestorben.
...
Hä?
Was? Aber im Kerker ...
Gwipp
Dort warst du nur vorübergehend, weil meine Diener nichts mit einem von oben herabgeplumpsten Menschen anzufangen wussten.
Mini-Panik in der Unterwelt
Ein Mensch kam geflogen?!
Ruft König Hades!
Ob noch mehr kommen?!

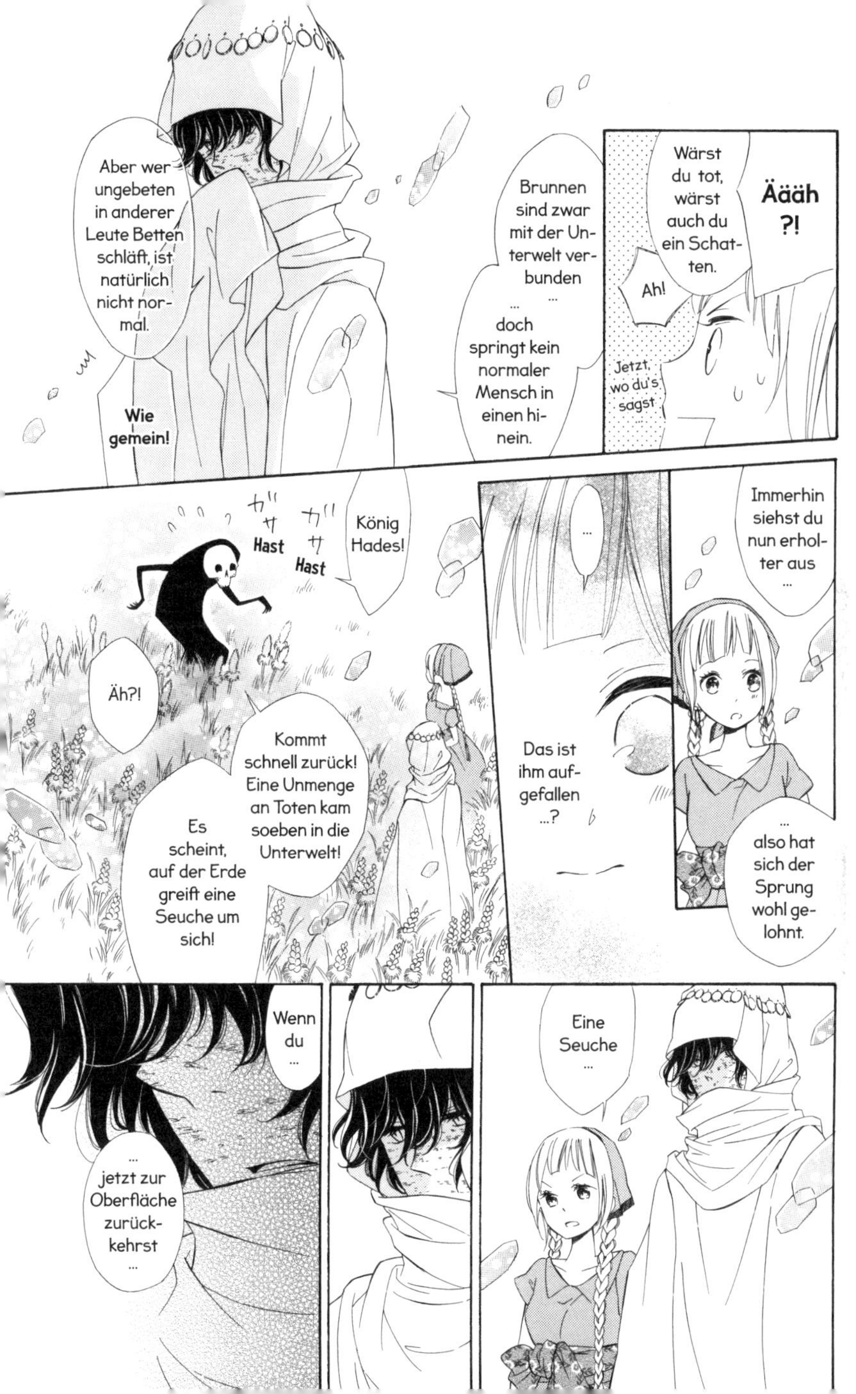

Äääh ?!
Wärst du tot, wärst auch du ein Schatten.
Ah!
Jetzt, wo du's sagst ...
Brunnen sind zwar mit der Unterwelt verbunden ...
... doch springt kein normaler Mensch in einen hinein.
Aber wer ungebeten in anderer Leute Betten schläft, ist natürlich nicht normal.
Wie gemein!
Immerhin siehst du nun erholter aus ...
... also hat sich der Sprung wohl gelohnt.
...
Das ist ihm aufgefallen ...?
König Hades!
ガサ Hast
ガサ Hast
Äh?!
Kommt schnell zurück! Eine Unmenge an Toten kam soeben in die Unterwelt!
Es scheint, auf der Erde greift eine Seuche um sich!
Eine Seuche ...
Wenn du ...
... jetzt zur Oberfläche zurückkehrst ...

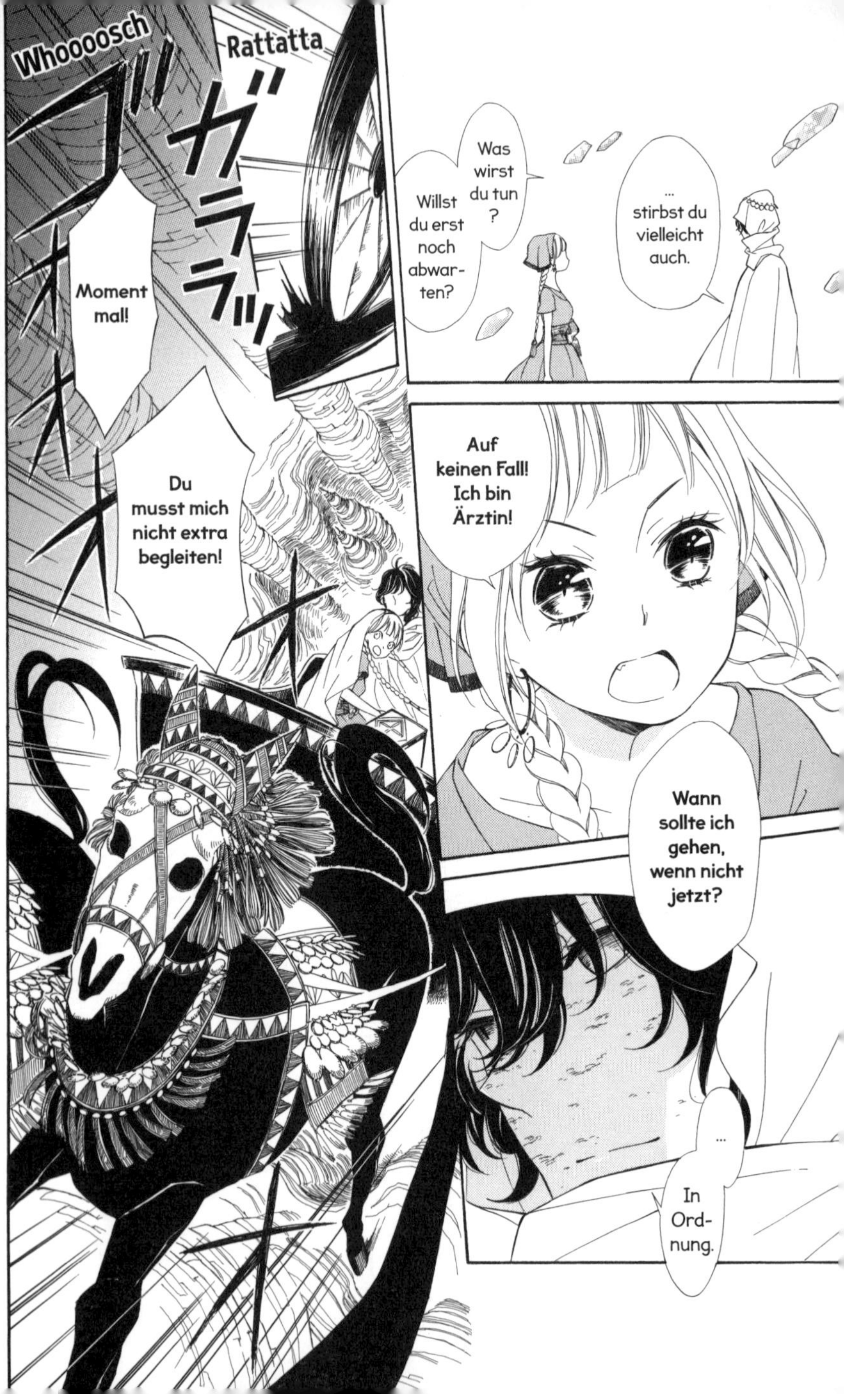
... stirbst du vielleicht auch.
Was wirst du tun?
Willst du erst noch abwarten?
Auf keinen Fall! Ich bin Ärztin!
Wann sollte ich gehen, wenn nicht jetzt?
...
In Ordnung.
Rattatta
Whoooosch
Moment mal!
Du musst mich nicht extra begleiten!

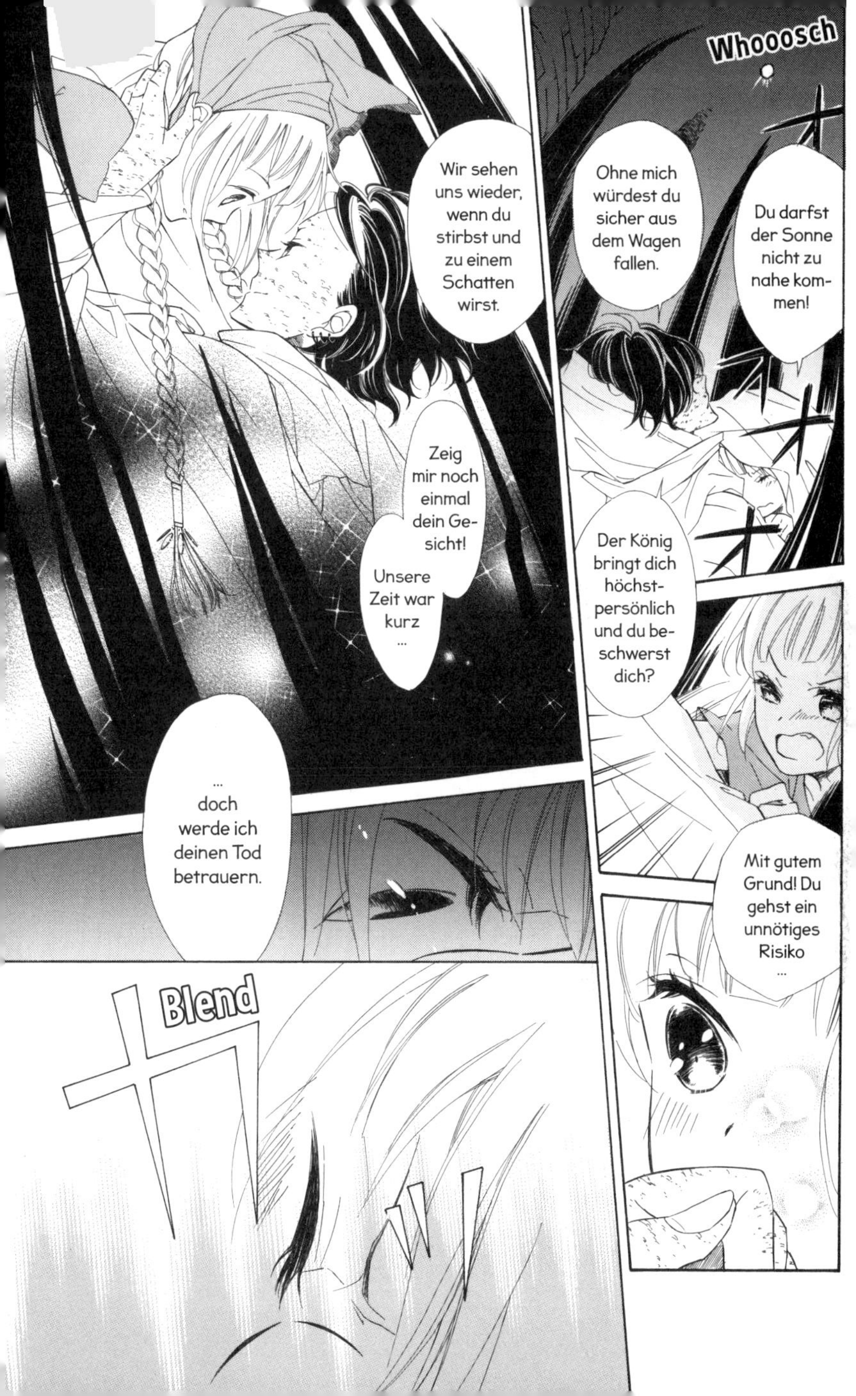
Whooosch
Du darfst der Sonne nicht zu nahe kommen!
Ohne mich würdest du sicher aus dem Wagen fallen.
Der König bringt dich höchstpersönlich und du beschwerst dich?
Mit gutem Grund! Du gehst ein unnötiges Risiko …
Wir sehen uns wieder, wenn du stirbst und zu einem Schatten wirst.
Zeig mir noch einmal dein Gesicht!
Unsere Zeit war kurz …
… doch werde ich deinen Tod betrauern.
Blend

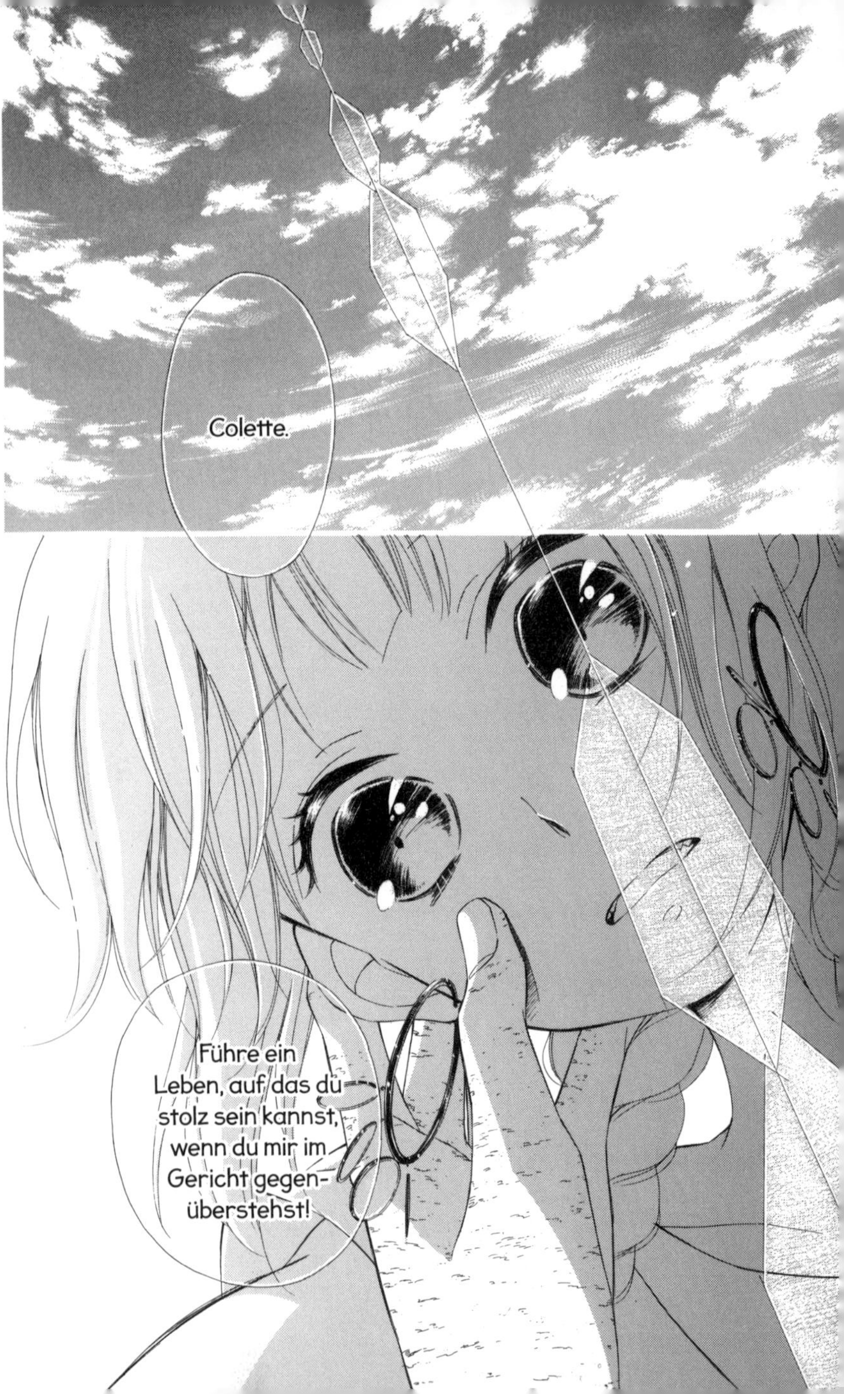
Colette.
Führe ein Leben, auf das du stolz sein kannst, wenn du mir im Gericht gegenüberstehst!

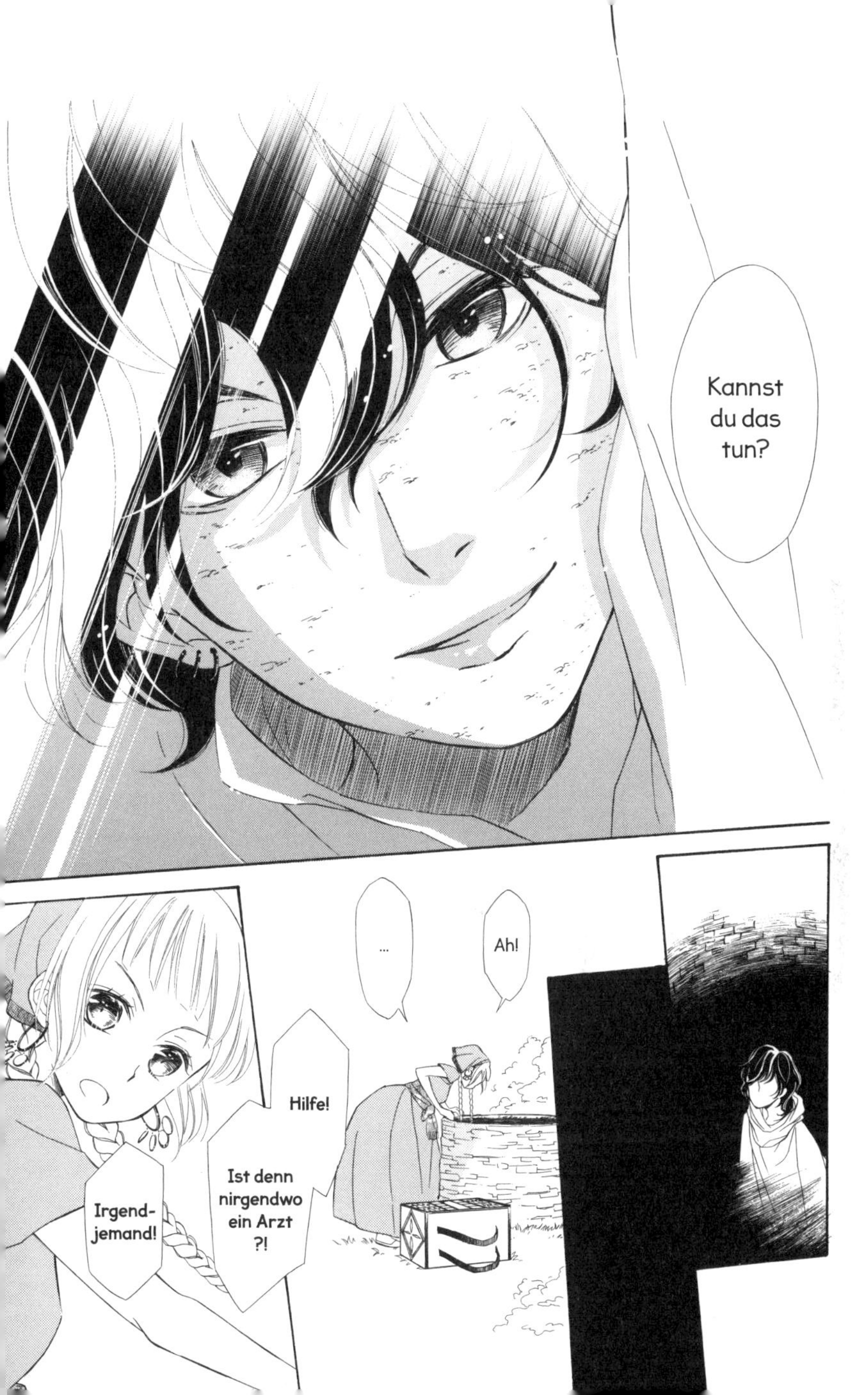

Kannst du das tun?
Ah!
...
Hilfe!
Ist denn nirgendwo ein Arzt ?!
Irgend-jemand!

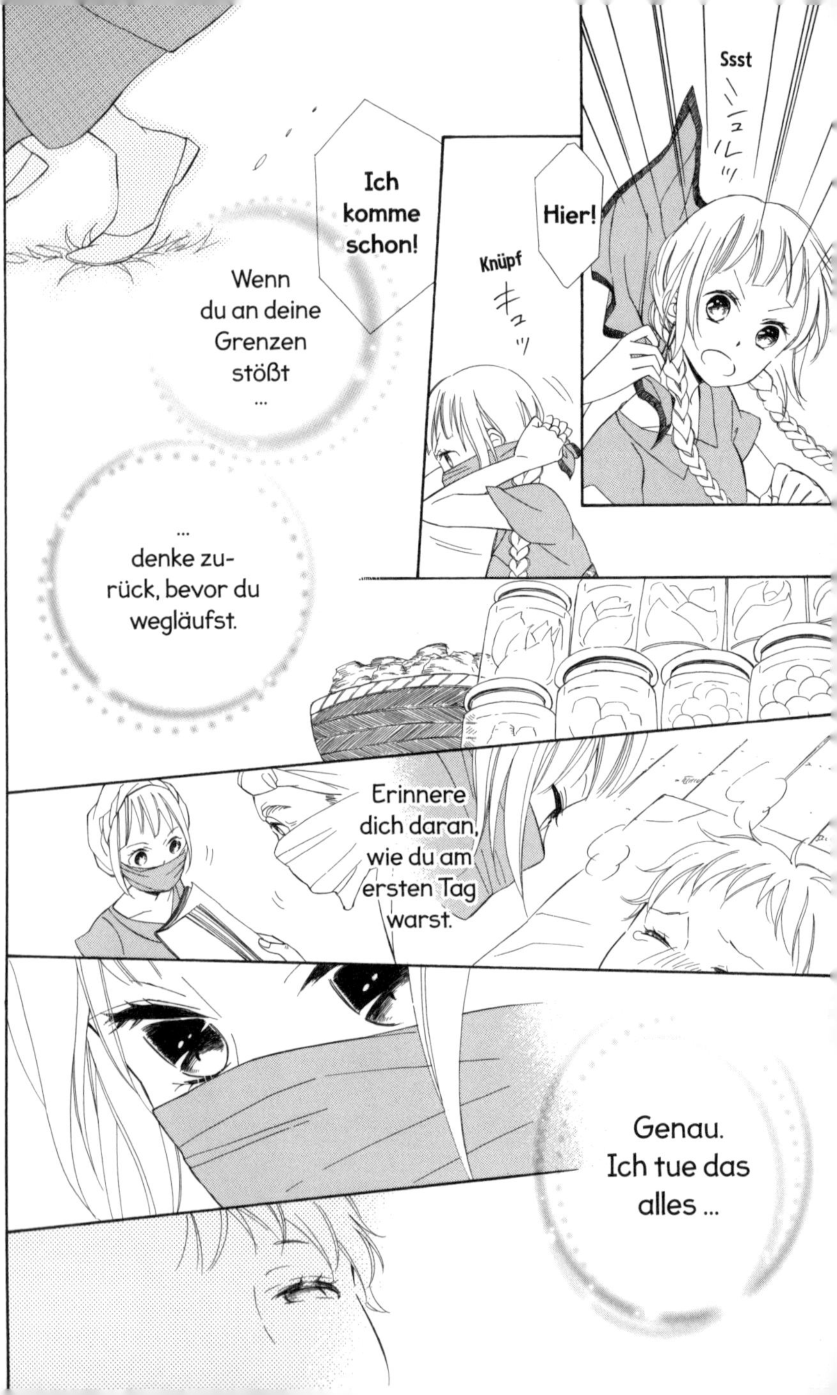
Ssst
シュルッ
Hier!
Knüpf
キュッ
Ich komme schon!
Wenn du an deine Grenzen stößt ...
... denke zurück, bevor du wegläufst.
Erinnere dich daran, wie du am ersten Tag warst.
Genau. Ich tue das alles ...

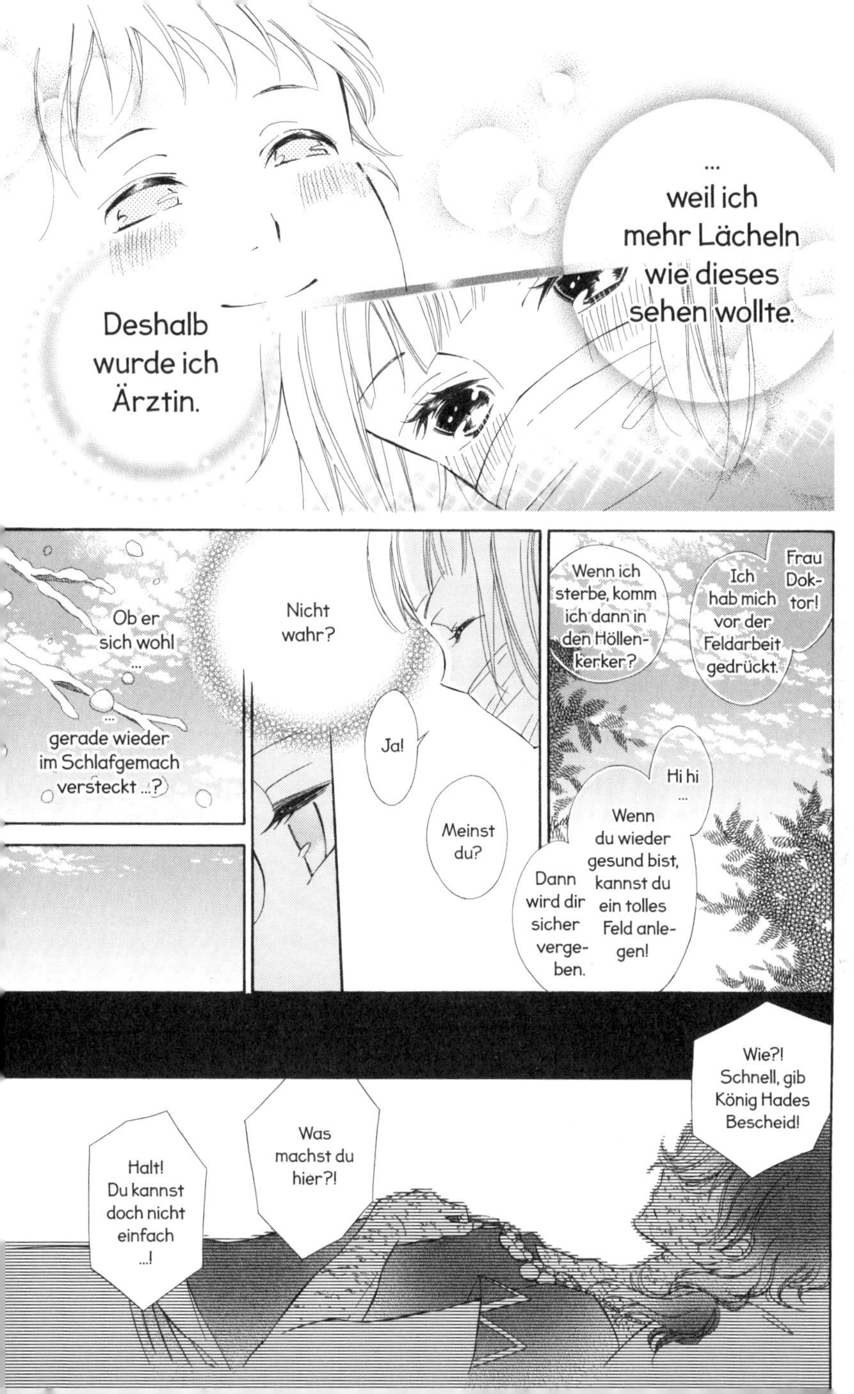
Deshalb wurde ich Ärztin.
... weil ich mehr Lächeln wie dieses sehen wollte.
Frau Doktor!
Ich hab mich vor der Feldarbeit gedrückt.
Wenn ich sterbe, komm ich dann in den Höllenkerker?
Hi hi ...
Wenn du wieder gesund bist, kannst du ein tolles Feld anlegen!
Dann wird dir sicher vergeben.
Nicht wahr?
Ja!
Meinst du?
Ob er sich wohl ...
... gerade wieder im Schlafgemach versteckt ...?
Wie?! Schnell, gib König Hades Bescheid!
Was machst du hier?!
Halt! Du kannst doch nicht einfach ...!

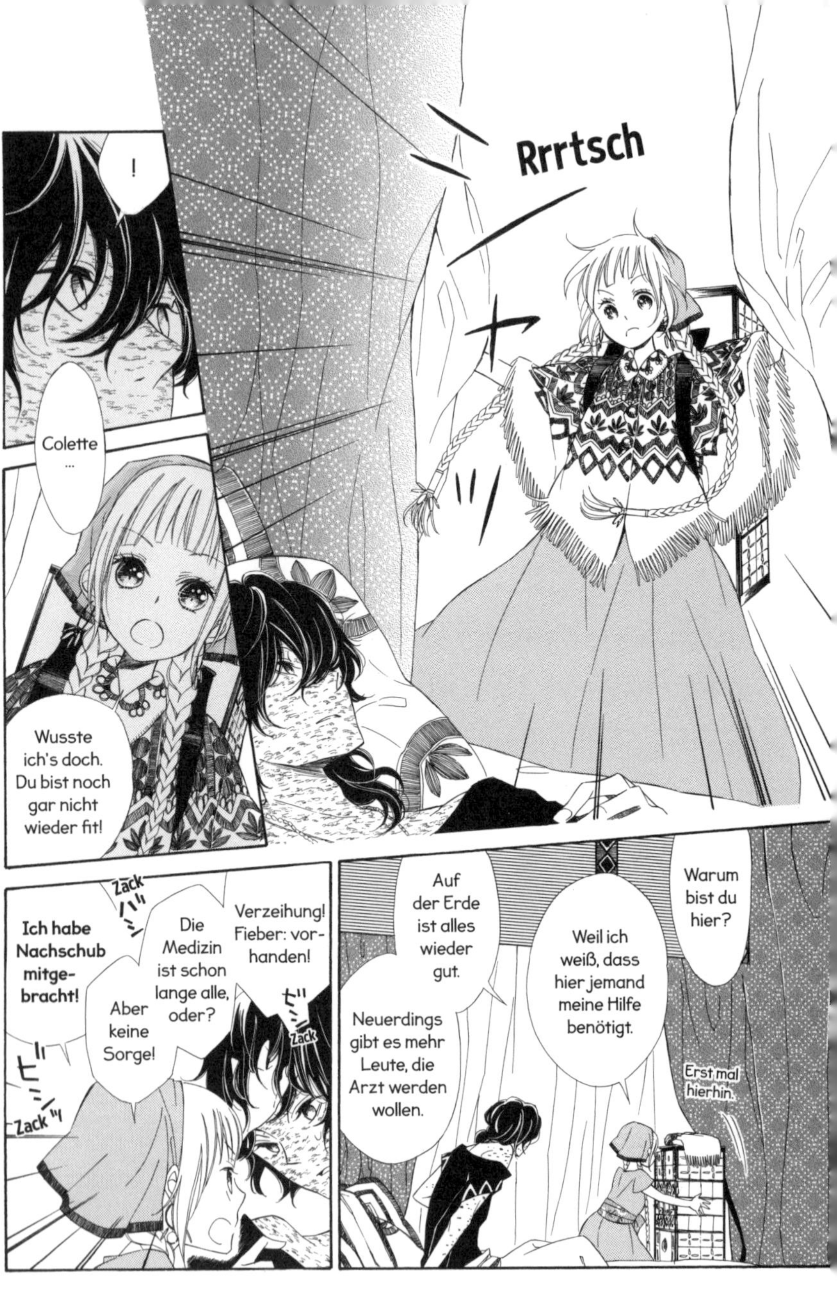
Rrrtsch
!
Colette …
Wusste ich's doch. Du bist noch gar nicht wieder fit!
Warum bist du hier?
Weil ich weiß, dass hier jemand meine Hilfe benötigt.
Auf der Erde ist alles wieder gut.
Neuerdings gibt es mehr Leute, die Arzt werden wollen.
Erst mal hierhin.
Zack
Verzeihung! Fieber: vorhanden!
Die Medizin ist schon lange alle, oder?
Zack
Aber keine Sorge!
Ich habe Nachschub mitgebracht!
Zack

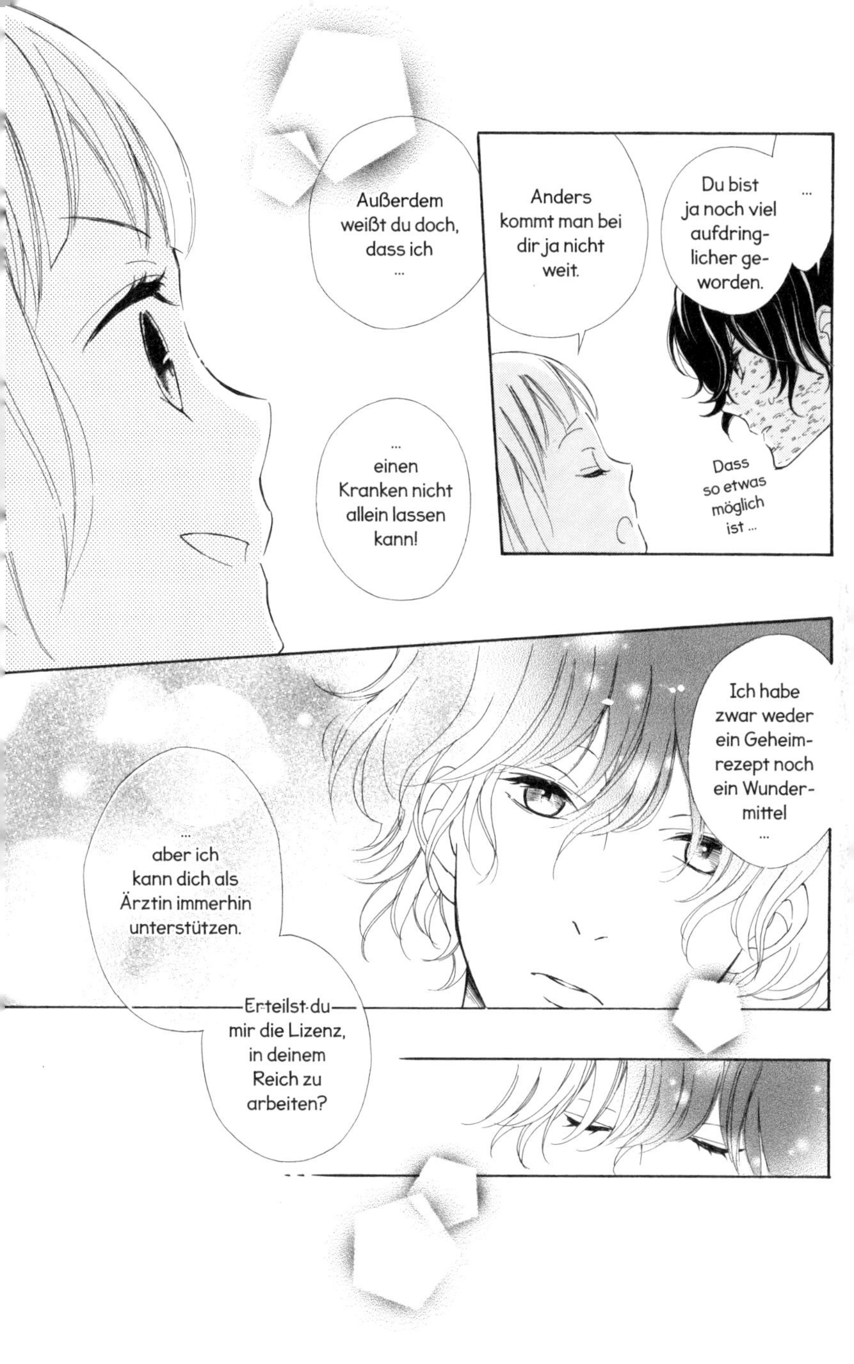
Du bist ja noch viel aufdringlicher geworden. …
Anders kommt man bei dir ja nicht weit.
Dass so etwas möglich ist …
Außerdem weißt du doch, dass ich …
… einen Kranken nicht allein lassen kann!
Ich habe zwar weder ein Geheimrezept noch ein Wundermittel …
… aber ich kann dich als Ärztin immerhin unterstützen.
Erteilst du mir die Lizenz, in deinem Reich zu arbeiten?

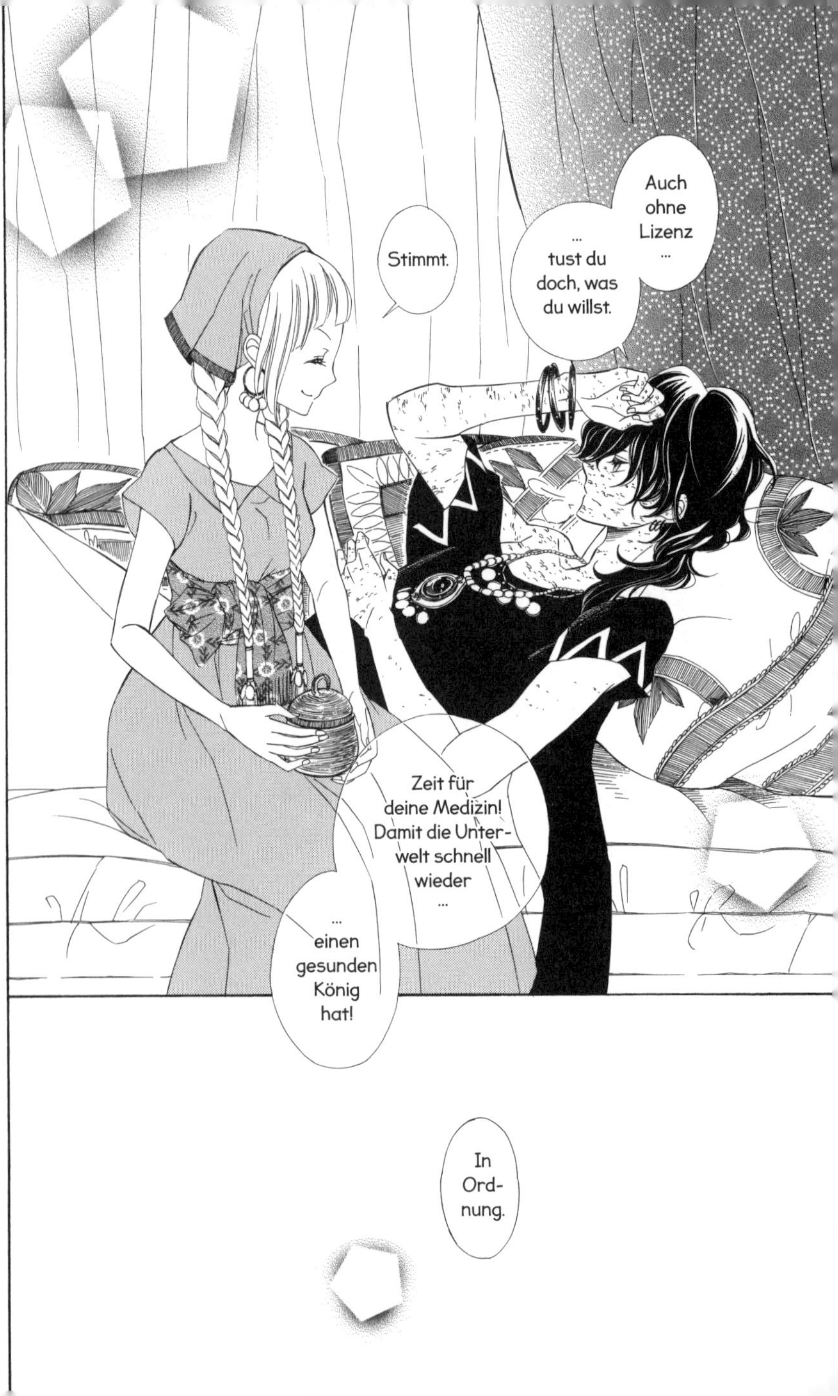
Auch ohne Lizenz ...
... tust du doch, was du willst.
Stimmt.
Zeit für deine Medizin! Damit die Unter-welt schnell wieder ...
... einen gesunden König hat!
In Ord-nung.

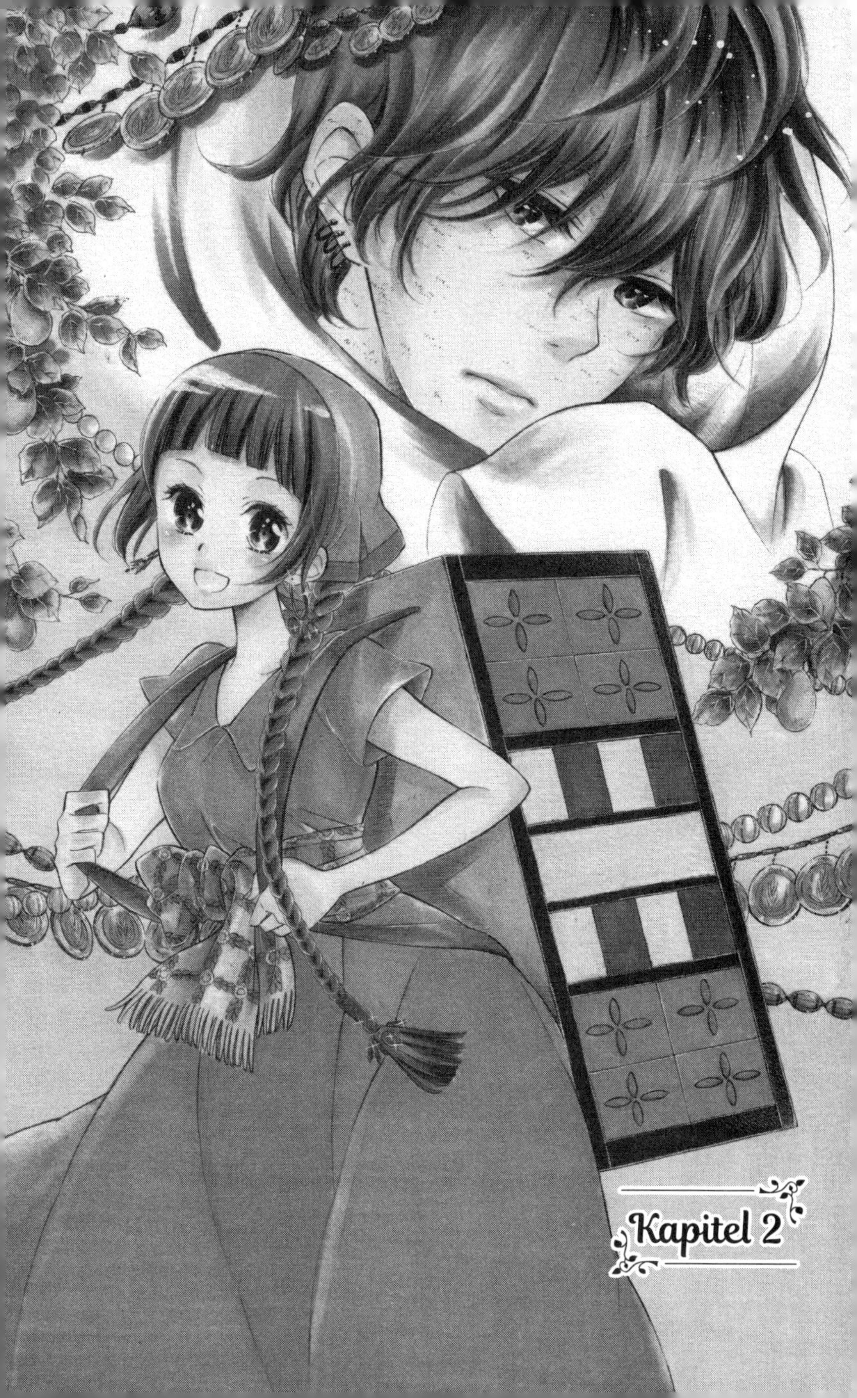
Kapitel 2

Die Dienerschaft

Ihr unterschiedliches Verhalten Colette gegenüber lässt auf individuelle Charakterzüge schließen, aber voneinander unterscheiden kann man sie kaum.

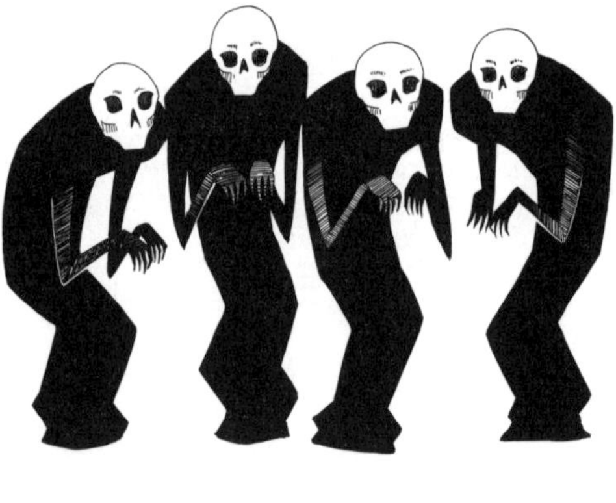

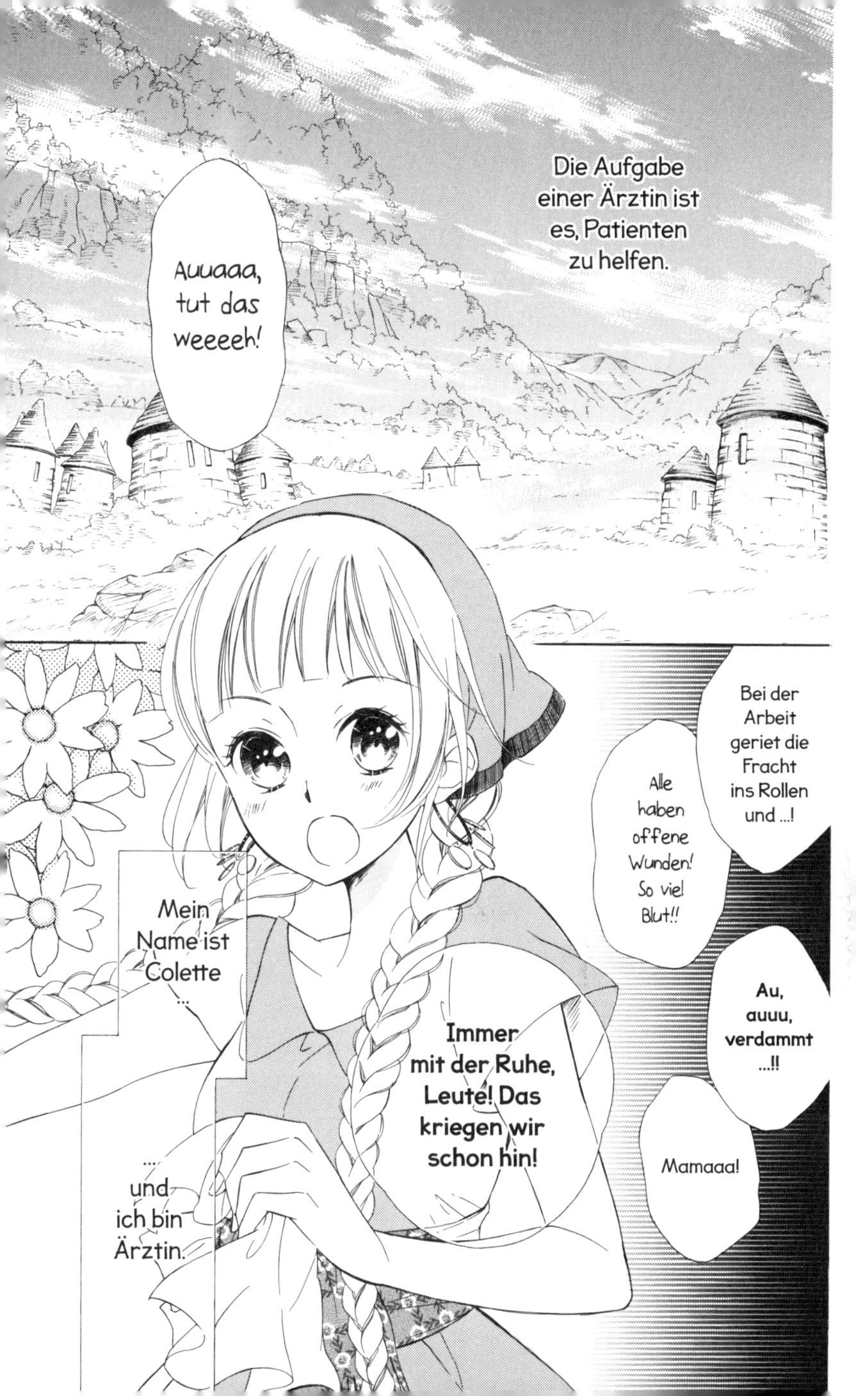
Die Aufgabe einer Ärztin ist es, Patienten zu helfen.
Auuaaa, tut das weeeeh!
Bei der Arbeit geriet die Fracht ins Rollen und ...!
Alle haben offene Wunden! So viel Blut!!
Au, auuu, verdammt ...!!
Mamaaa!
Immer mit der Ruhe, Leute! Das kriegen wir schon hin!
Mein Name ist Colette ...
... und ich bin Ärztin.

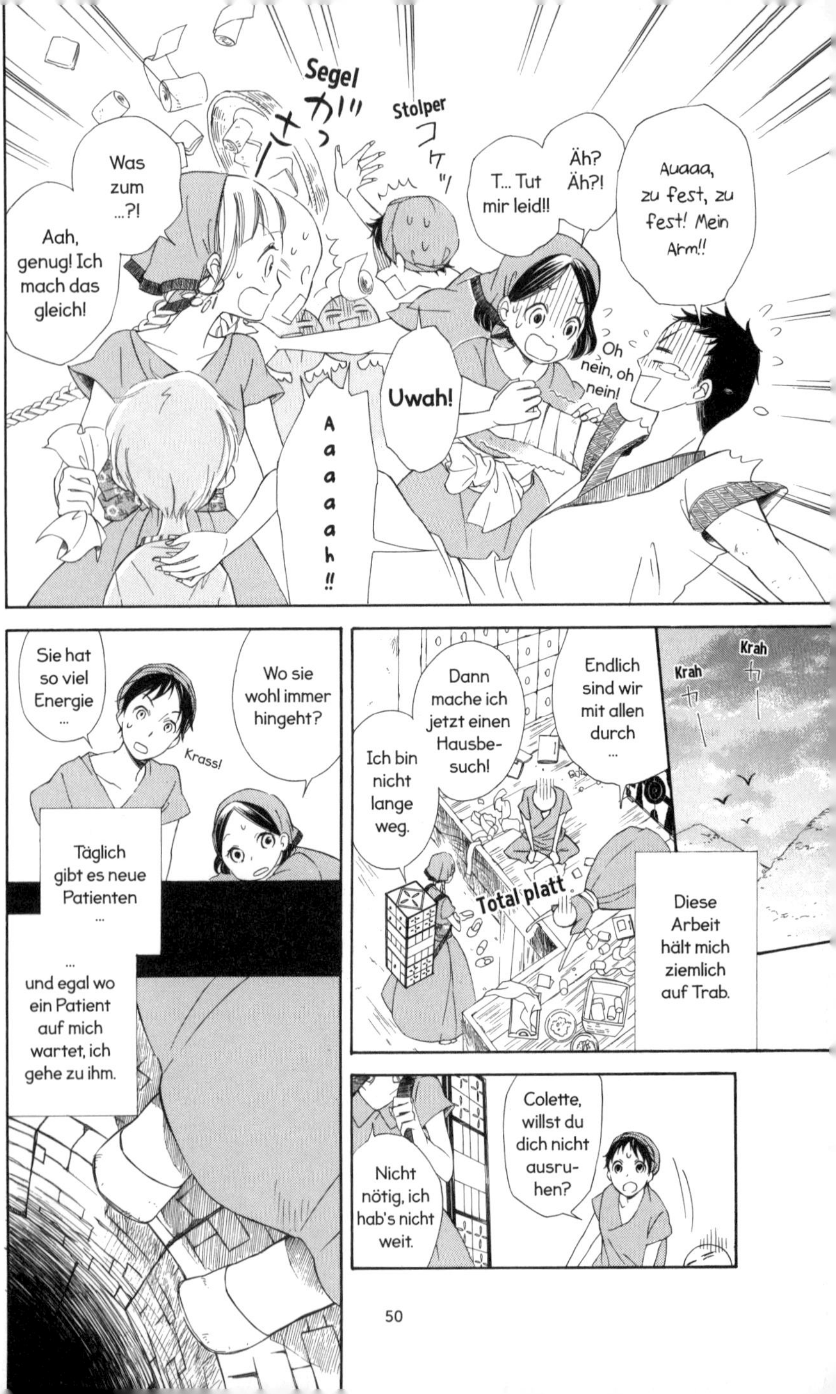
Auaaa, zu fest, zu fest! Mein Arm!!
Äh? Äh?!
T... Tut mir leid!!
Oh nein, oh nein!
Stolper
Segel
Uwah!
Aaaaaah!!
Was zum ...?!
Aah, genug! Ich mach das gleich!
Krah
Krah
Endlich sind wir mit allen durch ...
Dann mache ich jetzt einen Hausbesuch!
Ich bin nicht lange weg.
Total platt
Diese Arbeit hält mich ziemlich auf Trab.
Colette, willst du dich nicht ausruhen?
Nicht nötig, ich hab's nicht weit.
Wo sie wohl immer hingeht?
Sie hat so viel Energie ...
Krass!
Täglich gibt es neue Patienten ...
... und egal wo ein Patient auf mich wartet, ich gehe zu ihm.

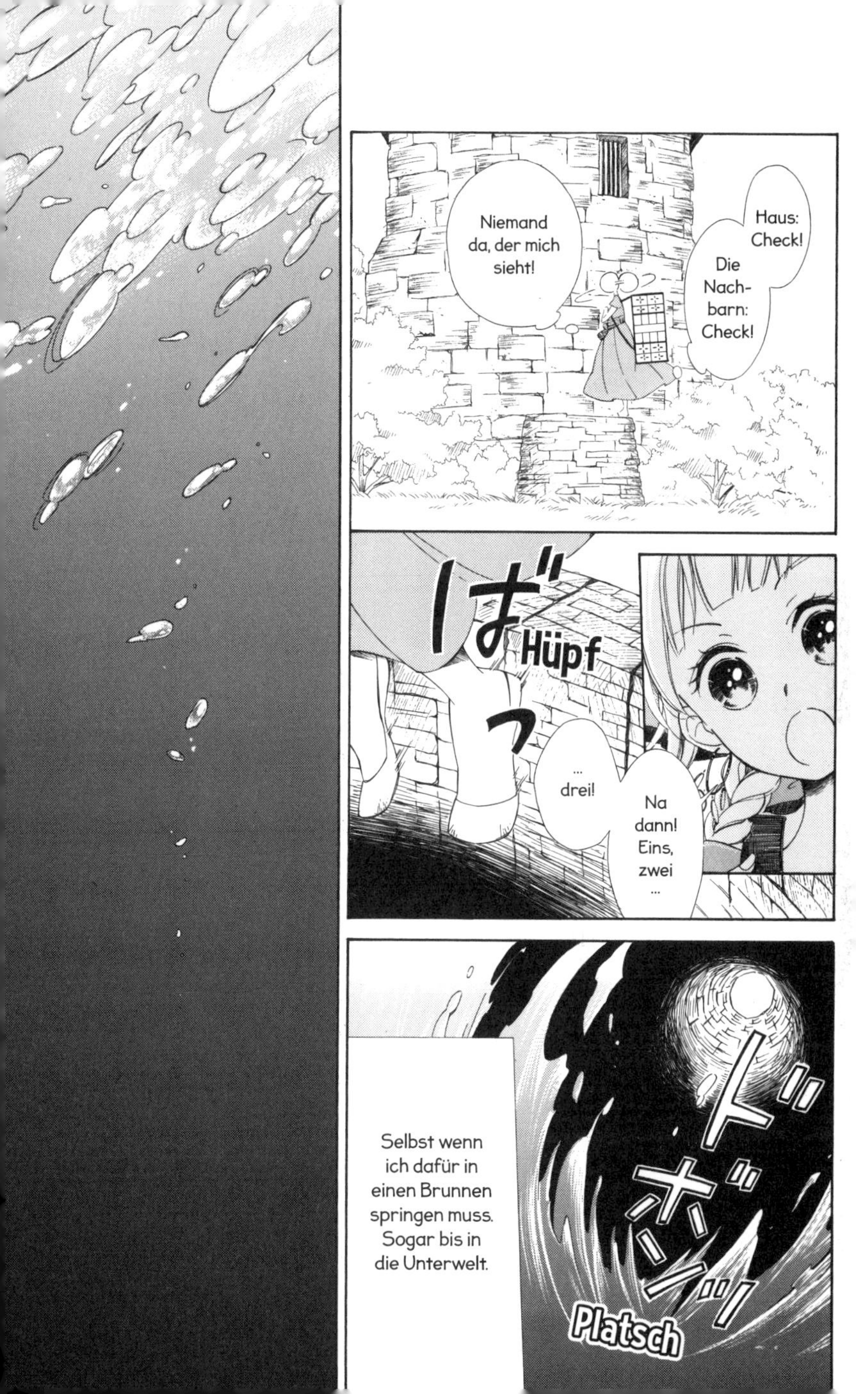
Haus: Check!
Die Nachbarn: Check!
Niemand da, der mich sieht!
Na dann! Eins, zwei …
… drei!
Hüpf
Selbst wenn ich dafür in einen Brunnen springen muss. Sogar bis in die Unterwelt.
Platsch

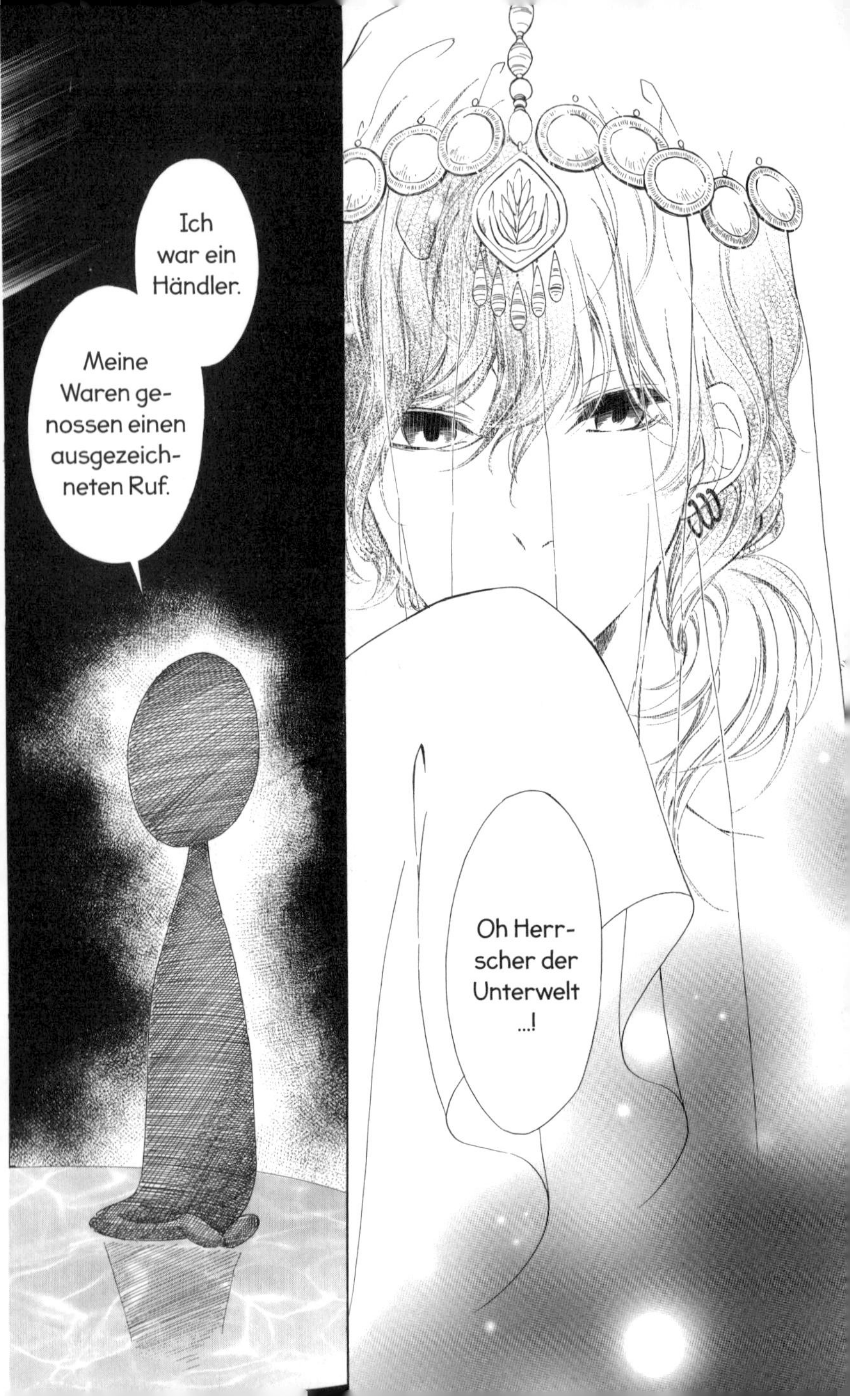
Oh Herrscher der Unterwelt ...!
Ich war ein Händler.
Meine Waren genossen einen ausgezeichneten Ruf.

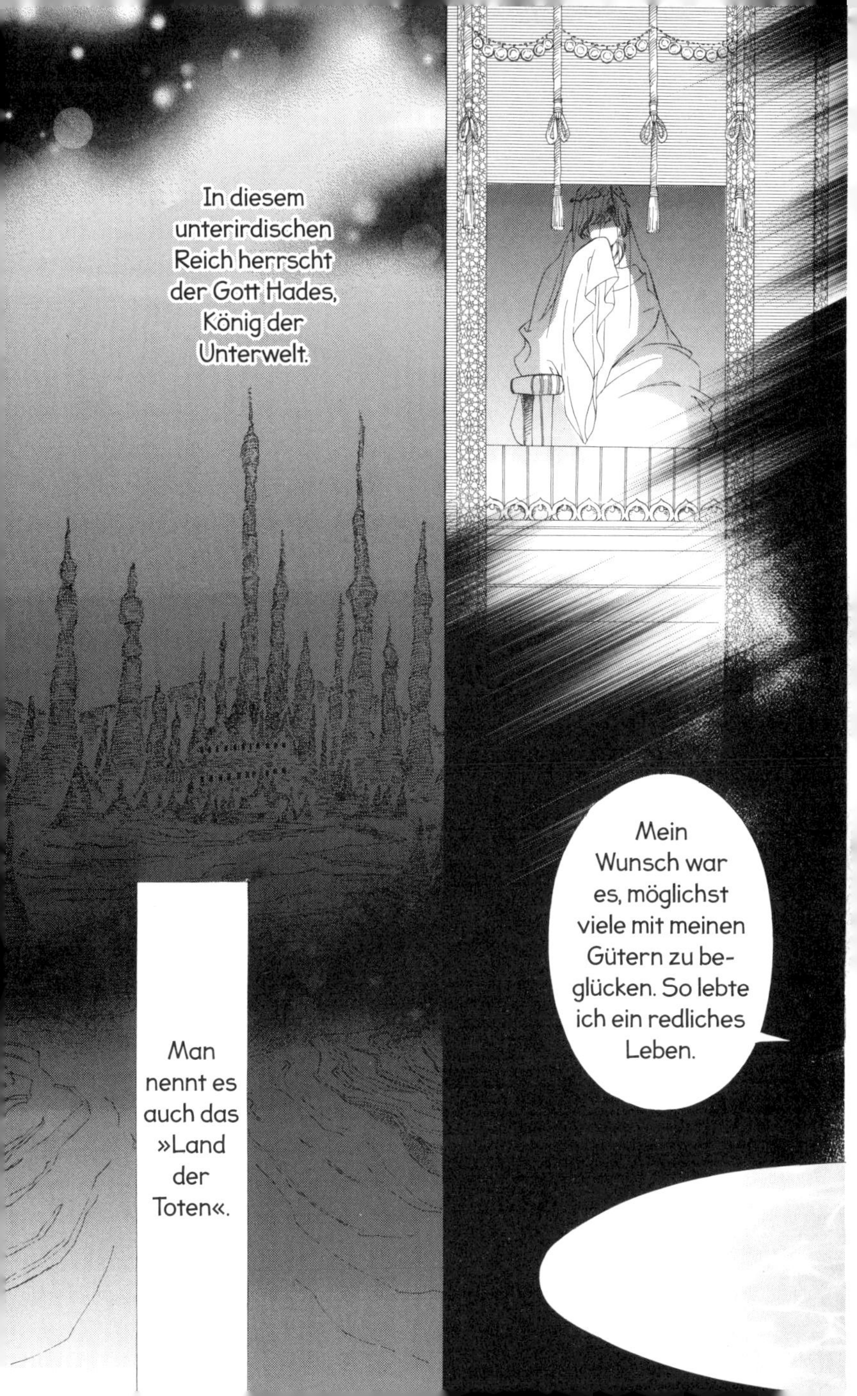

Mein Wunsch war es, möglichst viele mit meinen Gütern zu beglücken. So lebte ich ein redliches Leben.
In diesem unterirdischen Reich herrscht der Gott Hades, König der Unterwelt.
Man nennt es auch das »Land der Toten«.

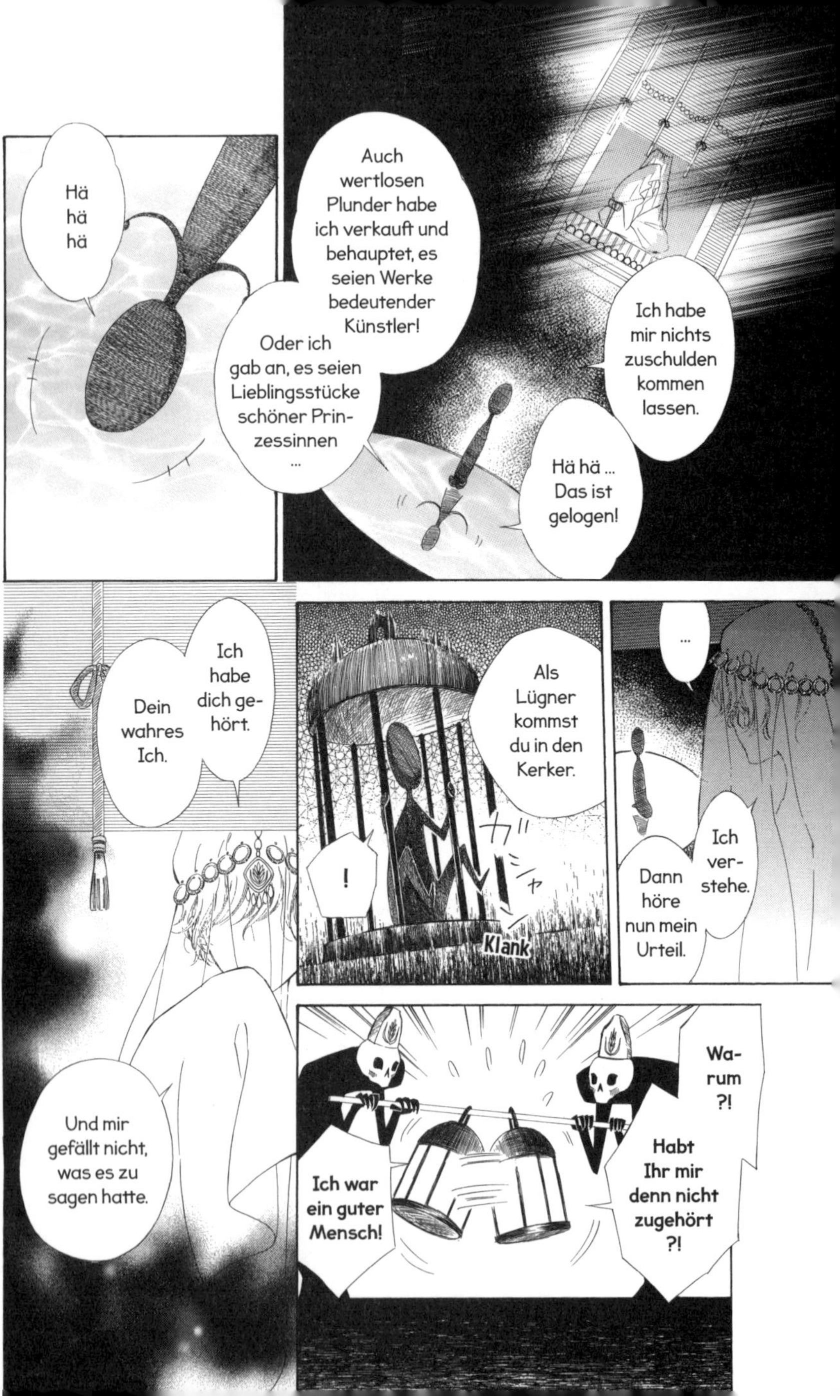
Ich habe mir nichts zuschulden kommen lassen.
Hä hä ... Das ist gelogen!
Auch wertlosen Plunder habe ich verkauft und behauptet, es seien Werke bedeutender Künstler!
Oder ich gab an, es seien Lieblingsstücke schöner Prinzessinnen ...
Hä hä hä
...
Ich verstehe.
Dann höre nun mein Urteil.
Als Lügner kommst du in den Kerker.
!
ガシャ
Klank
Ich habe dich gehört.
Dein wahres Ich.
Und mir gefällt nicht, was es zu sagen hatte.
Warum ?!
Habt Ihr mir denn nicht zugehört ?!
Ich war ein guter Mensch!

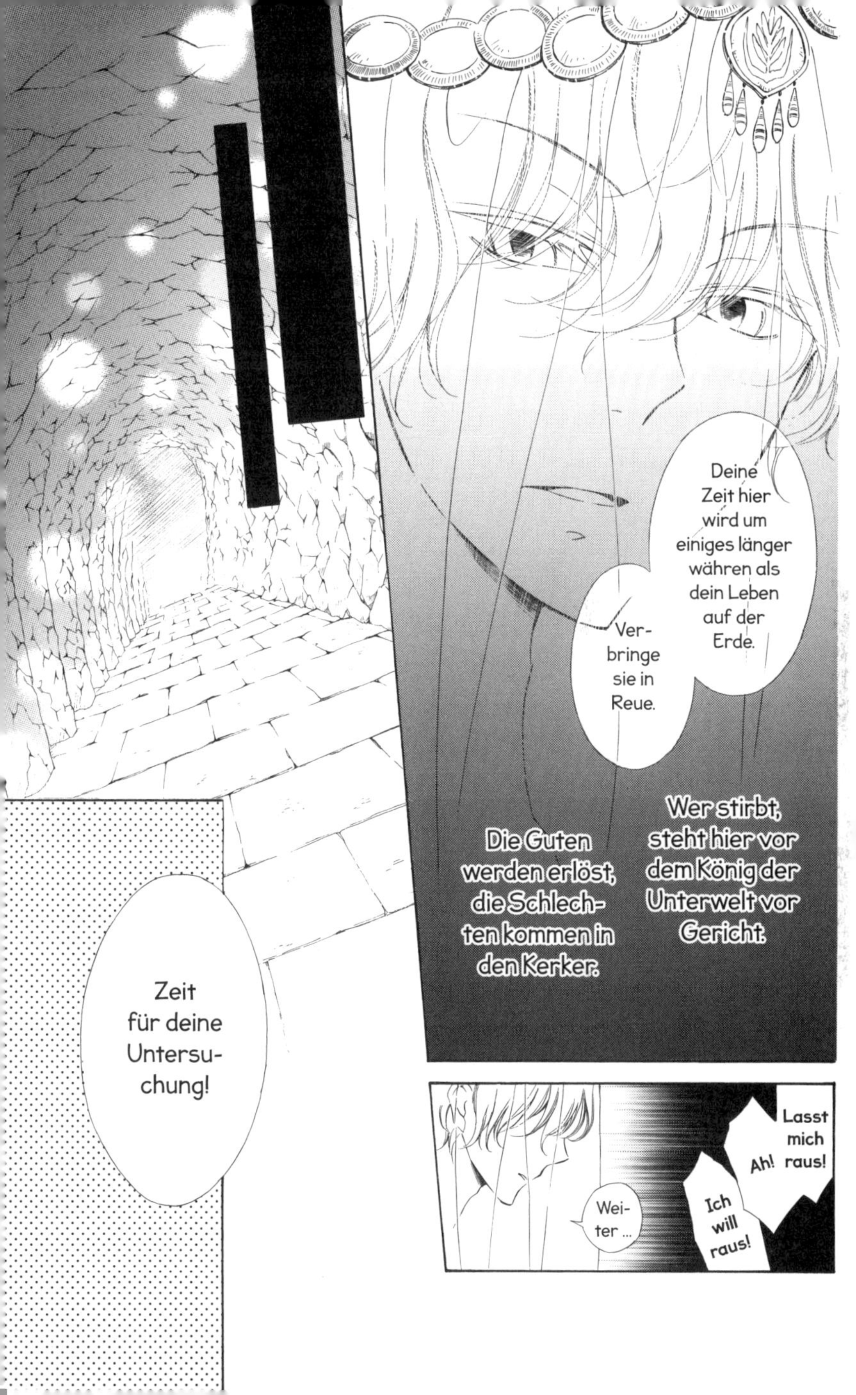

Deine Zeit hier wird um einiges länger währen als dein Leben auf der Erde.
Verbringe sie in Reue.
Wer stirbt, steht hier vor dem König der Unterwelt vor Gericht.
Die Guten werden erlöst, die Schlechten kommen in den Kerker.
Lasst mich raus!
Ah!
Ich will raus!
Weiter ...
Zeit für deine Untersuchung!

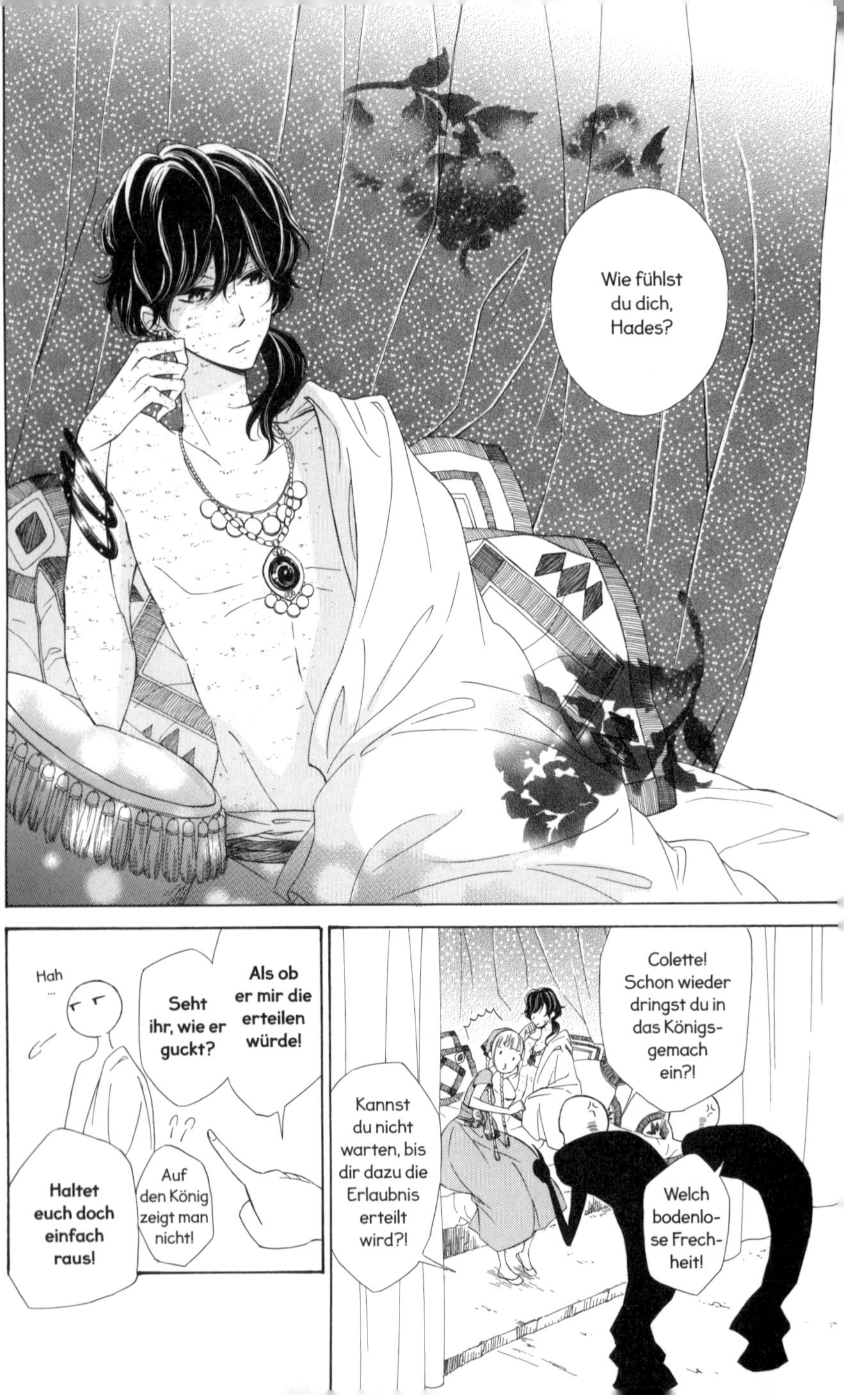
Wie fühlst du dich, Hades?
Colette! Schon wieder dringst du in das Königs-gemach ein?!
Welch bodenlo-se Frech-heit!
Kannst du nicht warten, bis dir dazu die Erlaubnis erteilt wird?!
Als ob er mir die erteilen würde!
Seht ihr, wie er guckt?
Hah ...
Auf den König zeigt man nicht!
Haltet euch doch einfach raus!

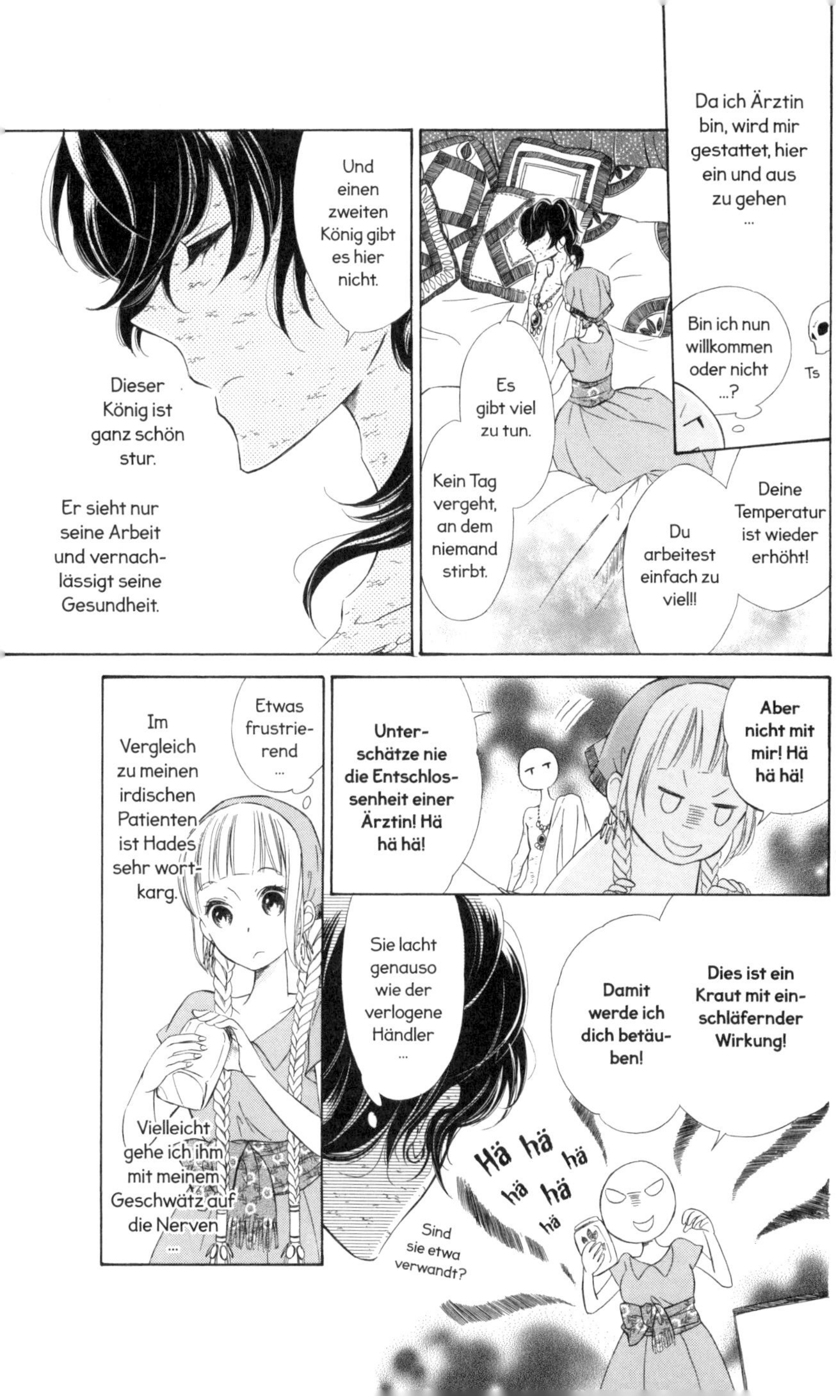
Da ich Ärztin bin, wird mir gestattet, hier ein und aus zu gehen ...
Bin ich nun willkommen oder nicht ...?
Ts
Deine Temperatur ist wieder erhöht!
Du arbeitest einfach zu viel!!
Es gibt viel zu tun.
Kein Tag vergeht, an dem niemand stirbt.
Und einen zweiten König gibt es hier nicht.
Dieser König ist ganz schön stur.
Er sieht nur seine Arbeit und vernachlässigt seine Gesundheit.
Aber nicht mit mir! Hä hä hä!
Unterschätze nie die Entschlossenheit einer Ärztin! Hä hä hä!
Etwas frustrierend ...
Im Vergleich zu meinen irdischen Patienten ist Hades sehr wortkarg.
Vielleicht gehe ich ihm mit meinem Geschwätz auf die Nerven ...
Dies ist ein Kraut mit einschläfernder Wirkung!
Damit werde ich dich betäuben!
Hä hä hä hä hä hä
Sie lacht genauso wie der verlogene Händler ...
Sind sie etwa verwandt?

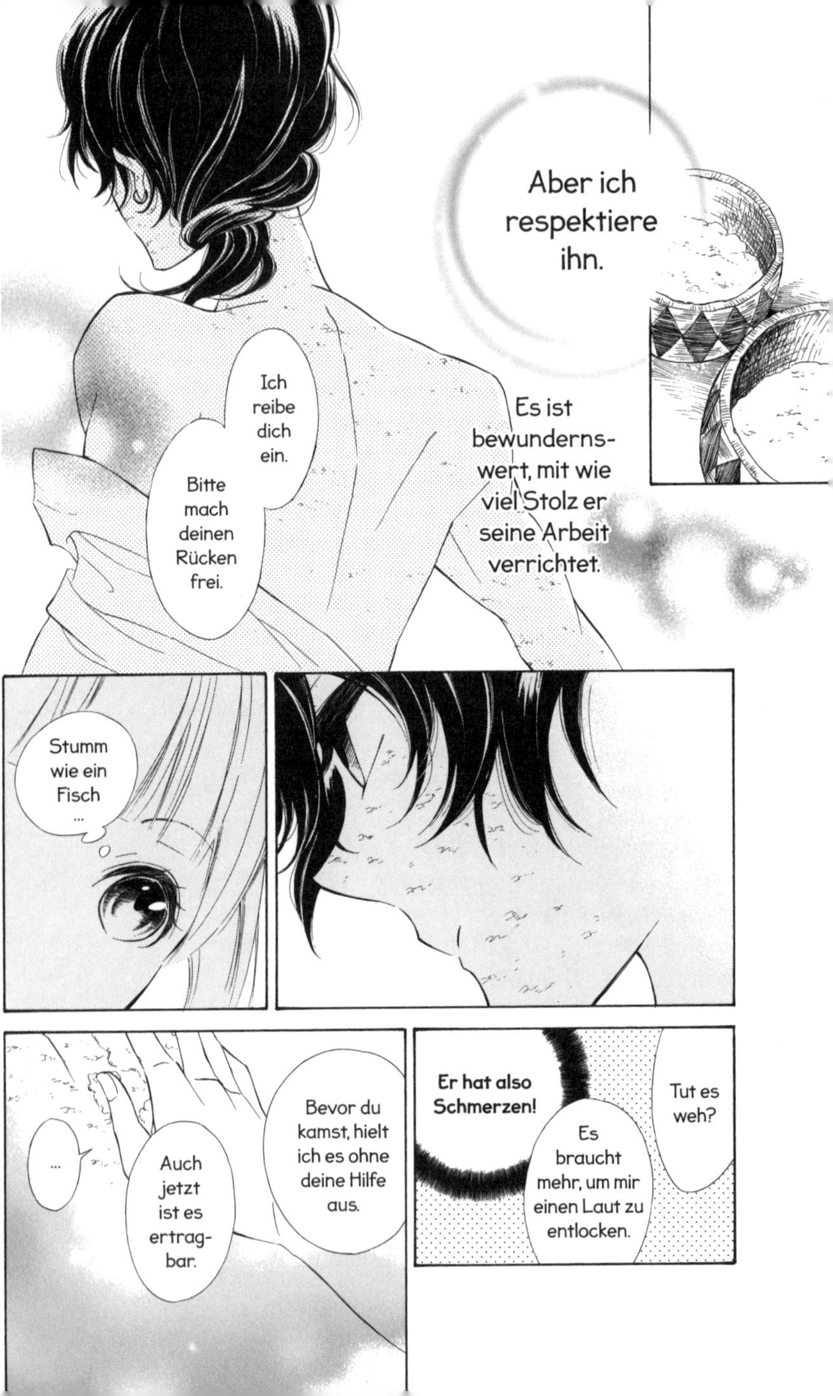
Aber ich respektiere ihn.
Es ist bewundernswert, mit wie viel Stolz er seine Arbeit verrichtet.
Ich reibe dich ein.
Bitte mach deinen Rücken frei.
Stumm wie ein Fisch ...
Tut es weh?
Es braucht mehr, um mir einen Laut zu entlocken.
Er hat also Schmerzen!
Bevor du kamst, hielt ich es ohne deine Hilfe aus.
Auch jetzt ist es ertragbar.
...

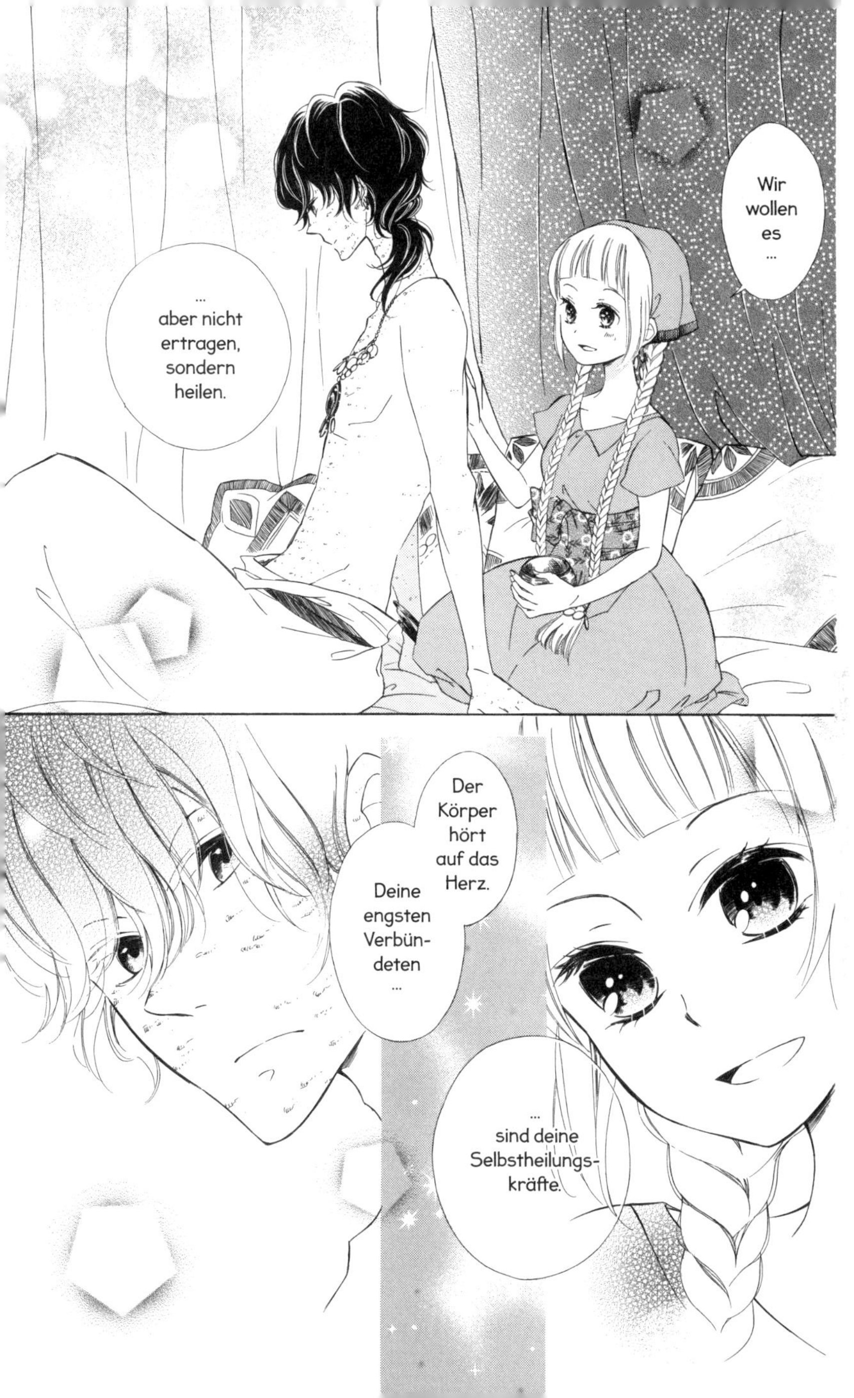
Wir wollen es …
… aber nicht ertragen, sondern heilen.
Der Körper hört auf das Herz.
Deine engsten Verbün-deten …
… sind deine Selbstheilungs-kräfte.

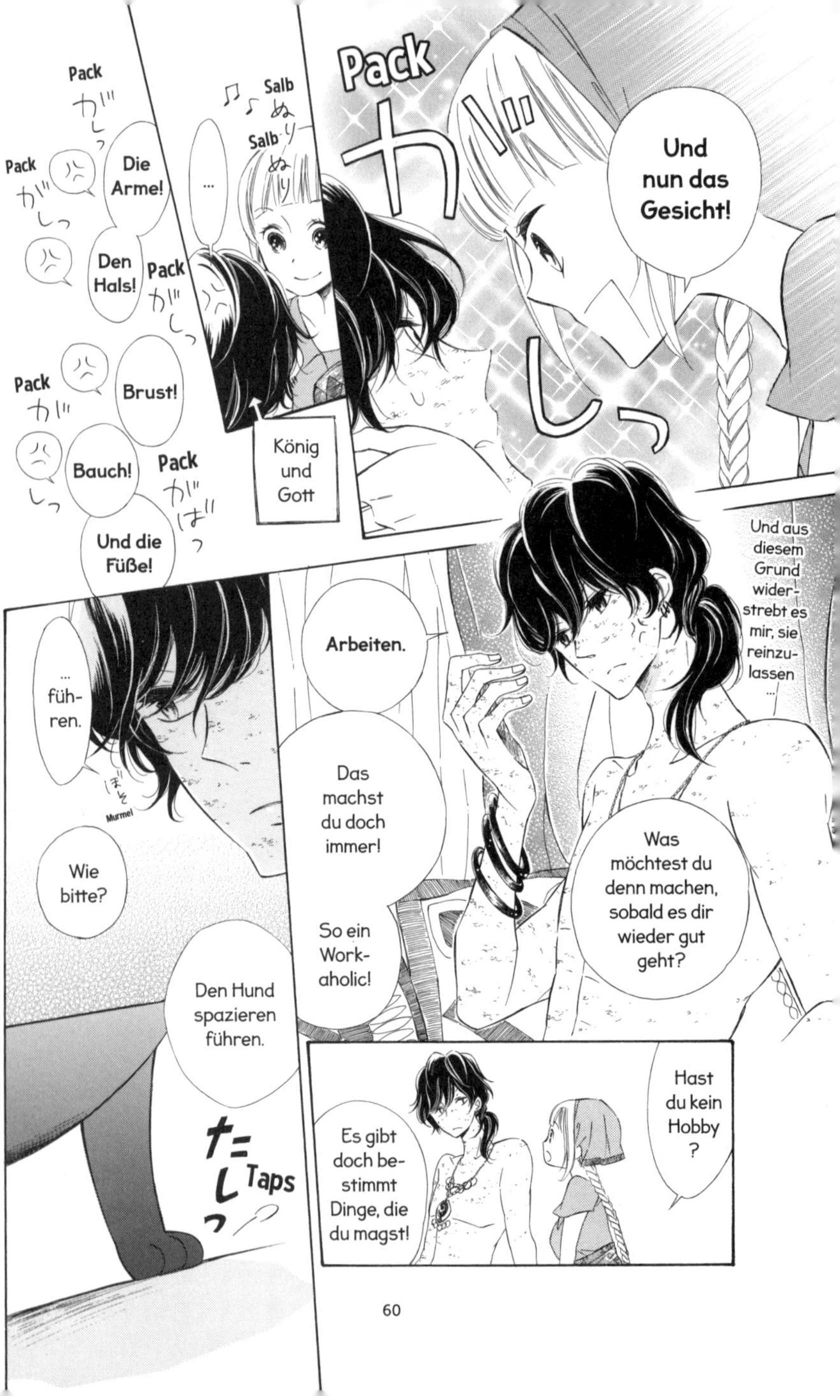
Pack
Und nun das Gesicht!
…
Salb
Salb
König und Gott
Die Arme!
Pack
Den Hals!
Pack
Brust!
Pack
Bauch!
Pack
Und die Füße!
Pack
Und aus diesem Grund wider-strebt es mir, sie reinzu-lassen …
Was möchtest du denn machen, sobald es dir wieder gut geht?
Arbeiten.
Das machst du doch immer!
So ein Work-aholic!
Hast du kein Hobby ?
Es gibt doch be-stimmt Dinge, die du magst!
Den Hund spazieren führen.
Wie bitte?
… füh-ren.
Murmel
Taps

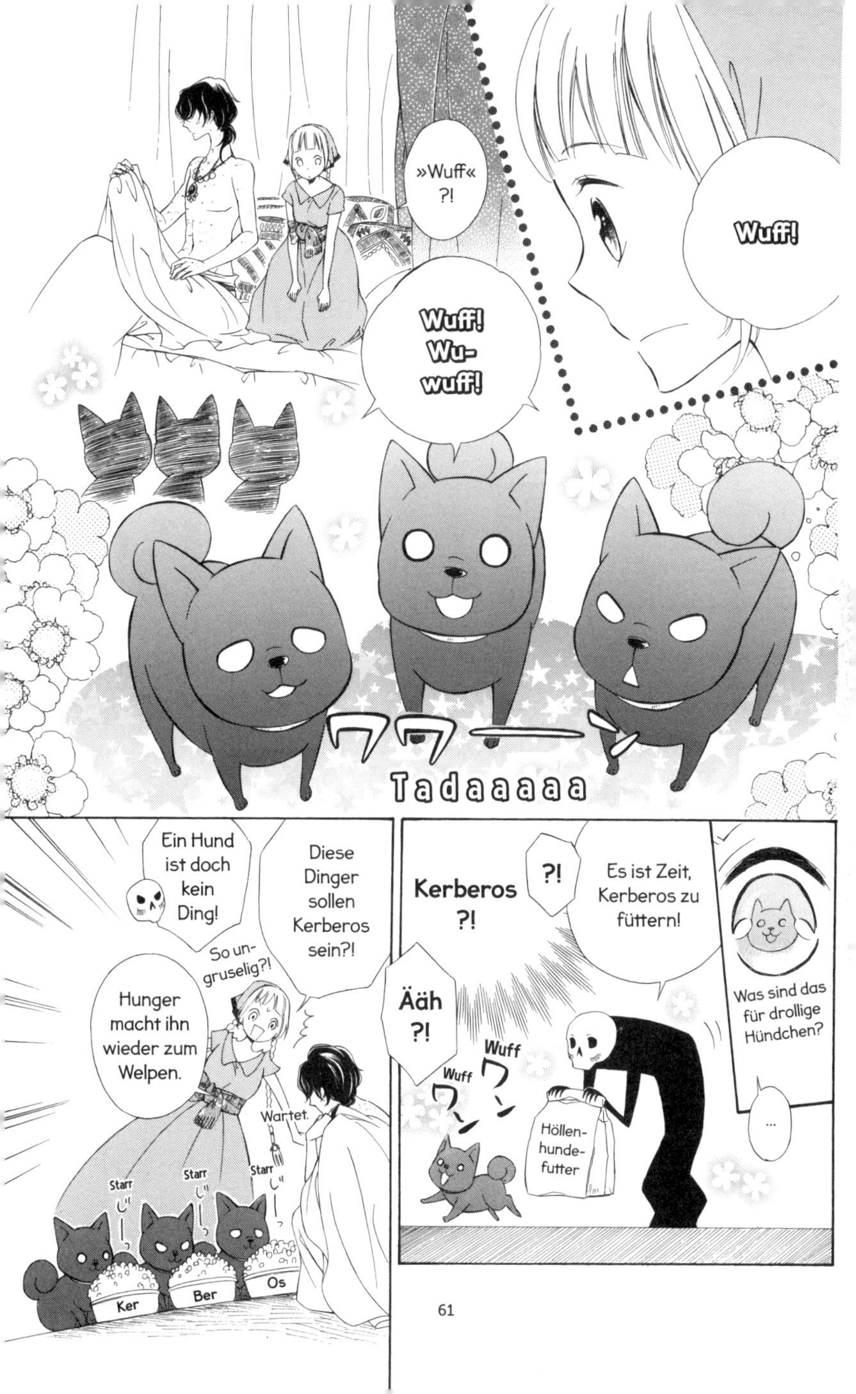
Wuff!
»Wuff« ?!
Wuff! Wu-wuff!
Tadaaaaaa
Was sind das für drollige Hündchen?
...
Es ist Zeit, Kerberos zu füttern!
?!
Kerberos ?!
Ääh ?!
Wuff
Wuff
Höllen-hunde-futter
Diese Dinger sollen Kerberos sein?!
Ein Hund ist doch kein Ding!
So un-gruselig?!
Hunger macht ihn wieder zum Welpen.
Wartet.
Starr
Starr
Starr
Os
Ber
Ker

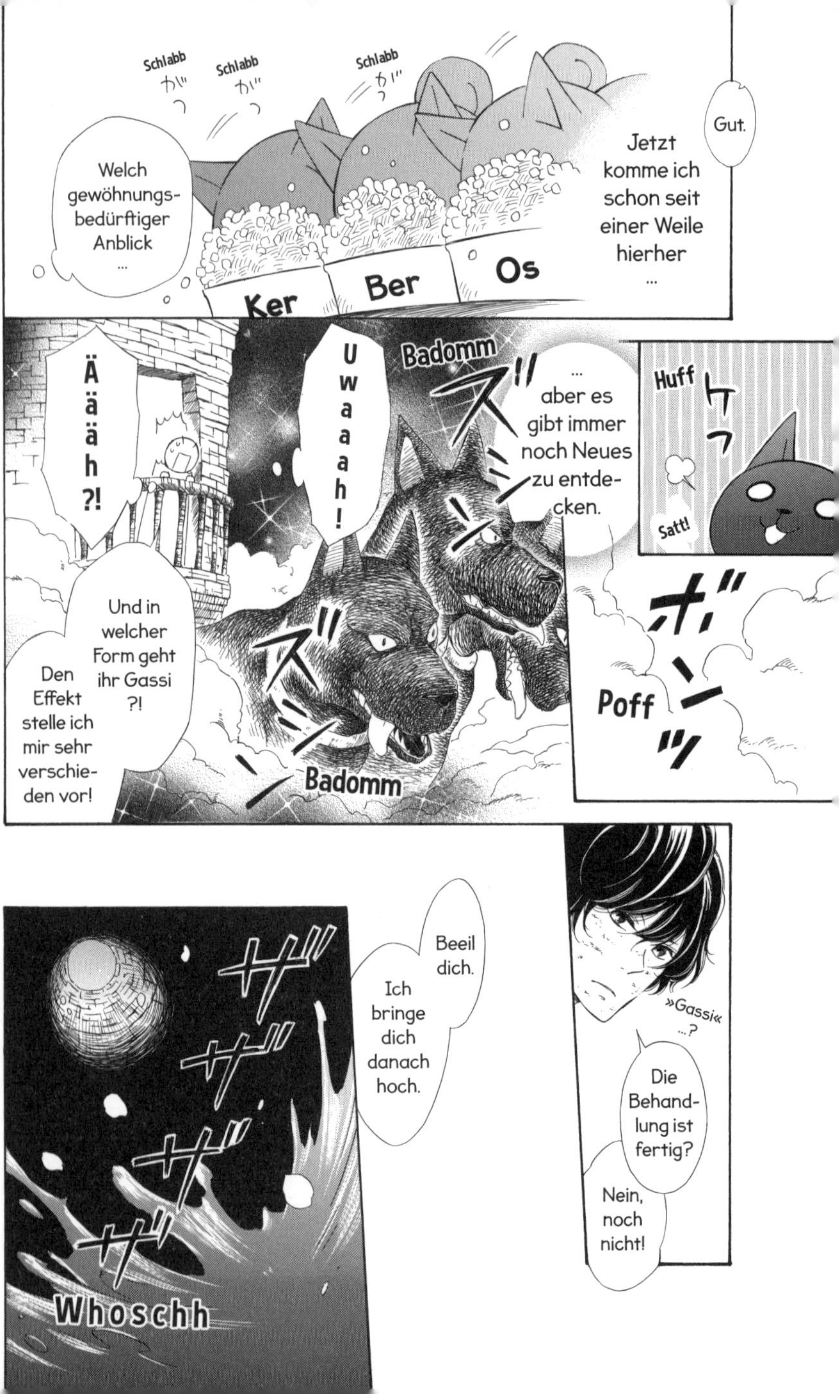
Gut.
Jetzt komme ich schon seit einer Weile hierher ...
Schlabb
Schlabb
Schlabb
Welch gewöhnungsbedürftiger Anblick ...
Ker
Ber
Os
Huff
Satt!
... aber es gibt immer noch Neues zu entdecken.
Badomm
Uwaaaah!
Äääh?!
Und in welcher Form geht ihr Gassi?!
Den Effekt stelle ich mir sehr verschieden vor!
Badomm
Poff
»Gassi« ...?
Die Behandlung ist fertig?
Nein, noch nicht!
Beeil dich.
Ich bringe dich danach hoch.
Whoschh

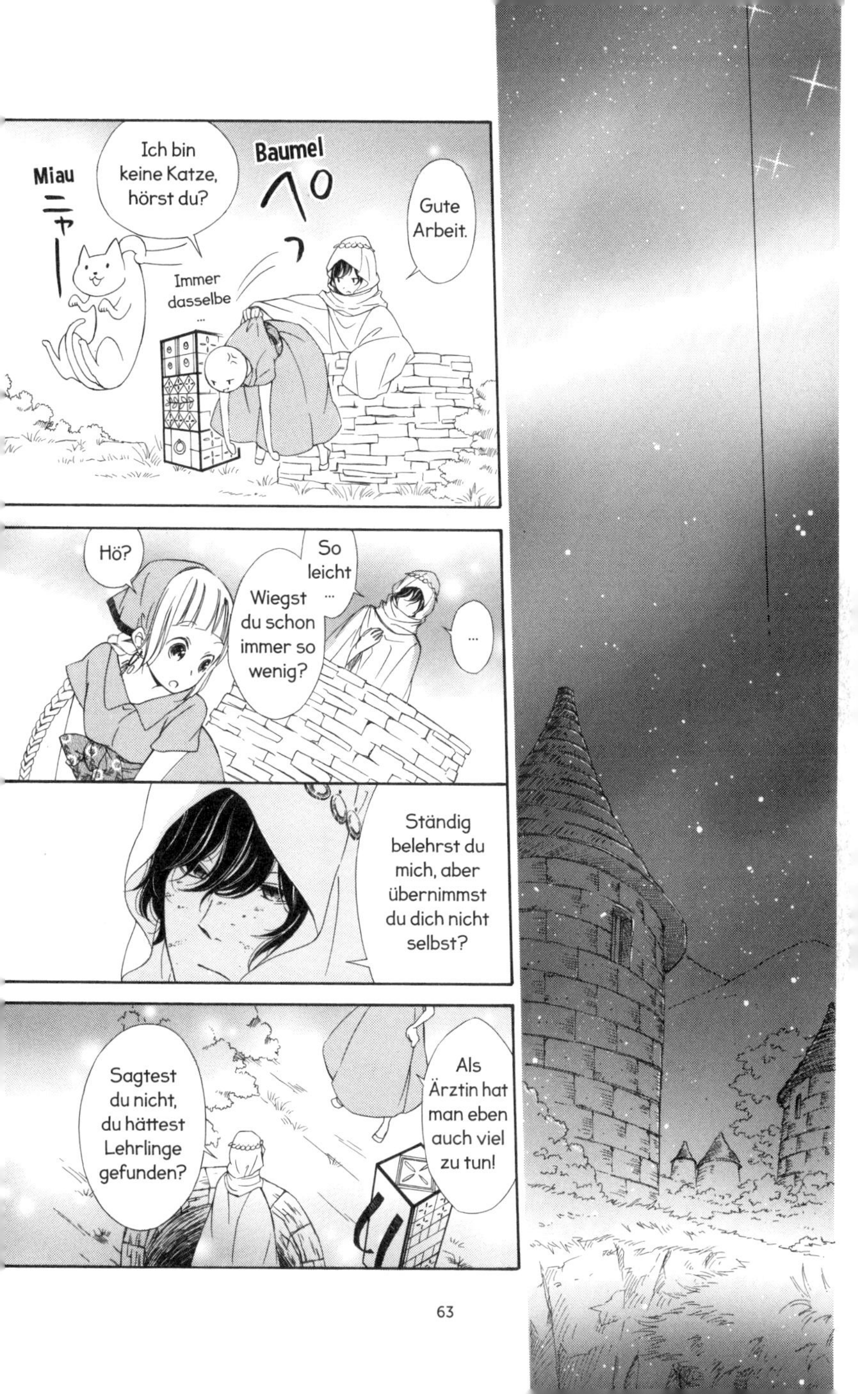
Gute Arbeit.
Baumel
Immer dasselbe ...
Ich bin keine Katze, hörst du?
Miau
So leicht ...
Hö?
...
Wiegst du schon immer so wenig?
Ständig belehrst du mich, aber übernimmst du dich nicht selbst?
Als Ärztin hat man eben auch viel zu tun!
Sagtest du nicht, du hättest Lehrlinge gefunden?

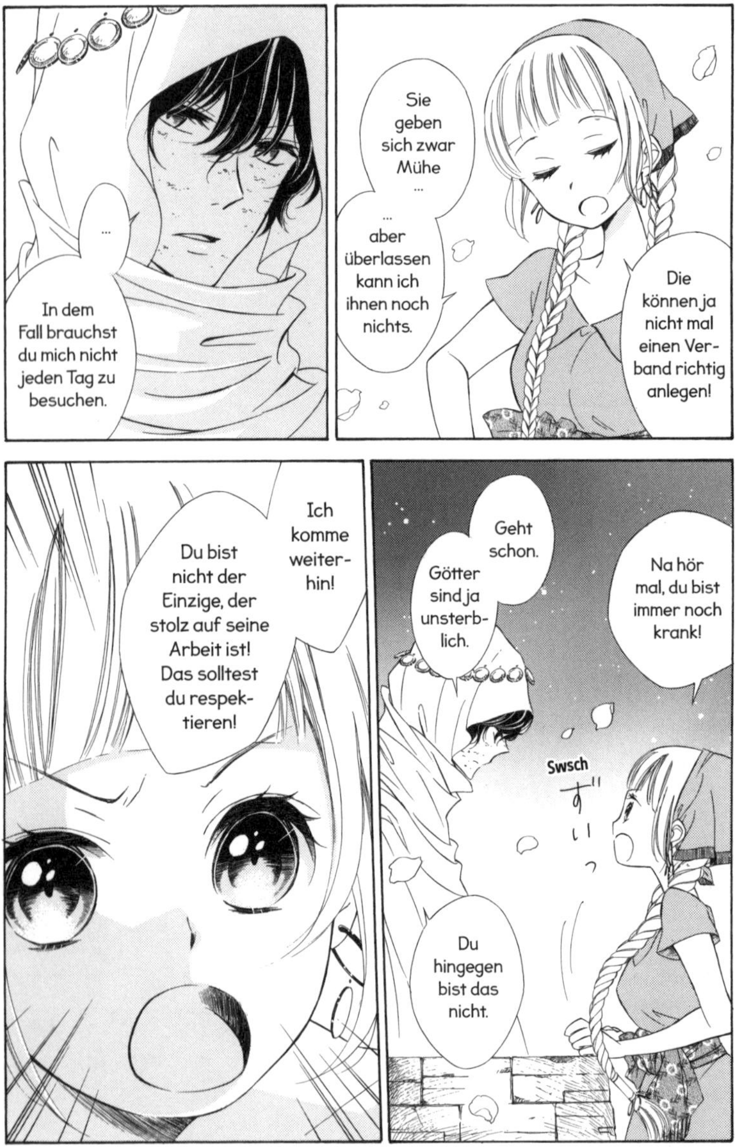
Die können ja nicht mal einen Verband richtig anlegen!
Sie geben sich zwar Mühe ...
... aber überlassen kann ich ihnen noch nichts.
...
In dem Fall brauchst du mich nicht jeden Tag zu besuchen.
Na hör mal, du bist immer noch krank!
Geht schon.
Götter sind ja unsterblich.
Swsch
Du hingegen bist das nicht.
Ich komme weiterhin!
Du bist nicht der Einzige, der stolz auf seine Arbeit ist! Das solltest du respektieren!

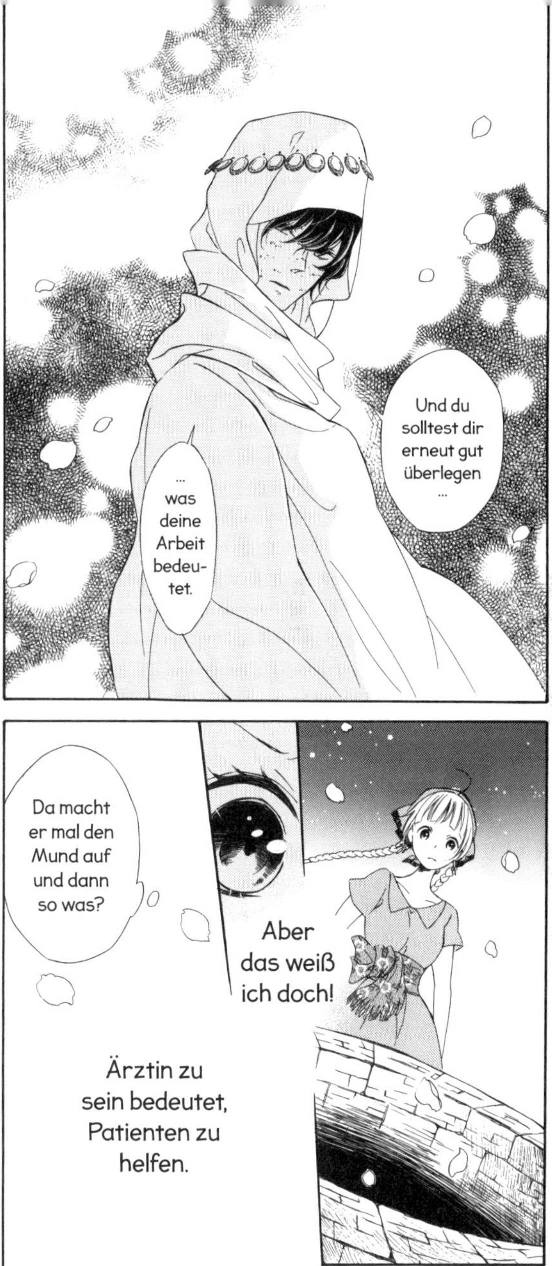

2

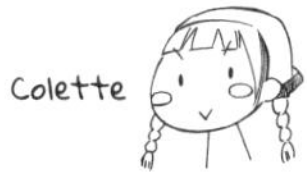

Vom Umfeld als respektlos bezeichnete Heldin.

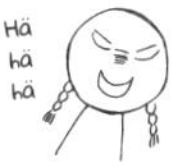

Das Gangstergesicht steht ihr.

Sie zu zeichnen macht Spaß.

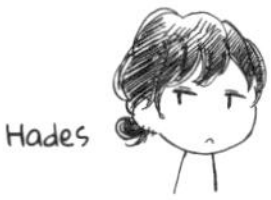

Zeitweilig verwirrt mich seine Frisur.

Eigentlich versteht sich von selbst, dass es nicht gut ist, sich zu überarbeiten. Ich denke aber auch, dass wir vieles in der Welt Menschen zu verdanken haben, die all ihre Kraft in ihre Arbeit stecken. Daher wünsche ich mir eine Welt, in der diejenigen, die hart arbeiten, auch belohnt werden.

Generell bewundere ich Menschen, die sich voll und ganz einer Sache widmen. Dabei muss es sich gar nicht zwangsläufig um Arbeit handeln.

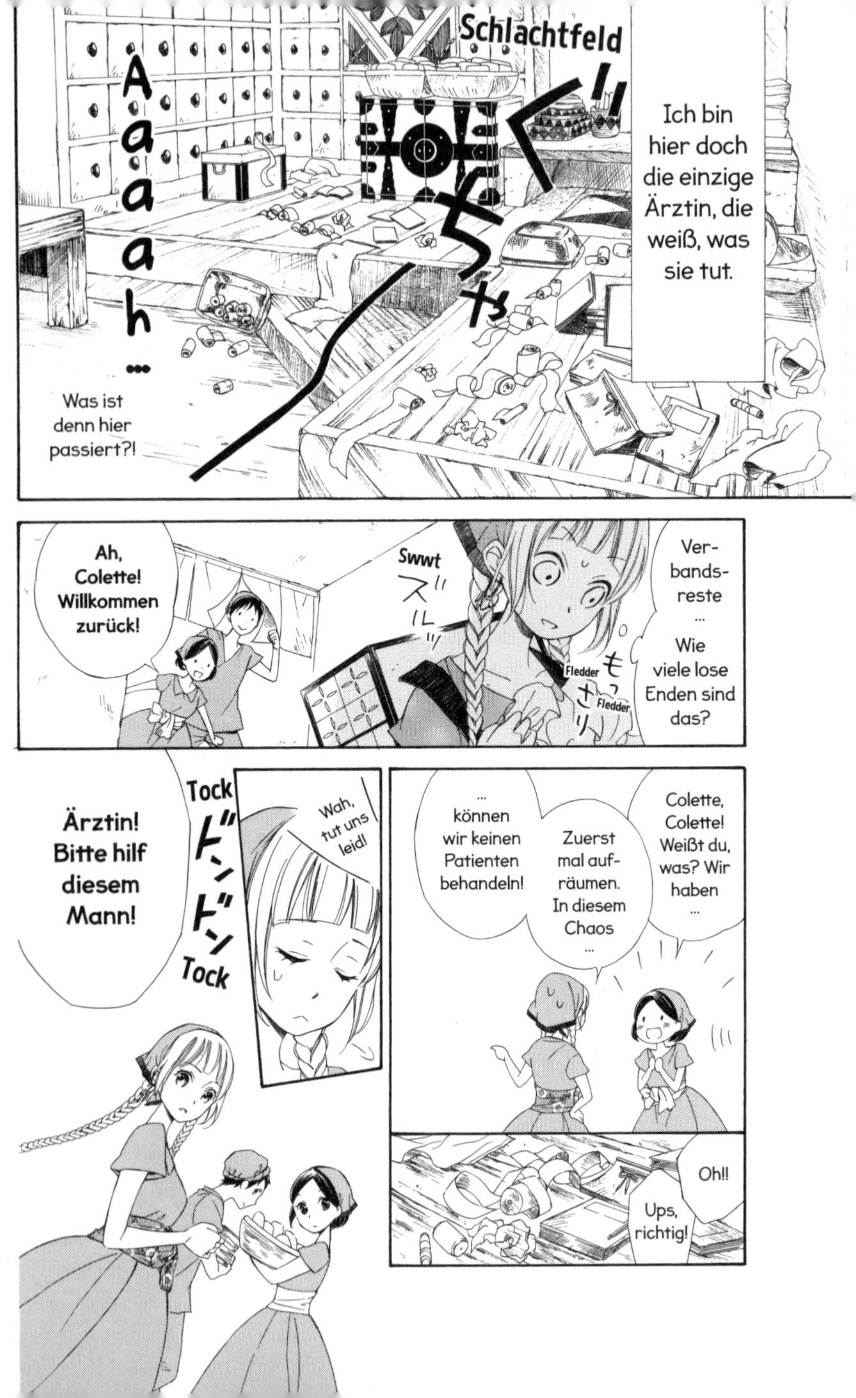
Ich bin hier doch die einzige Ärztin, die weiß, was sie tut.
Schlachtfeld
Aaaah...
Was ist denn hier passiert?!
Verbands-reste ... Wie viele lose Enden sind das?
Fledder
Fledder
Swwt
Ah, Colette! Willkommen zurück!
Colette, Colette! Weißt du, was? Wir haben ...
Zuerst mal auf-räumen. In diesem Chaos ...
... können wir keinen Patienten behandeln!
Wah, tut uns leid!
Tock
Tock
Ärztin! Bitte hilf diesem Mann!
Oh!!
Ups, richtig!

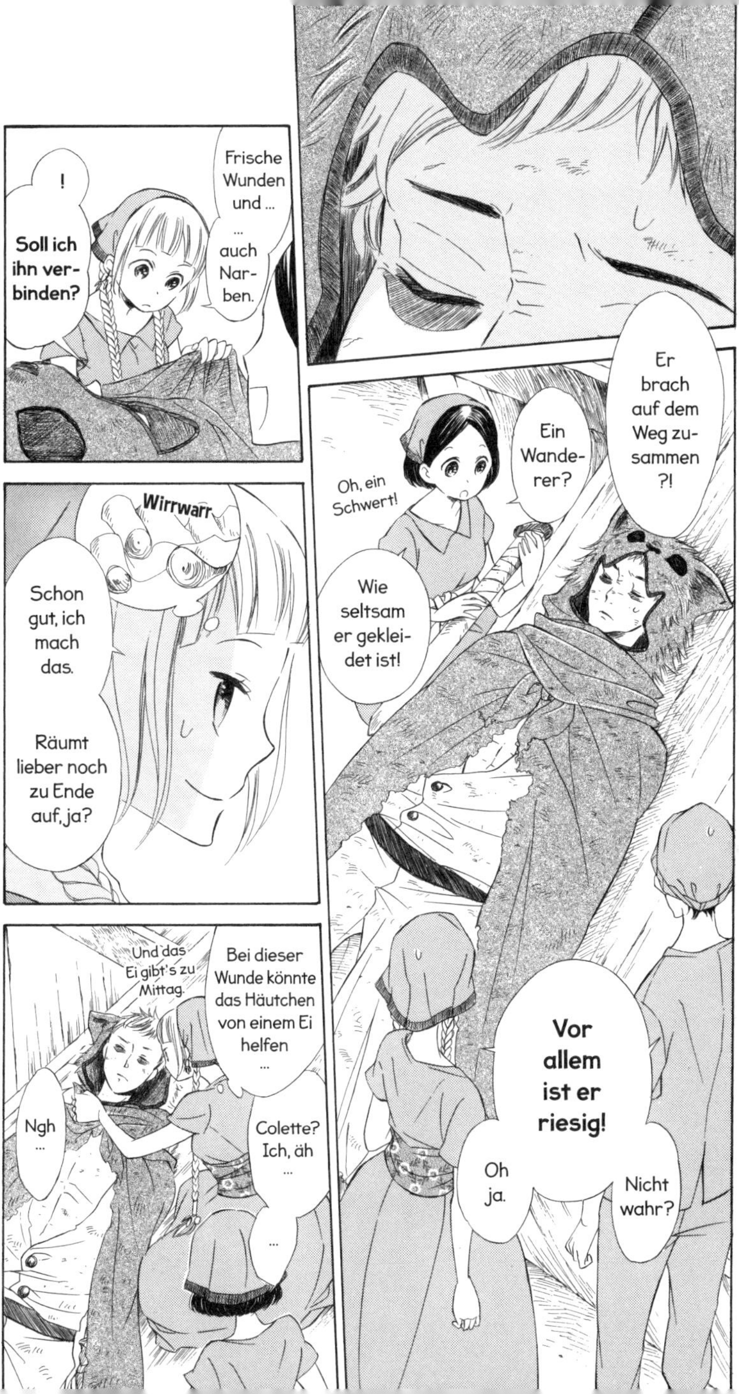

Frische Wunden und …
… auch Narben.
!
Soll ich ihn verbinden?
Er brach auf dem Weg zusammen?!
Ein Wanderer?
Oh, ein Schwert!
Wie seltsam er gekleidet ist!
Vor allem ist er riesig!
Nicht wahr?
Oh ja.
Wirrwarr
Schon gut, ich mach das.
Räumt lieber noch zu Ende auf, ja?
Bei dieser Wunde könnte das Häutchen von einem Ei helfen …
Und das Ei gibt's zu Mittag.
Colette? Ich, äh …
…
Ngh …

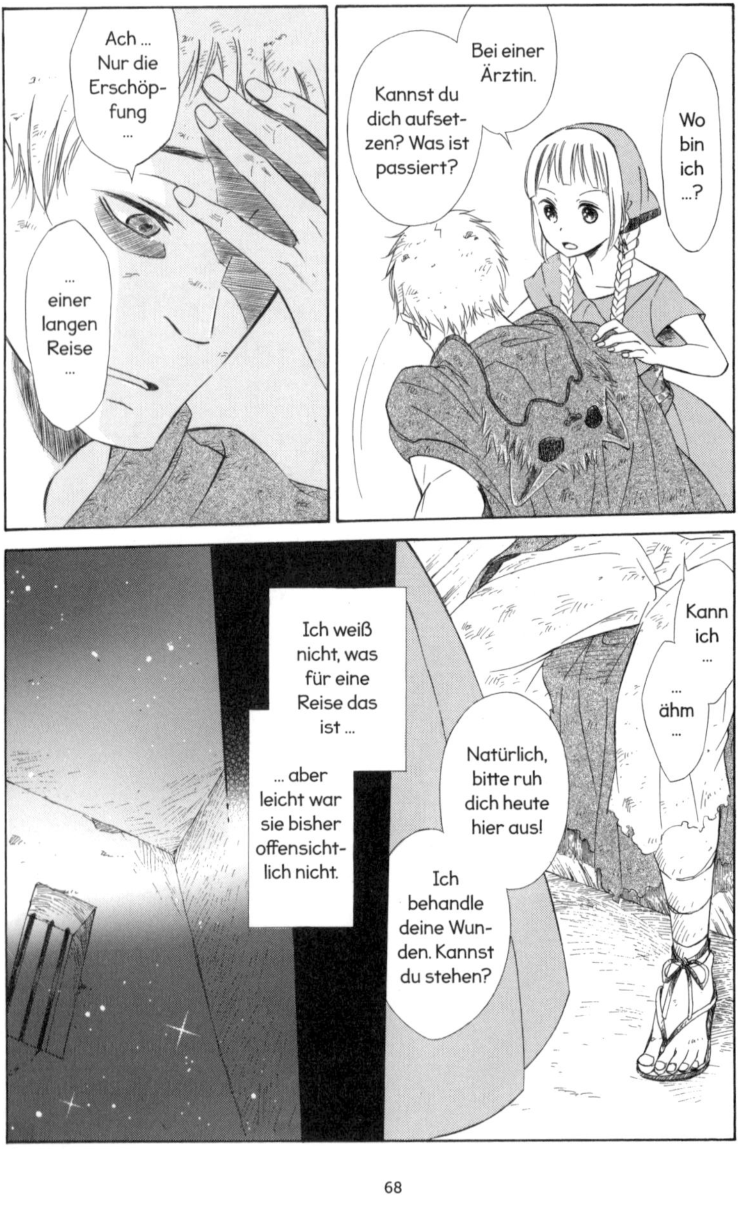
Wo bin ich ...?
Bei einer Ärztin.
Kannst du dich aufsetzen? Was ist passiert?
Ach ... Nur die Erschöpfung ...
... einer langen Reise ...
Kann ich ...
... ähm ...
Natürlich, bitte ruh dich heute hier aus!
Ich behandle deine Wunden. Kannst du stehen?
Ich weiß nicht, was für eine Reise das ist ...
... aber leicht war sie bisher offensichtlich nicht.

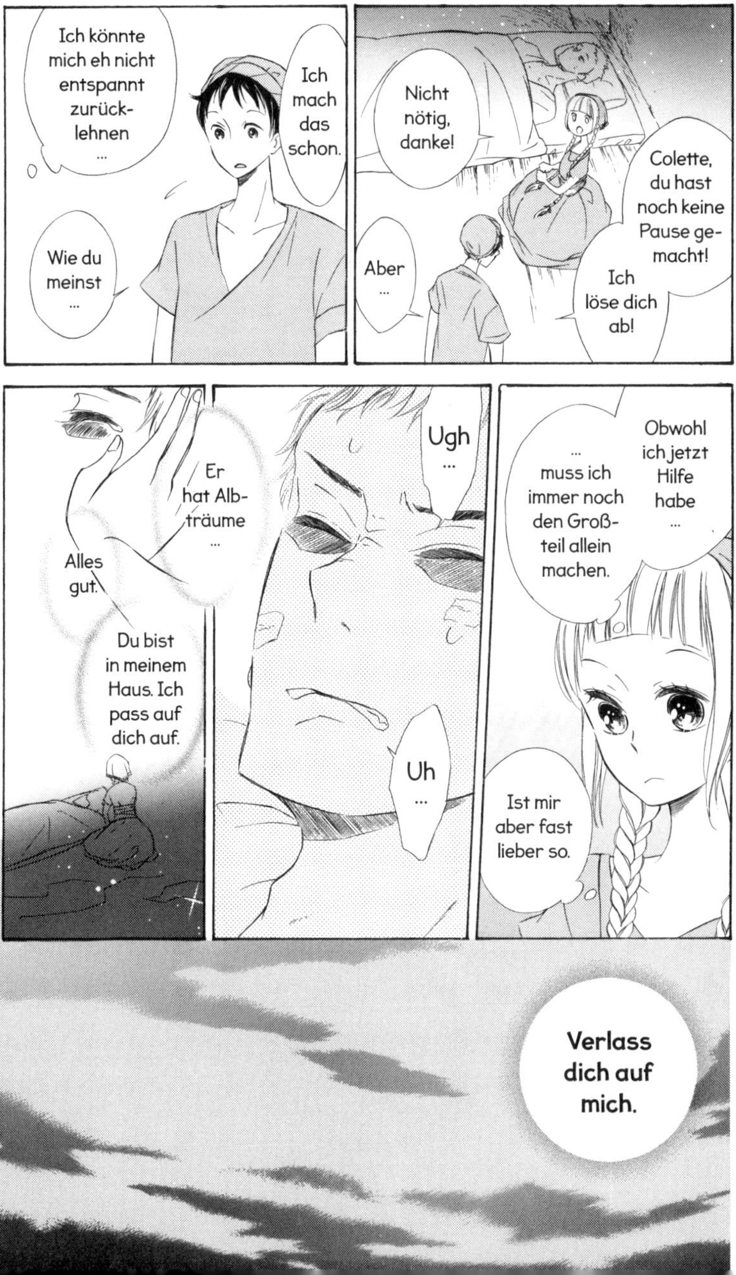
Colette, du hast noch keine Pause gemacht!
Ich löse dich ab!
Nicht nötig, danke!
Aber ...
Ich mach das schon.
Ich könnte mich eh nicht entspannt zurücklehnen ...
Wie du meinst ...
Obwohl ich jetzt Hilfe habe ...
... muss ich immer noch den Großteil allein machen.
Ist mir aber fast lieber so.
Ugh ...
Uh ...
Er hat Albträume ...
Alles gut.
Du bist in meinem Haus. Ich pass auf dich auf.
Verlass dich auf mich.

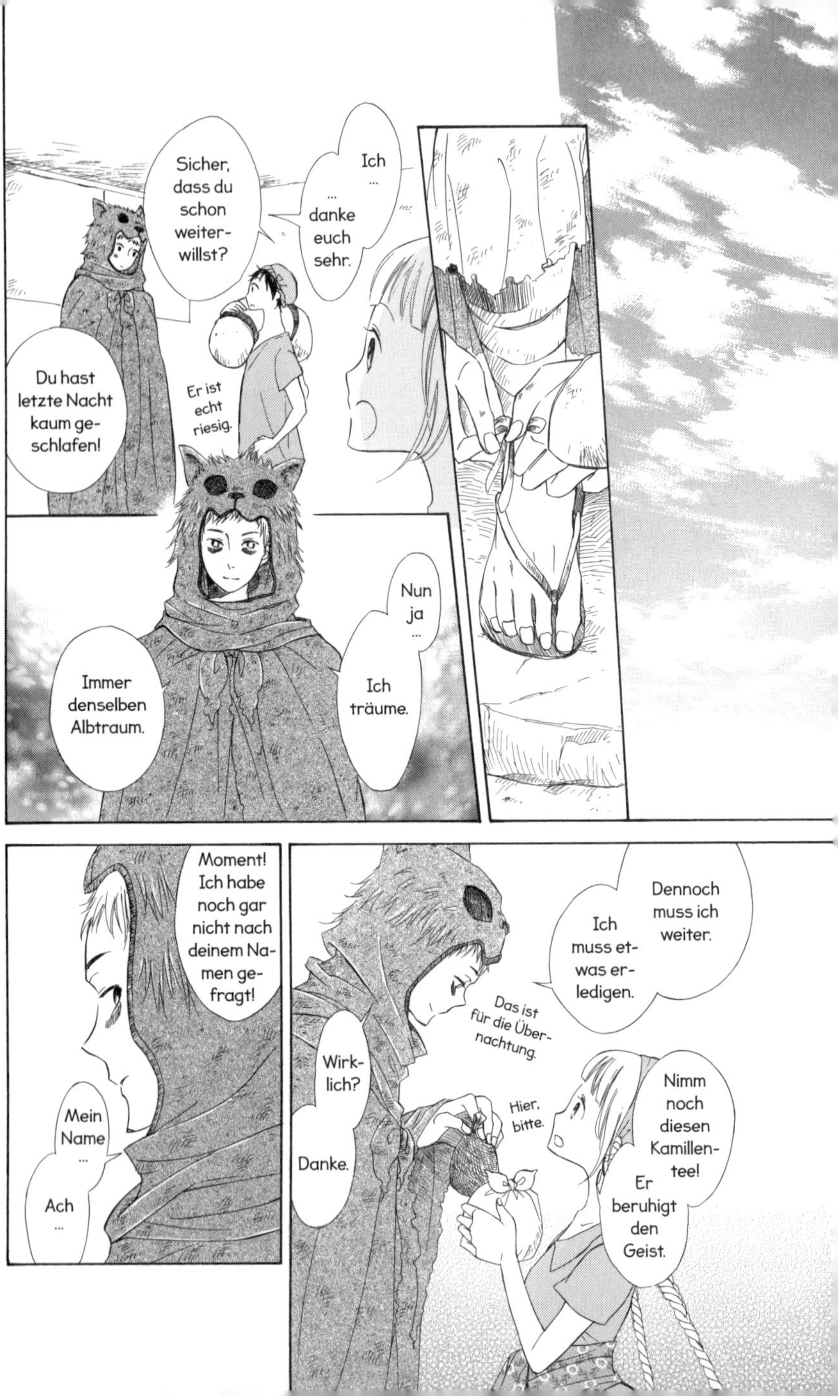

Ich … … danke euch sehr.
Sicher, dass du schon weiterwillst?
Du hast letzte Nacht kaum geschlafen!
Er ist echt riesig.
Nun ja … Ich träume.
Immer denselben Albtraum.
Dennoch muss ich weiter.
Ich muss etwas erledigen.
Das ist für die Übernachtung.
Wirklich?
Danke.
Hier, bitte.
Nimm noch diesen Kamillentee!
Er beruhigt den Geist.
Moment! Ich habe noch gar nicht nach deinem Namen gefragt!
Mein Name …
Ach …

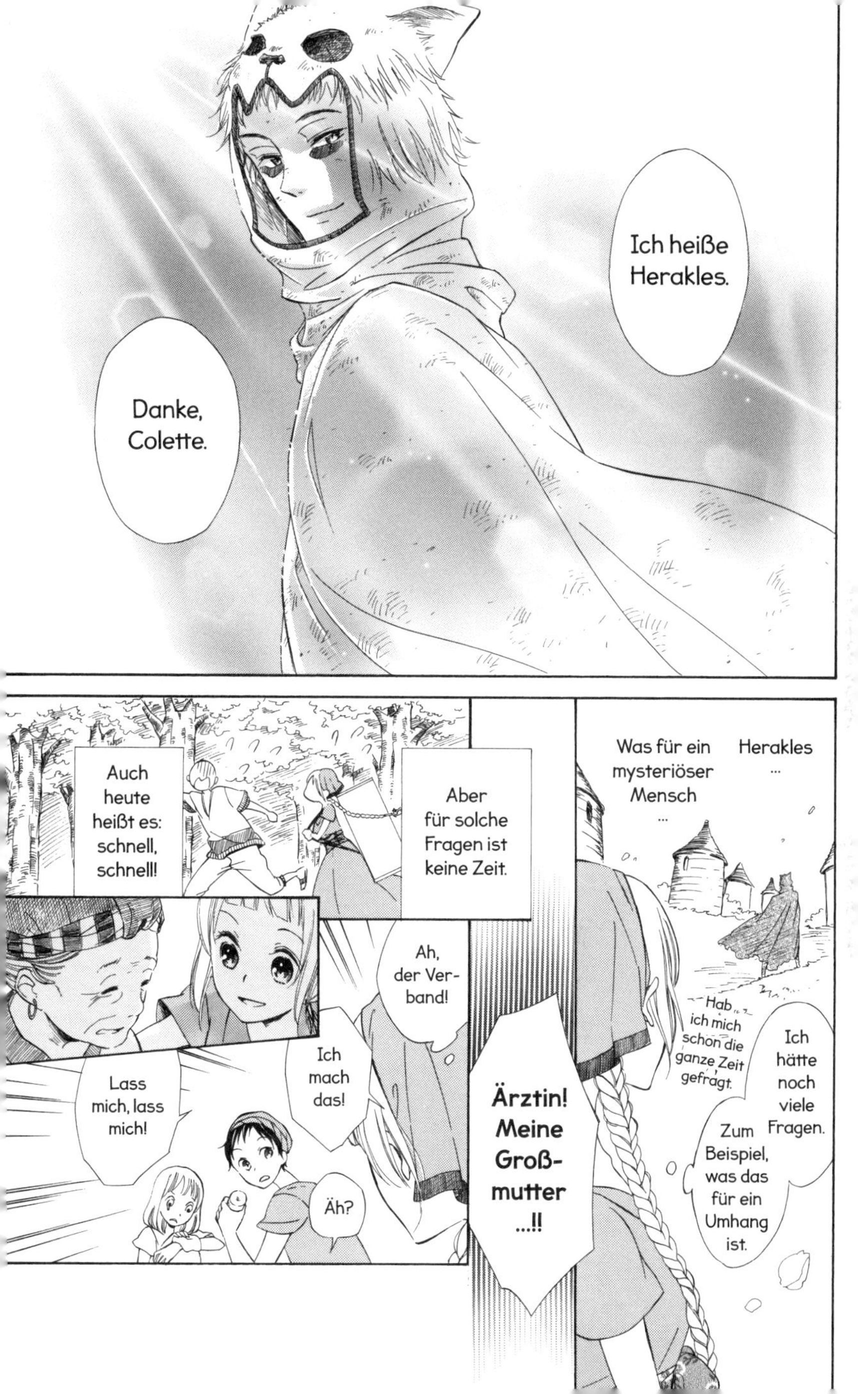
Ich heiße Herakles.
Danke, Colette.
Herakles ...
Was für ein mysteriöser Mensch ...
Ich hätte noch viele Fragen.
Hab ich mich schon die ganze Zeit gefragt.
Zum Beispiel, was das für ein Umhang ist.
Ärztin! Meine Groß-mutter ...!!
Aber für solche Fragen ist keine Zeit.
Auch heute heißt es: schnell, schnell!
Ah, der Ver-band!
Ich mach das!
Lass mich, lass mich!
Äh?

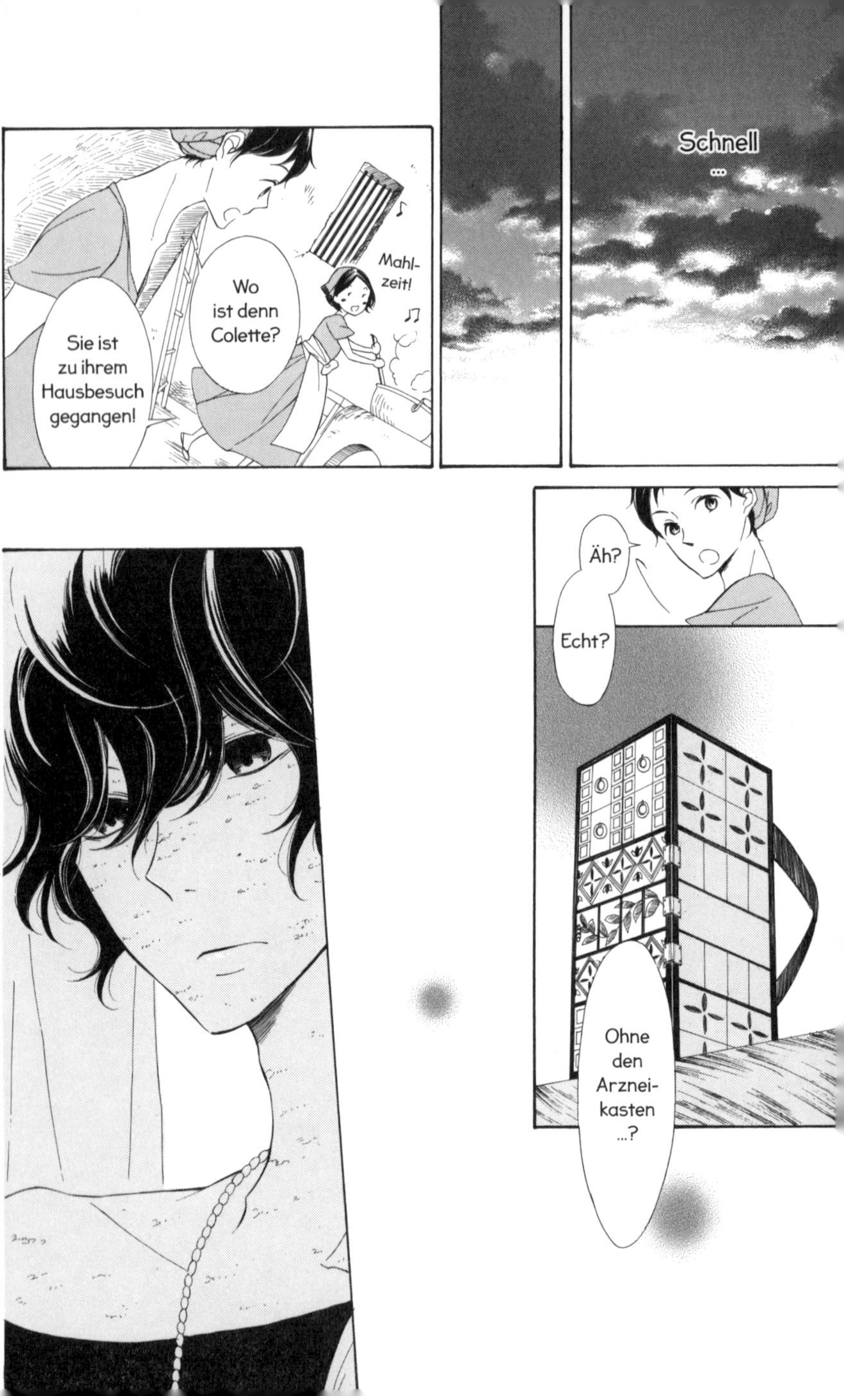

Schnell
...
Wo ist denn Colette?
Mahl-zeit!
Sie ist zu ihrem Hausbesuch gegangen!
Äh?
Echt?
Ohne den Arznei-kasten ...?

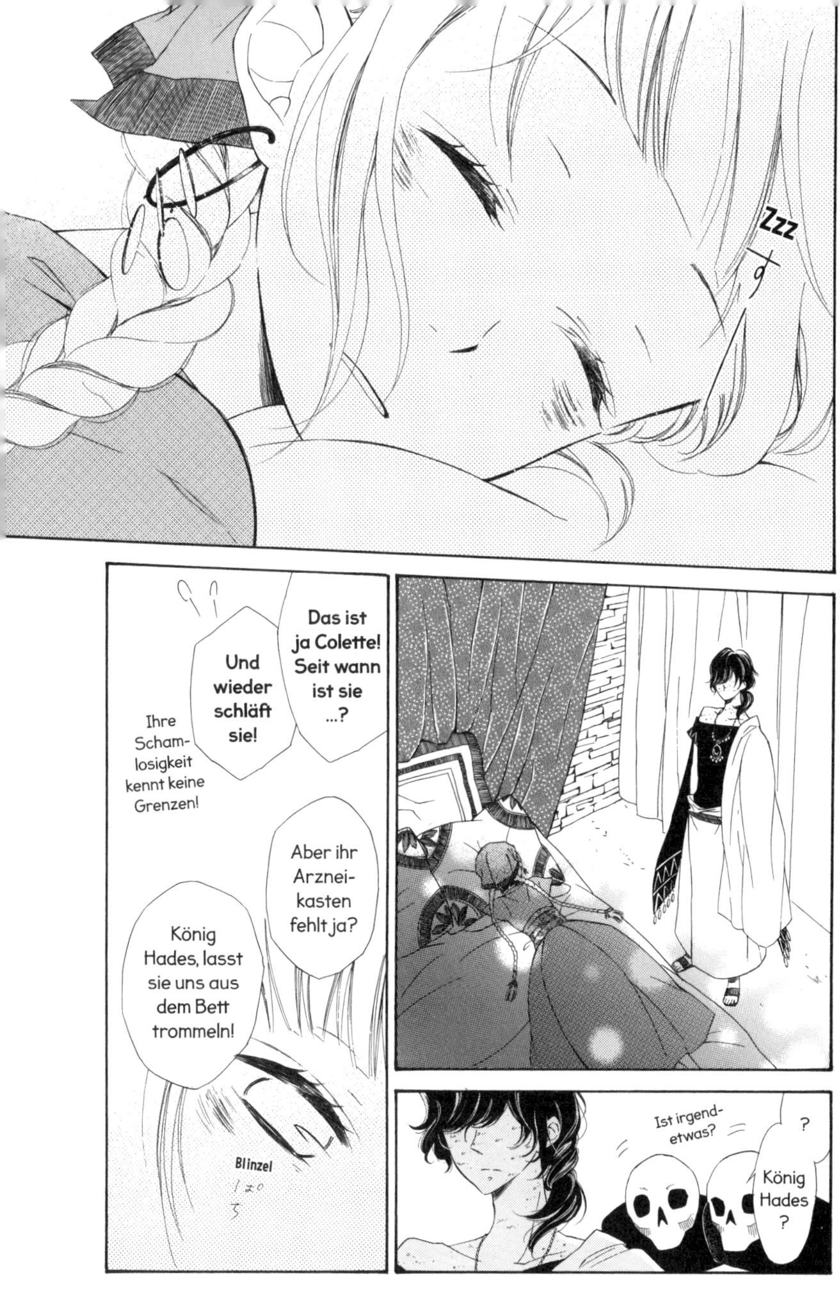
Zzz
Das ist ja Colette! Seit wann ist sie …?
Und wieder schläft sie!
Ihre Schamlosigkeit kennt keine Grenzen!
Aber ihr Arzneikasten fehlt ja?
König Hades, lasst sie uns aus dem Bett trommeln!
Blinzel
?
König Hades ?
Ist irgendetwas?

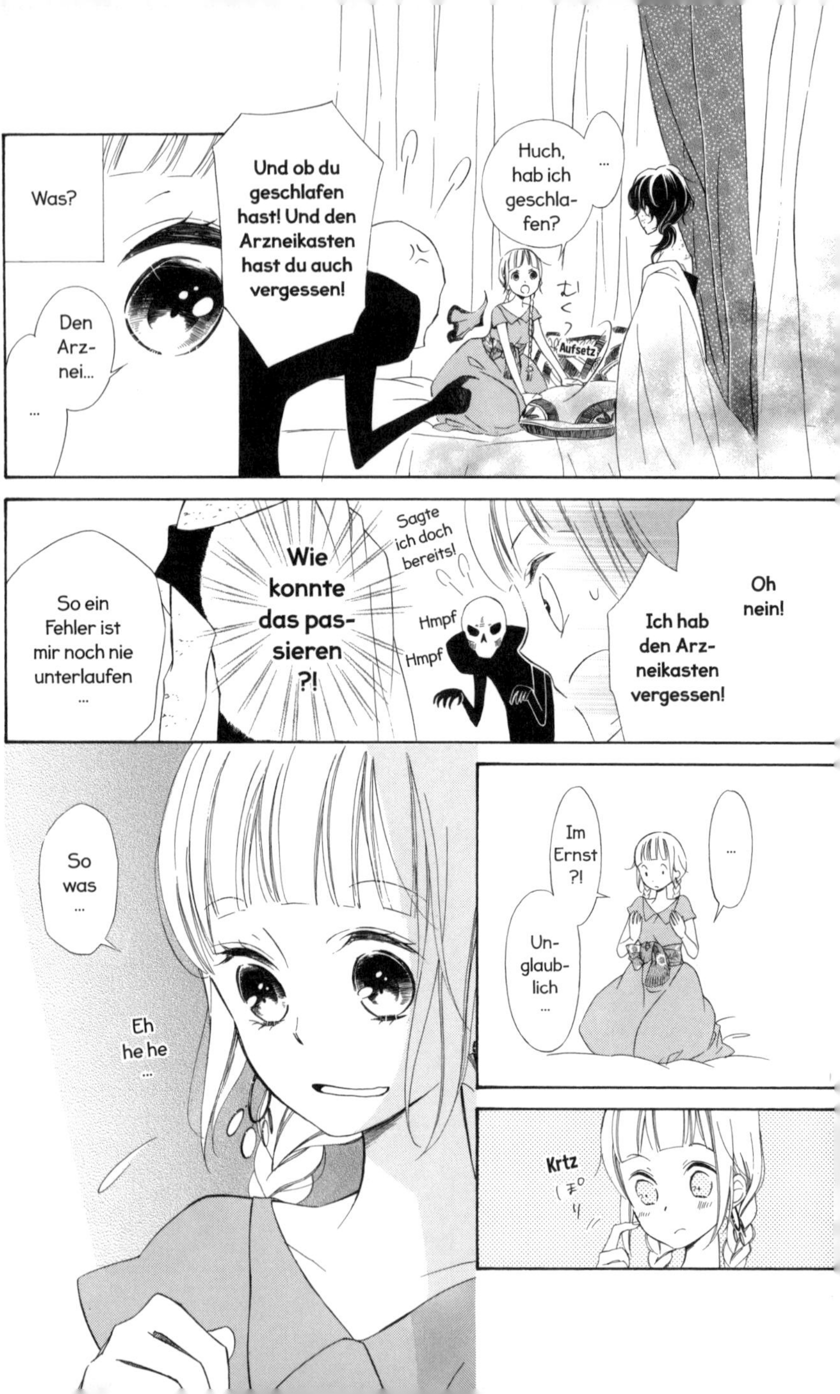
Huch, hab ich geschlafen?
...
Aufsetz
Und ob du geschlafen hast! Und den Arzneikasten hast du auch vergessen!
Was?
Den Arznei...
...
Oh nein!
Ich hab den Arzneikasten vergessen!
Sagte ich doch bereits!
Hmpf
Hmpf
Wie konnte das passieren ?!
So ein Fehler ist mir noch nie unterlaufen ...
...
Im Ernst ?!
Unglaublich ...
Krtz
So was ...
Eh he he ...

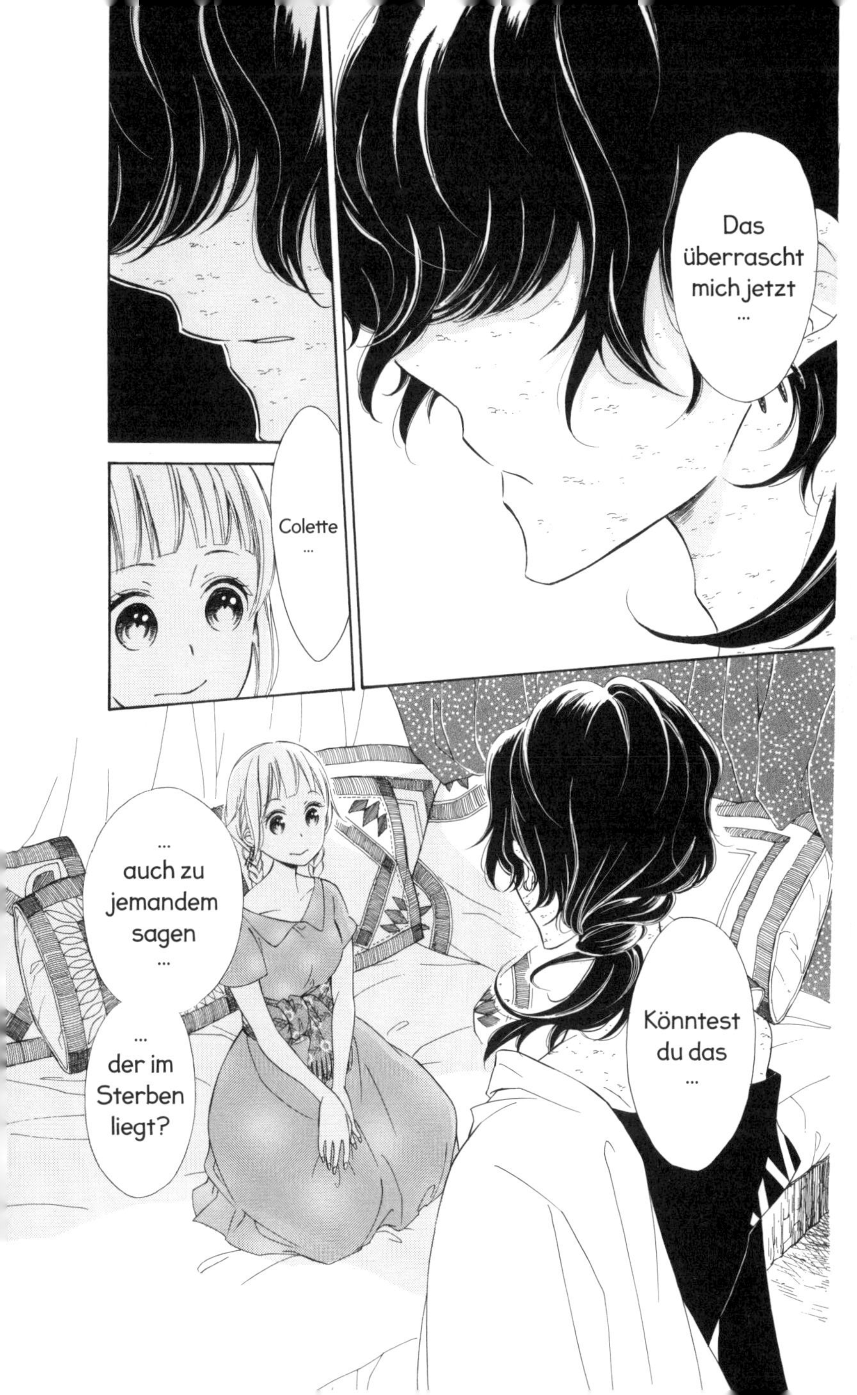
Das überrascht mich jetzt …
Colette …
Könntest du das …
… auch zu jemandem sagen …
… der im Sterben liegt?

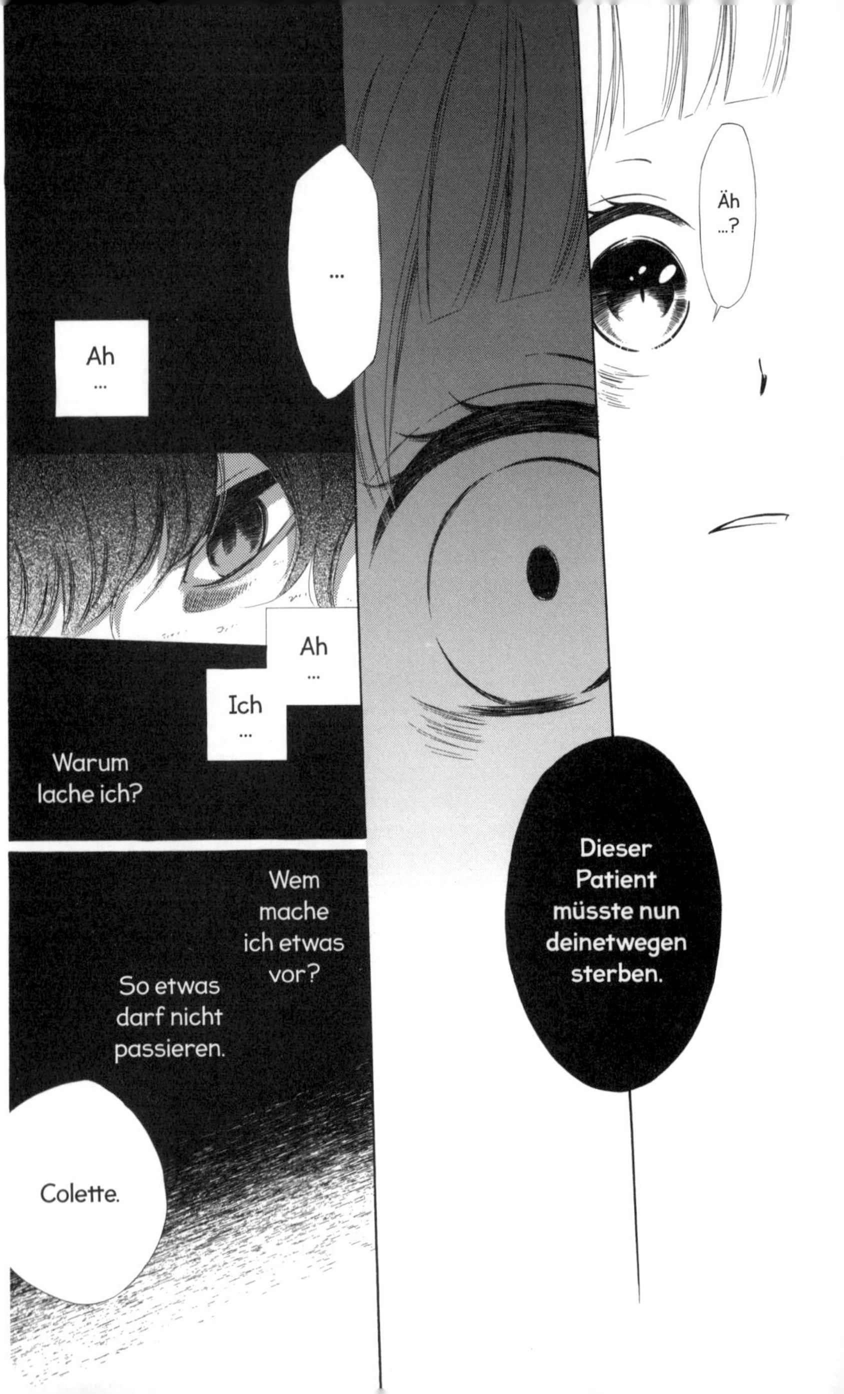

Äh ...?
...
Ah ...
Ah ...
Ich ...
Warum lache ich?
Dieser Patient müsste nun deinetwegen sterben.
Wem mache ich etwas vor?
So etwas darf nicht passieren.
Colette.

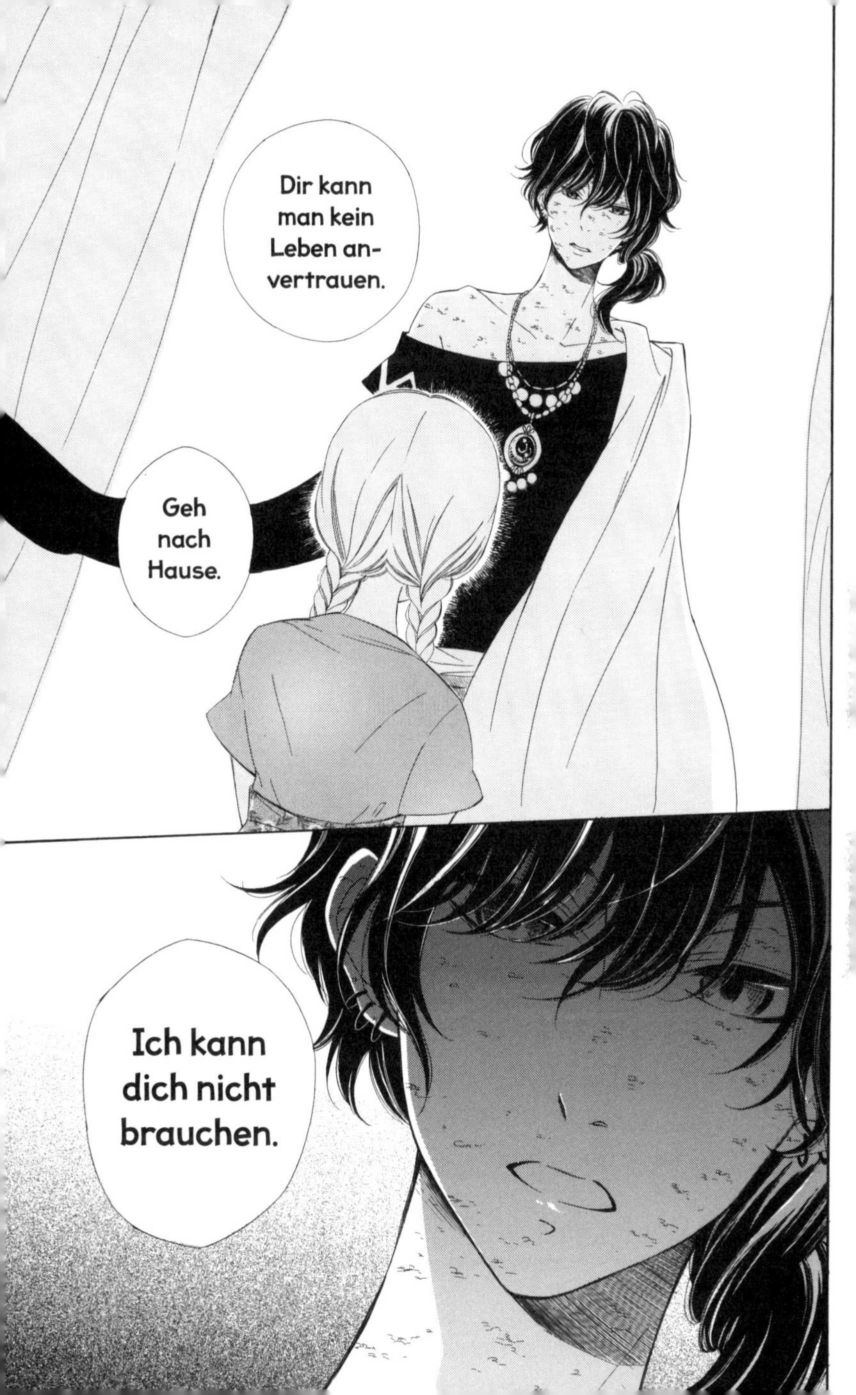
Dir kann man kein Leben anvertrauen.
Geh nach Hause.
Ich kann dich nicht brauchen.

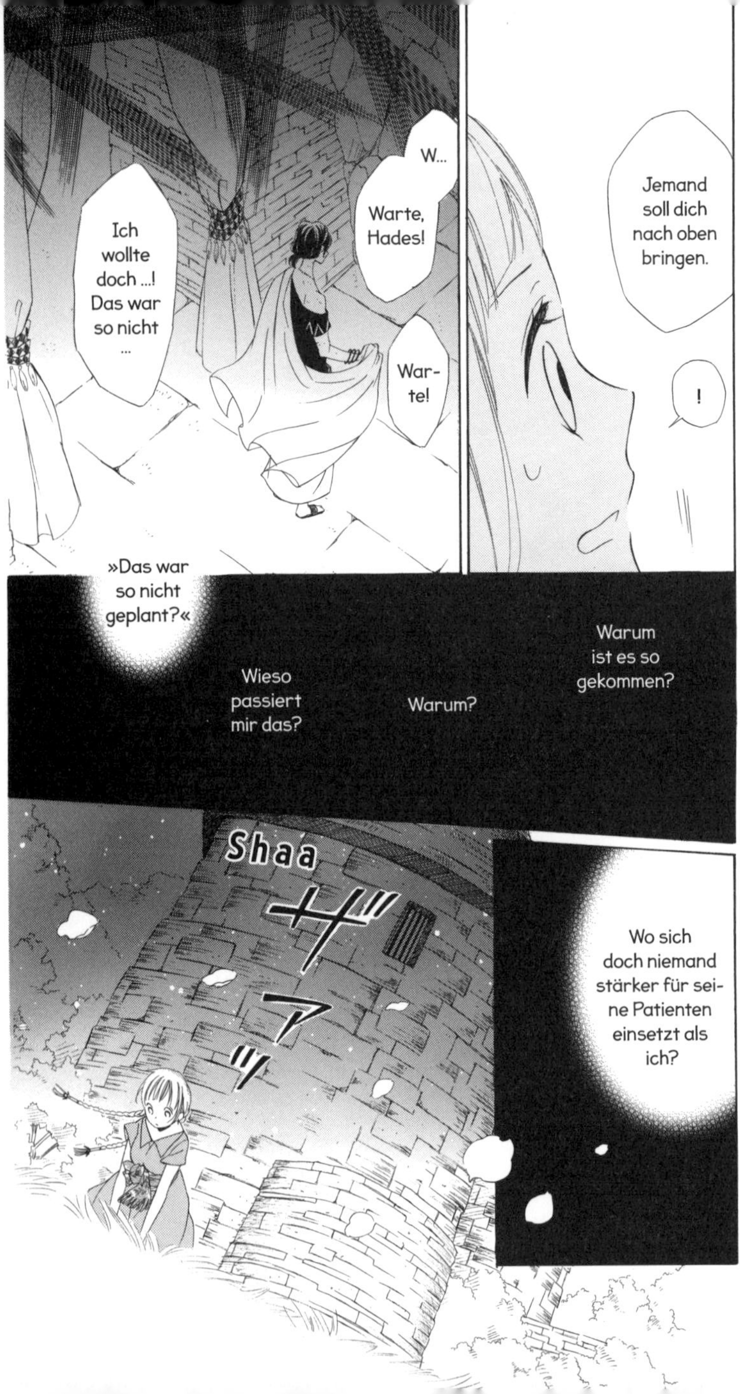

Jemand soll dich nach oben bringen.
!
W...
Warte, Hades!
War-te!
Ich wollte doch ...! Das war so nicht ...
»Das war so nicht geplant?«
Warum ist es so gekommen?
Warum?
Wieso passiert mir das?
Wo sich doch niemand stärker für seine Patienten einsetzt als ich?
Shaa

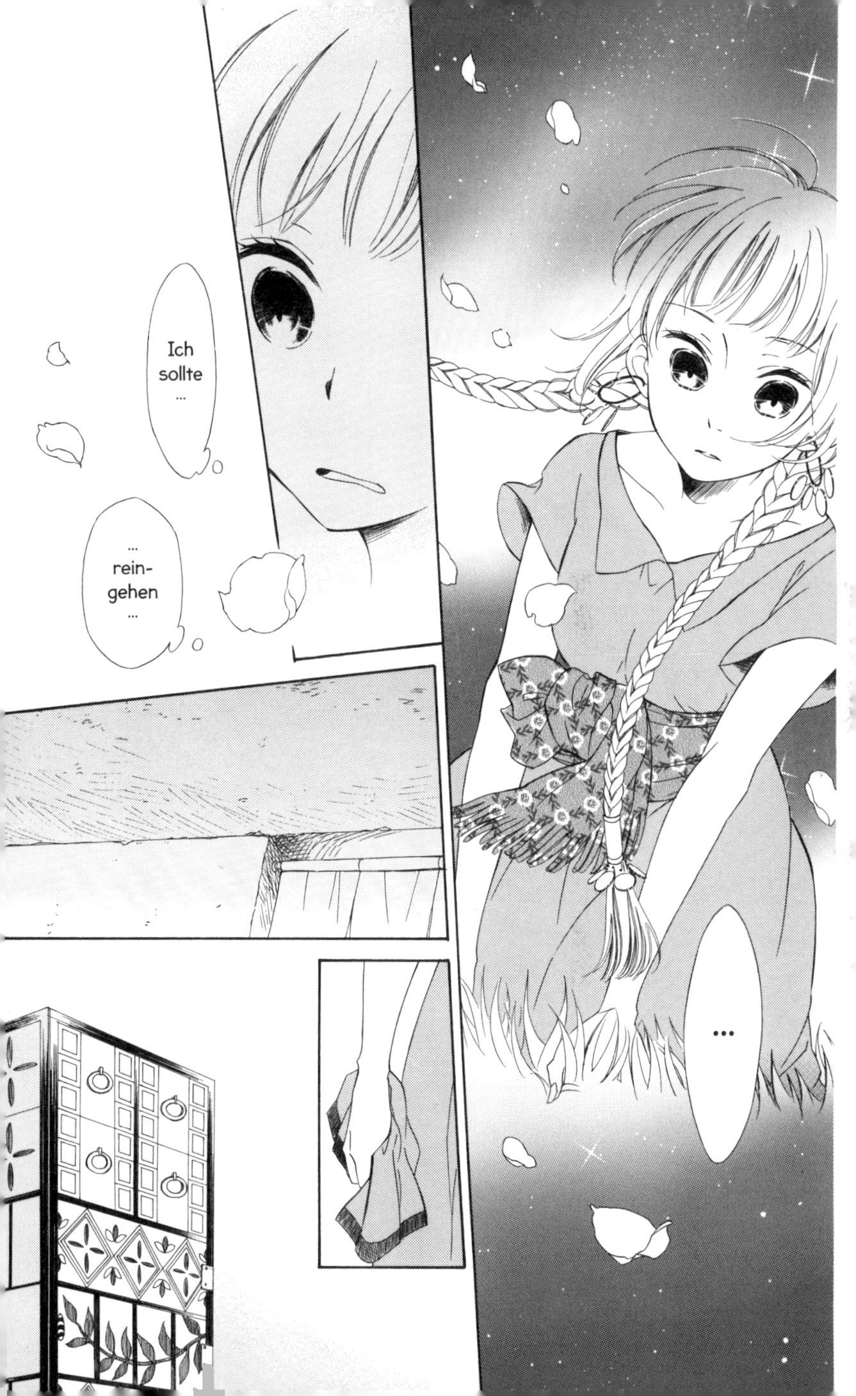
Ich sollte ...
... rein-gehen ...
...

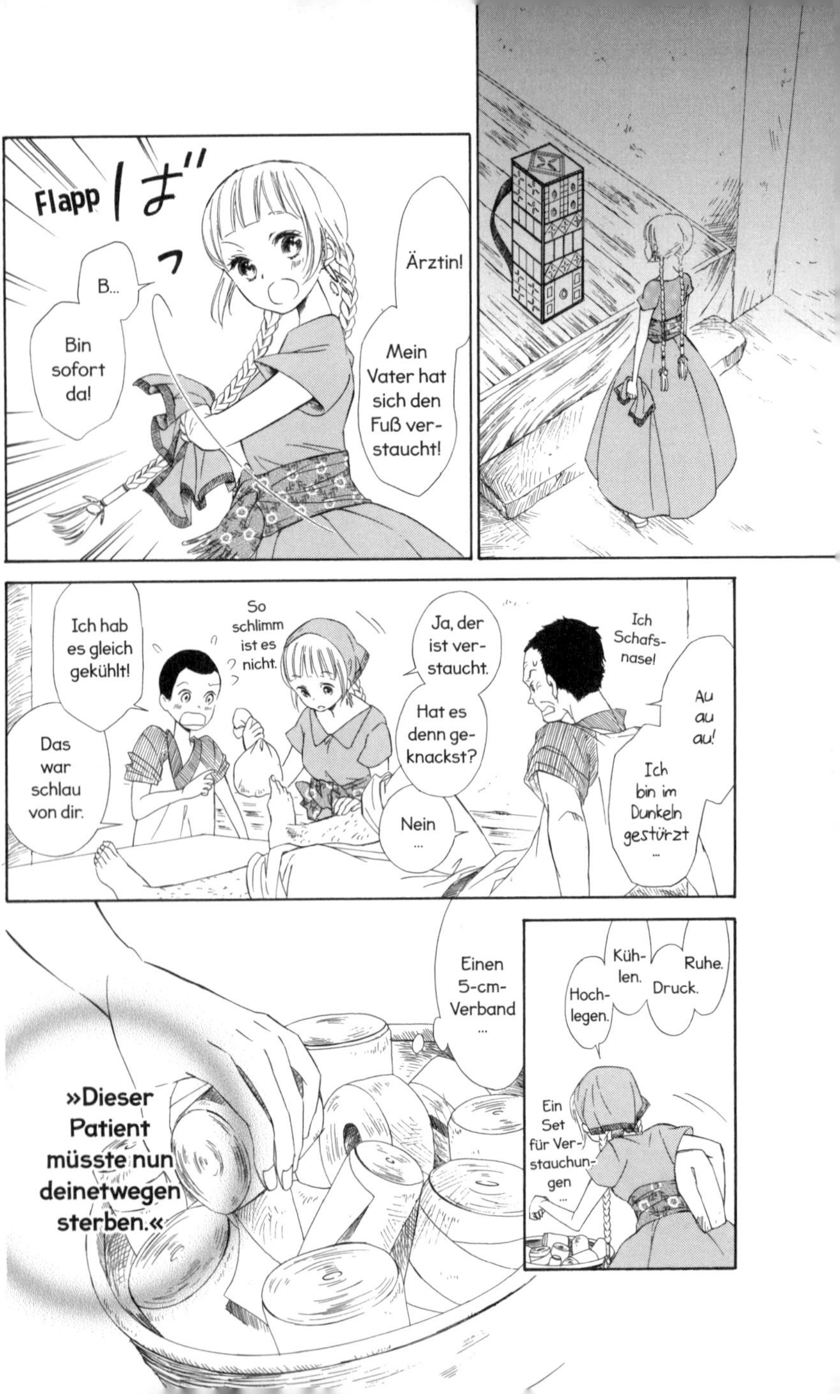

Ärztin!
Mein Vater hat sich den Fuß verstaucht!
Flapp ば
B…
Bin sofort da!
Ich Schafsnase!
Au au au!
Ich bin im Dunkeln gestürzt …
Ja, der ist verstaucht.
Hat es denn geknackst?
Nein …
So schlimm ist es nicht.
Ich hab es gleich gekühlt!
Das war schlau von dir.
Ruhe.
Druck.
Kühlen.
Hochlegen.
Ein Set für Verstauchungen …
Einen 5-cm-Verband …
»Dieser Patient müsste nun deinetwegen sterben.«

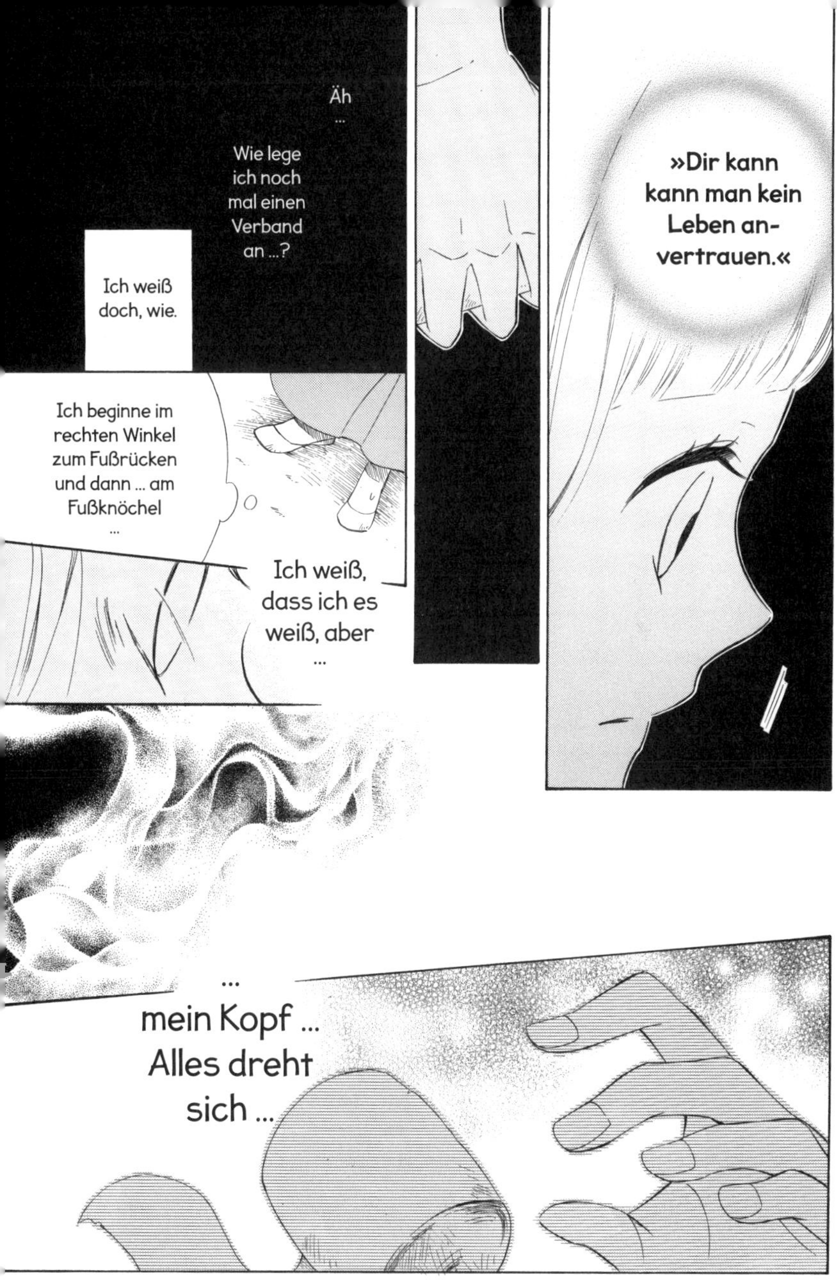
»Dir kann kann man kein Leben an-vertrauen.«
Äh ...
Wie lege ich noch mal einen Verband an ...?
Ich weiß doch, wie.
Ich beginne im rechten Winkel zum Fußrücken und dann ... am Fußknöchel ...
Ich weiß, dass ich es weiß, aber ...
... mein Kopf ... Alles dreht sich ...

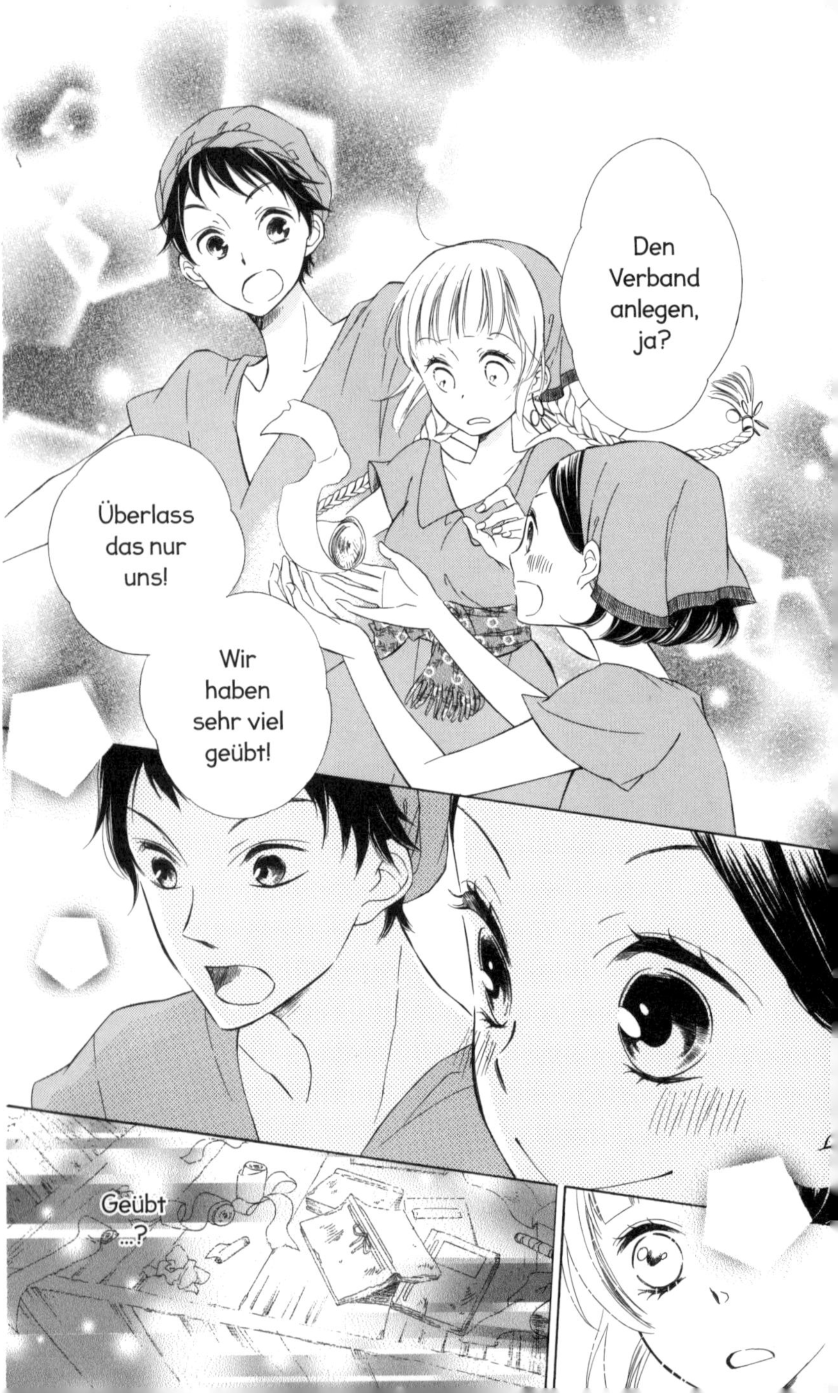

Den Verband anlegen, ja?
Überlass das nur uns!
Wir haben sehr viel geübt!
Geübt ...?

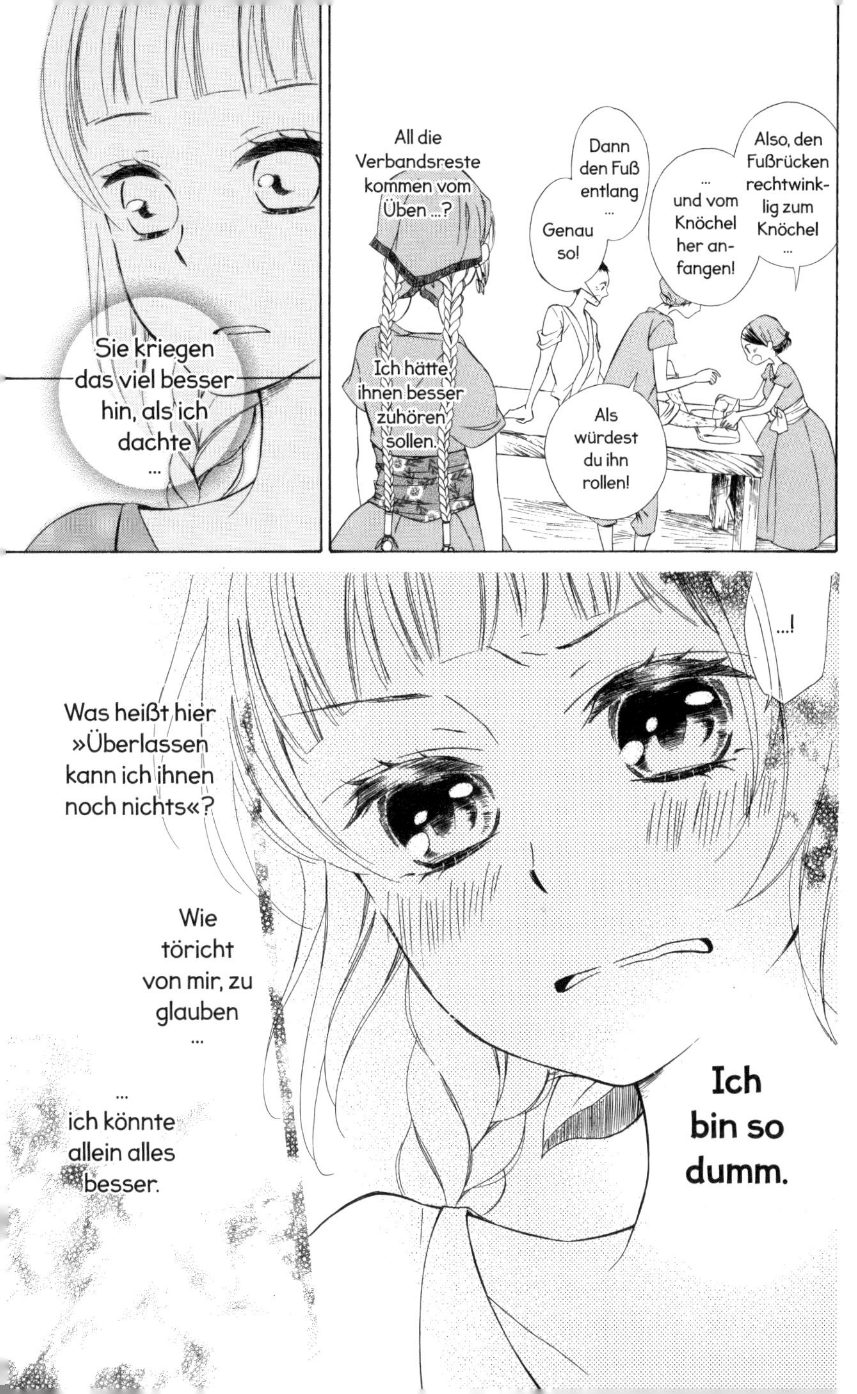
Also, den Fußrücken rechtwinklig zum Knöchel ...
... und vom Knöchel her anfangen!
Dann den Fuß entlang ...
Genau so!
Als würdest du ihn rollen!
All die Verbandsreste kommen vom Üben ...?
Ich hätte ihnen besser zuhören sollen.
Sie kriegen das viel besser hin, als ich dachte ...
...!
Was heißt hier »Überlassen kann ich ihnen noch nichts«?
Wie töricht von mir, zu glauben ...
... ich könnte allein alles besser.
Ich bin so dumm.

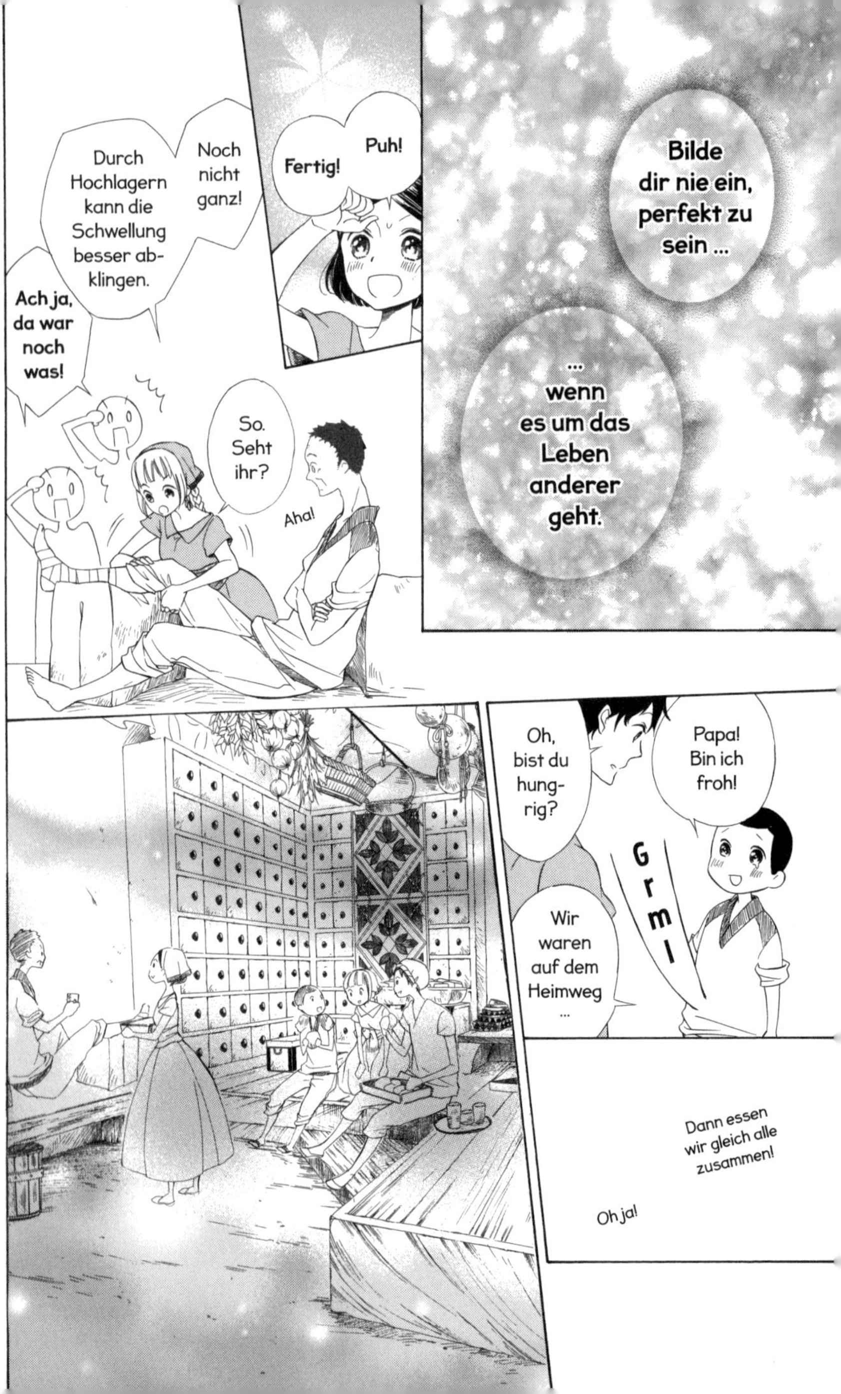

Bilde dir nie ein, perfekt zu sein ...
... wenn es um das Leben anderer geht.
Puh!
Fertig!
Noch nicht ganz!
Durch Hochlagern kann die Schwellung besser ab- klingen.
Ach ja, da war noch was!
So. Seht ihr?
Aha!
Papa! Bin ich froh!
Oh, bist du hung- rig?
Grml
Wir waren auf dem Heimweg ...
Dann essen wir gleich alle zusammen!
Oh ja!

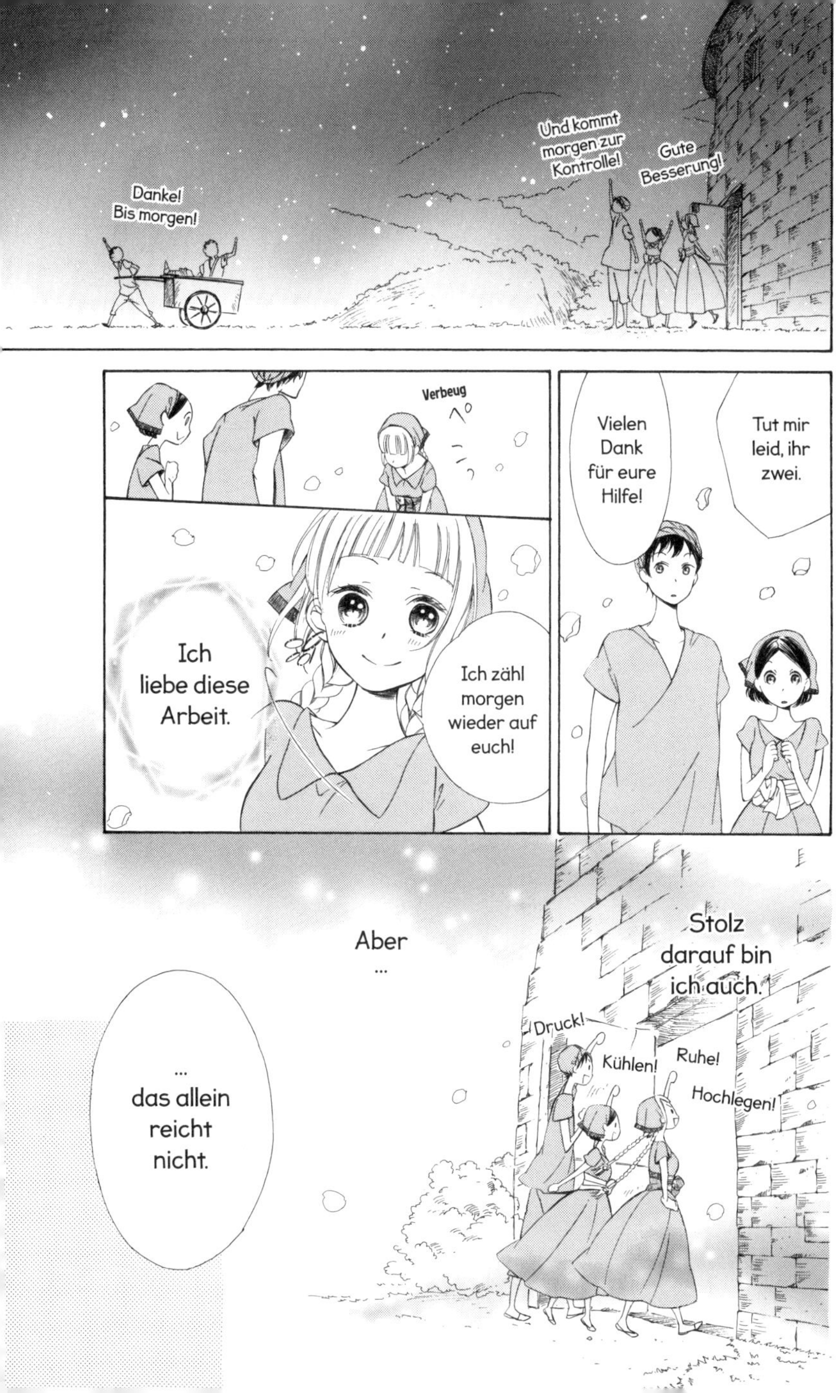

Gute Besserung!
Und kommt morgen zur Kontrolle!
Danke! Bis morgen!
Verbeug
Tut mir leid, ihr zwei.
Vielen Dank für eure Hilfe!
Ich zähl morgen wieder auf euch!
Ich liebe diese Arbeit.
Stolz darauf bin ich auch.
Aber ...
Druck!
Kühlen!
Ruhe!
Hochlegen!
... das allein reicht nicht.

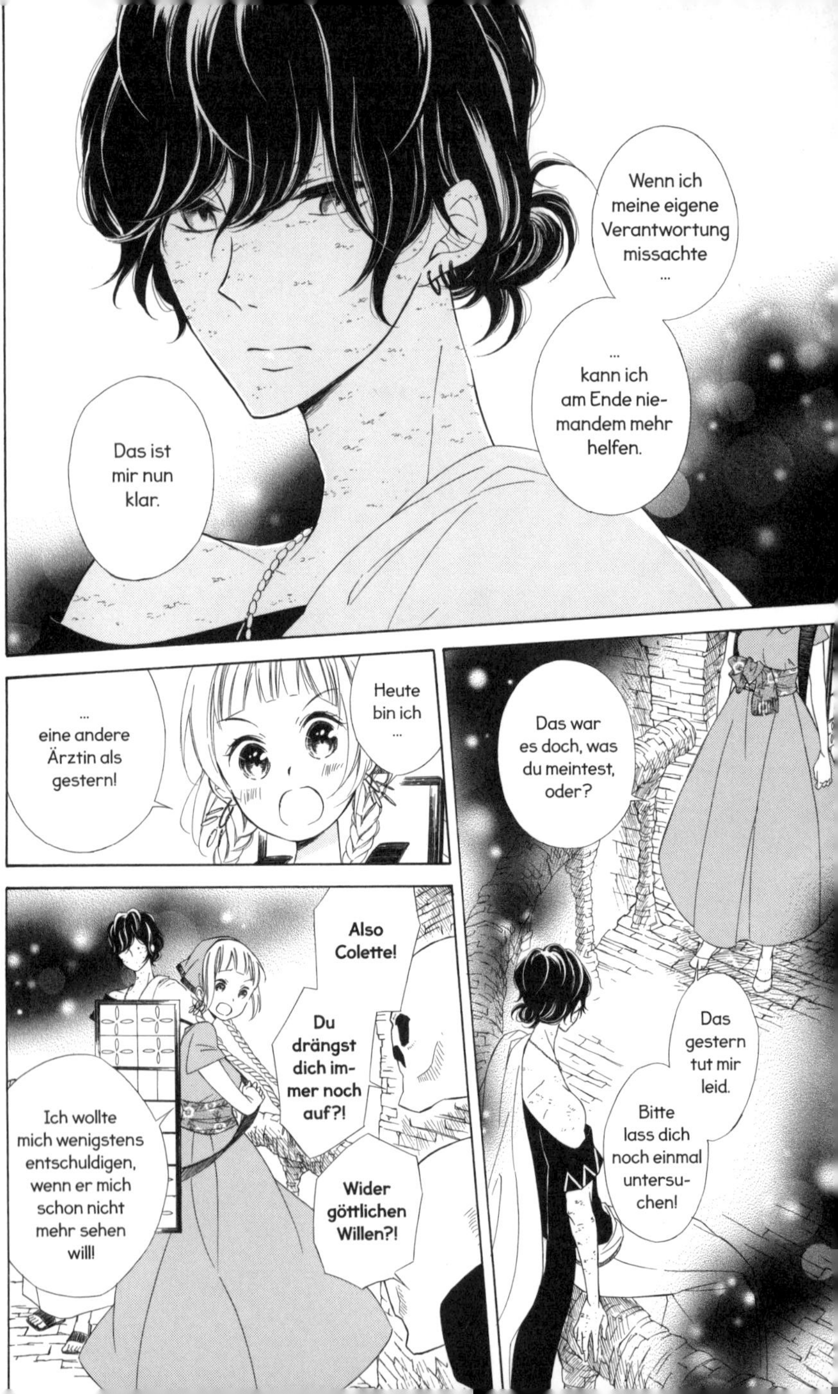
Wenn ich meine eigene Verantwortung missachte ...
... kann ich am Ende niemandem mehr helfen.
Das ist mir nun klar.
Das war es doch, was du meintest, oder?
Das gestern tut mir leid.
Bitte lass dich noch einmal untersuchen!
Heute bin ich ...
... eine andere Ärztin als gestern!
Also Colette!
Du drängst dich immer noch auf?!
Wider göttlichen Willen?!
Ich wollte mich wenigstens entschuldigen, wenn er mich schon nicht mehr sehen will!

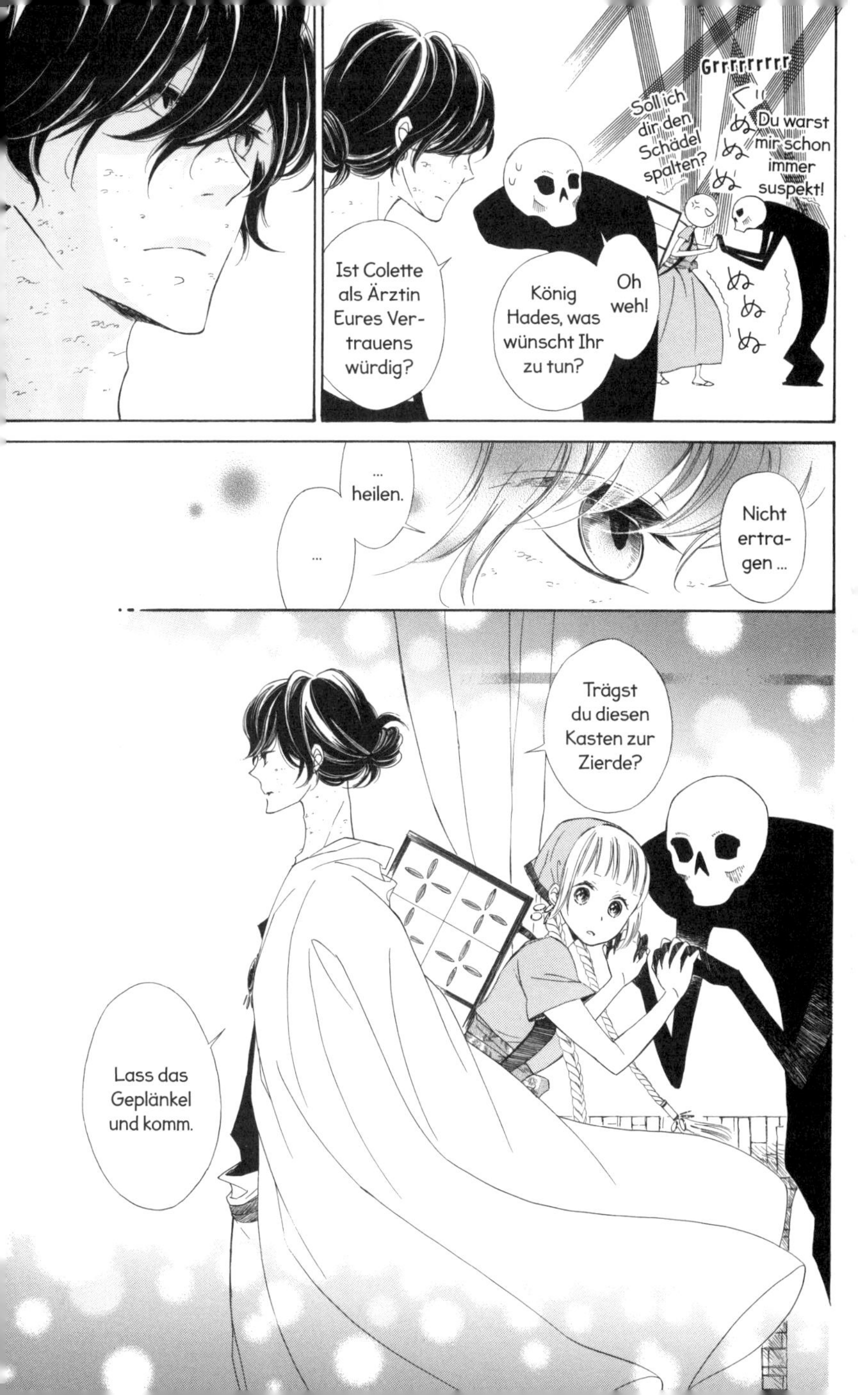
Grrrrrrrr
ぐぬぬぬ
Du warst mir schon immer suspekt!
Soll ich dir den Schädel spalten?
ぬぬぬぬ
Oh weh!
König Hades, was wünscht Ihr zu tun?
Ist Colette als Ärztin Eures Vertrauens würdig?
Nicht ertragen ...
... heilen.
...
Trägst du diesen Kasten zur Zierde?
Lass das Geplänkel und komm.

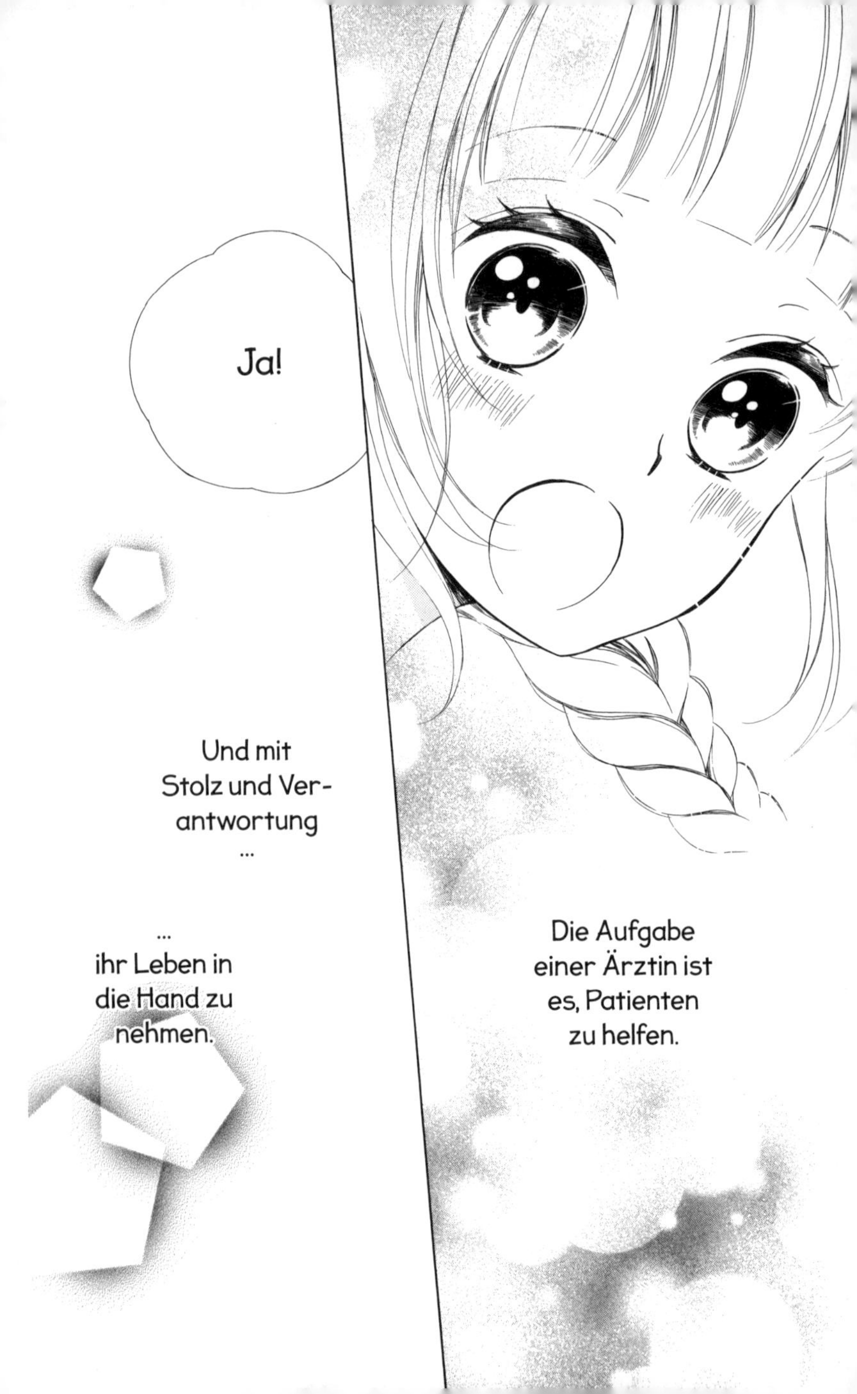
Ja!
Die Aufgabe einer Ärztin ist es, Patienten zu helfen.
Und mit Stolz und Verantwortung ...
... ihr Leben in die Hand zu nehmen.

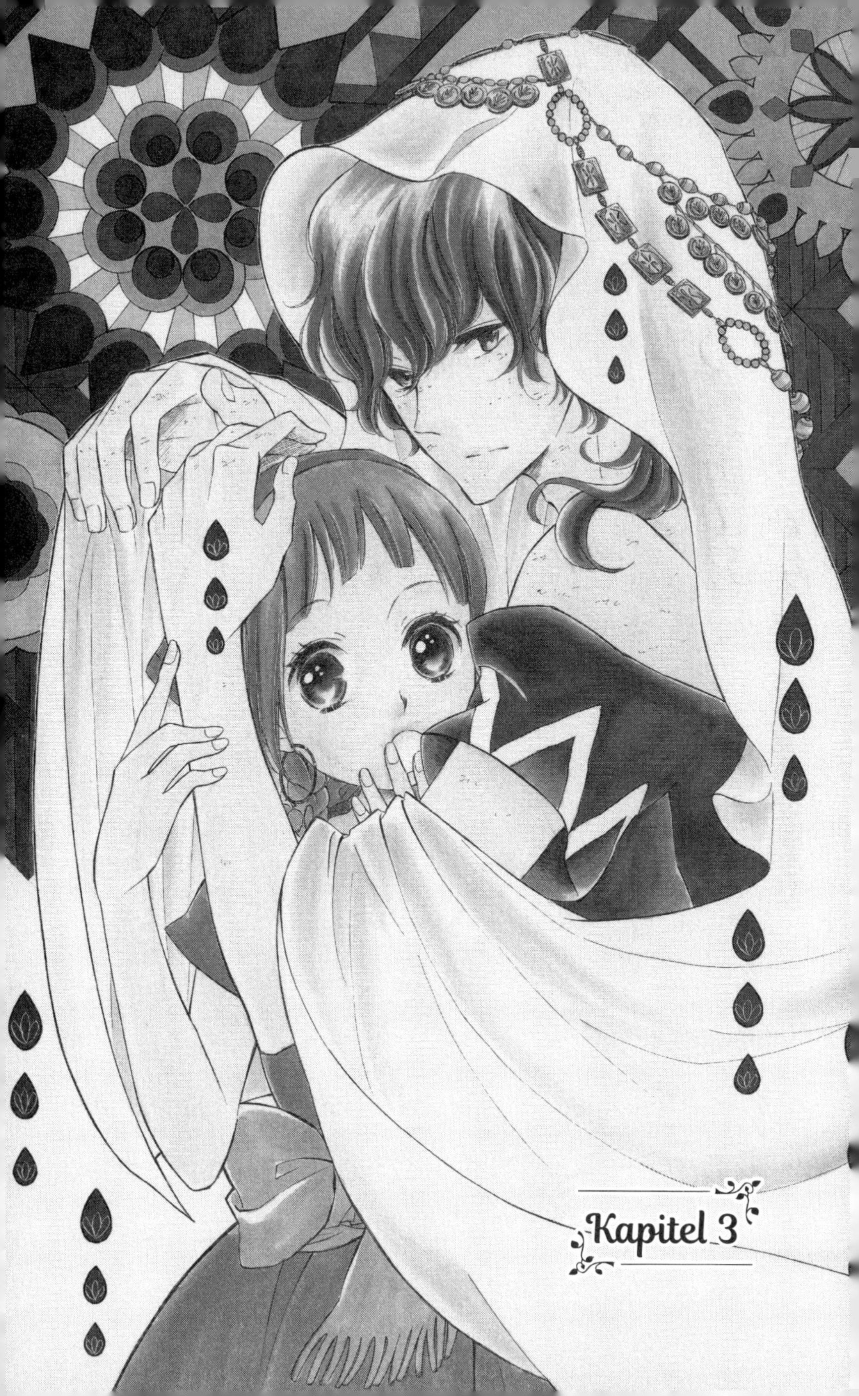

Kapitel 3

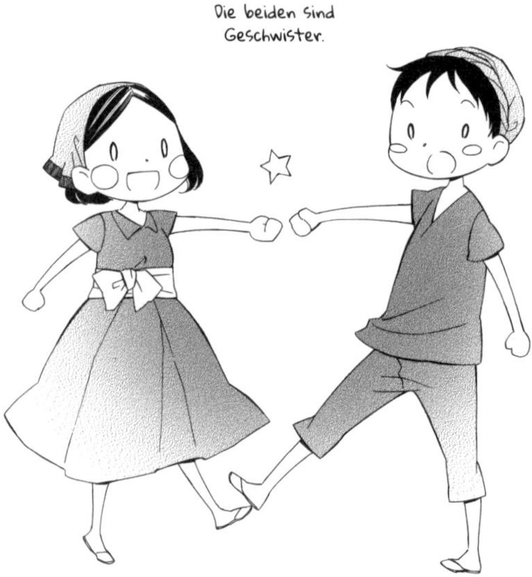
Die beiden sind
Geschwister.

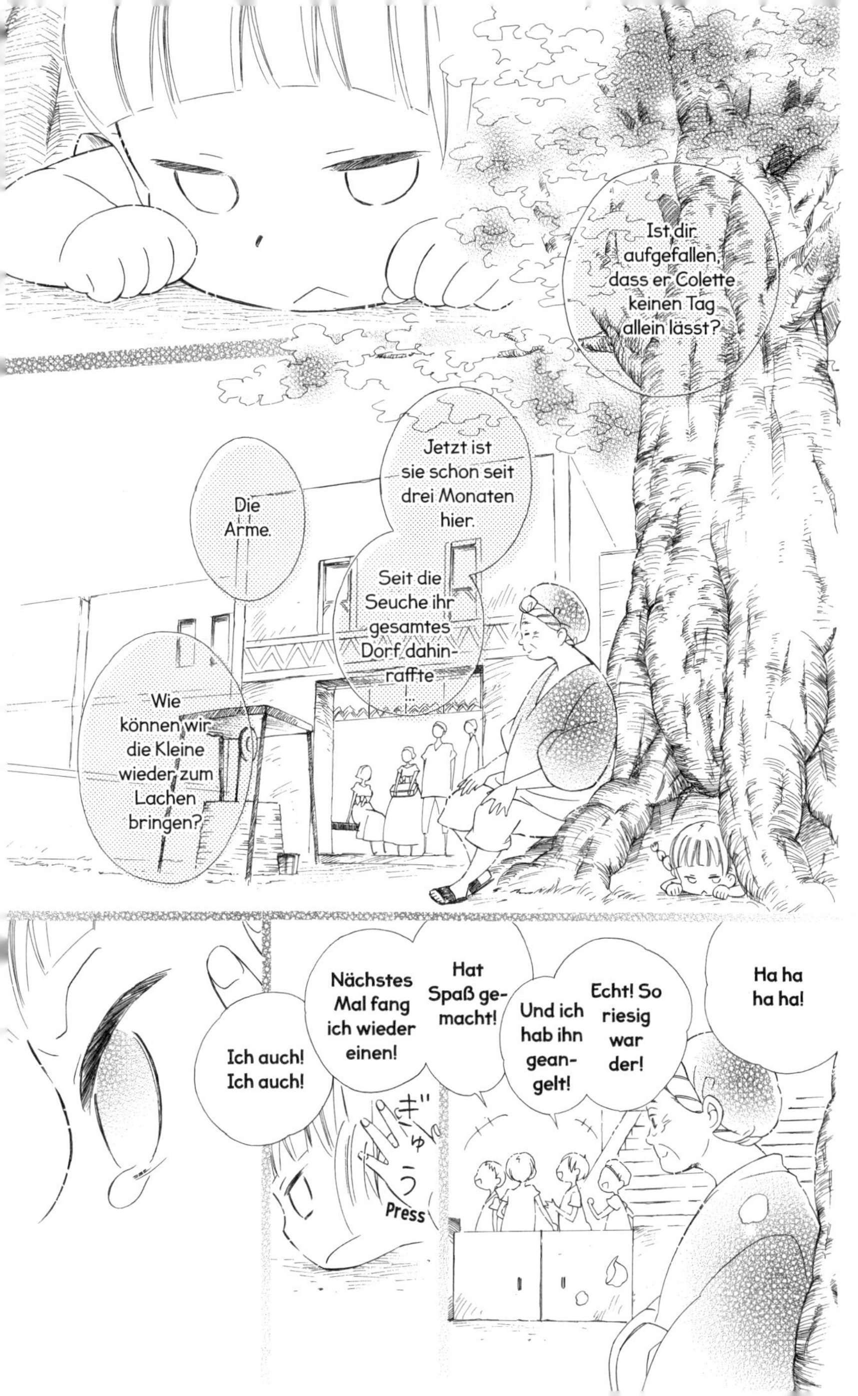
Ist dir aufgefallen, dass er Colette keinen Tag allein lässt?
Jetzt ist sie schon seit drei Monaten hier.
Die Arme.
Seit die Seuche ihr gesamtes Dorf dahinraffte ...
Wie können wir die Kleine wieder zum Lachen bringen?
Ha ha ha ha!
Echt! So riesig war der!
Und ich hab ihn geangelt!
Hat Spaß gemacht!
Nächstes Mal fang ich wieder einen!
Ich auch! Ich auch!
ぎゅう
Press

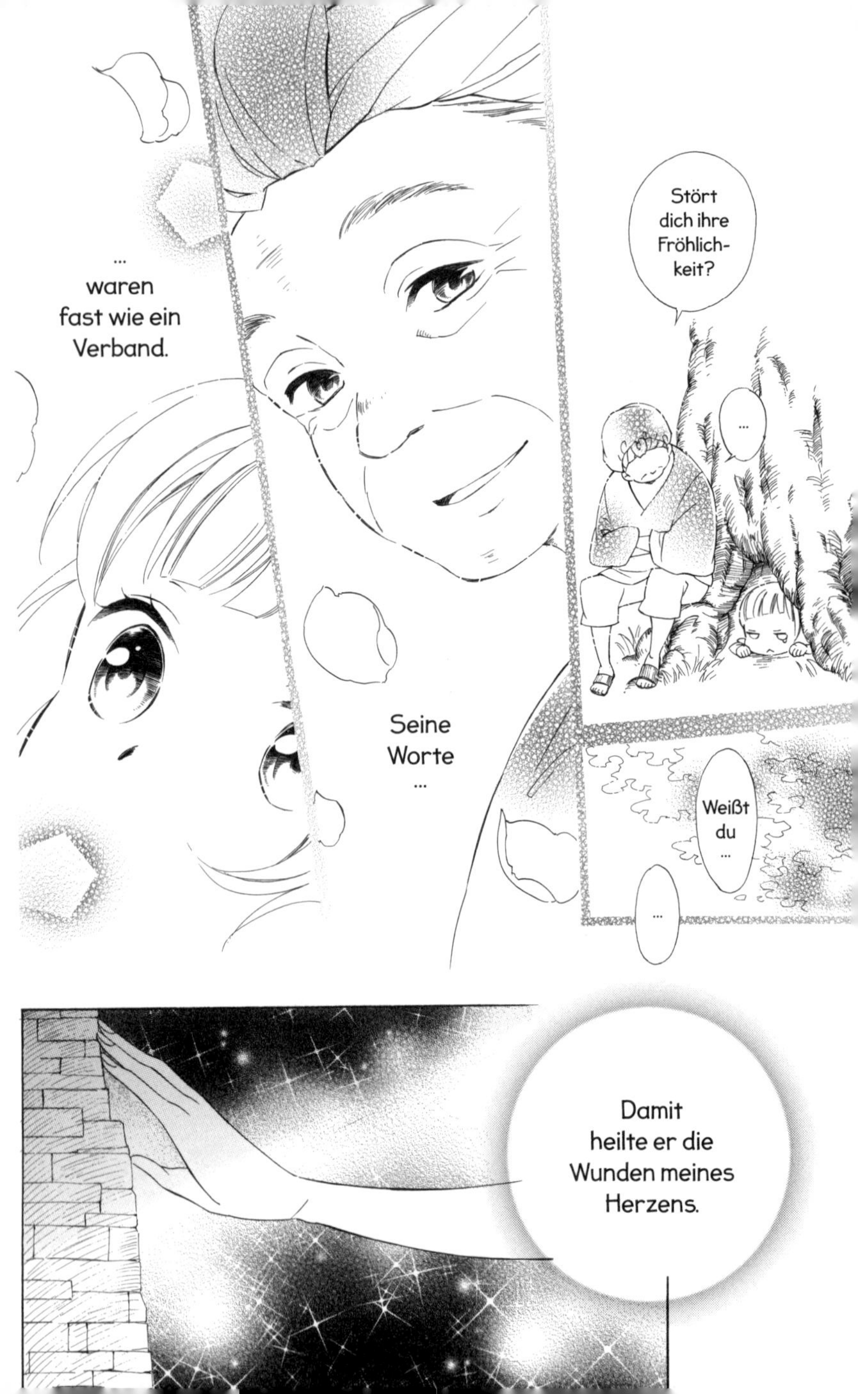

Stört dich ihre Fröhlichkeit?
...
Weißt du ...
...
Seine Worte ...
... waren fast wie ein Verband.
Damit heilte er die Wunden meines Herzens.

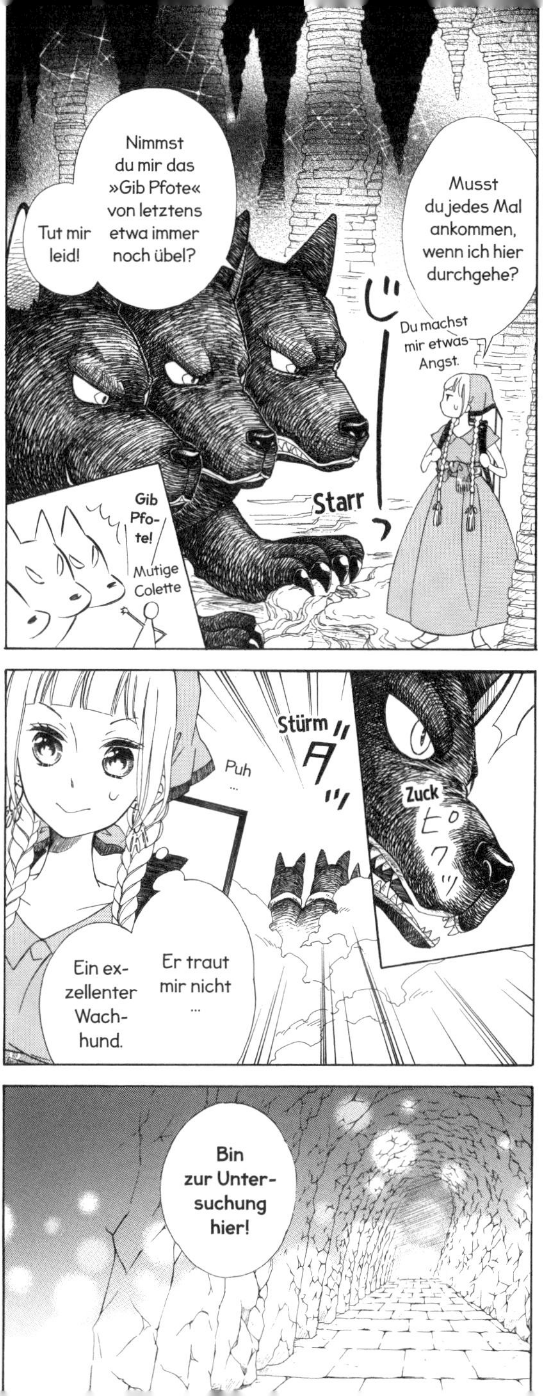
Musst du jedes Mal ankommen, wenn ich hier durchgehe?
Du machst mir etwas Angst.
Starr
Nimmst du mir das »Gib Pfote« von letztens etwa immer noch übel?
Tut mir leid!
Gib Pfote!
Mutige Colette
Zuck
Stürm
Puh ...
Er traut mir nicht ...
Ein exzellenter Wachhund.
Bin zur Untersuchung hier!

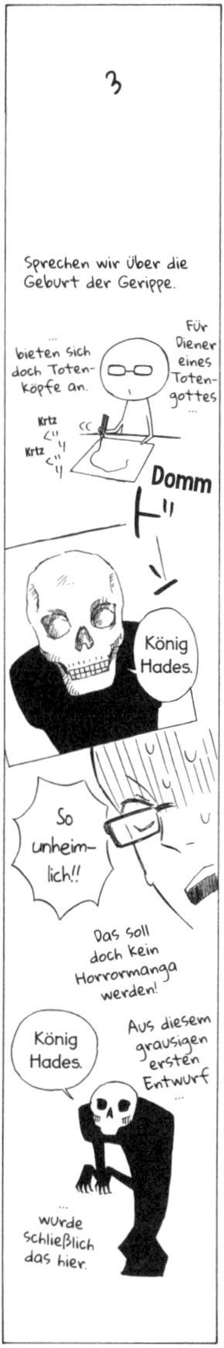
3
Sprechen wir über die Geburt der Gerippe.
Für Diener eines Totengottes ...
... bieten sich doch Totenköpfe an.
Krtz
Krtz
Domm
König Hades.
So unheimlich!!
Das soll doch kein Horrormanga werden!
Aus diesem grausigen ersten Entwurf ...
König Hades.
... wurde schließlich das hier.

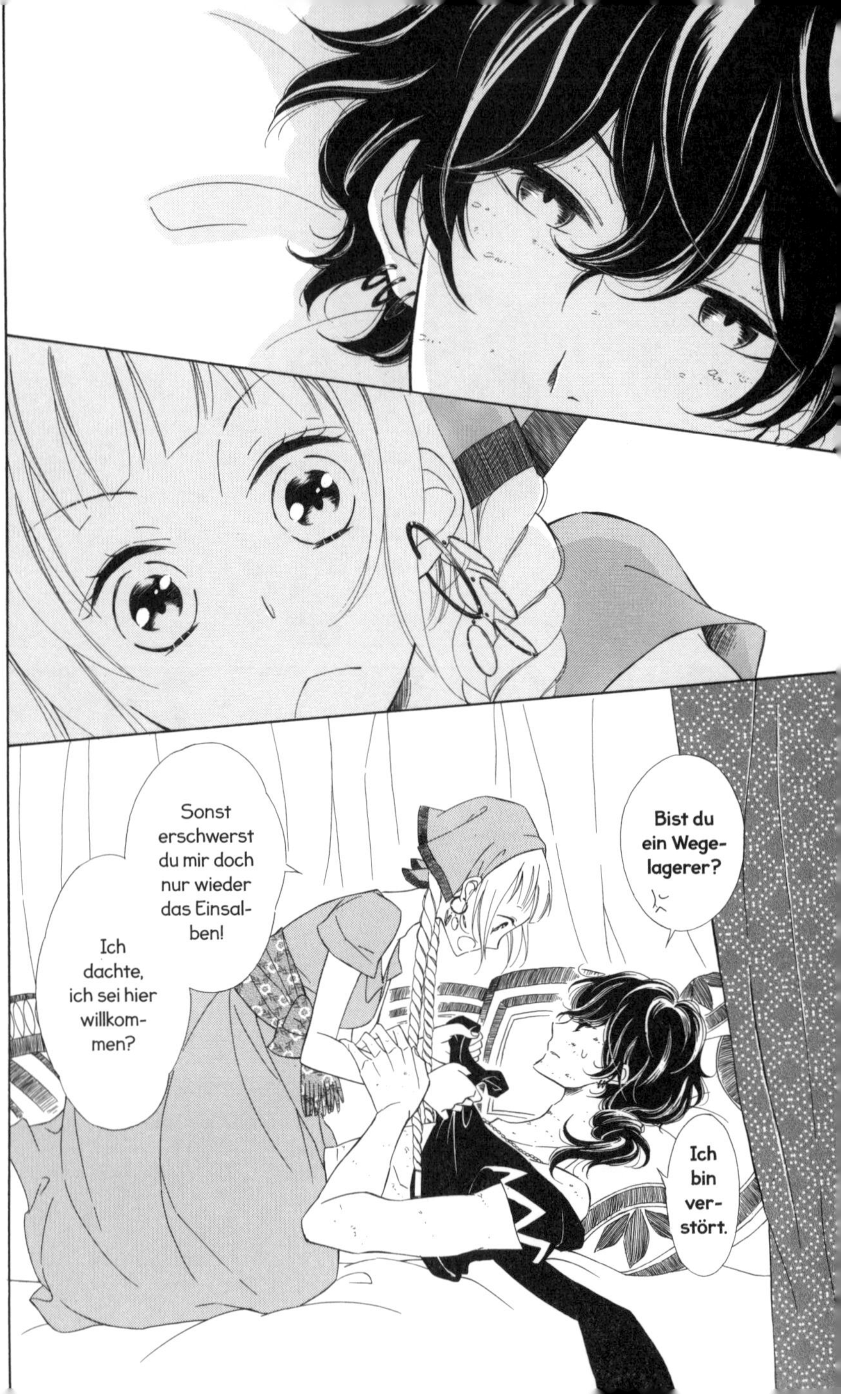
Bist du ein Wege-lagerer?
Sonst erschwerst du mir doch nur wieder das Einsal-ben!
Ich dachte, ich sei hier willkom-men?
Ich bin ver-stört.

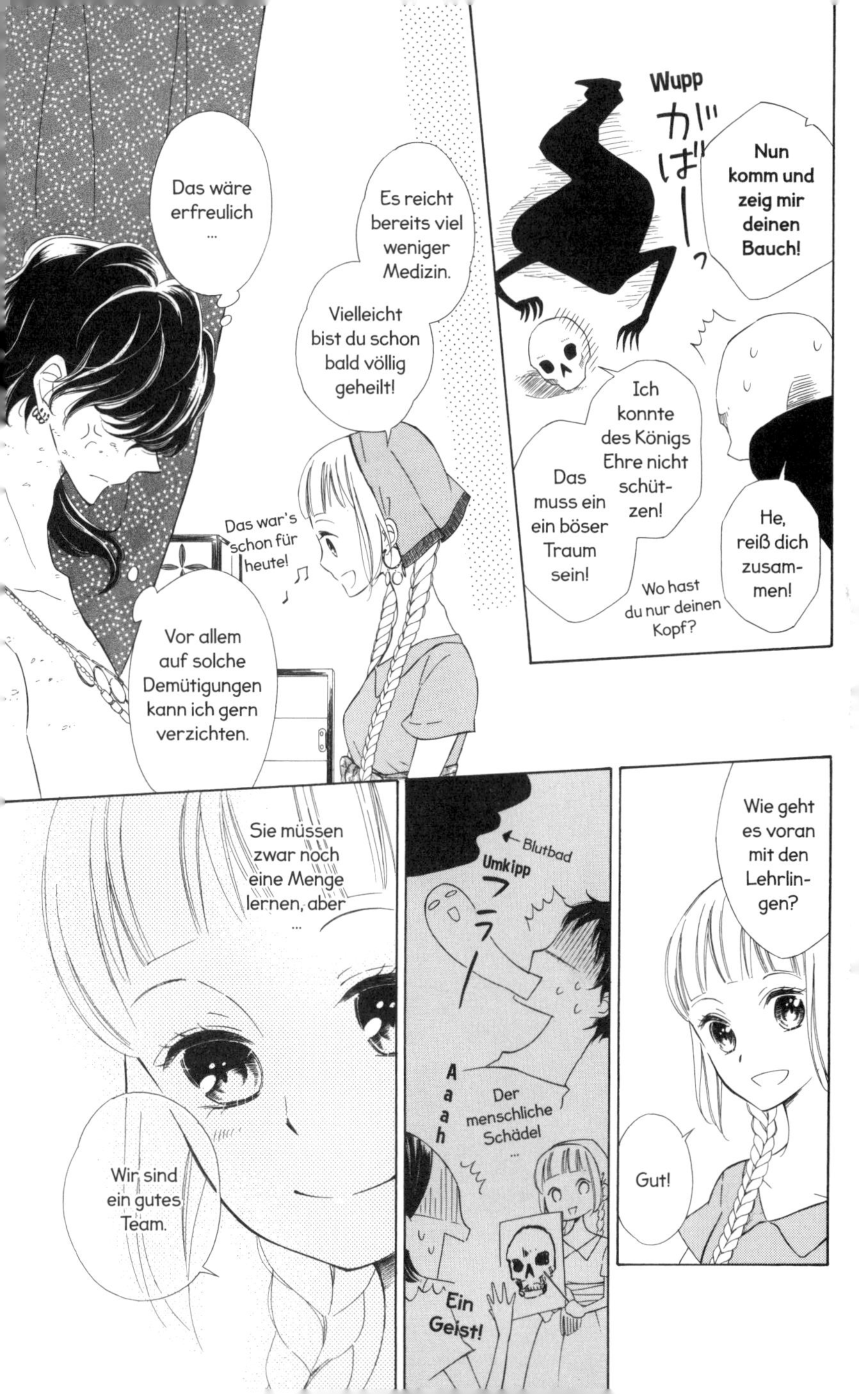
Wupp
がばーっ
Nun komm und zeig mir deinen Bauch!
Ich konnte des Königs Ehre nicht schützen!
Das muss ein ein böser Traum sein!
He, reiß dich zusammen!
Wo hast du nur deinen Kopf?
Es reicht bereits viel weniger Medizin.
Vielleicht bist du schon bald völlig geheilt!
Das wäre erfreulich ...
Das war's schon für heute!
Vor allem auf solche Demütigungen kann ich gern verzichten.
Wie geht es voran mit den Lehrlingen?
Gut!
Blutbad
Umkipp
フラー
Aaah
Der menschliche Schädel ...
Ein Geist!
Sie müssen zwar noch eine Menge lernen, aber ...
Wir sind ein gutes Team.

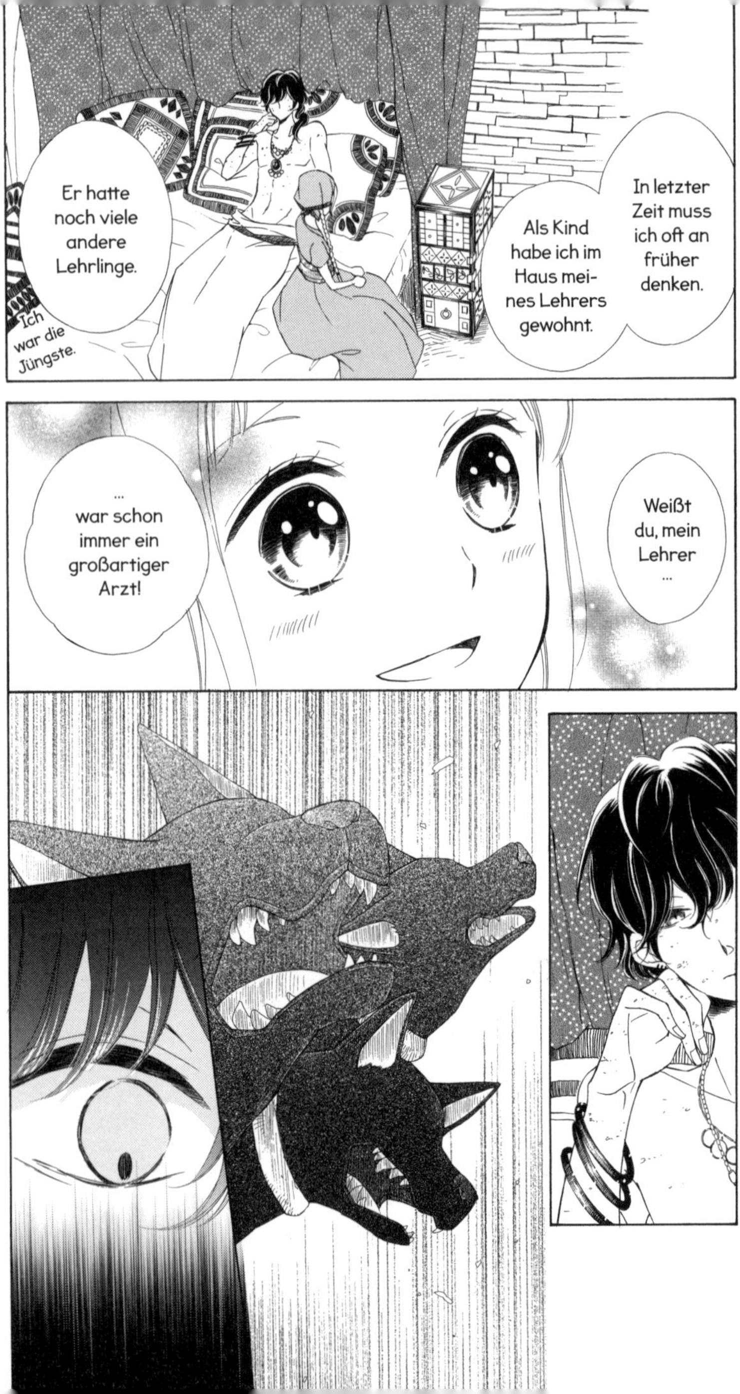
In letzter Zeit muss ich oft an früher denken.
Als Kind habe ich im Haus meines Lehrers gewohnt.
Er hatte noch viele andere Lehrlinge.
Ich war die Jüngste.
Weißt du, mein Lehrer ...
... war schon immer ein großartiger Arzt!

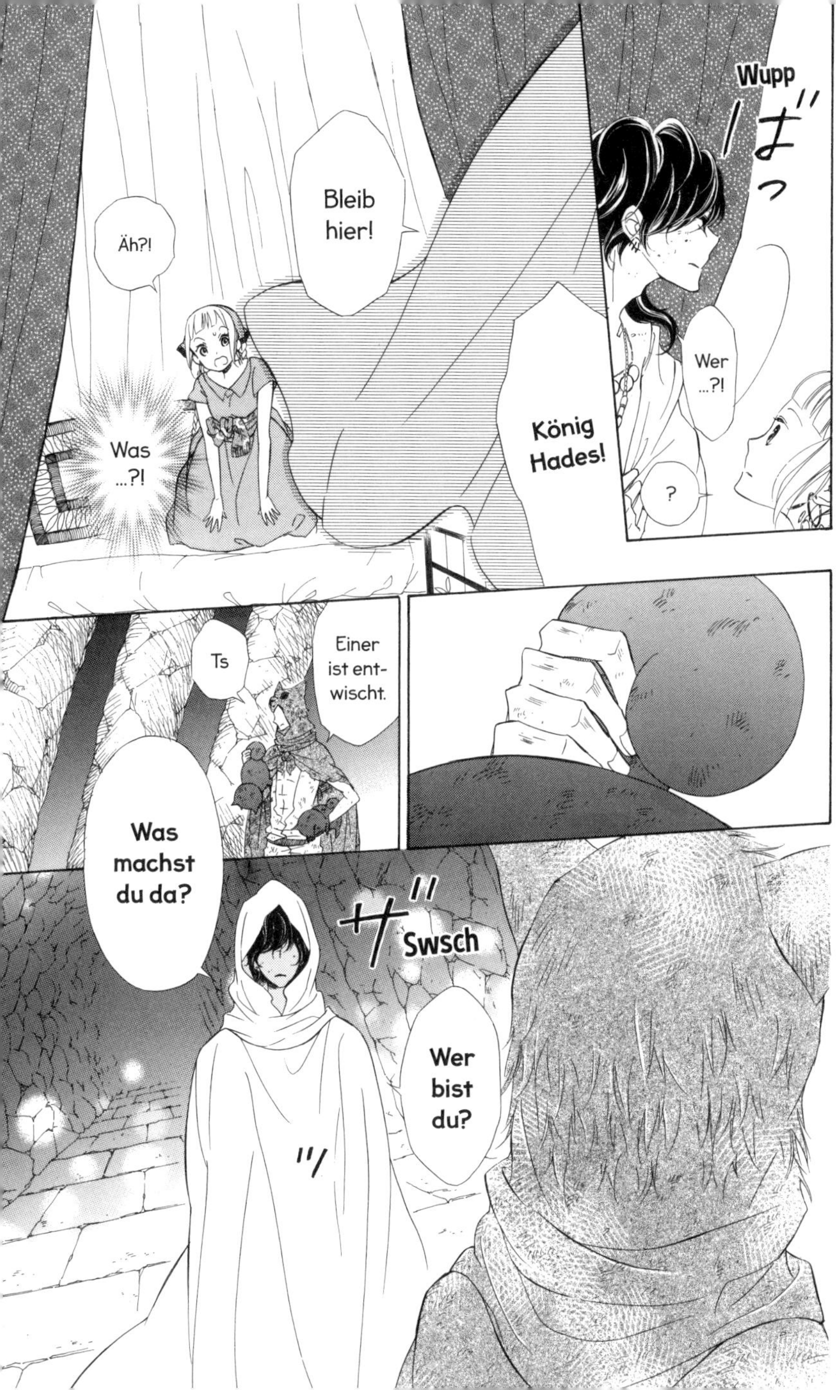
Wupp
Wer …?!
?
König Hades!
Bleib hier!
Äh?!
Was …?!
Einer ist ent-wischt.
Ts
Was machst du da?
Swsch
Wer bist du?

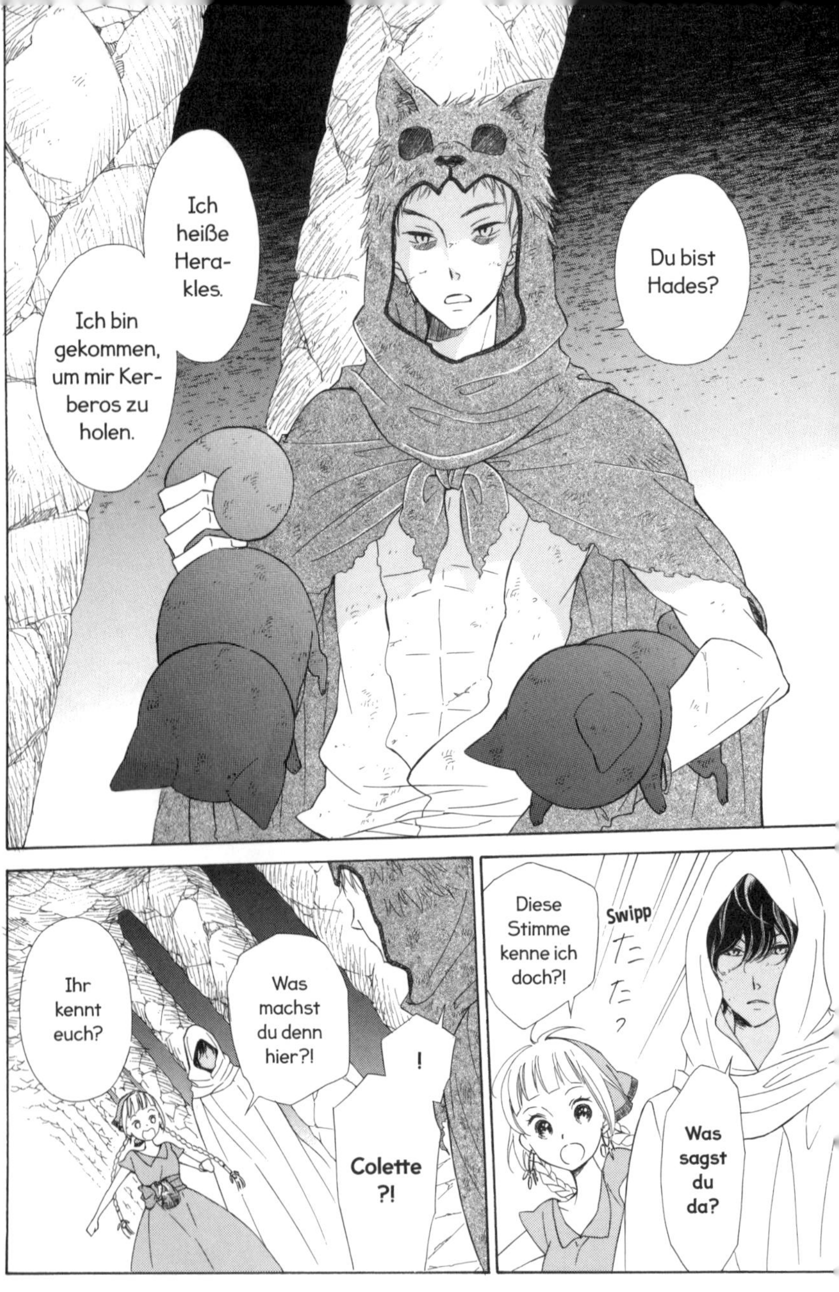
Du bist Hades?
Ich heiße Hera-kles.
Ich bin gekommen, um mir Ker-beros zu holen.
Was sagst du da?
Swipp
たたっ
Diese Stimme kenne ich doch?!
!
Colette?!
Was machst du denn hier?!
Ihr kennt euch?

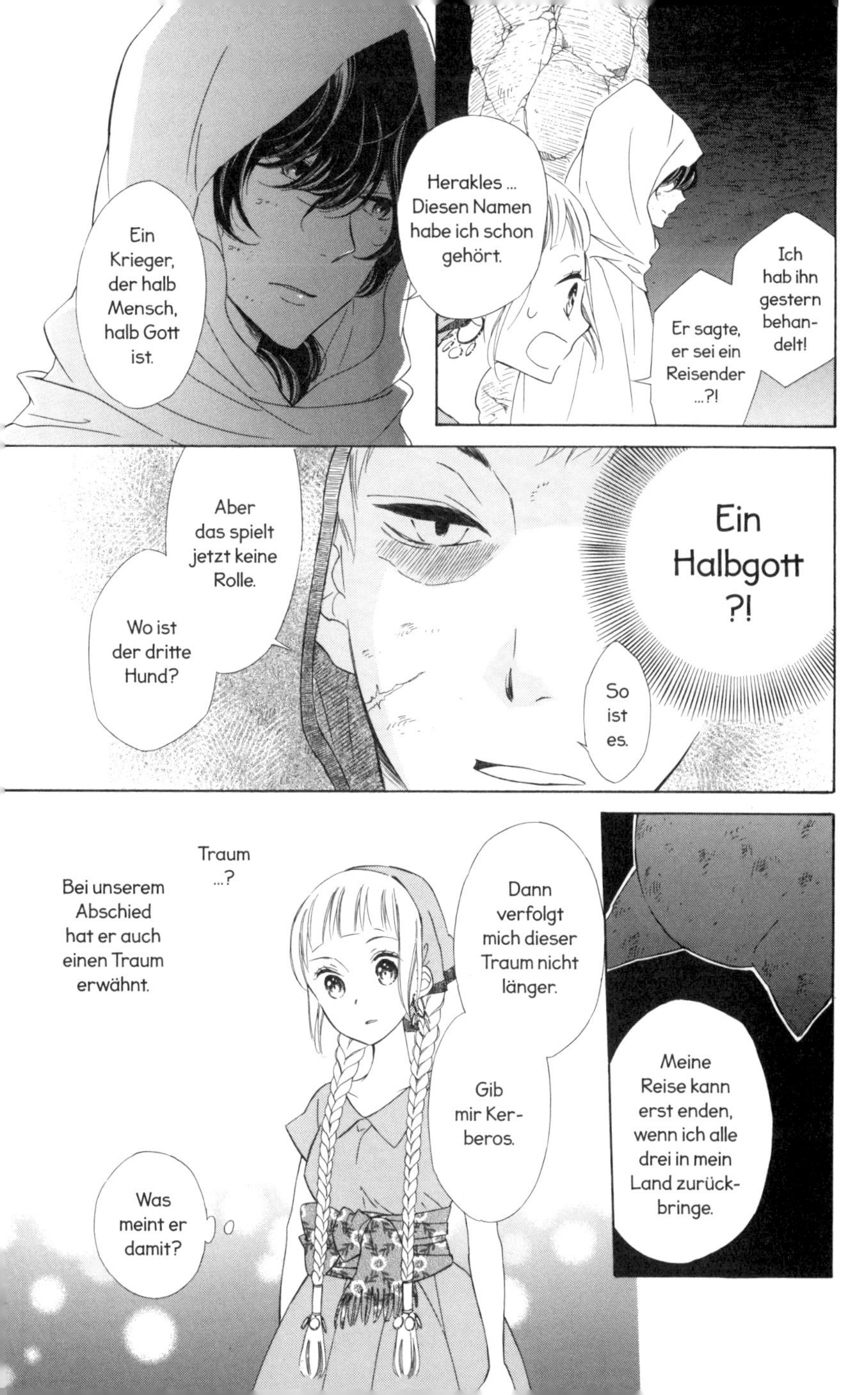

Ich hab ihn gestern behan-delt!
Er sagte, er sei ein Reisender ...?!
Herakles ... Diesen Namen habe ich schon gehört.
Ein Krieger, der halb Mensch, halb Gott ist.
Ein Halbgott ?!
So ist es.
Aber das spielt jetzt keine Rolle.
Wo ist der dritte Hund?
Meine Reise kann erst enden, wenn ich alle drei in mein Land zurück-bringe.
Dann verfolgt mich dieser Traum nicht länger.
Gib mir Ker-beros.
Traum ...?
Bei unserem Abschied hat er auch einen Traum erwähnt.
Was meint er damit?

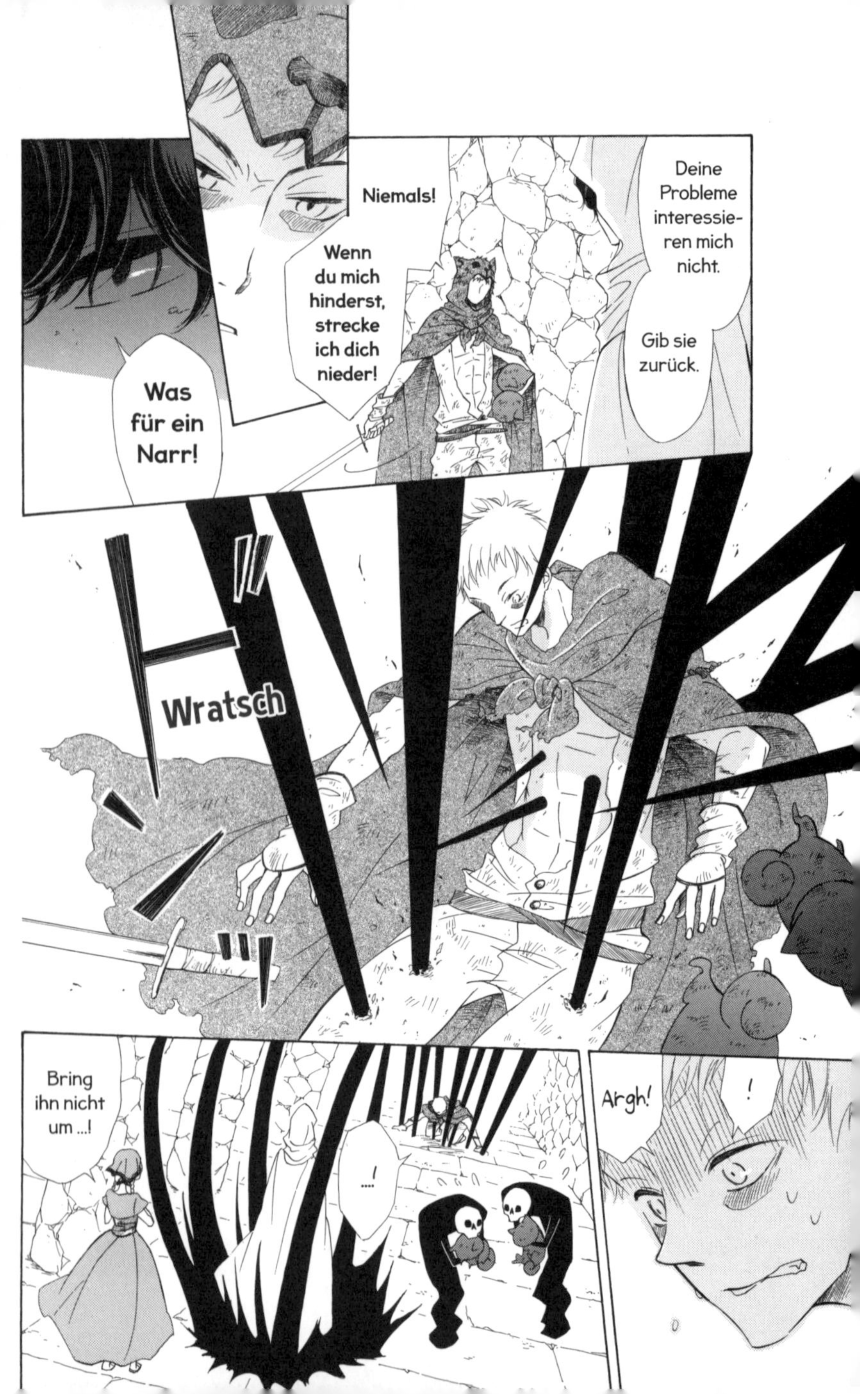
Deine Probleme interessie-ren mich nicht.
Gib sie zurück.
Niemals!
Wenn du mich hinderst, strecke ich dich nieder!
Was für ein Narr!
Wratsch
Argh!
!
! ....
Bring ihn nicht um ...!

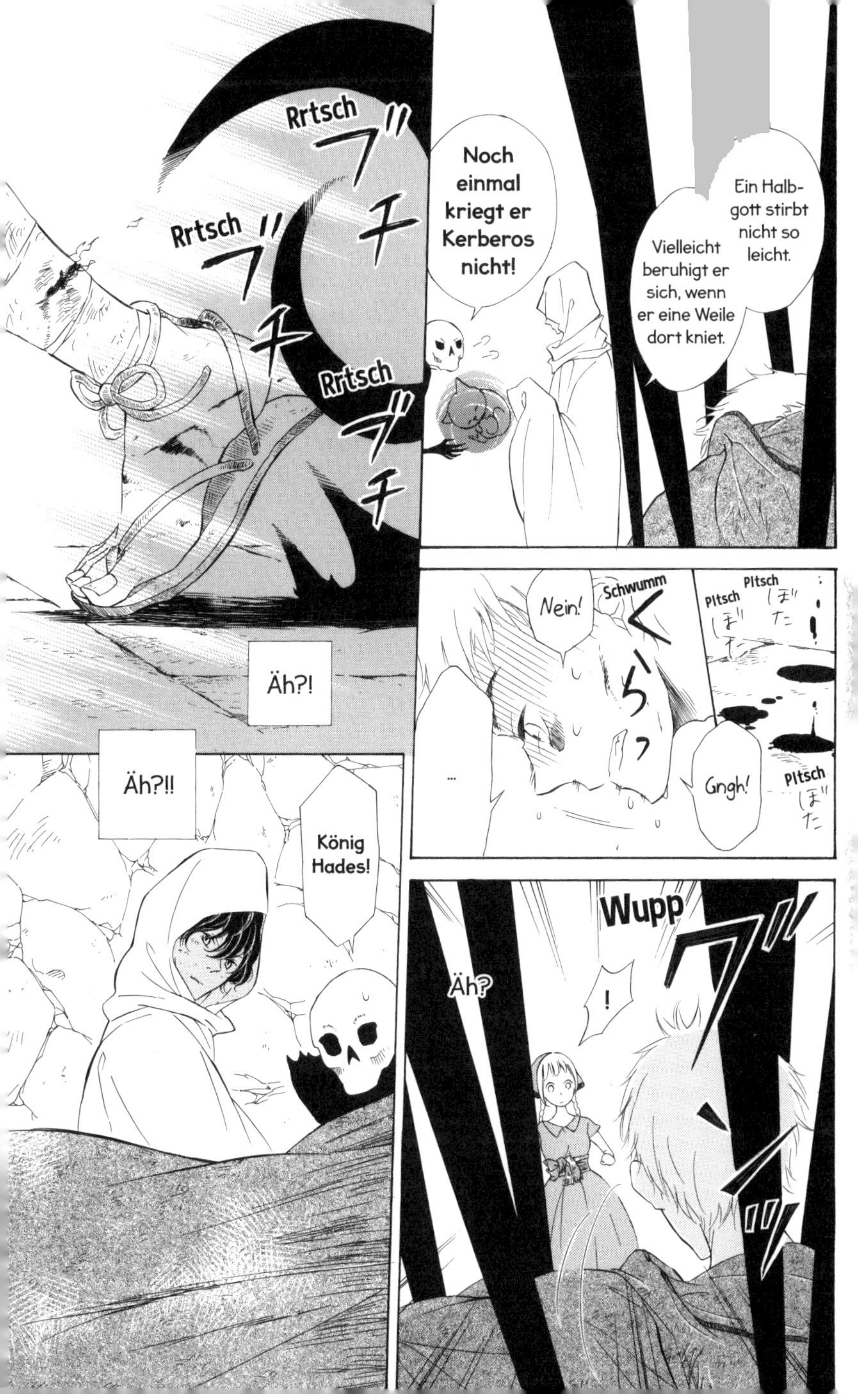
Ein Halbgott stirbt nicht so leicht.
Vielleicht beruhigt er sich, wenn er eine Weile dort kniet.
Noch einmal kriegt er Kerberos nicht!
Rrtsch
Rrtsch
Rrtsch
Äh?!
Pltsch
Pltsch
Pltsch
Schwumm
Nein!
Gngh!
...
Äh?!!
König Hades!
Wupp
!
Äh?

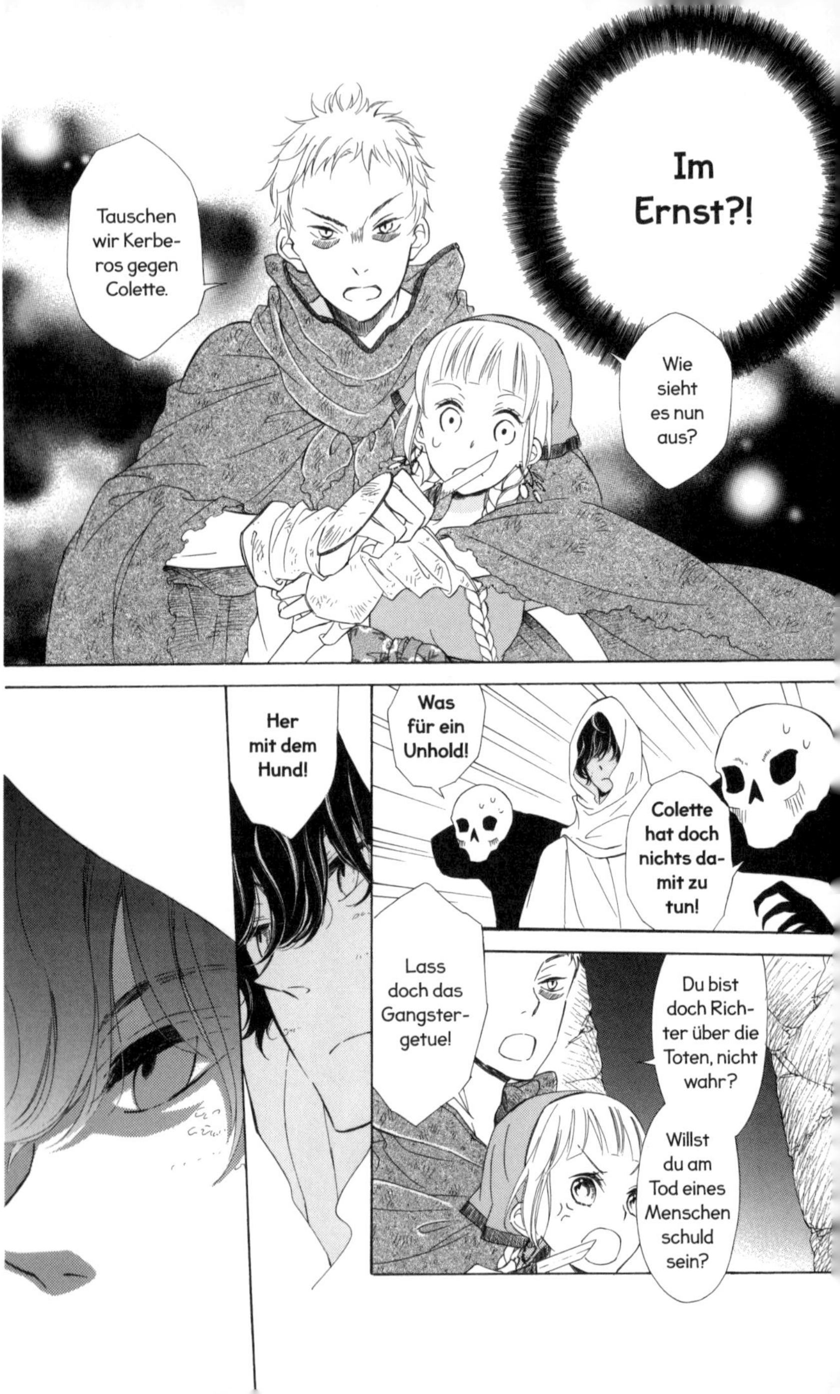
Im Ernst?!
Wie sieht es nun aus?
Tauschen wir Kerberos gegen Colette.
Colette hat doch nichts damit zu tun!
Was für ein Unhold!
Du bist doch Richter über die Toten, nicht wahr?
Willst du am Tod eines Menschen schuld sein?
Lass doch das Gangstergetue!
Her mit dem Hund!

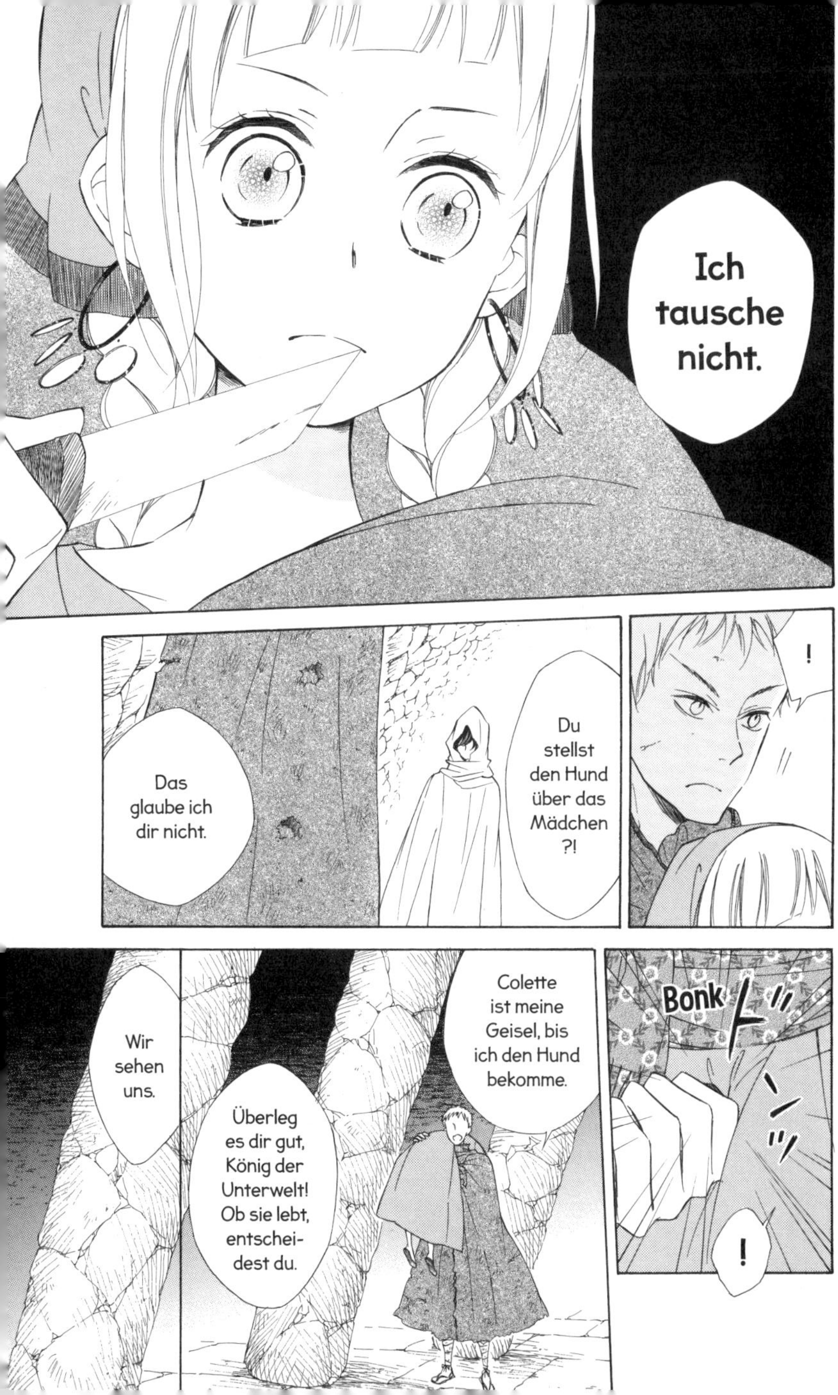
Ich tausche nicht.
!
Du stellst den Hund über das Mädchen ?!
Das glaube ich dir nicht.
Bonk
!
Colette ist meine Geisel, bis ich den Hund bekomme.
Überleg es dir gut, König der Unterwelt! Ob sie lebt, entschei-dest du.
Wir sehen uns.

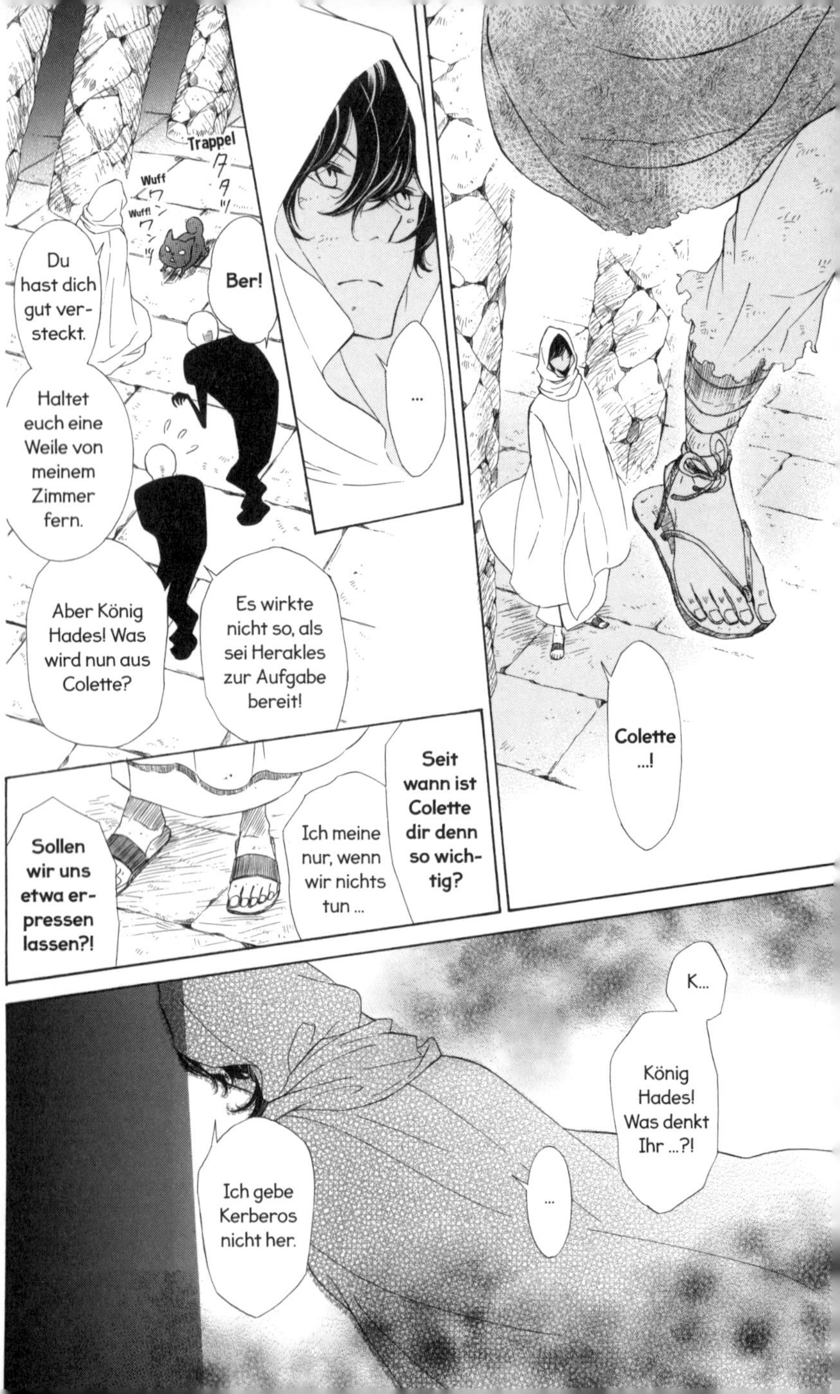
Colette ...!
...
Trappel
Wuff
Wuff!
Ber!
Du hast dich gut versteckt.
Haltet euch eine Weile von meinem Zimmer fern.
Es wirkte nicht so, als sei Herakles zur Aufgabe bereit!
Aber König Hades! Was wird nun aus Colette?
Seit wann ist Colette dir denn so wichtig?
Ich meine nur, wenn wir nichts tun ...
Sollen wir uns etwa erpressen lassen?!
K...
König Hades! Was denkt Ihr ...?!
...
Ich gebe Kerberos nicht her.

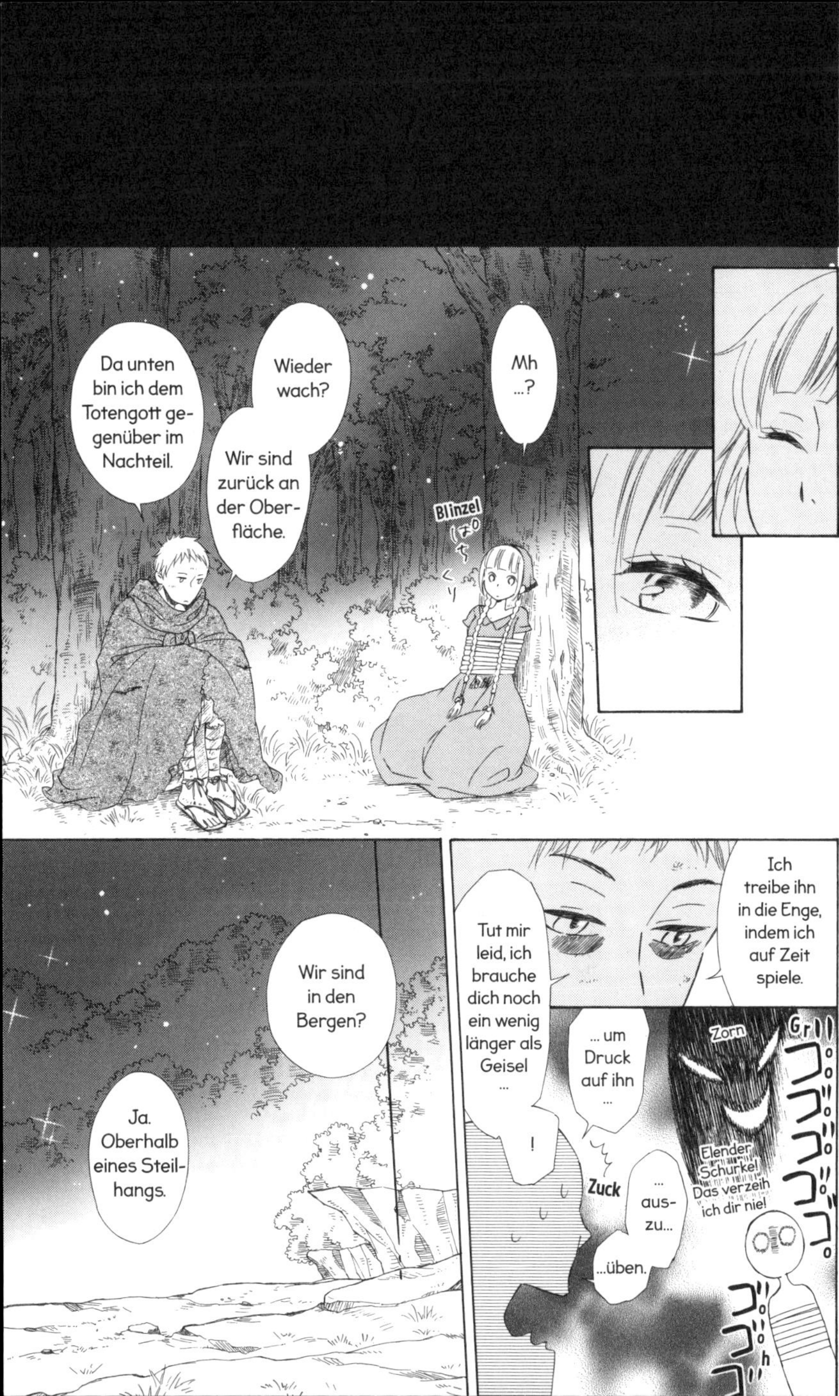

Mh ...?
Blinzel
Wieder wach?
Wir sind zurück an der Oberfläche.
Da unten bin ich dem Totengott gegenüber im Nachteil.
Ich treibe ihn in die Enge, indem ich auf Zeit spiele.
Tut mir leid, ich brauche dich noch ein wenig länger als Geisel ...
... um Druck auf ihn ...
!
Zuck
... aus-zu...
...üben.
Zorn
Gr
Elender Schurke! Das verzeih ich dir nie!
Wir sind in den Bergen?
Ja. Oberhalb eines Steilhangs.

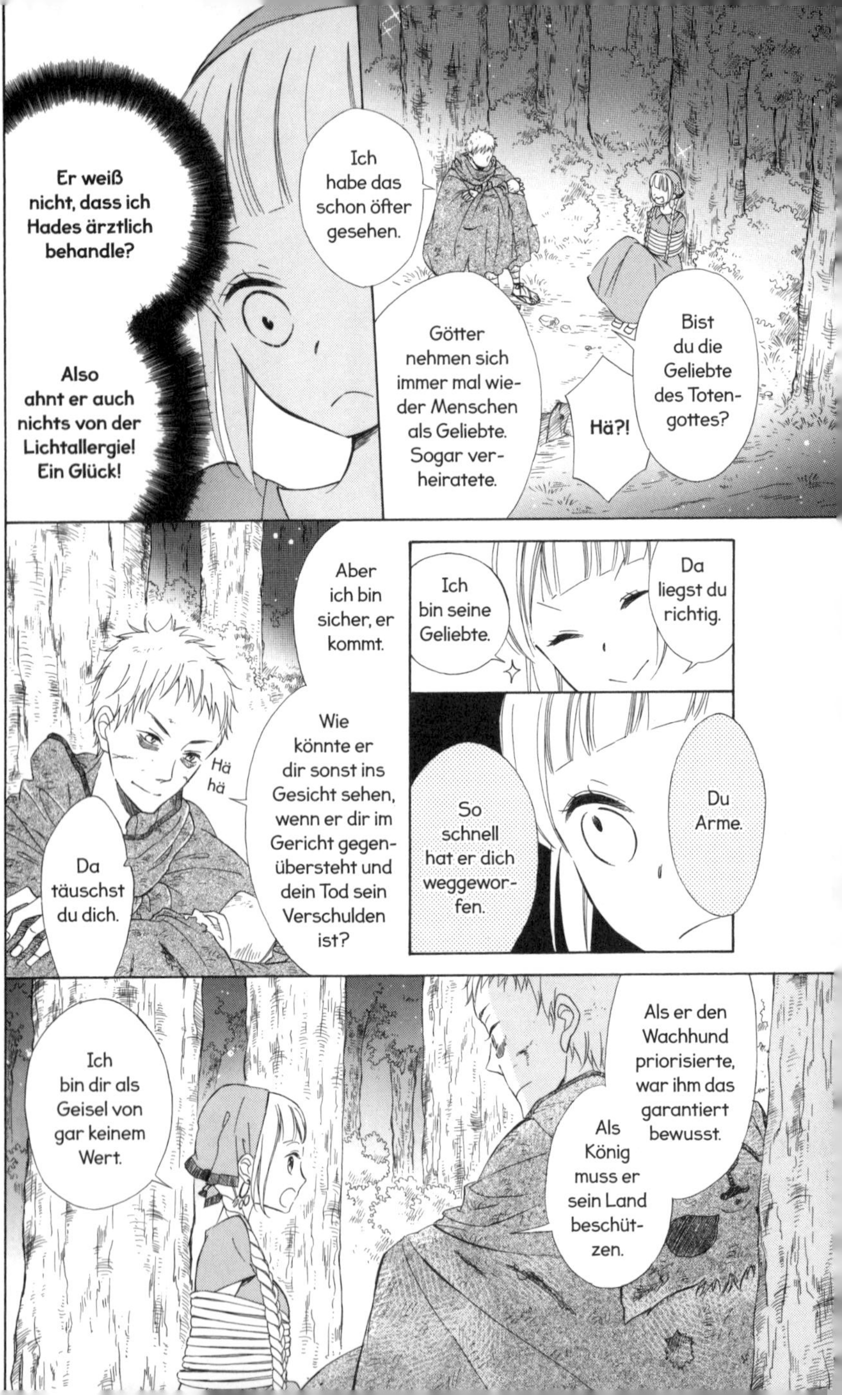

Bist du die Geliebte des Totengottes?
Hä?!
Götter nehmen sich immer mal wieder Menschen als Geliebte. Sogar verheiratete.
Ich habe das schon öfter gesehen.
Er weiß nicht, dass ich Hades ärztlich behandle?
Also ahnt er auch nichts von der Lichtallergie! Ein Glück!
Da liegst du richtig.
Ich bin seine Geliebte.
Du Arme.
So schnell hat er dich weggeworfen.
Aber ich bin sicher, er kommt.
Hä hä
Wie könnte er dir sonst ins Gesicht sehen, wenn er dir im Gericht gegenübersteht und dein Tod sein Verschulden ist?
Da täuschst du dich.
Als er den Wachhund priorisierte, war ihm das garantiert bewusst.
Als König muss er sein Land beschützen.
Ich bin dir als Geisel von gar keinem Wert.

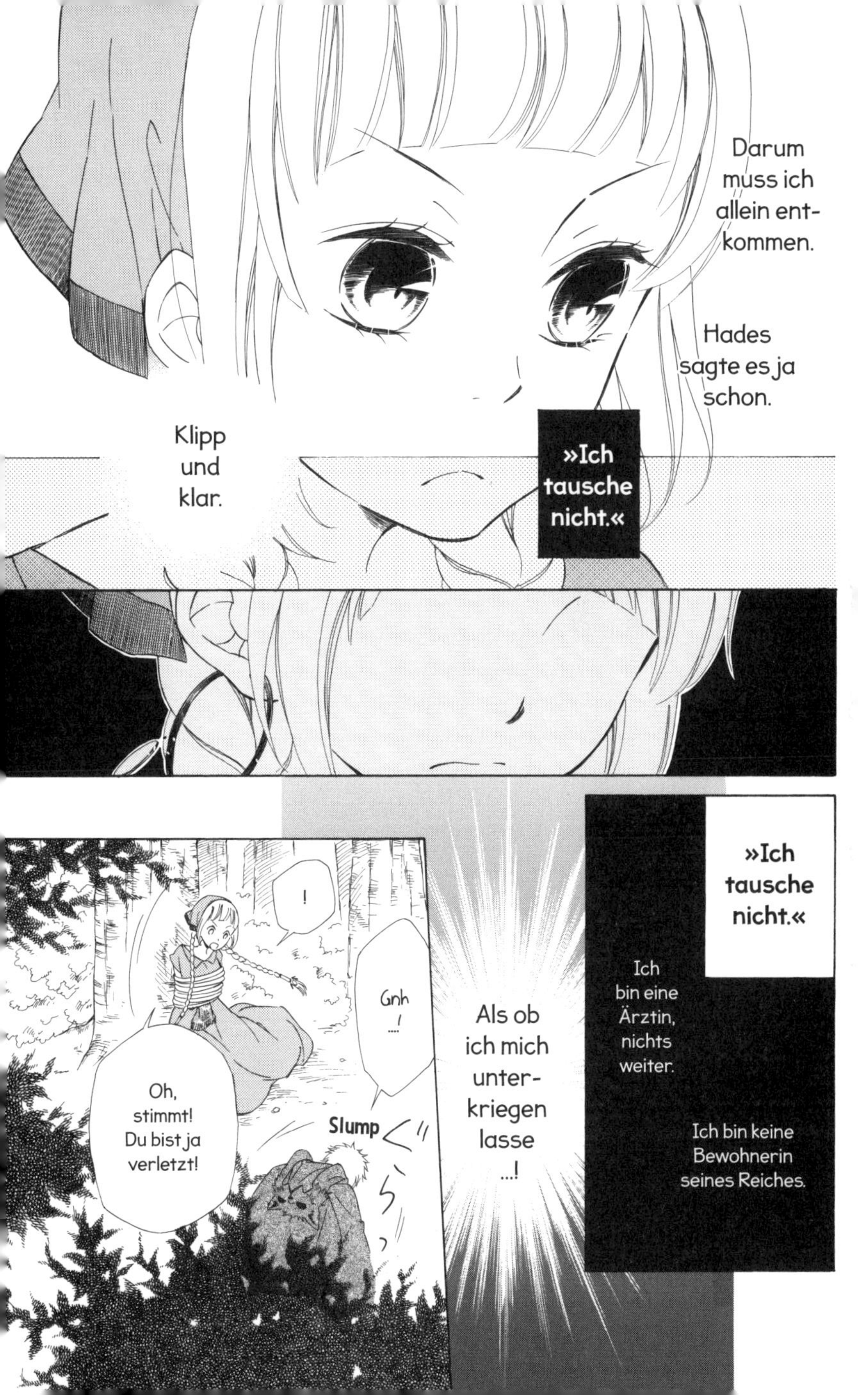
Darum muss ich allein ent-kommen.
Hades sagte es ja schon.
Klipp und klar.
»Ich tausche nicht.«
»Ich tausche nicht.«
Ich bin eine Ärztin, nichts weiter.
Ich bin keine Bewohnerin seines Reiches.
Als ob ich mich unter-kriegen lasse ...!
!
Gnh ...!
Slump
Oh, stimmt! Du bist ja verletzt!

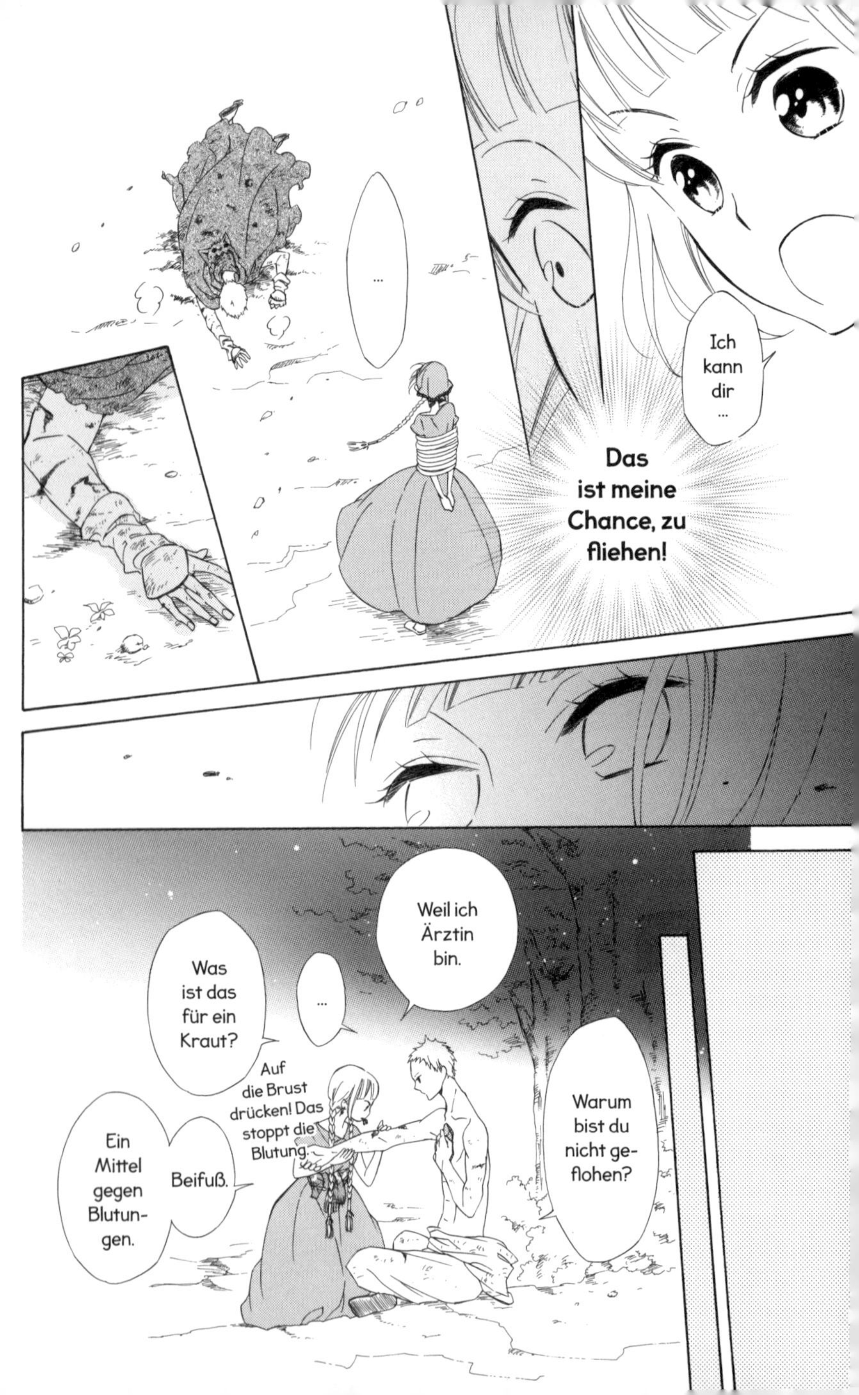
Ich kann dir …
…
Das ist meine Chance, zu fliehen!
Warum bist du nicht geflohen?
Weil ich Ärztin bin.
…
Was ist das für ein Kraut?
Auf die Brust drücken! Das stoppt die Blutung.
Beifuß.
Ein Mittel gegen Blutungen.

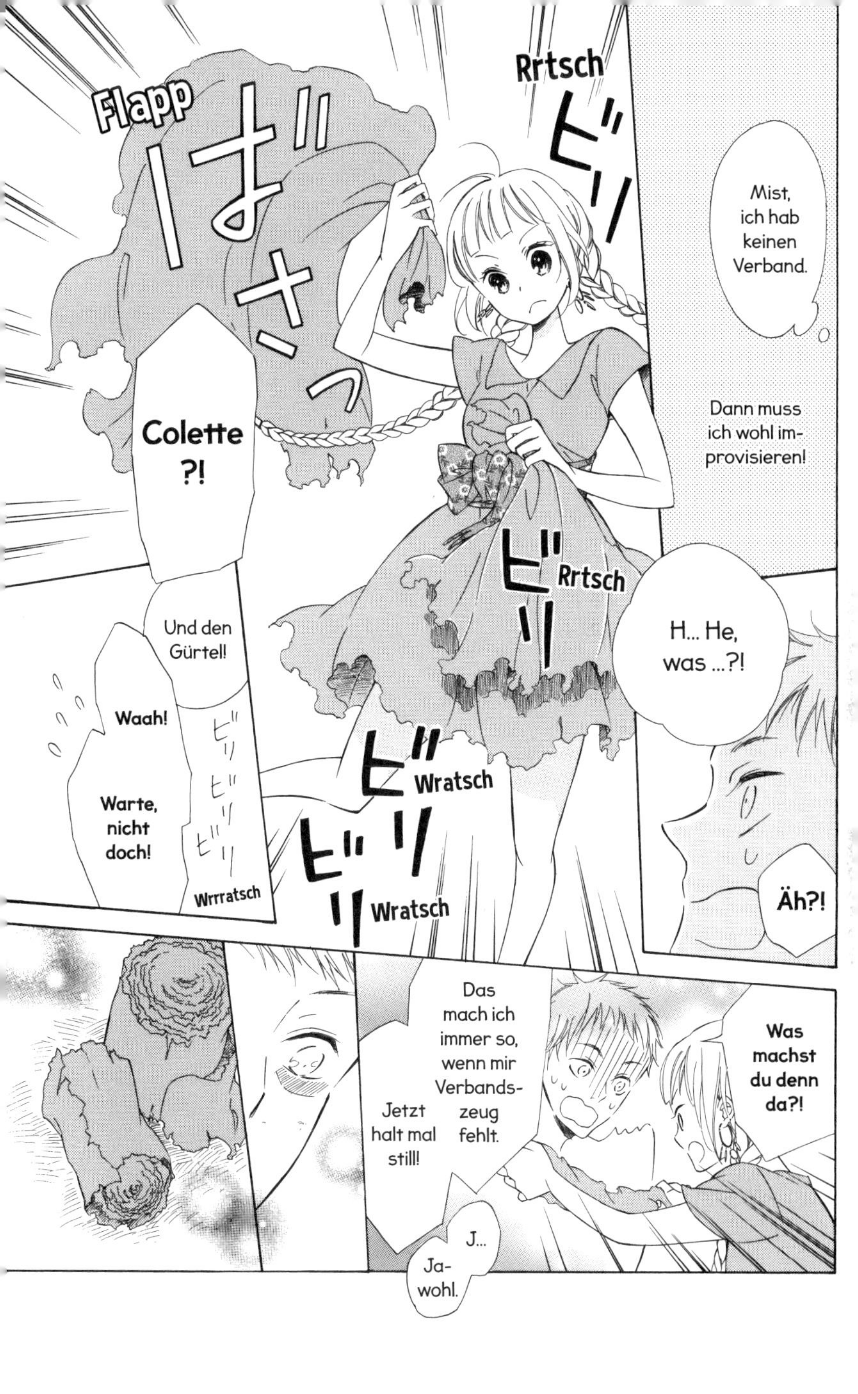

Mist, ich hab keinen Verband.
Dann muss ich wohl improvisieren!
Rrtsch
Flapp
Colette ?!
H... He, was ...?!
Äh?!
Rrtsch
Wratsch
Wratsch
Und den Gürtel!
Waah!
Warte, nicht doch!
Wrrratsch
Was machst du denn da?!
Das mach ich immer so, wenn mir Verbandszeug fehlt.
Jetzt halt mal still!
J... Jawohl.

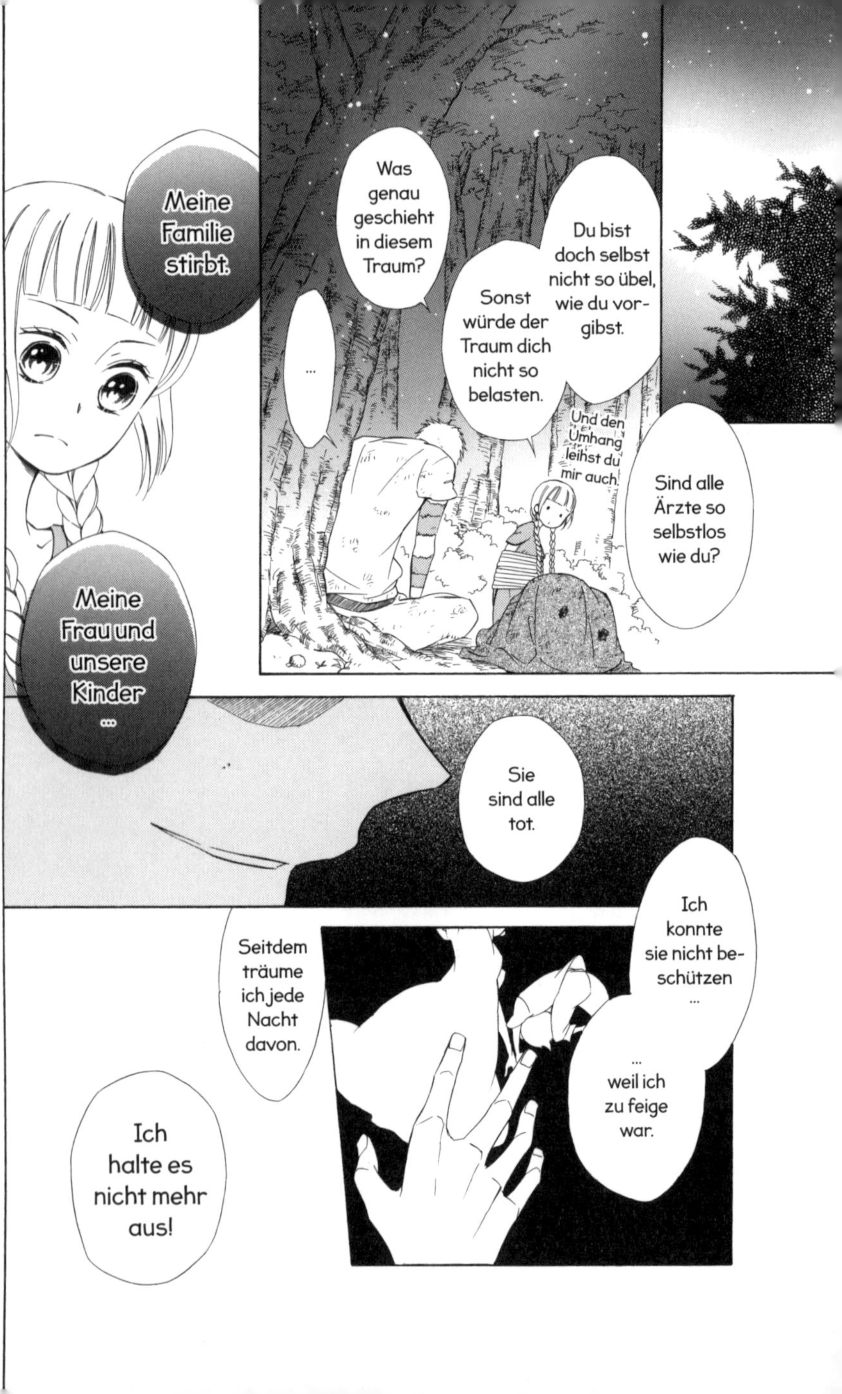
Sind alle Ärzte so selbstlos wie du?
Und den Umhang leihst du mir auch.
Du bist doch selbst nicht so übel, wie du vorgibst.
Sonst würde der Traum dich nicht so belasten.
Was genau geschieht in diesem Traum?
...
Meine Familie stirbt.
Meine Frau und unsere Kinder ...
Sie sind alle tot.
Ich konnte sie nicht beschützen ...
... weil ich zu feige war.
Seitdem träume ich jede Nacht davon.
Ich halte es nicht mehr aus!

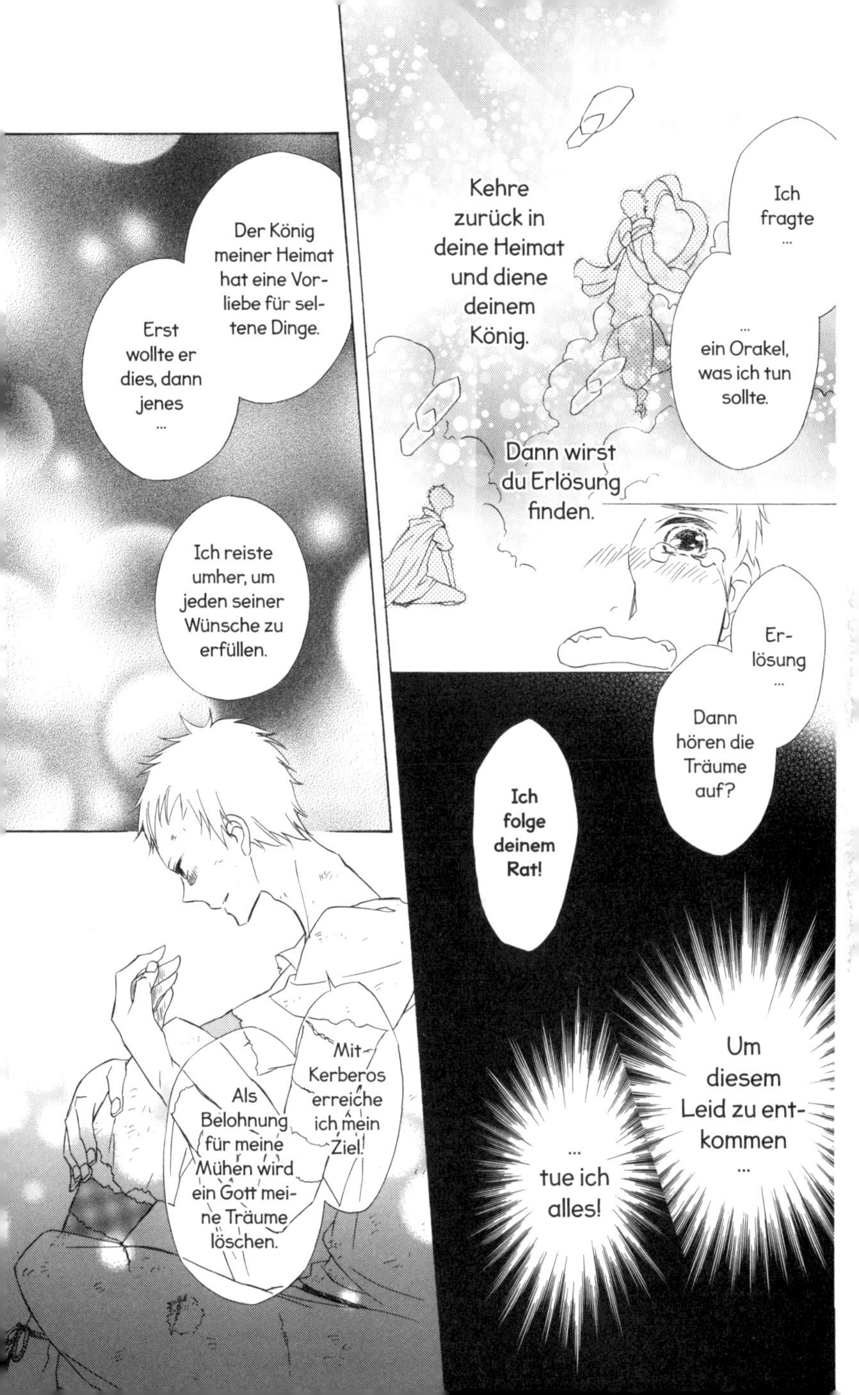
Ich fragte ...
... ein Orakel, was ich tun sollte.
Kehre zurück in deine Heimat und diene deinem König.
Dann wirst du Erlösung finden.
Er-lösung ...
Dann hören die Träume auf?
Der König meiner Heimat hat eine Vor-liebe für sel-tene Dinge.
Erst wollte er dies, dann jenes ...
Ich reiste umher, um jeden seiner Wünsche zu erfüllen.
Ich folge deinem Rat!
Um diesem Leid zu ent-kommen ...
... tue ich alles!
Mit Kerberos erreiche ich mein Ziel!
Als Belohnung für meine Mühen wird ein Gott mei-ne Träume löschen.

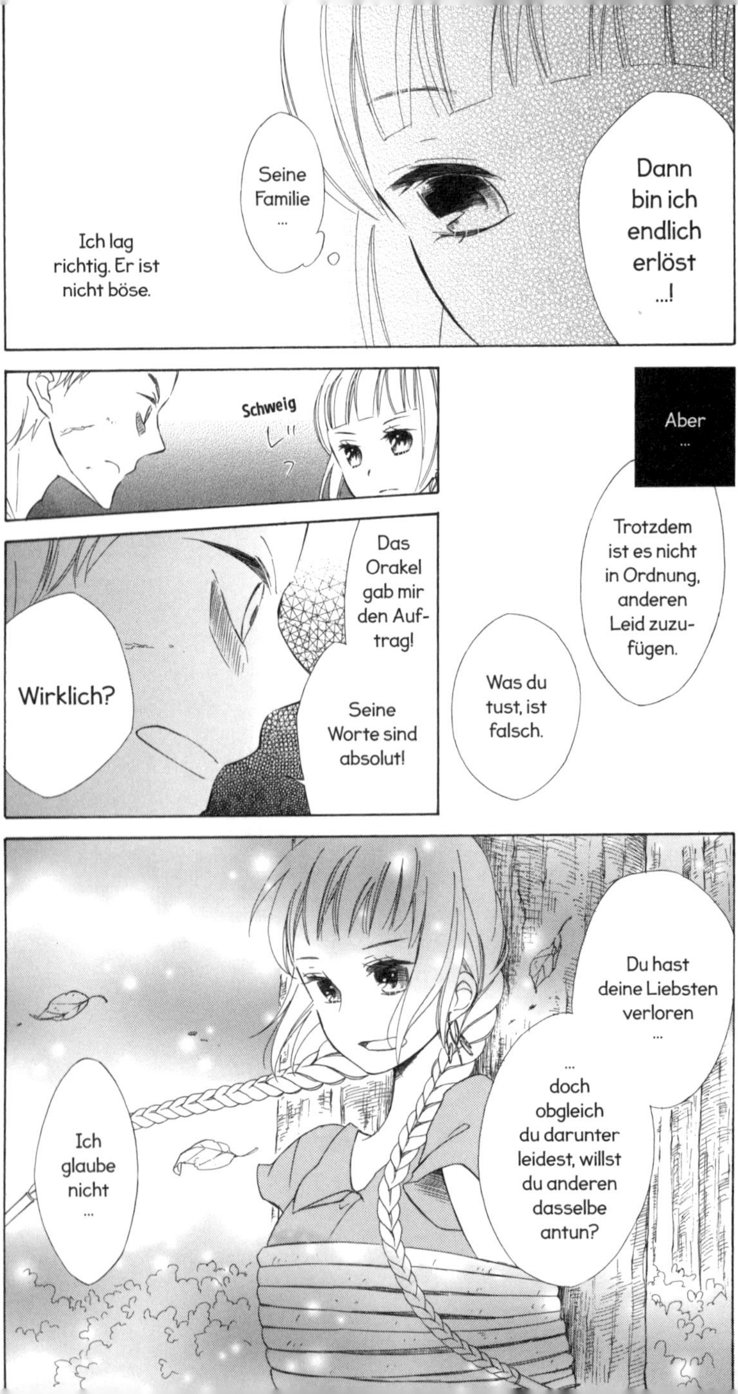
Dann bin ich endlich erlöst ...!
Seine Familie ...
Ich lag richtig. Er ist nicht böse.
Aber ...
Trotzdem ist es nicht in Ordnung, anderen Leid zuzufügen.
Was du tust, ist falsch.
Schweig
Das Orakel gab mir den Auftrag!
Seine Worte sind absolut!
Wirklich?
Du hast deine Liebsten verloren ...
... doch obgleich du darunter leidest, willst du anderen dasselbe antun?
Ich glaube nicht ...

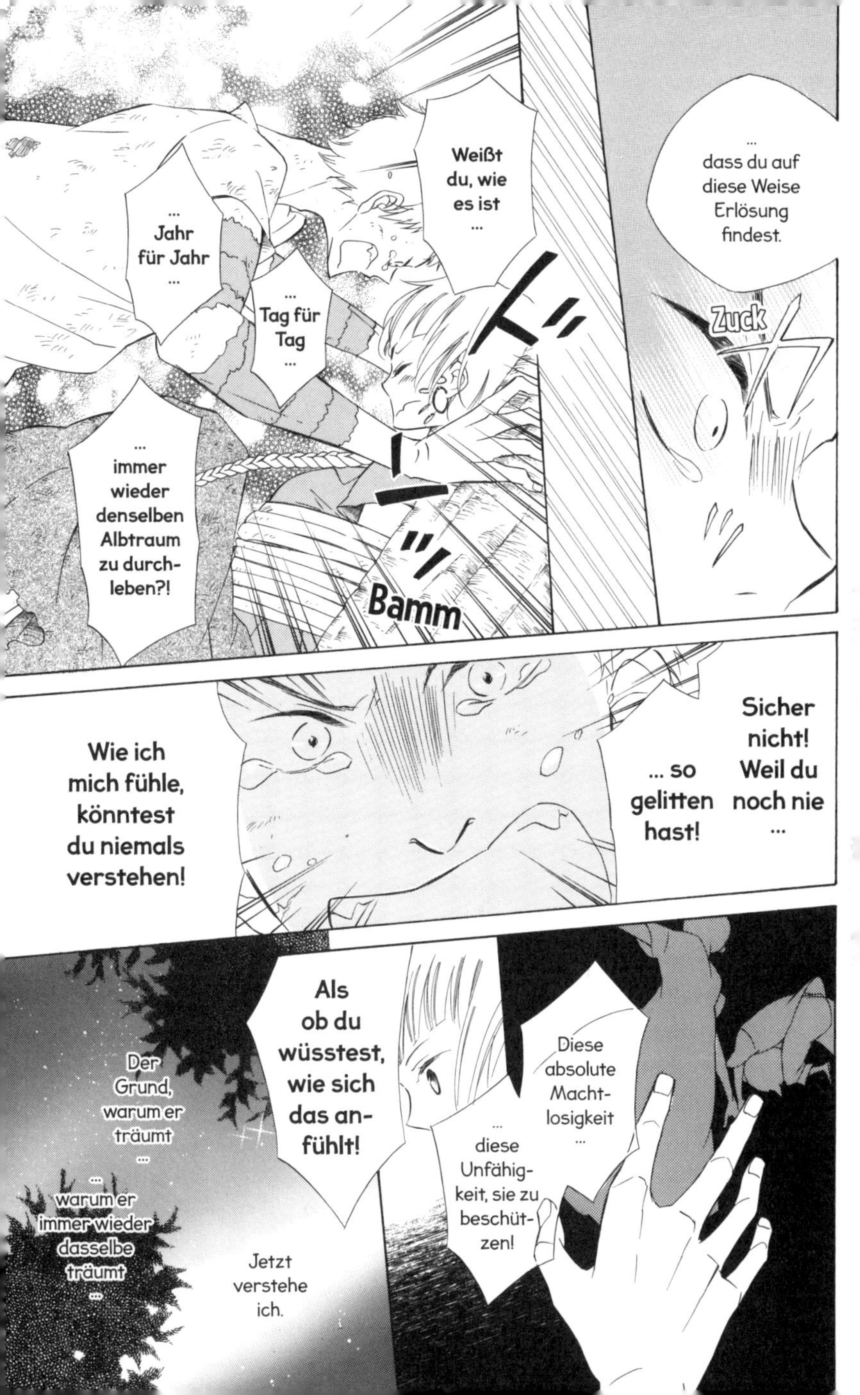

... dass du auf diese Weise Erlösung findest.
Zuck
Weißt du, wie es ist ...
... Tag für Tag ...
... Jahr für Jahr ...
... immer wieder denselben Albtraum zu durchleben?!
Bamm
Sicher nicht! Weil du noch nie ...
... so gelitten hast!
Wie ich mich fühle, könntest du niemals verstehen!
Diese absolute Machtlosigkeit ...
... diese Unfähigkeit, sie zu beschützen!
Als ob du wüsstest, wie sich das anfühlt!
Der Grund, warum er träumt ...
... warum er immer wieder dasselbe träumt ...
Jetzt verstehe ich.

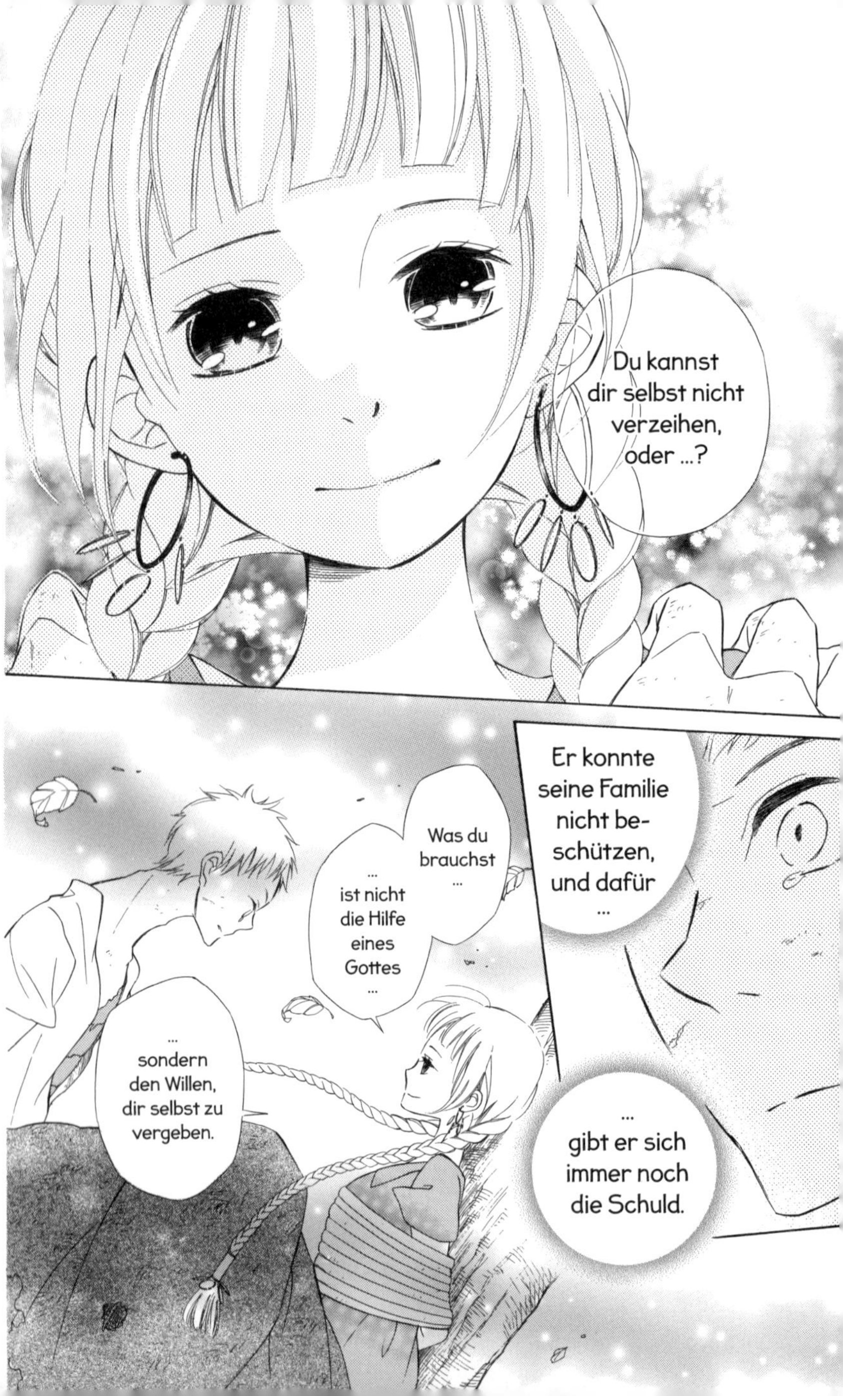
Du kannst dir selbst nicht verzeihen, oder ...?
Er konnte seine Familie nicht beschützen, und dafür ...
... gibt er sich immer noch die Schuld.
Was du brauchst ...
... ist nicht die Hilfe eines Gottes ...
... sondern den Willen, dir selbst zu vergeben.

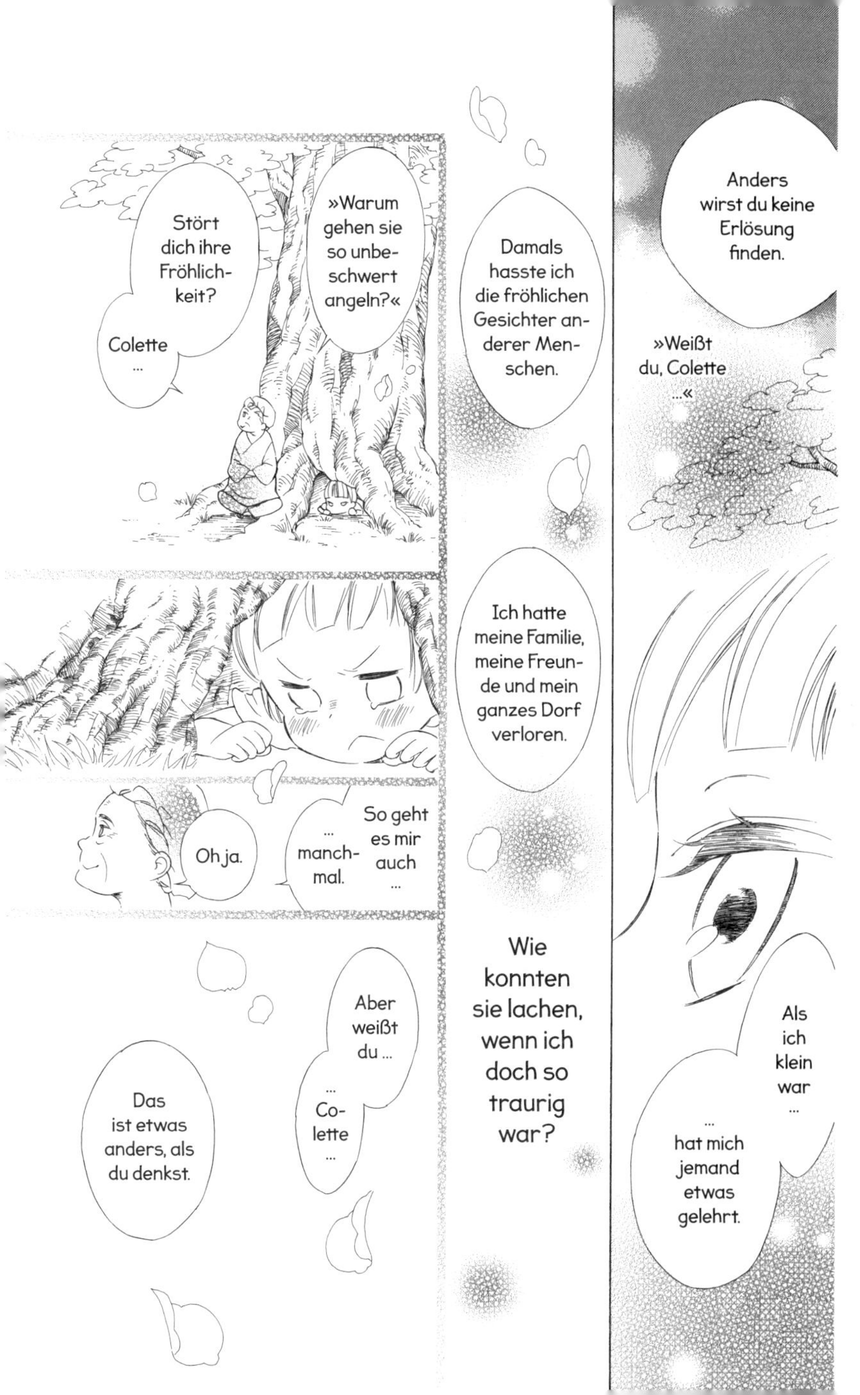
Anders wirst du keine Erlösung finden.
»Weißt du, Colette ...«
Als ich klein war ...
... hat mich jemand etwas gelehrt.
Damals hasste ich die fröhlichen Gesichter anderer Menschen.
Ich hatte meine Familie, meine Freunde und mein ganzes Dorf verloren.
Wie konnten sie lachen, wenn ich doch so traurig war?
»Warum gehen sie so unbeschwert angeln?«
Stört dich ihre Fröhlichkeit?
Colette ...
So geht es mir auch ...
... manchmal.
Oh ja.
Aber weißt du ...
... Colette ...
Das ist etwas anders, als du denkst.

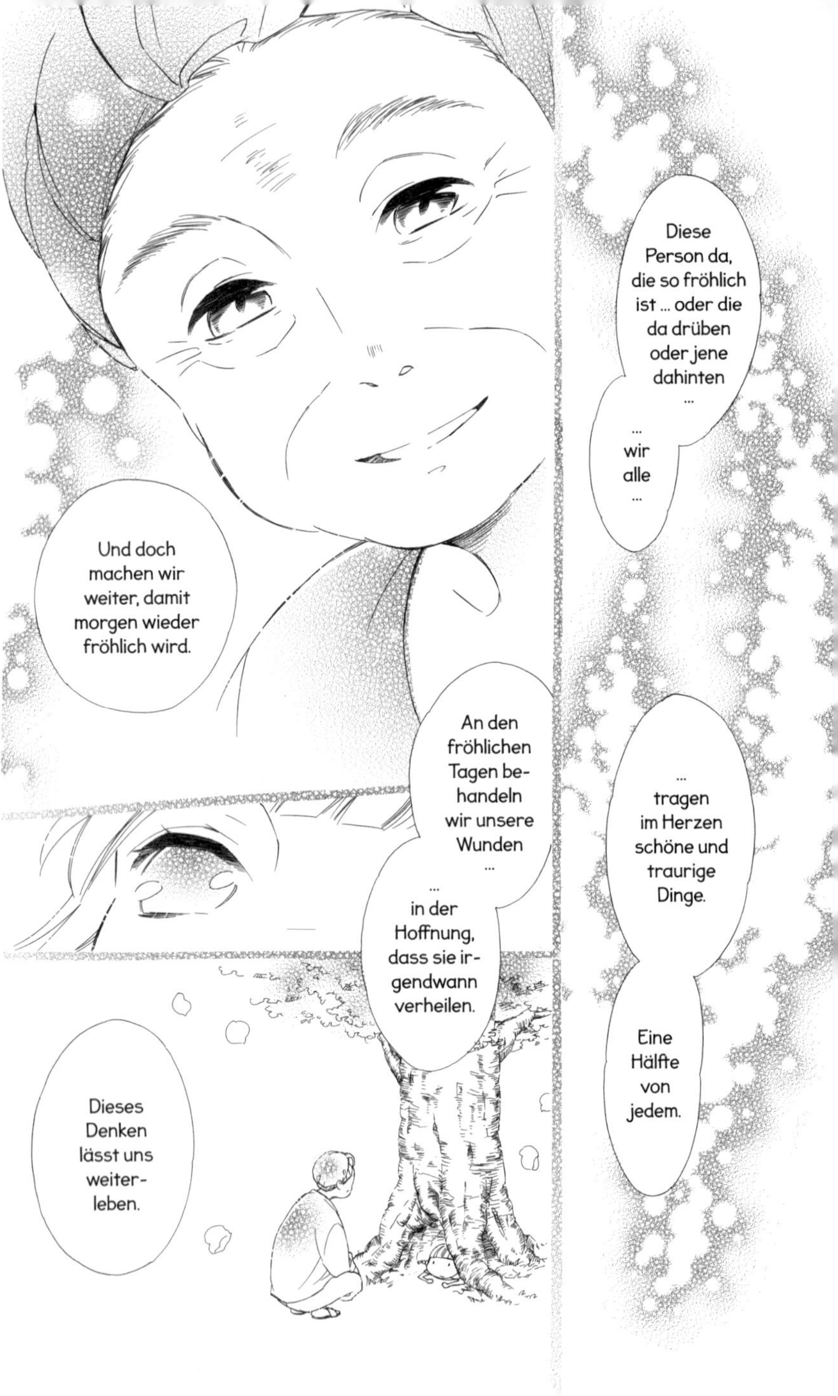
Diese Person da, die so fröhlich ist ... oder die da drüben oder jene dahinten ...
... wir alle ...
... tragen im Herzen schöne und traurige Dinge.
Eine Hälfte von jedem.
Und doch machen wir weiter, damit morgen wieder fröhlich wird.
An den fröhlichen Tagen behandeln wir unsere Wunden ...
... in der Hoffnung, dass sie irgendwann verheilen.
Dieses Denken lässt uns weiterleben.

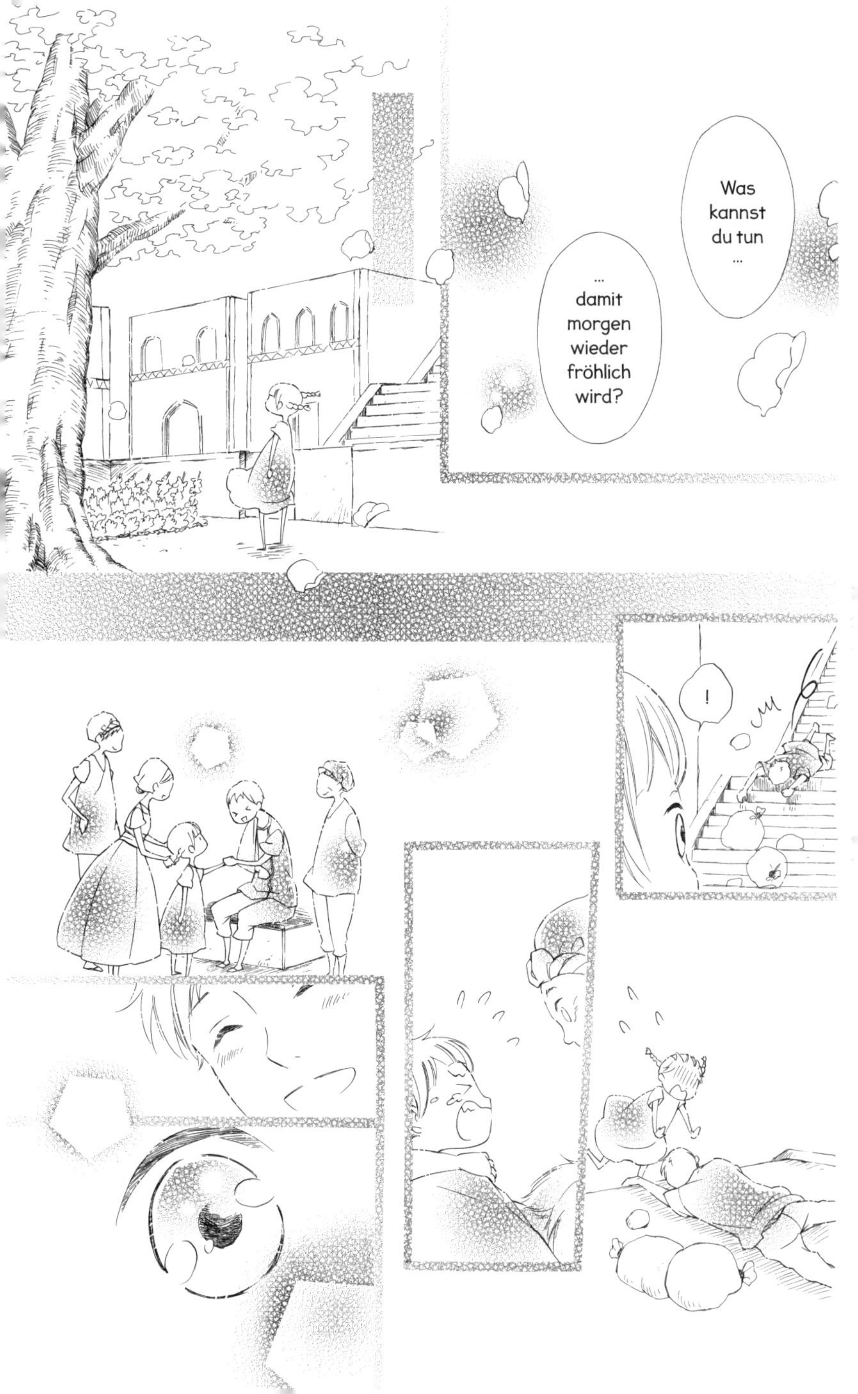
Was kannst du tun …
… damit morgen wieder fröhlich wird?
!

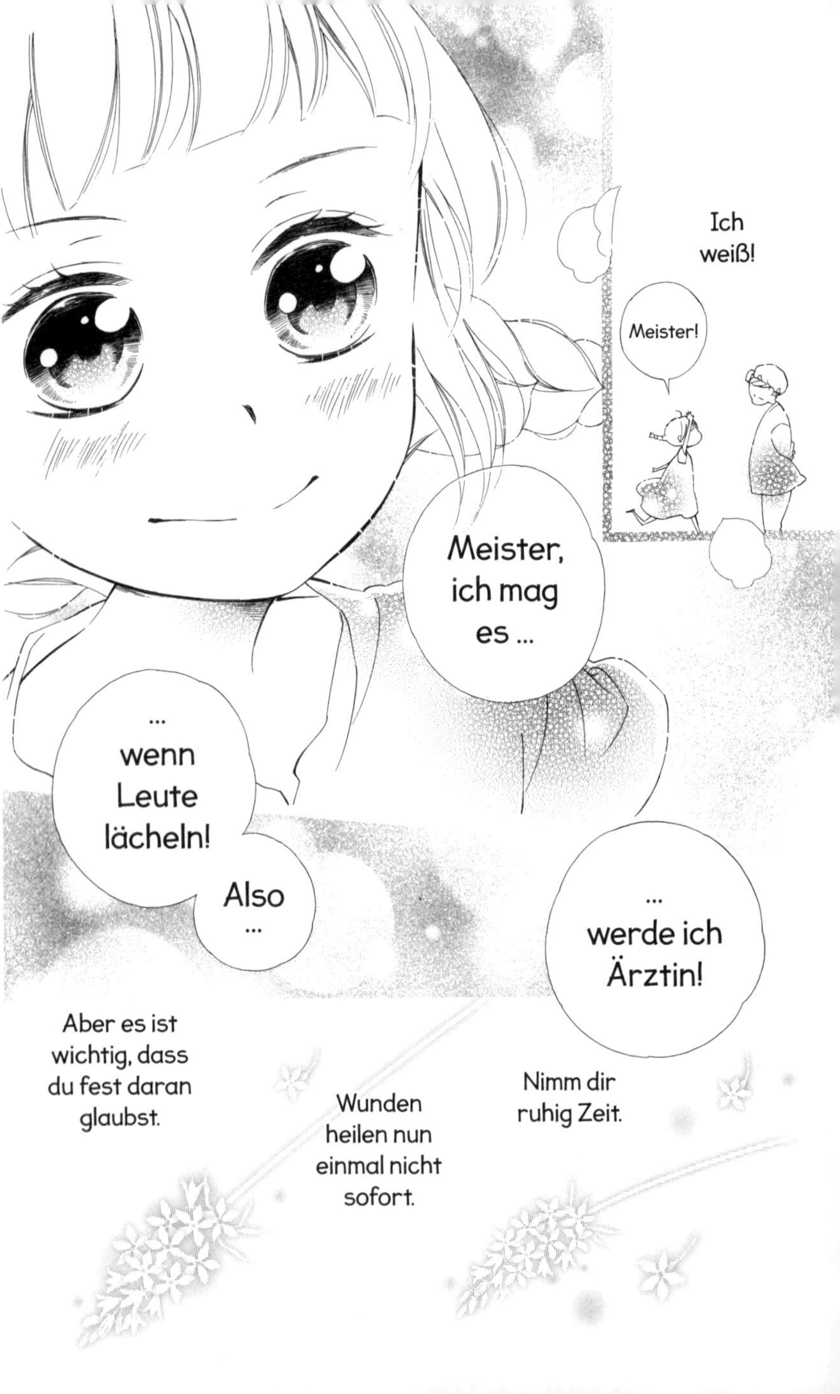
Ich weiß!
Meister!
Meister, ich mag es ...
... wenn Leute lächeln!
Also ...
... werde ich Ärztin!
Nimm dir ruhig Zeit.
Wunden heilen nun einmal nicht sofort.
Aber es ist wichtig, dass du fest daran glaubst.

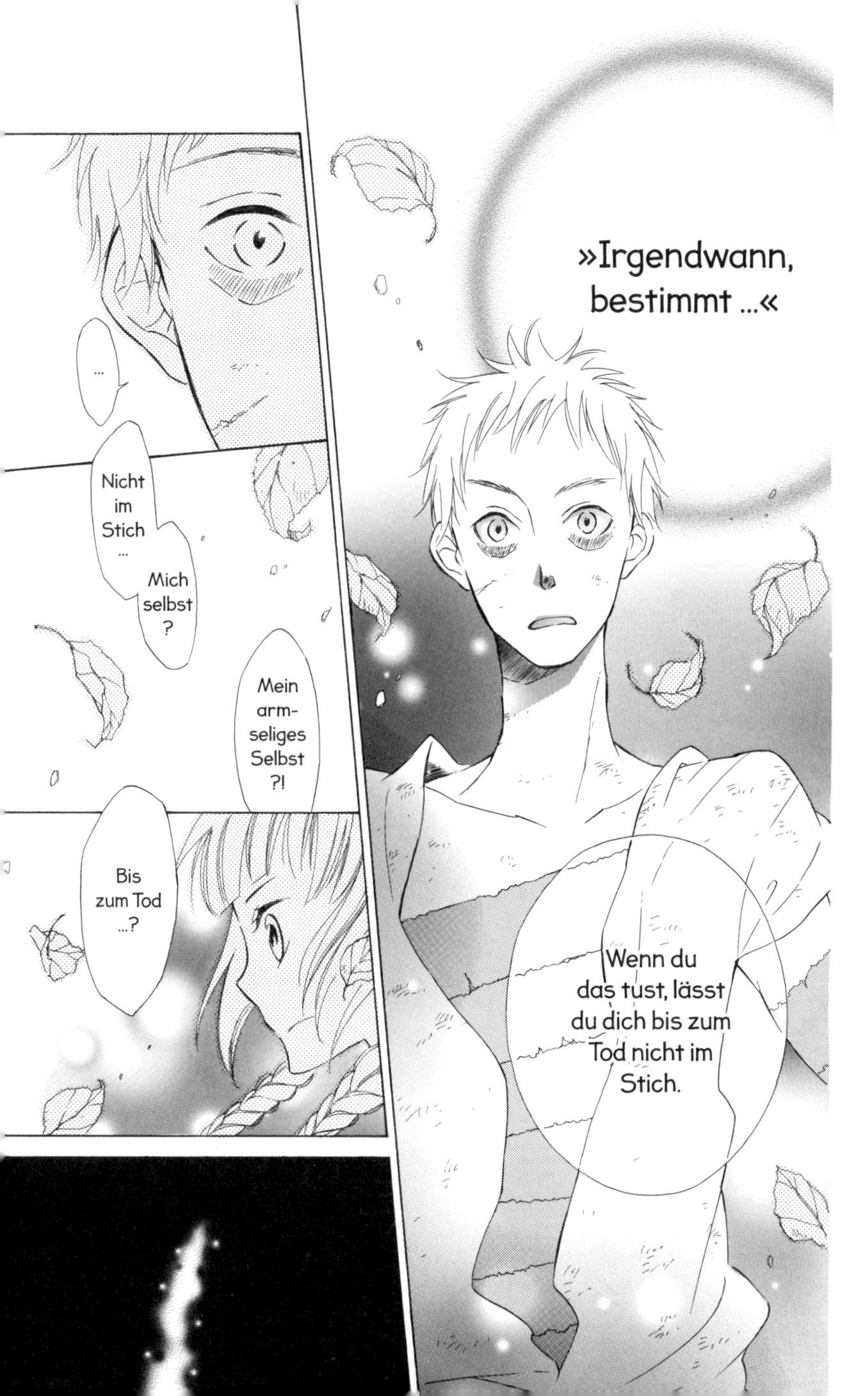
»Irgendwann, bestimmt ...«
Wenn du das tust, lässt du dich bis zum Tod nicht im Stich.
...
Nicht im Stich ...
Mich selbst ?
Mein arm-seliges Selbst ?!
Bis zum Tod ...?

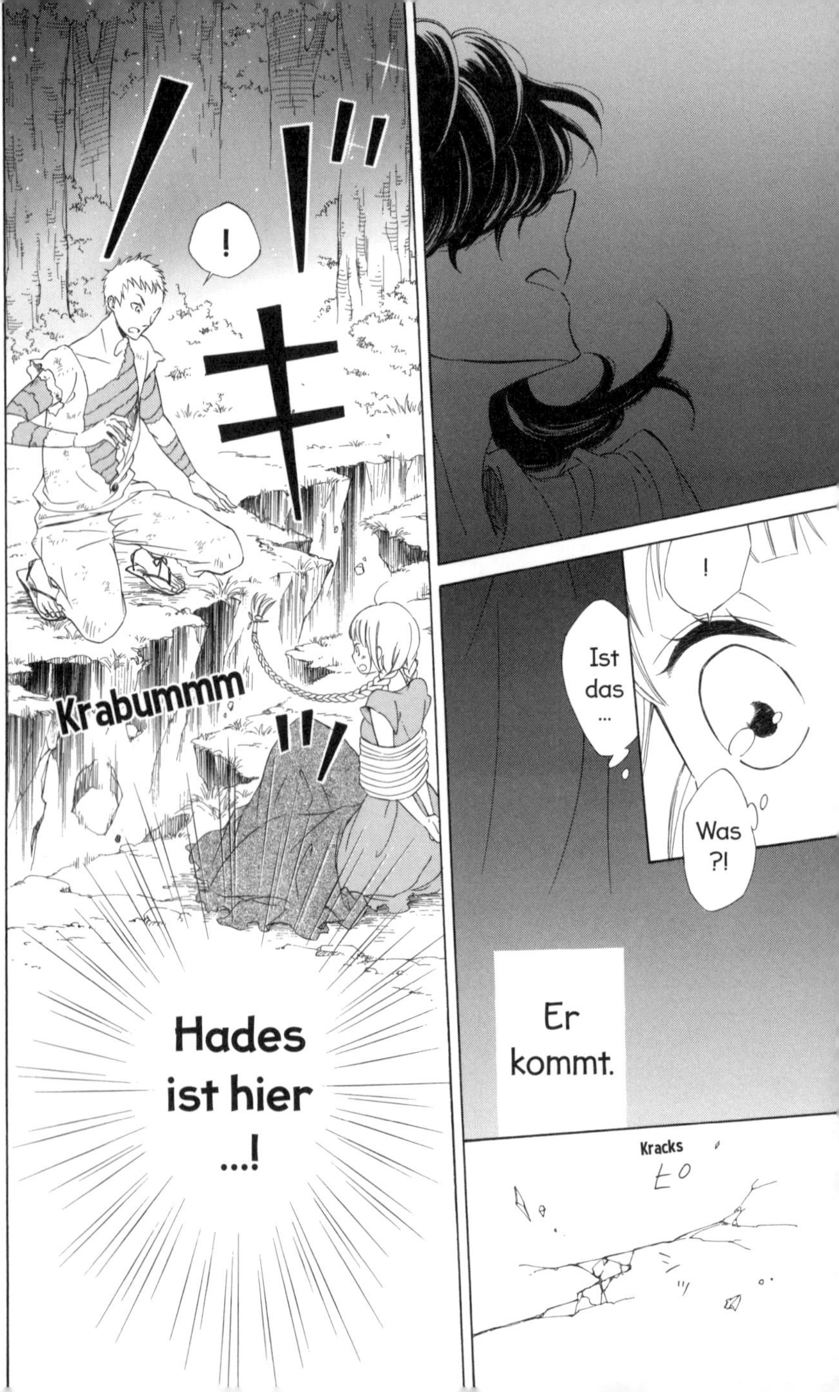
!
Ist das ...
Was ?!
Er kommt.
Kracks
!
Krabummm
Hades ist hier ...!

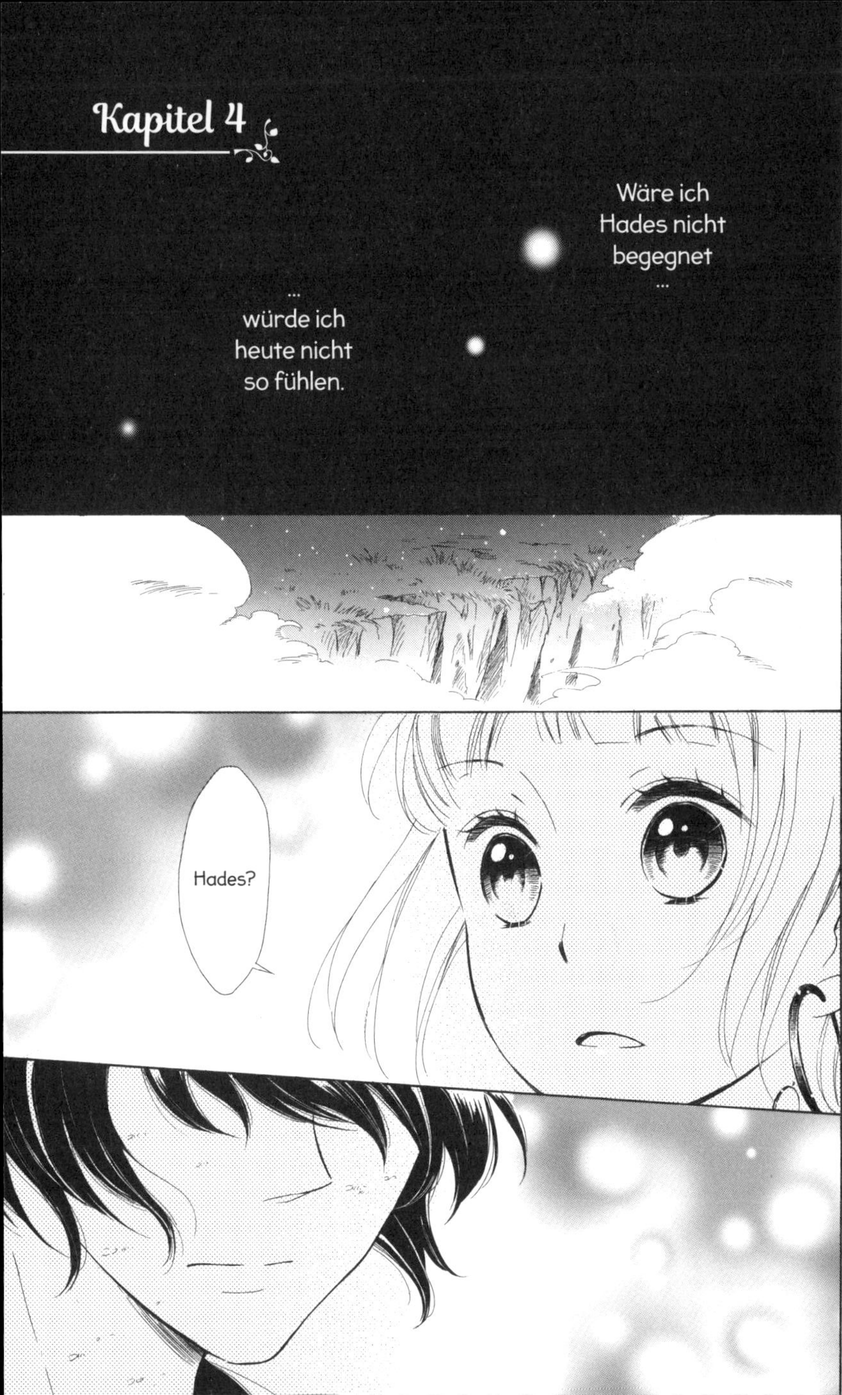
Kapitel 4
Wäre ich Hades nicht begegnet ...
... würde ich heute nicht so fühlen.
Hades?

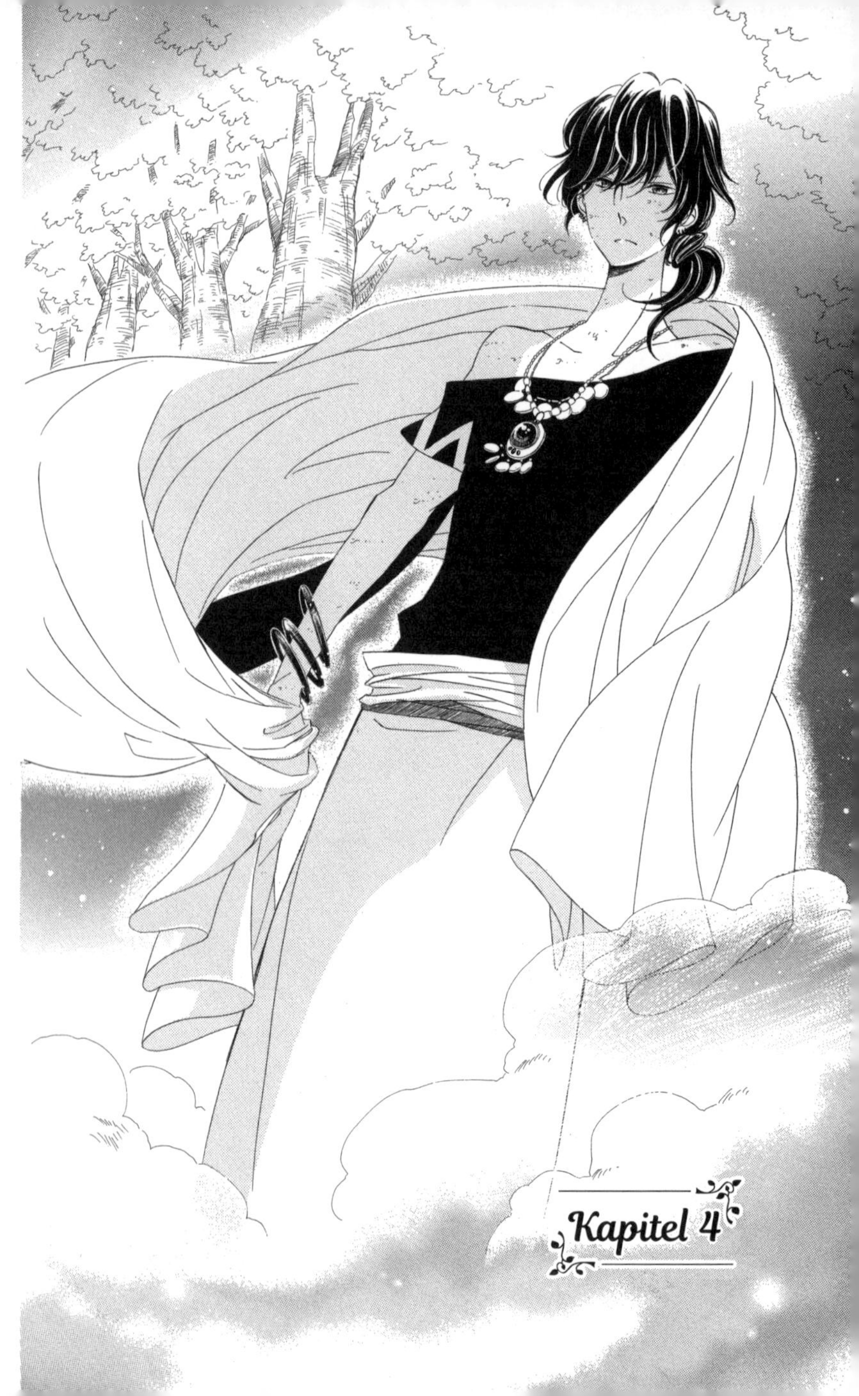
Kapitel 4

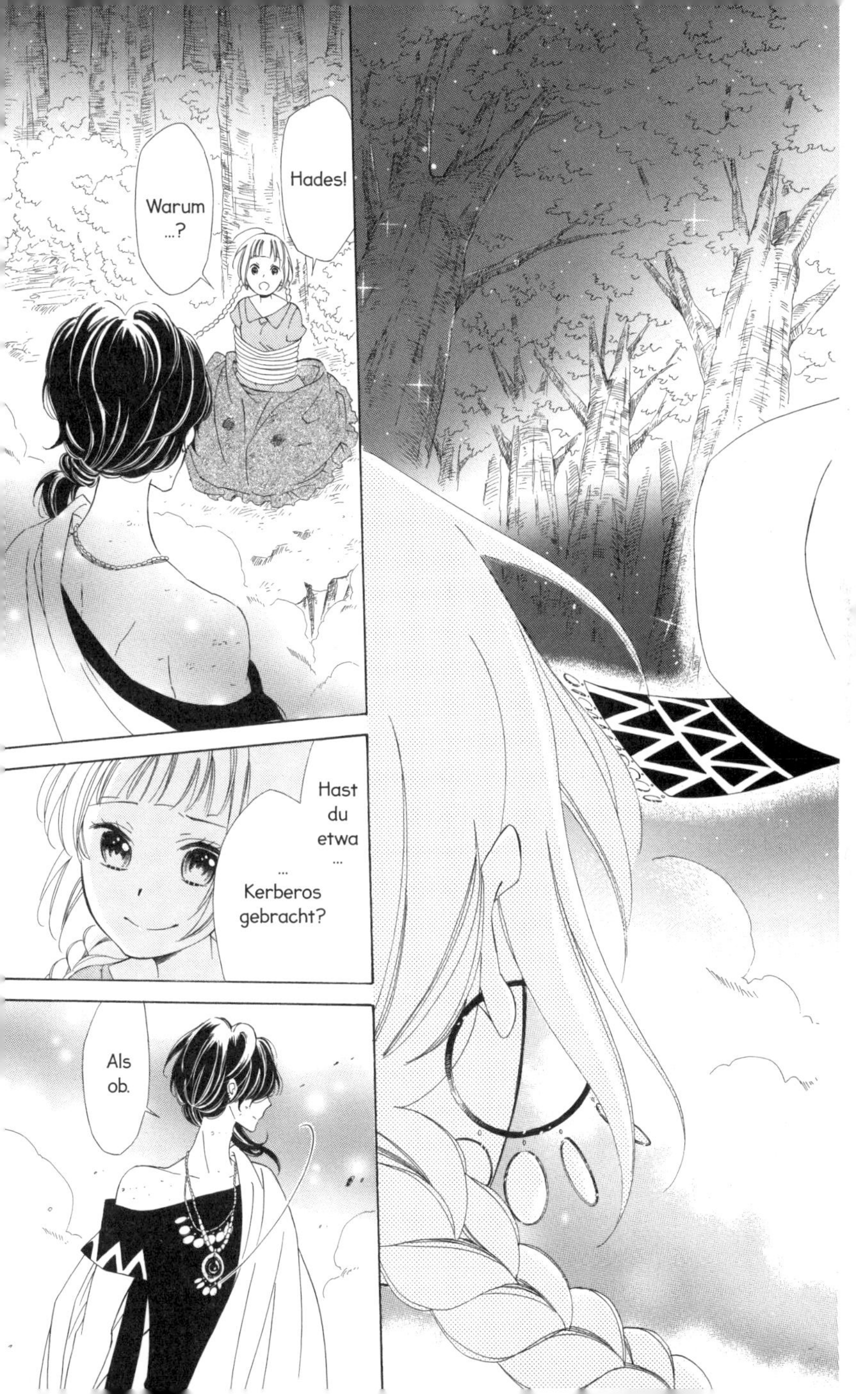
Hades!
Warum ...?
Hast du etwa ... ... Kerberos gebracht?
Als ob.

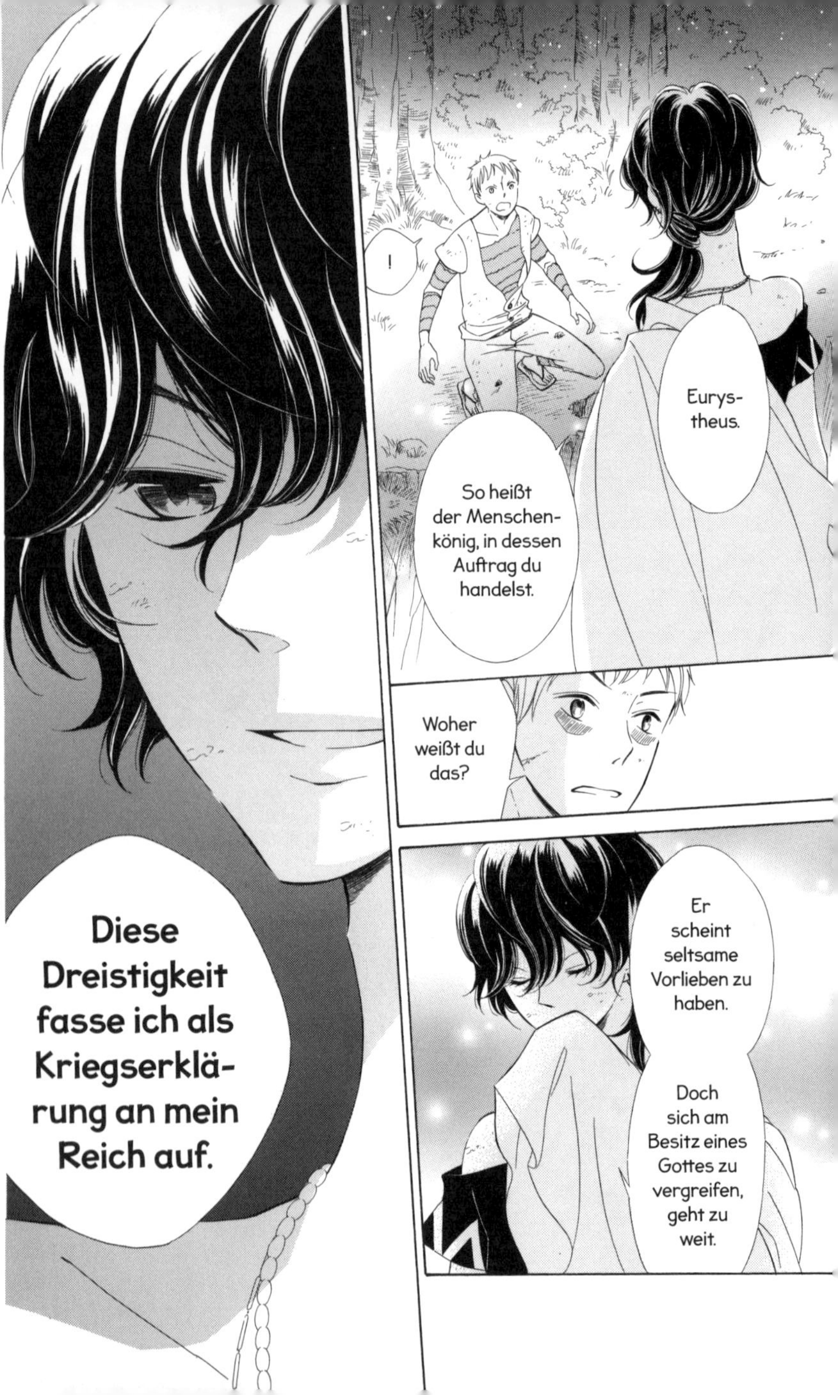
!
Eurystheus.
So heißt der Menschenkönig, in dessen Auftrag du handelst.
Woher weißt du das?
Er scheint seltsame Vorlieben zu haben.
Doch sich am Besitz eines Gottes zu vergreifen, geht zu weit.
Diese Dreistigkeit fasse ich als Kriegserklärung an mein Reich auf.

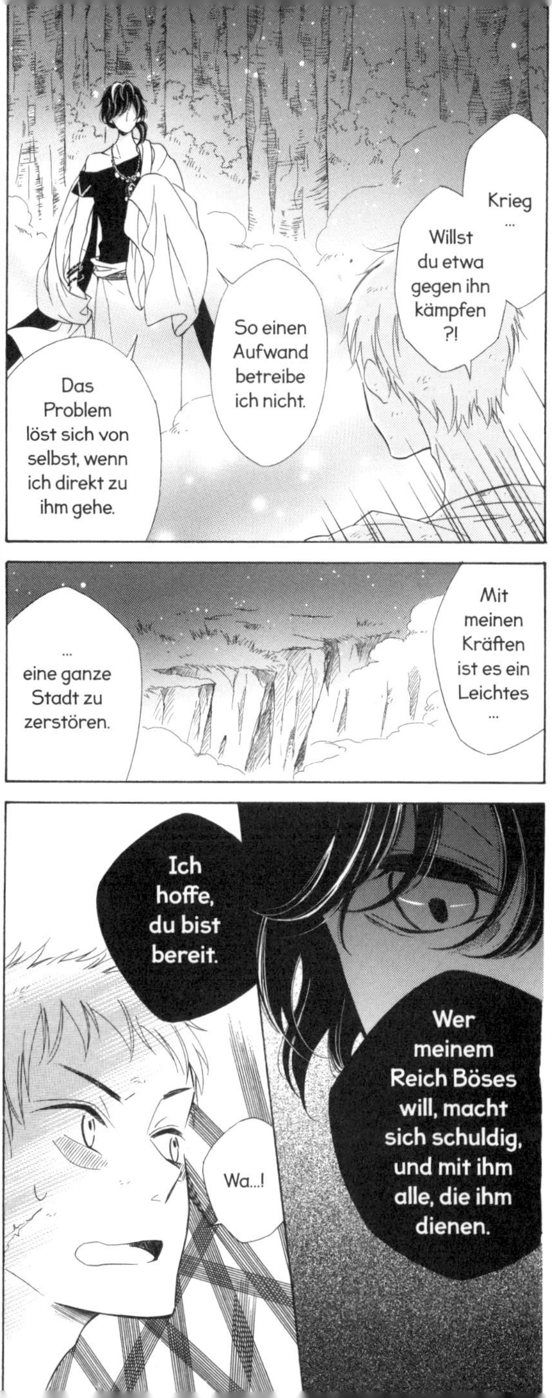

4

In das Schlafzimmer eines Königs gehören für mich ein Himmelbett und jede Menge Kissen. Also habe ich auch Hades' Zimmer so designt.

In einem Himmelbett würde ich auch gerne mal schlafen.

Ich bin schlecht darin, Hintergründe zu erklären.

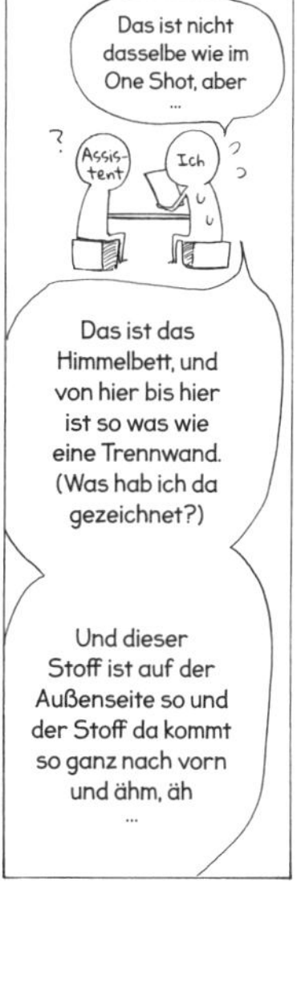

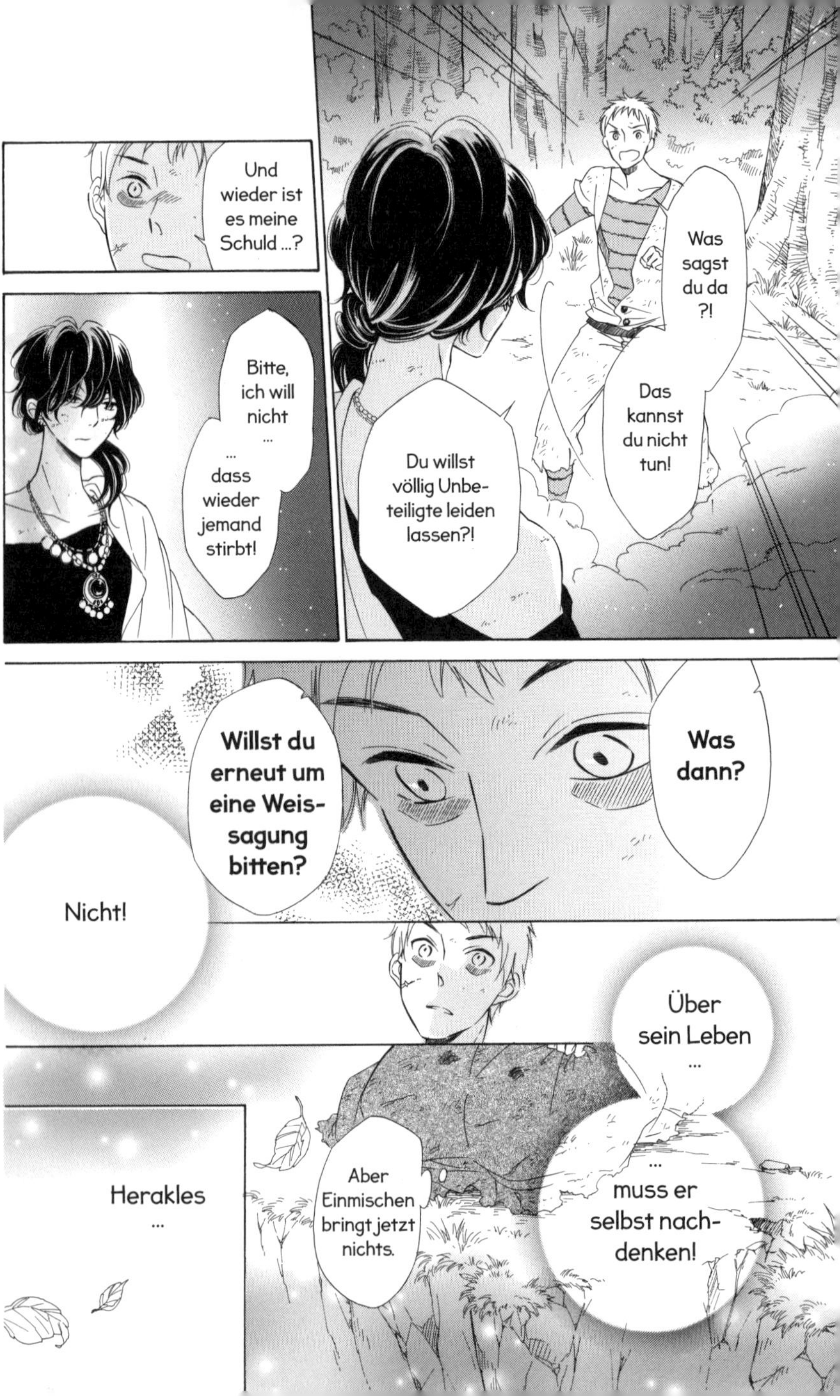
Was sagst du da ?!
Das kannst du nicht tun!
Du willst völlig Unbeteiligte leiden lassen?!
Und wieder ist es meine Schuld ...?
Bitte, ich will nicht ...
... dass wieder jemand stirbt!
Was dann?
Willst du erneut um eine Weissagung bitten?
Nicht!
Über sein Leben ...
... muss er selbst nachdenken!
Aber Einmischen bringt jetzt nichts.
Herakles ...

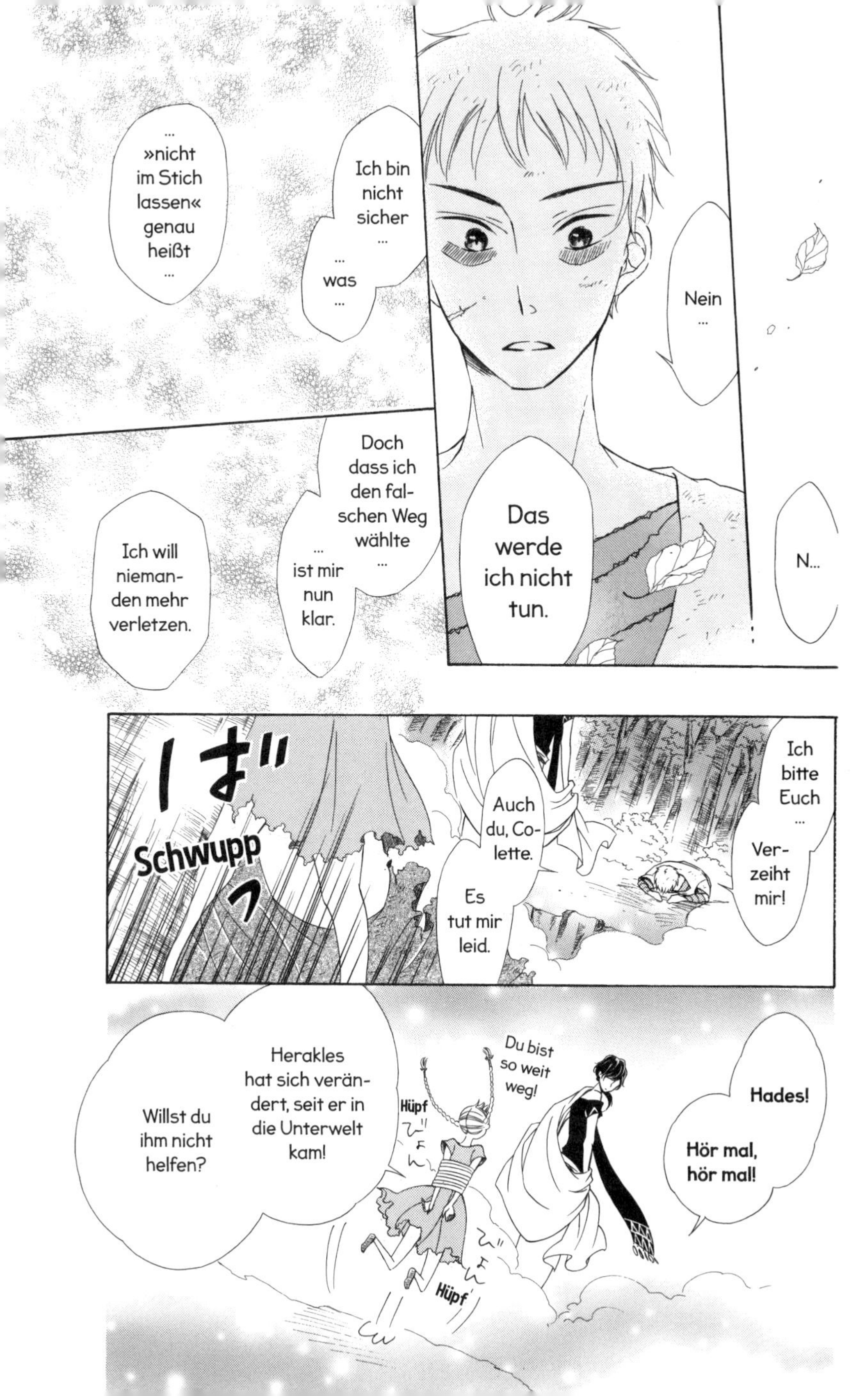
Nein ...
Ich bin nicht sicher ... ... was ...
... »nicht im Stich lassen« genau heißt ...
N...
Das werde ich nicht tun.
Doch dass ich den falschen Weg wählte ... ... ist mir nun klar.
Ich will niemanden mehr verletzen.
Ich bitte Euch ... Verzeiht mir!
Auch du, Colette. Es tut mir leid.
ばっ
Schwupp
Hades! Hör mal, hör mal!
Du bist so weit weg!
Hüpf
Hüpf
Herakles hat sich verändert, seit er in die Unterwelt kam!
Willst du ihm nicht helfen?

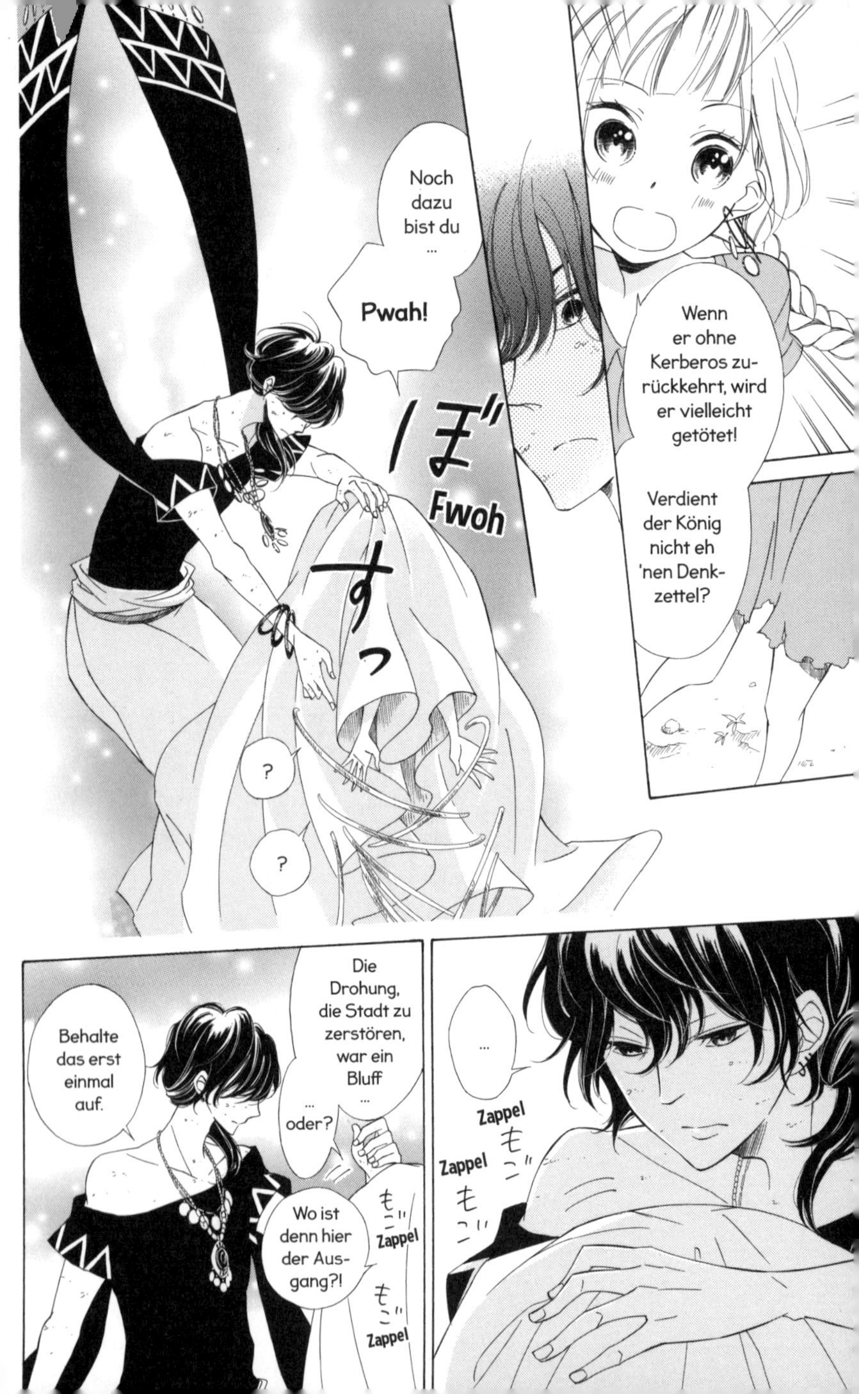

Wenn er ohne Kerberos zurückkehrt, wird er vielleicht getötet!
Verdient der König nicht eh 'nen Denkzettel?
Noch dazu bist du ...
Pwah!
Fwoh
?
?
...
Zappel
Zappel
Die Drohung, die Stadt zu zerstören, war ein Bluff ...
... oder?
Behalte das erst einmal auf.
Wo ist denn hier der Ausgang?!
Zappel
Zappel

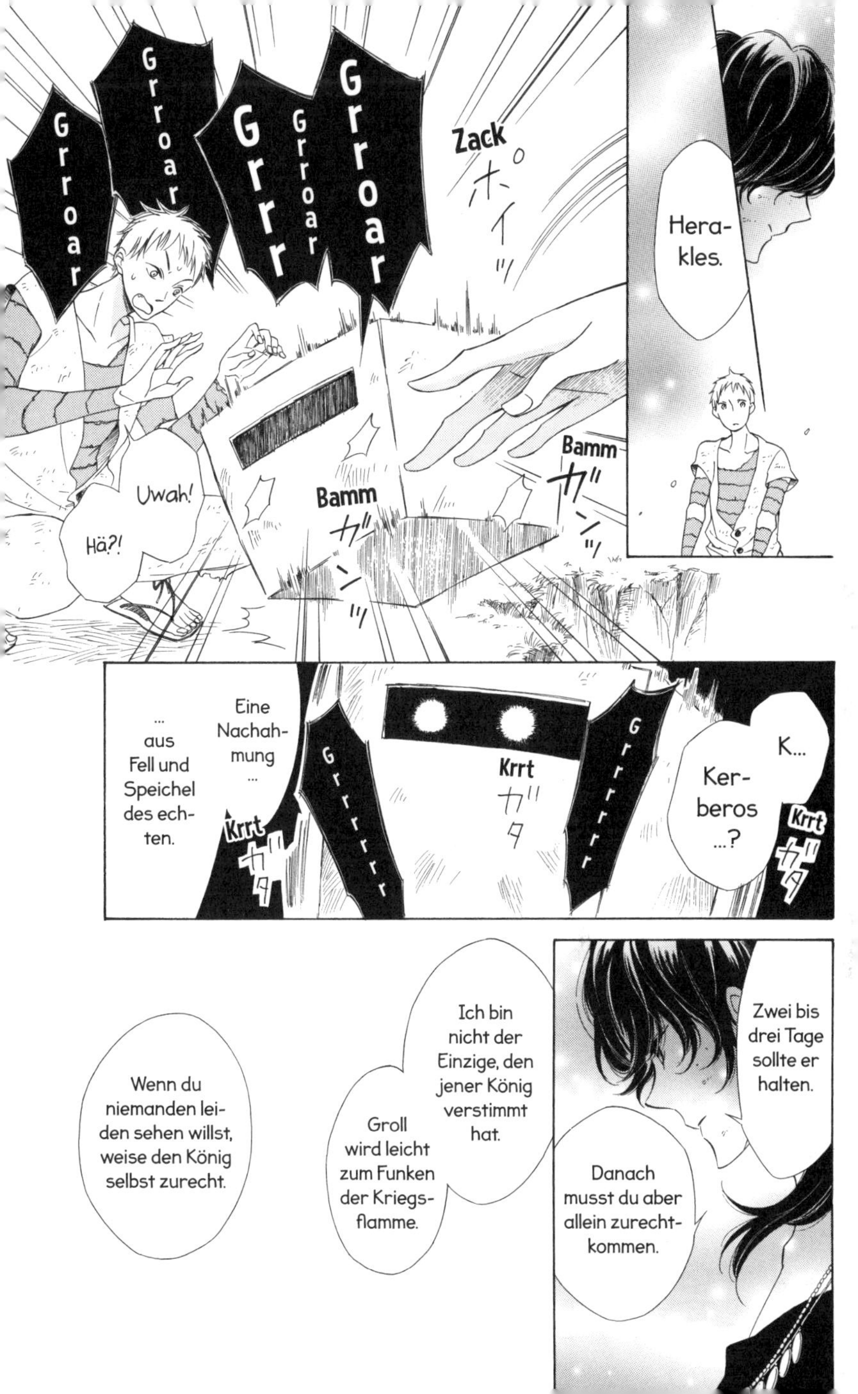
Herakles.
Zack
ポイッ
Grrroar
Grrroar
Grrr
Grrroar
Grrroar
Bamm
ガーンッ
Bamm
ガーンッ
Uwah!
Hä?!
K... Kerberos ...?
Krrt
ガタ
Grrrrrr
Krrt
ガタ
Grrrrrr
Eine Nachahmung ...
... aus Fell und Speichel des echten.
Krrt
ガタ
Zwei bis drei Tage sollte er halten.
Danach musst du aber allein zurechtkommen.
Ich bin nicht der Einzige, den jener König verstimmt hat.
Groll wird leicht zum Funken der Kriegsflamme.
Wenn du niemanden leiden sehen willst, weise den König selbst zurecht.

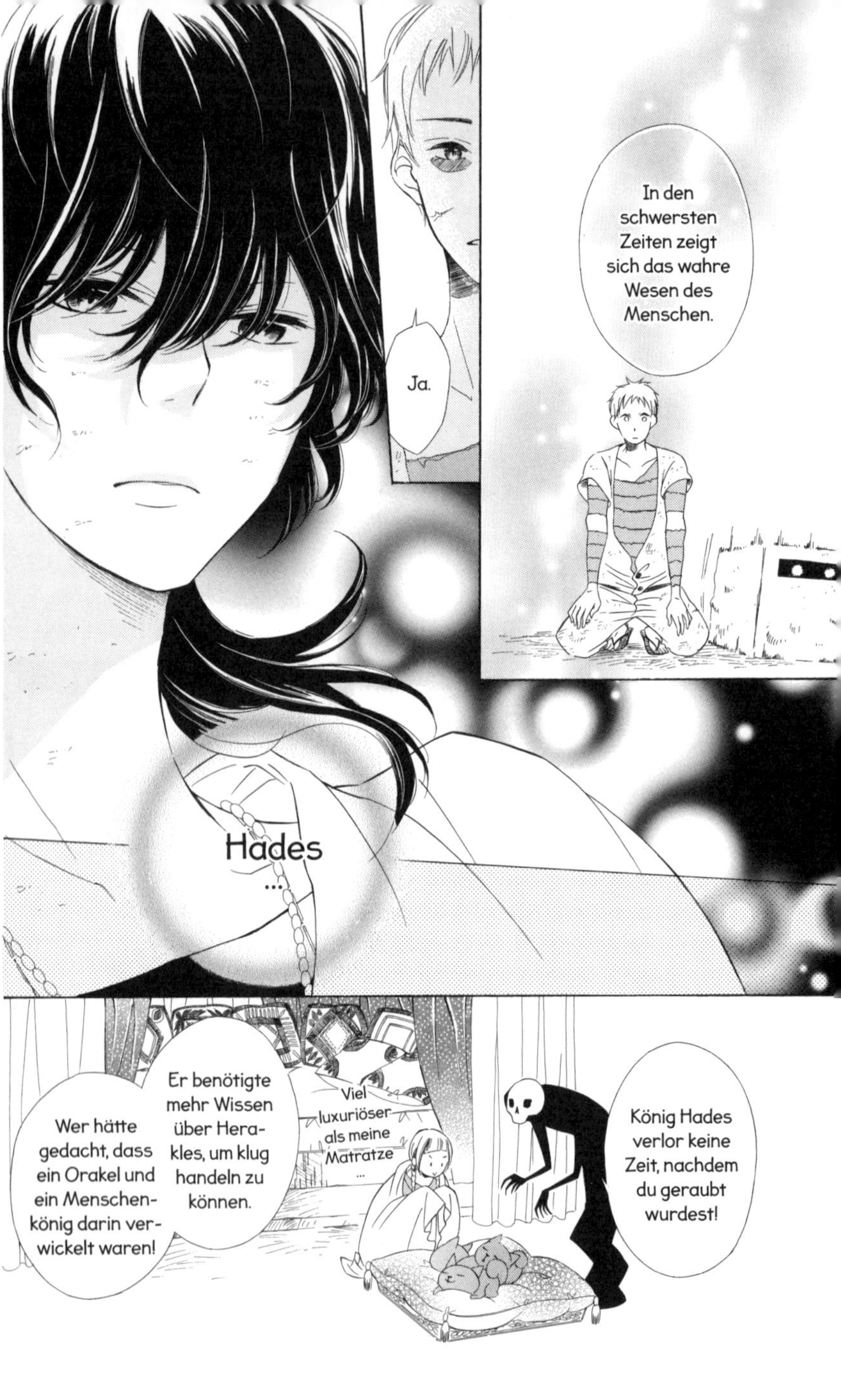
In den schwersten Zeiten zeigt sich das wahre Wesen des Menschen.
Ja.
Hades ...
König Hades verlor keine Zeit, nachdem du geraubt wurdest!
Viel luxuriöser als meine Matratze ...
Er benötigte mehr Wissen über Herakles, um klug handeln zu können.
Wer hätte gedacht, dass ein Orakel und ein Menschenkönig darin verwickelt waren!

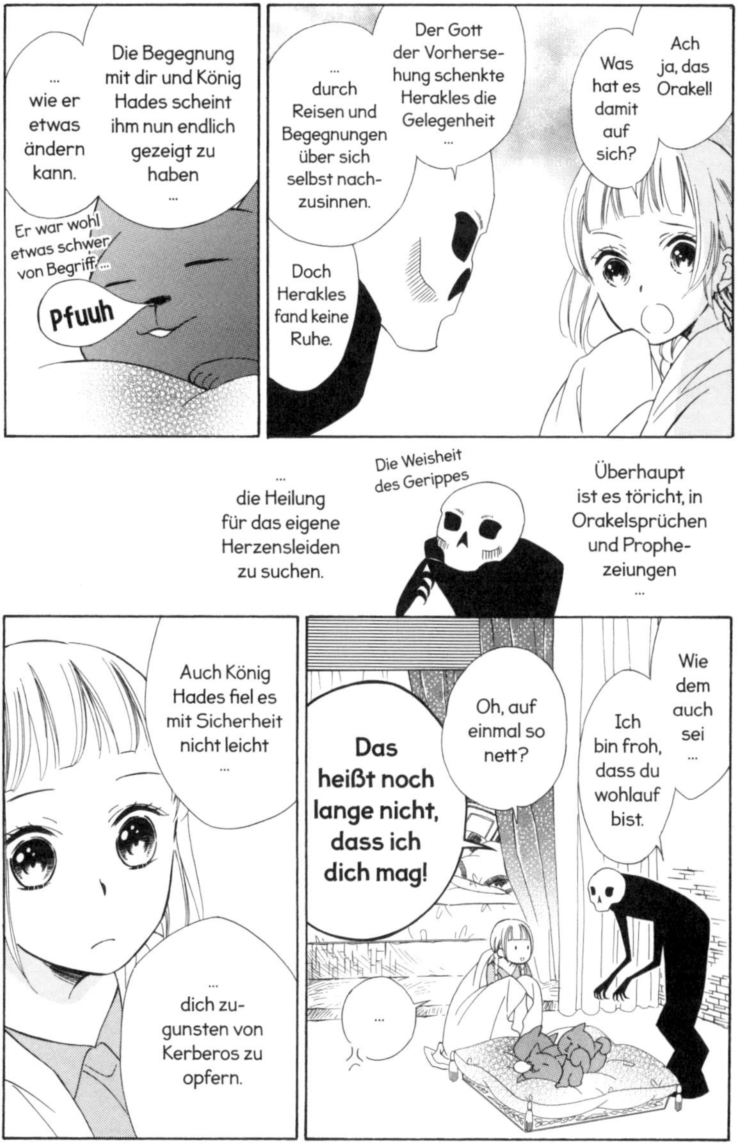
Ach ja, das Orakel!
Was hat es damit auf sich?
Der Gott der Vorhersehung schenkte Herakles die Gelegenheit …
… durch Reisen und Begegnungen über sich selbst nachzusinnen.
Doch Herakles fand keine Ruhe.
Die Begegnung mit dir und König Hades scheint ihm nun endlich gezeigt zu haben …
… wie er etwas ändern kann.
Er war wohl etwas schwer von Begriff …
Pfuuh
Überhaupt ist es töricht, in Orakelsprüchen und Prophezeiungen …
Die Weisheit des Gerippes
… die Heilung für das eigene Herzensleiden zu suchen.
Wie dem auch sei …
Ich bin froh, dass du wohlauf bist.
Oh, auf einmal so nett?
Das heißt noch lange nicht, dass ich dich mag!
…
Auch König Hades fiel es mit Sicherheit nicht leicht …
… dich zugunsten von Kerberos zu opfern.

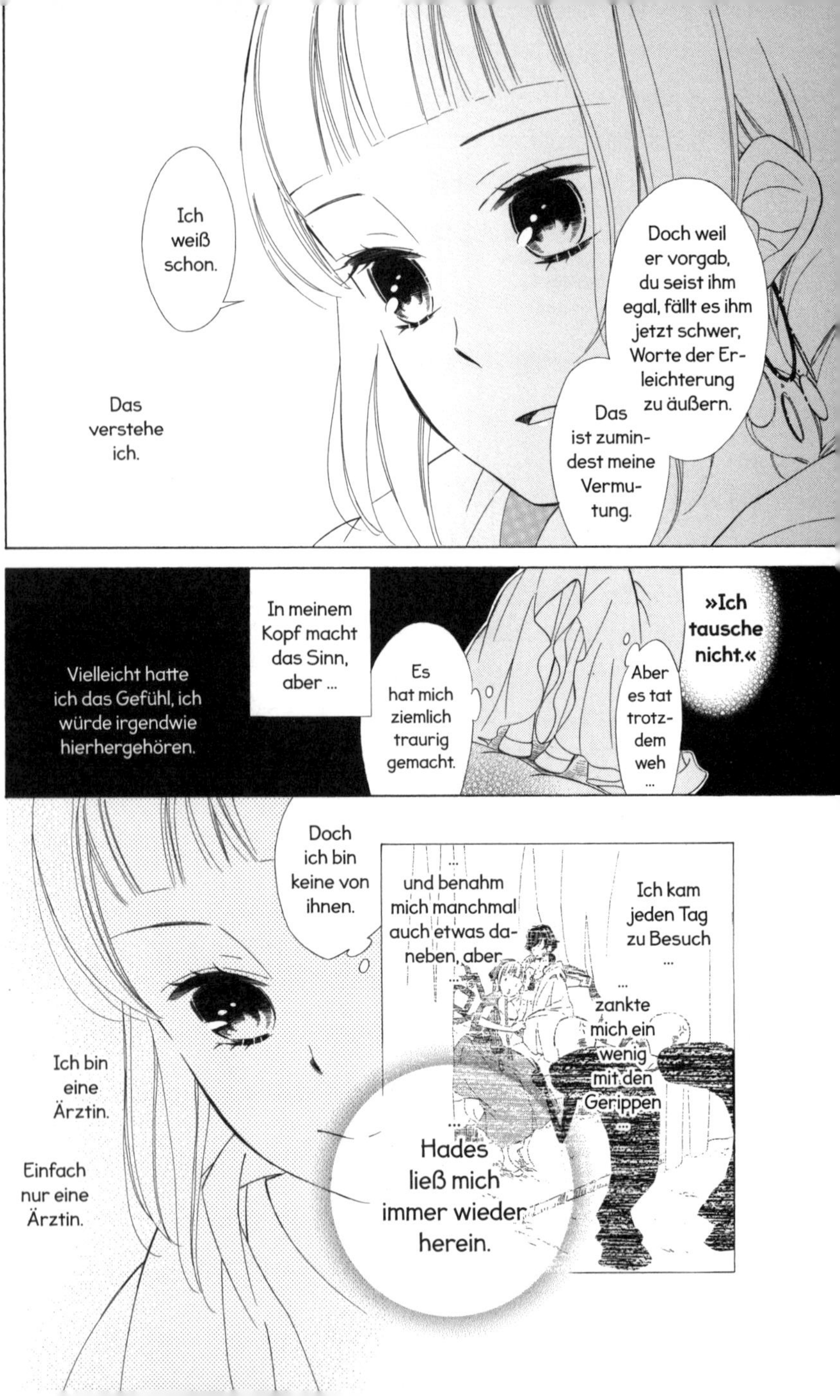

Doch weil er vorgab, du seist ihm egal, fällt es ihm jetzt schwer, Worte der Erleichterung zu äußern.
Das ist zumindest meine Vermutung.
Ich weiß schon.
Das verstehe ich.
»Ich tausche nicht.«
Aber es tat trotzdem weh ...
Es hat mich ziemlich traurig gemacht.
In meinem Kopf macht das Sinn, aber ...
Vielleicht hatte ich das Gefühl, ich würde irgendwie hierhergehören.
Ich kam jeden Tag zu Besuch ...
... zankte mich ein wenig mit den Gerippen ...
... und benahm mich manchmal auch etwas daneben, aber ...
... Hades ließ mich immer wieder herein.
Doch ich bin keine von ihnen.
Ich bin eine Ärztin.
Einfach nur eine Ärztin.

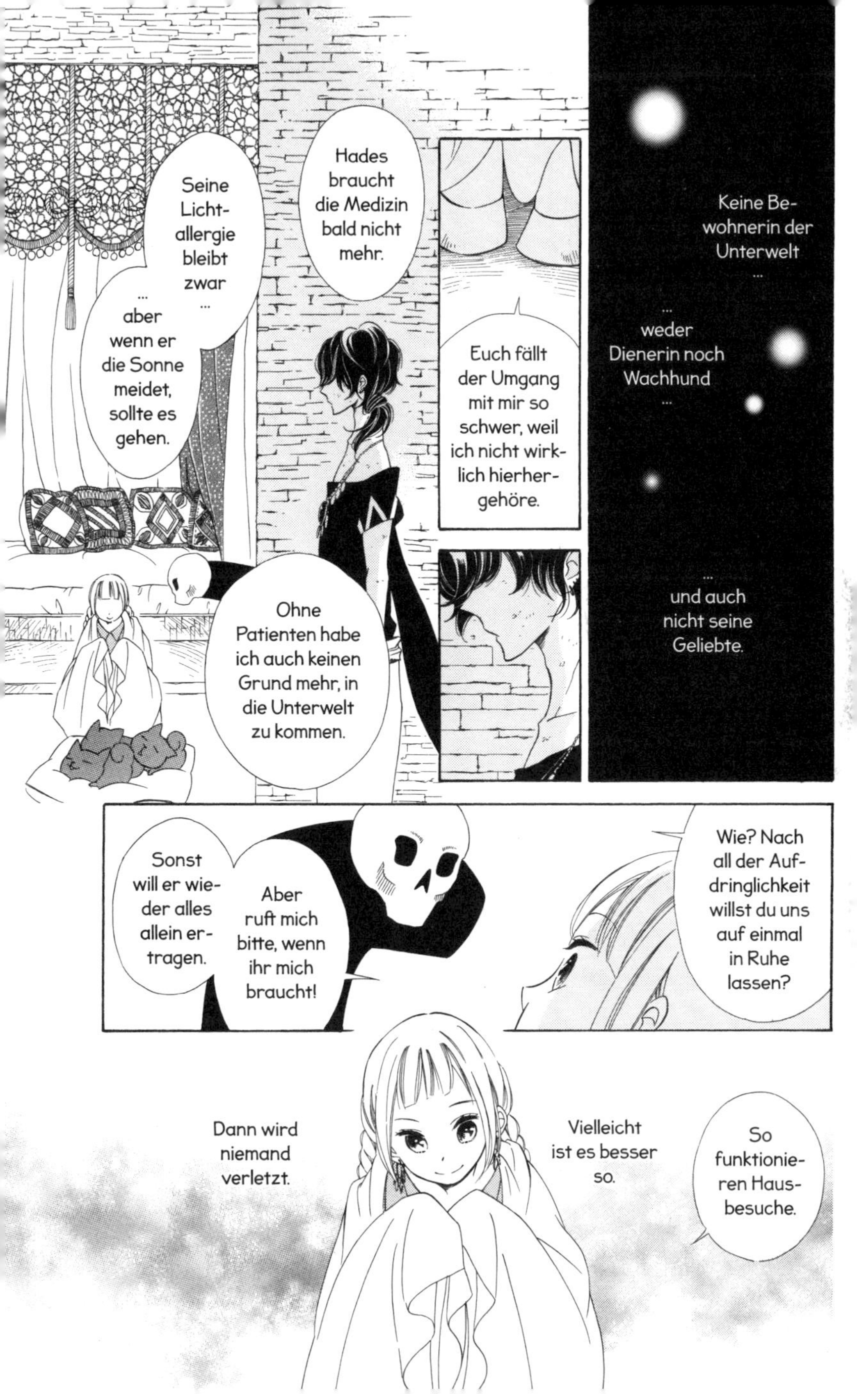
Keine Bewohnerin der Unterwelt ...
... weder Dienerin noch Wachhund ...
... und auch nicht seine Geliebte.
Euch fällt der Umgang mit mir so schwer, weil ich nicht wirklich hierhergehöre.
Hades braucht die Medizin bald nicht mehr.
Seine Lichtallergie bleibt zwar ...
... aber wenn er die Sonne meidet, sollte es gehen.
Ohne Patienten habe ich auch keinen Grund mehr, in die Unterwelt zu kommen.
Wie? Nach all der Aufdringlichkeit willst du uns auf einmal in Ruhe lassen?
Aber ruft mich bitte, wenn ihr mich braucht!
Sonst will er wieder alles allein ertragen.
So funktionieren Hausbesuche.
Vielleicht ist es besser so.
Dann wird niemand verletzt.

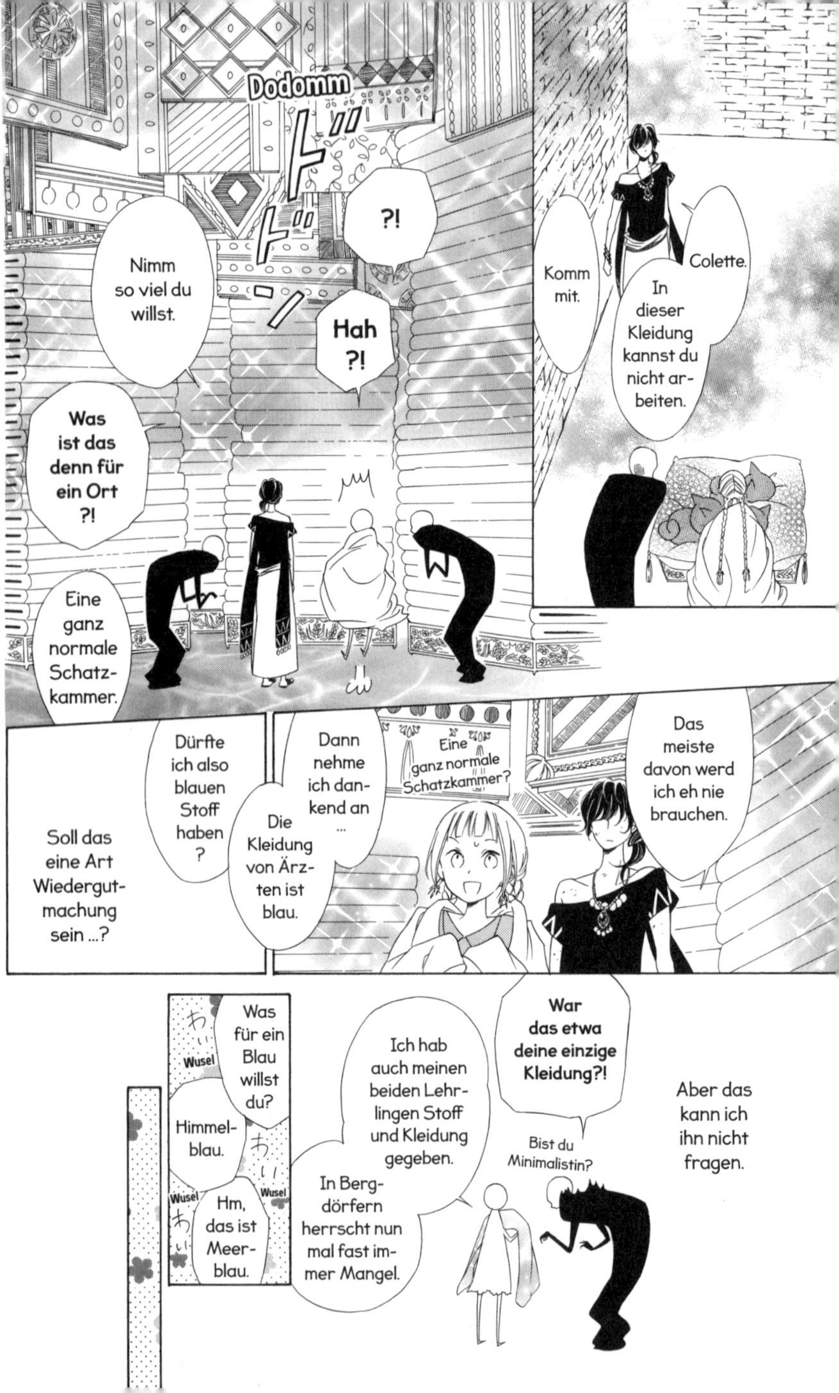
Colette.
In dieser Kleidung kannst du nicht arbeiten.
Komm mit.
Dodomm
?!
Nimm so viel du willst.
Hah ?!
Was ist das denn für ein Ort ?!
Eine ganz normale Schatzkammer.
Das meiste davon werd ich eh nie brauchen.
Eine ganz normale Schatzkammer?
Dann nehme ich dankend an ...
Die Kleidung von Ärzten ist blau.
Dürfte ich also blauen Stoff haben ?
Soll das eine Art Wiedergutmachung sein ...?
Aber das kann ich ihn nicht fragen.
War das etwa deine einzige Kleidung?!
Bist du Minimalistin?
Ich hab auch meinen beiden Lehrlingen Stoff und Kleidung gegeben.
In Bergdörfern herrscht nun mal fast immer Mangel.
Was für ein Blau willst du?
Wusel
Himmelblau.
Wusel
Hm, das ist Meerblau.
Wusel

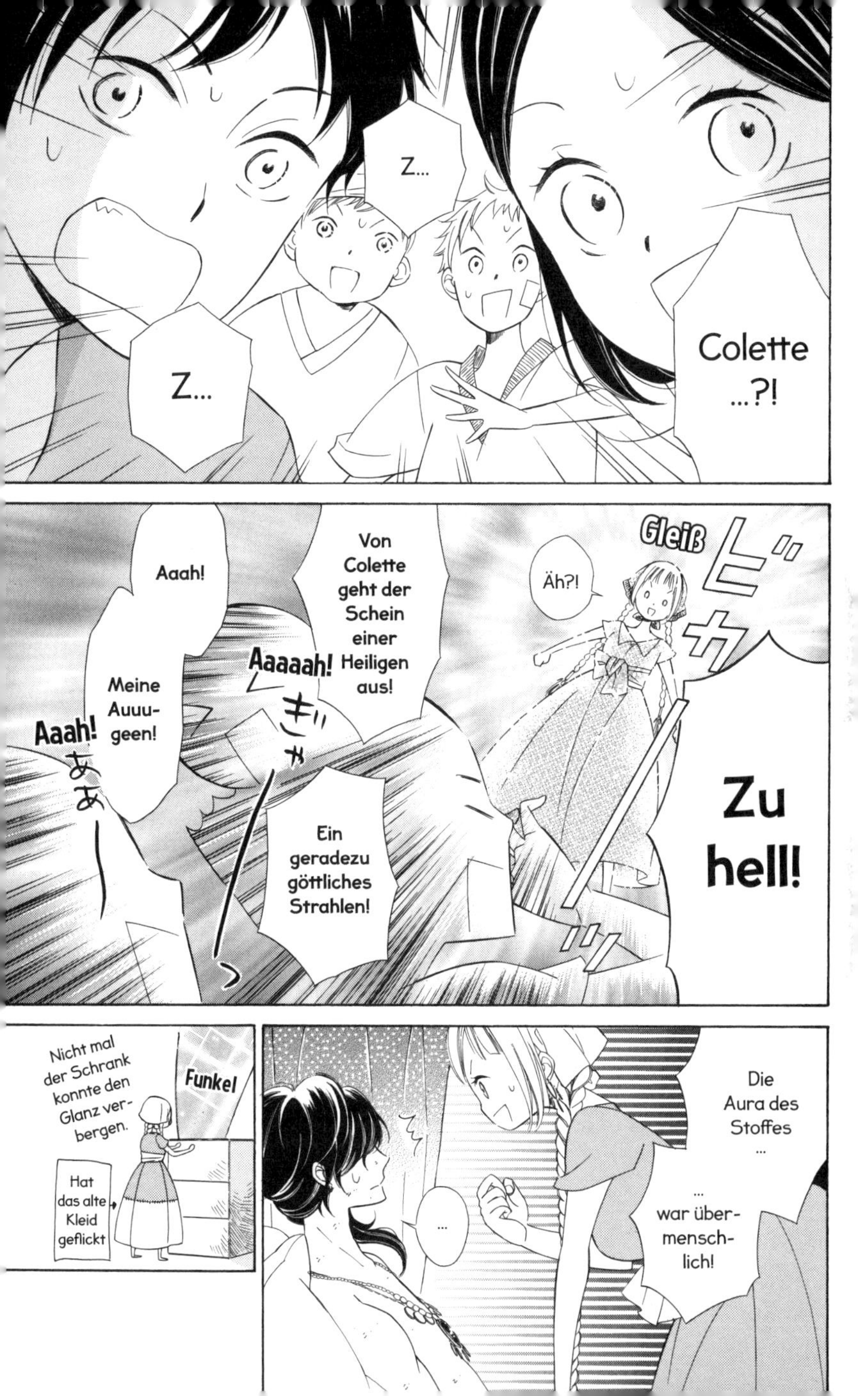
Colette ...?!
Z...
Z...
Gleiß
ビカッ
Äh?!
Zu hell!
Von Colette geht der Schein einer Heiligen aus!
Ein geradezu göttliches Strahlen!
Aaaaah!
ぎゃ
Aaah!
Meine Auuu-geen!
Aaah!
ああー
Die Aura des Stoffes ...
... war über-mensch-lich!
...
Nicht mal der Schrank konnte den Glanz ver-bergen.
Funkel
Hat das alte Kleid geflickt

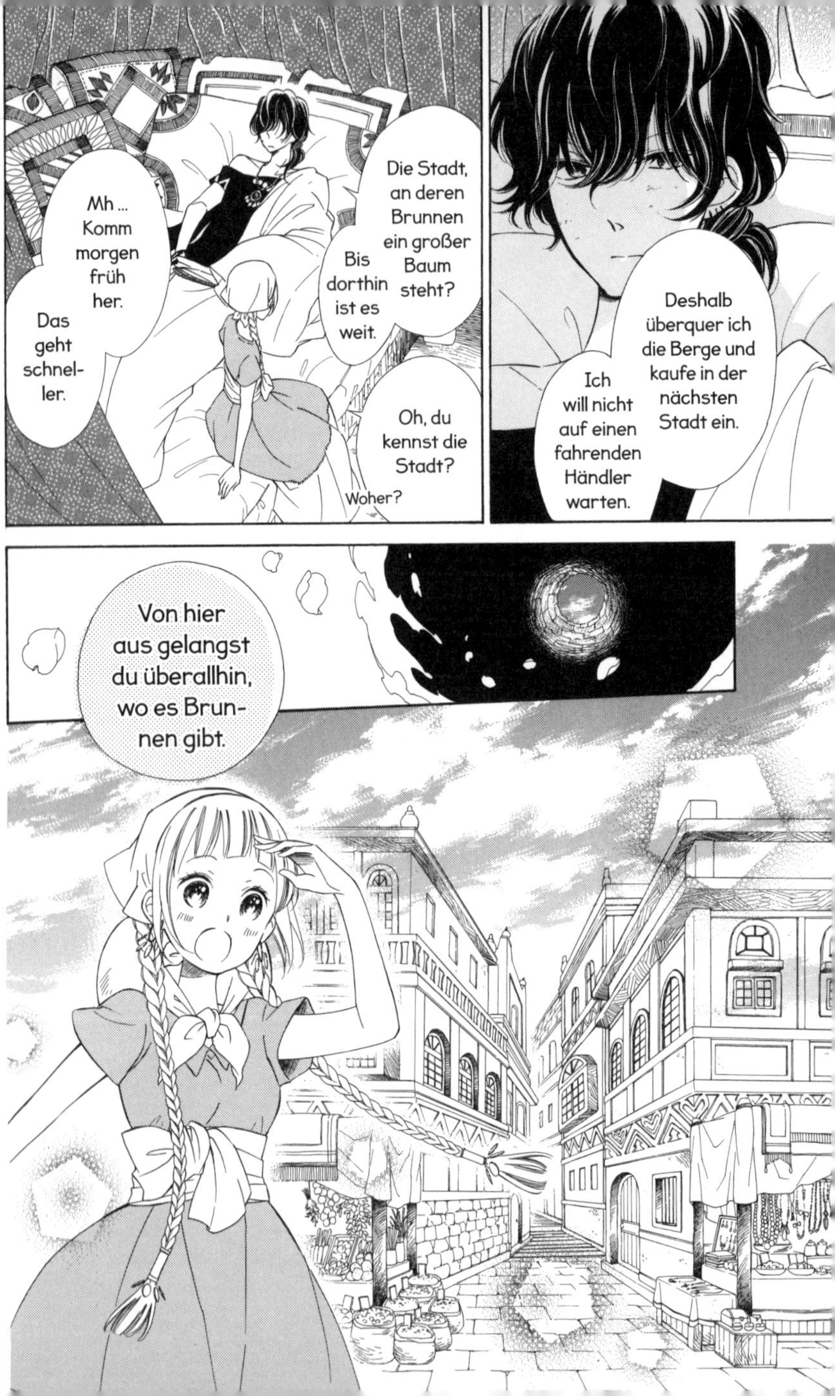
Ich will nicht auf einen fahrenden Händler warten.
Deshalb überquer ich die Berge und kaufe in der nächsten Stadt ein.
Die Stadt, an deren Brunnen ein großer Baum steht?
Bis dorthin ist es weit.
Oh, du kennst die Stadt?
Woher?
Mh ... Komm morgen früh her.
Das geht schneller.
Von hier aus gelangst du überallhin, wo es Brunnen gibt.

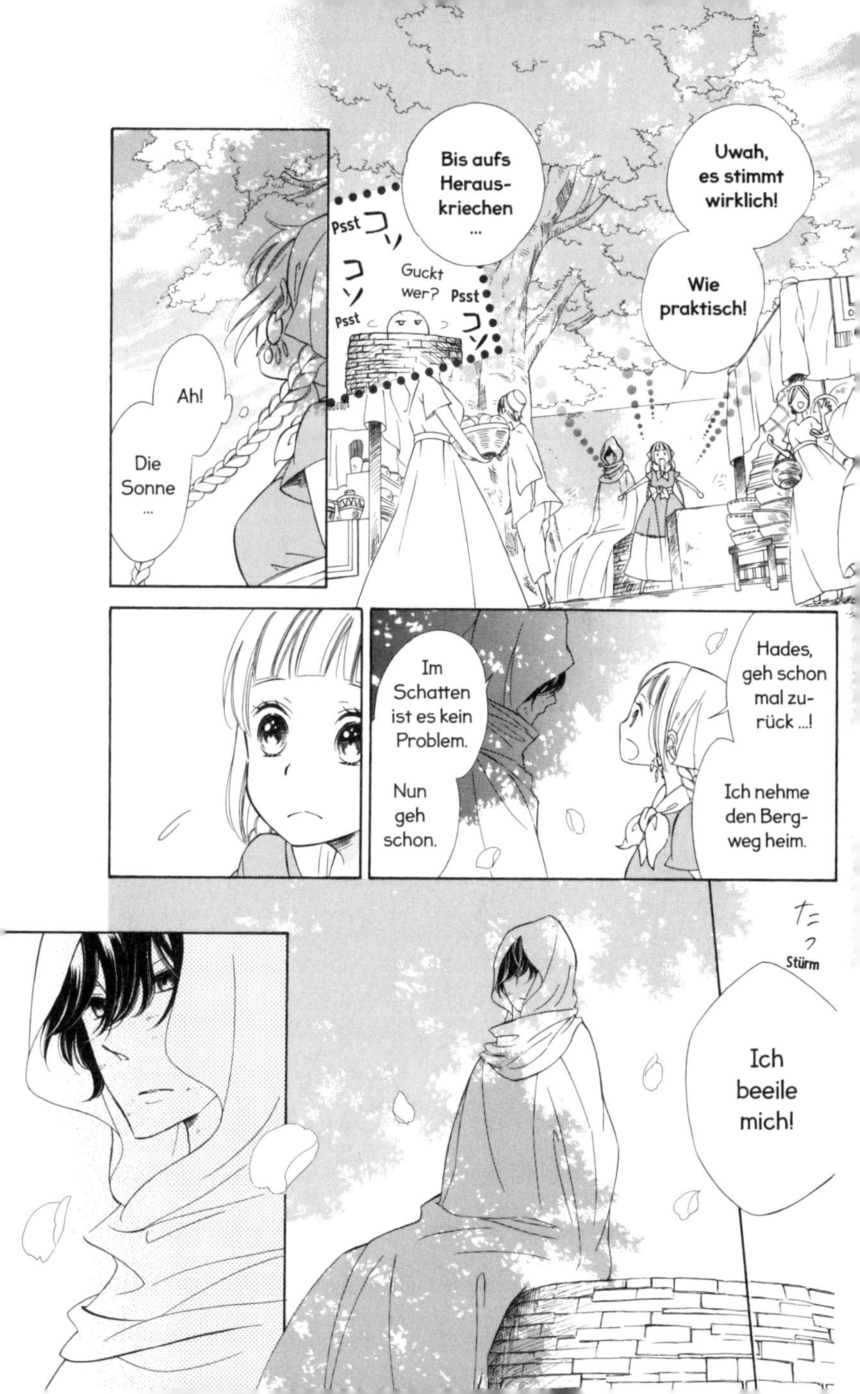
Uwah, es stimmt wirklich!
Wie praktisch!
Bis aufs Heraus-kriechen ...
Psst コソ
Psst コソ
Guckt wer?
Psst コソ
Ah!
Die Sonne ...
Hades, geh schon mal zu-rück ...!
Ich nehme den Berg-weg heim.
Im Schatten ist es kein Problem.
Nun geh schon.
たっ
Stürm
Ich beeile mich!

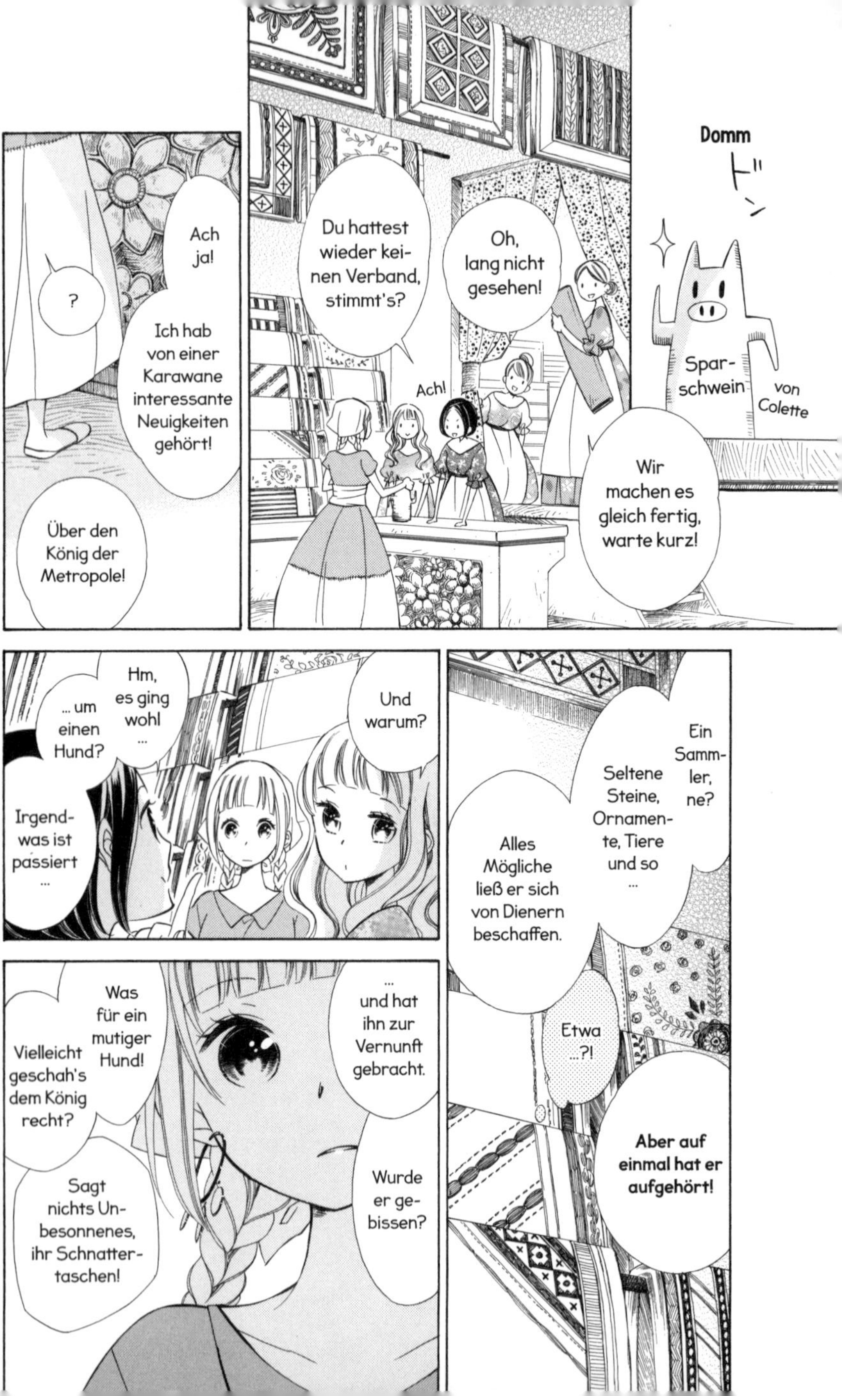

Domm
ドン
Sparschwein von Colette
Oh, lang nicht gesehen!
Du hattest wieder keinen Verband, stimmt's?
Ach!
Wir machen es gleich fertig, warte kurz!
Ach ja!
?
Ich hab von einer Karawane interessante Neuigkeiten gehört!
Über den König der Metropole!
Ein Sammler, ne?
Seltene Steine, Ornamente, Tiere und so ...
Alles Mögliche ließ er sich von Dienern beschaffen.
Etwa ...?!
Aber auf einmal hat er aufgehört!
Und warum?
Hm, es ging wohl ...
... um einen Hund?
Irgendwas ist passiert ...
... und hat ihn zur Vernunft gebracht.
Was für ein mutiger Hund!
Vielleicht geschah's dem König recht?
Wurde er gebissen?
Sagt nichts Unbesonnenes, ihr Schnattertaschen!

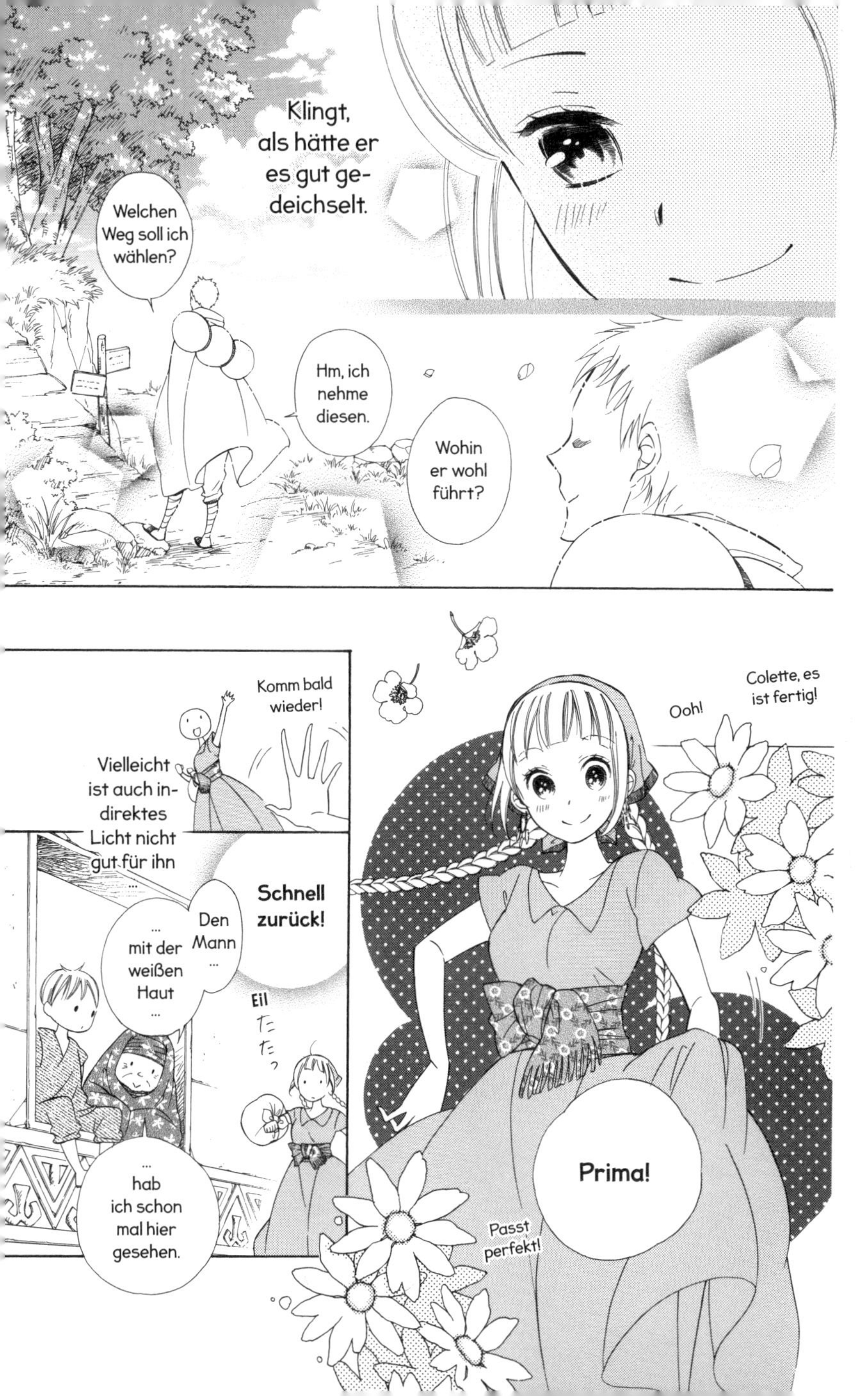
Klingt, als hätte er es gut gedeichselt.
Welchen Weg soll ich wählen?
Wohin er wohl führt?
Hm, ich nehme diesen.
Colette, es ist fertig!
Ooh!
Prima!
Passt perfekt!
Komm bald wieder!
Vielleicht ist auch indirektes Licht nicht gut für ihn …
Schnell zurück!
Eil
たたっ
Den Mann …
… mit der weißen Haut …
… hab ich schon mal hier gesehen.

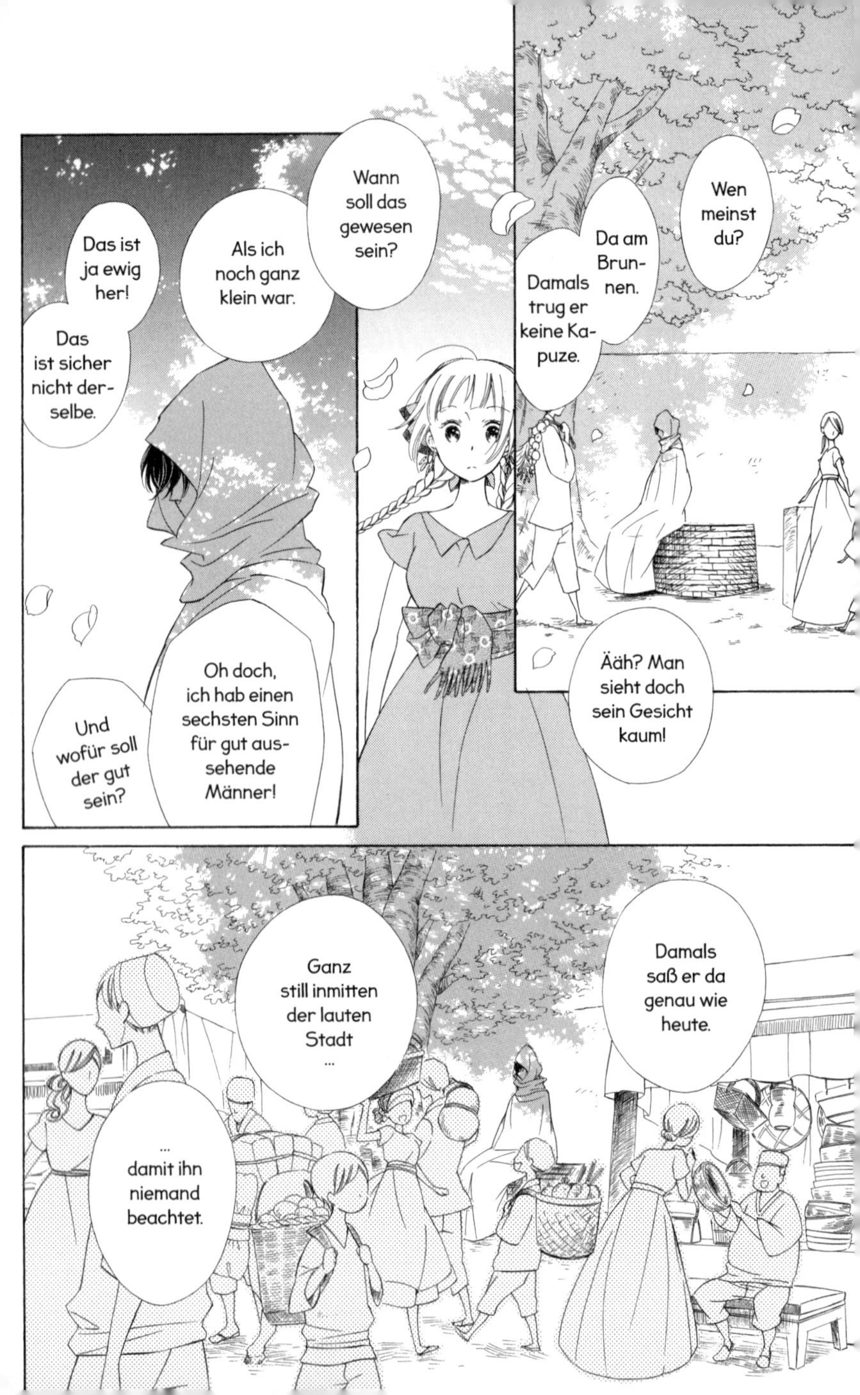
Wen meinst du?
Da am Brunnen.
Damals trug er keine Kapuze.
Ääh? Man sieht doch sein Gesicht kaum!
Wann soll das gewesen sein?
Als ich noch ganz klein war.
Das ist ja ewig her!
Das ist sicher nicht derselbe.
Oh doch, ich hab einen sechsten Sinn für gut aussehende Männer!
Und wofür soll der gut sein?
Damals saß er da genau wie heute.
Ganz still inmitten der lauten Stadt …
… damit ihn niemand beachtet.

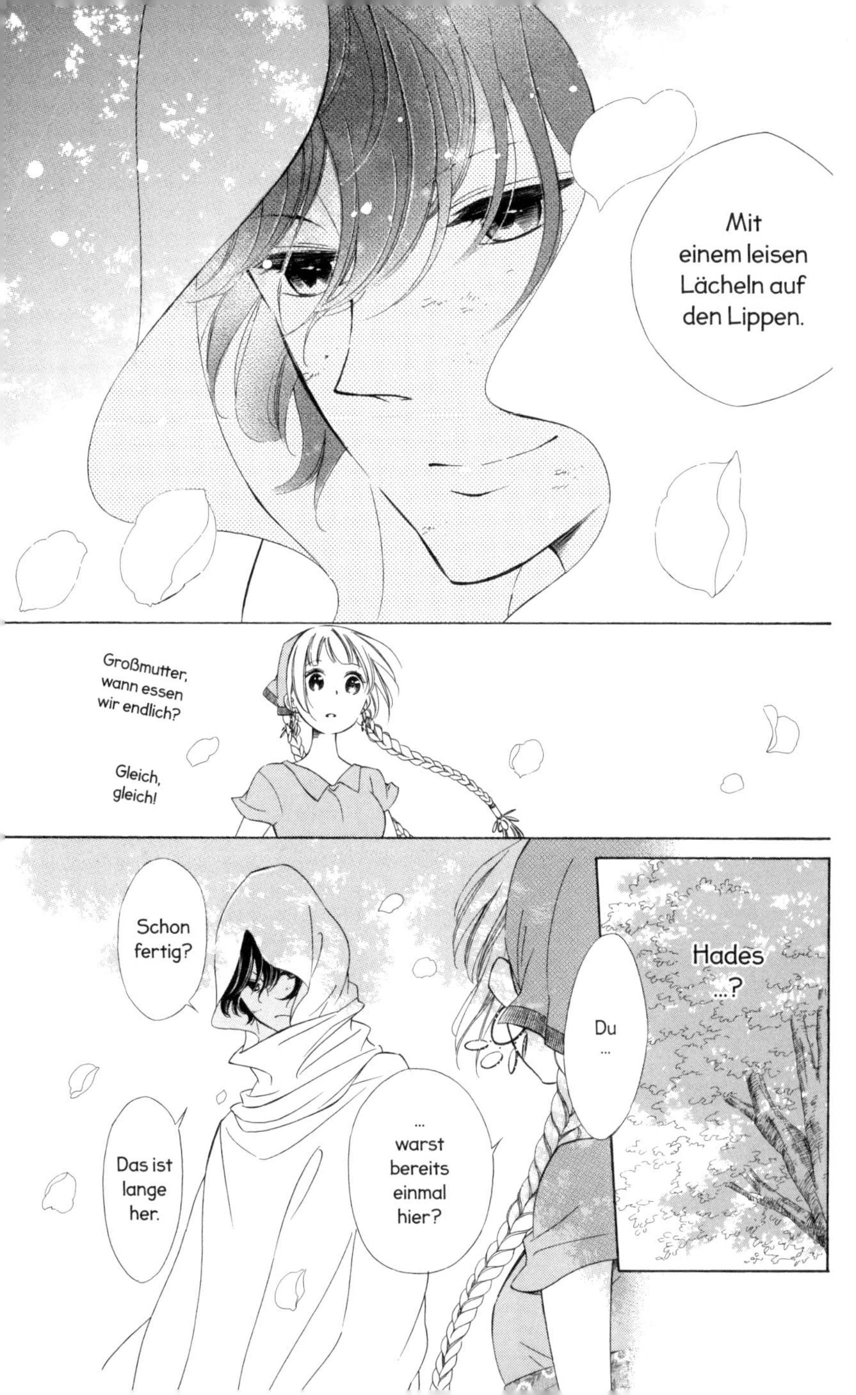
Mit einem leisen Lächeln auf den Lippen.
Großmutter, wann essen wir endlich?
Gleich, gleich!
Hades ...?
Du ...
... warst bereits einmal hier?
Schon fertig?
Das ist lange her.

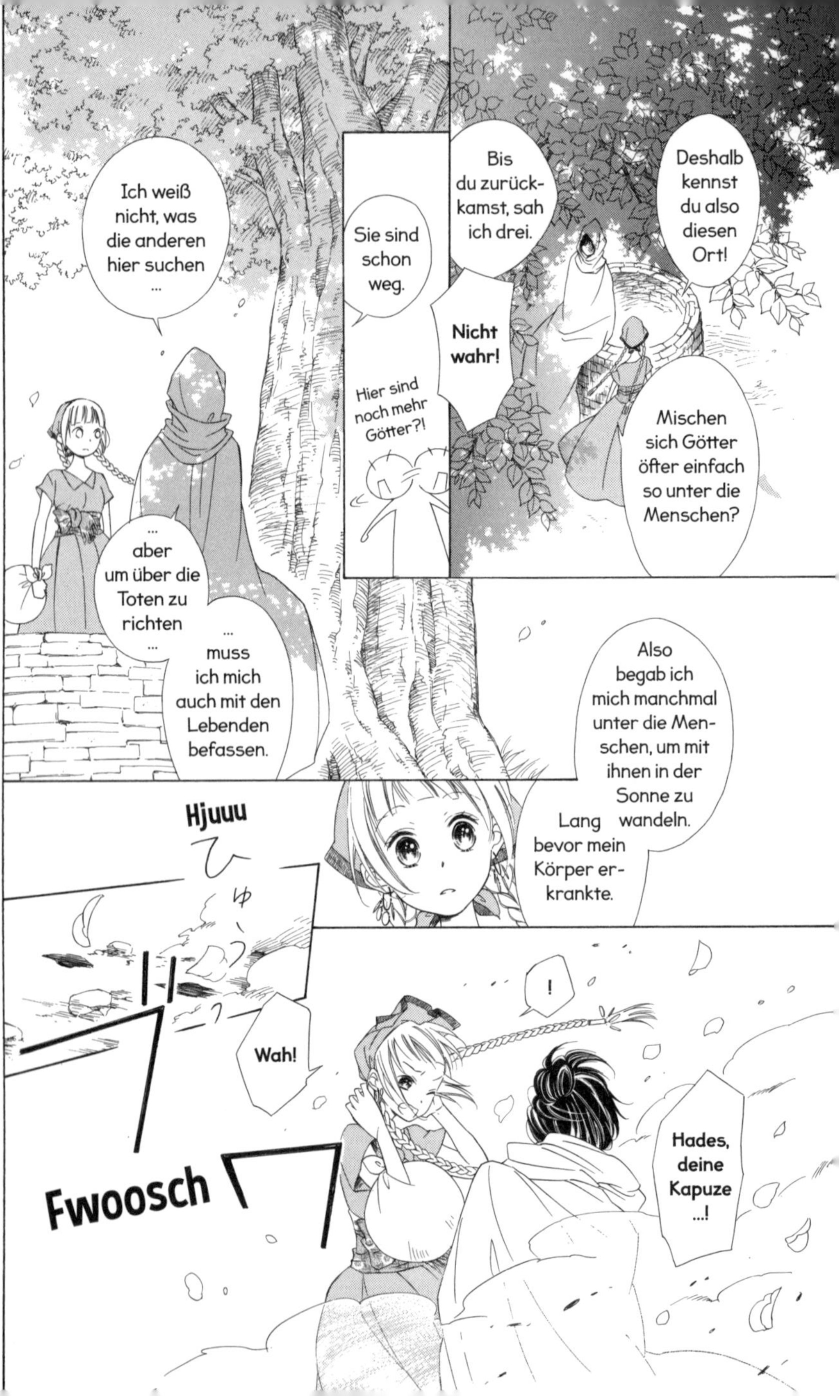
Deshalb kennst du also diesen Ort!
Mischen sich Götter öfter einfach so unter die Menschen?
Bis du zurückkamst, sah ich drei.
Nicht wahr!
Sie sind schon weg.
Hier sind noch mehr Götter?!
Ich weiß nicht, was die anderen hier suchen ...
... aber um über die Toten zu richten ...
... muss ich mich auch mit den Lebenden befassen.
Also begab ich mich manchmal unter die Menschen, um mit ihnen in der Sonne zu wandeln.
Lang bevor mein Körper erkrankte.
Hjuuu
!
Hades, deine Kapuze ...!
Wah!
Fwoosch

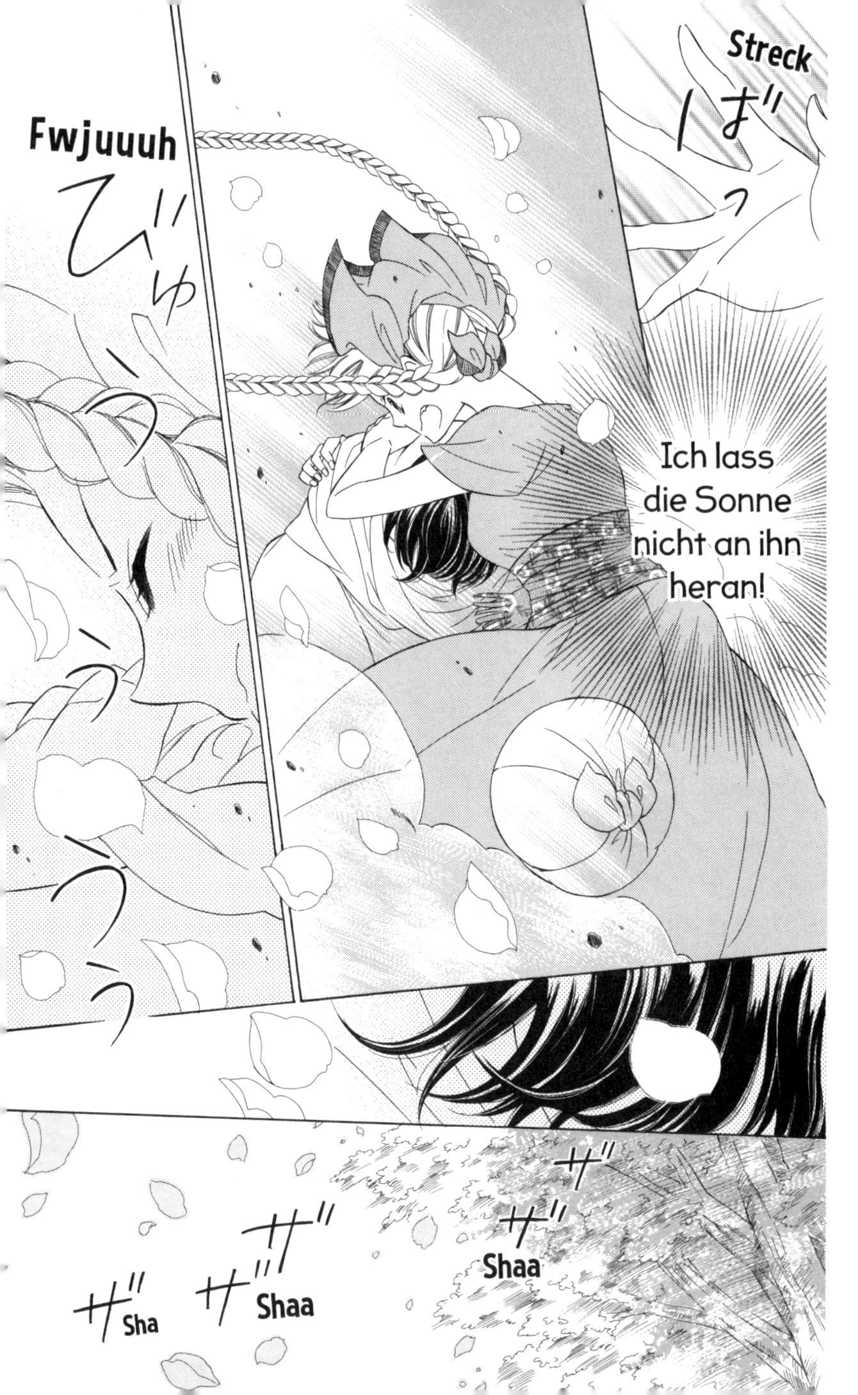
Streck
ばっ
Ich lass die Sonne nicht an ihn heran!
Fwjuuuh
びゅ
ザッ
Shaa
ザッ
Shaa
ザッ
Sha

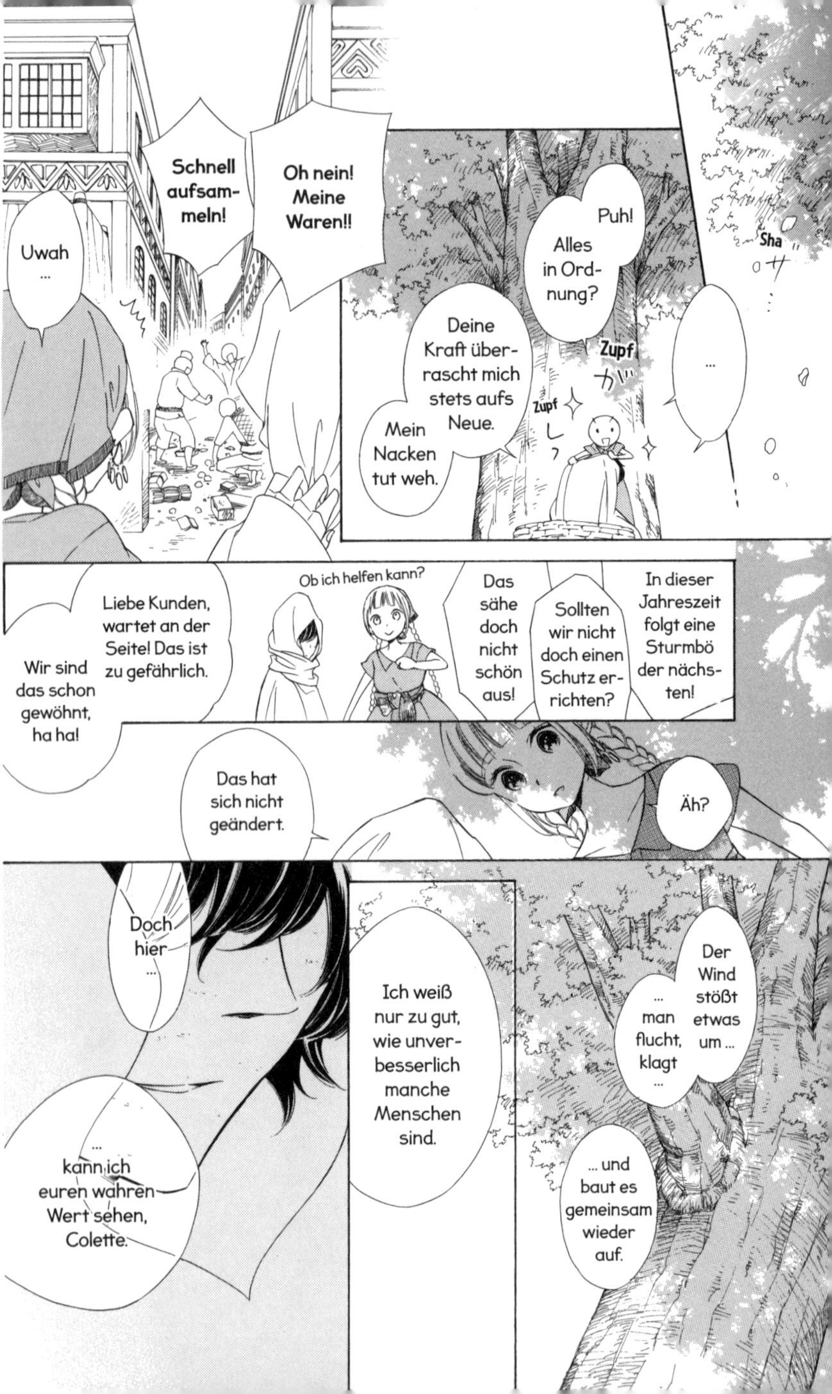
Sha
...
Puh! Alles in Ordnung?
Zupf
Zupf
Deine Kraft überrascht mich stets aufs Neue.
Mein Nacken tut weh.
Oh nein! Meine Waren!!
Schnell aufsammeln!
Uwah ...
In dieser Jahreszeit folgt eine Sturmbö der nächsten!
Sollten wir nicht doch einen Schutz errichten?
Das sähe doch nicht schön aus!
Ob ich helfen kann?
Liebe Kunden, wartet an der Seite! Das ist zu gefährlich.
Wir sind das schon gewöhnt, ha ha!
Äh?
Das hat sich nicht geändert.
Der Wind stößt etwas um ...
... man flucht, klagt ...
... und baut es gemeinsam wieder auf.
Ich weiß nur zu gut, wie unverbesserlich manche Menschen sind.
Doch hier ...
... kann ich euren wahren Wert sehen, Colette.

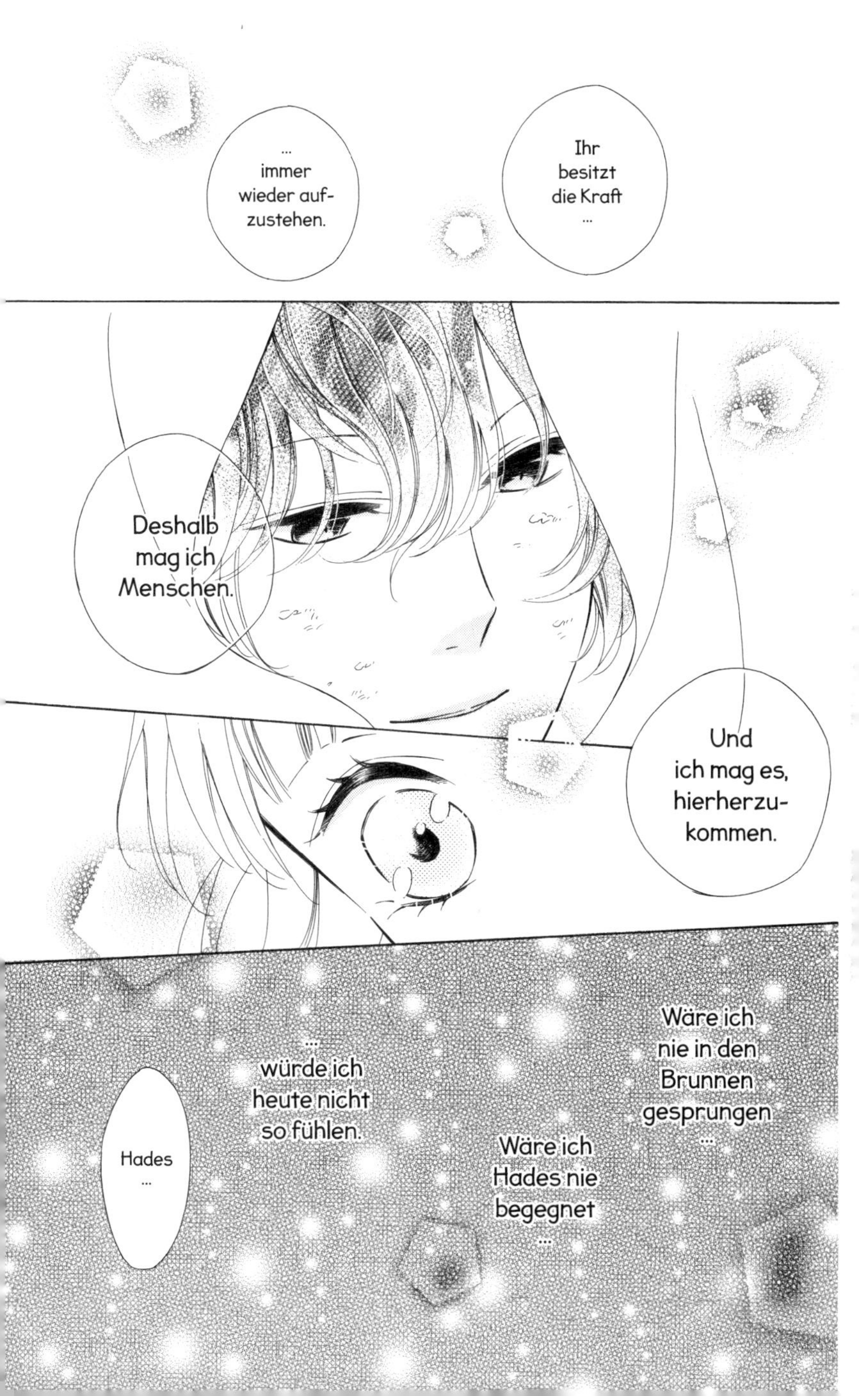

Ihr besitzt die Kraft ...
... immer wieder auf-zustehen.
Deshalb mag ich Menschen.
Und ich mag es, hierherzu-kommen.
Wäre ich nie in den Brunnen gesprungen ...
Wäre ich Hades nie begegnet ...
... würde ich heute nicht so fühlen.
Hades ...

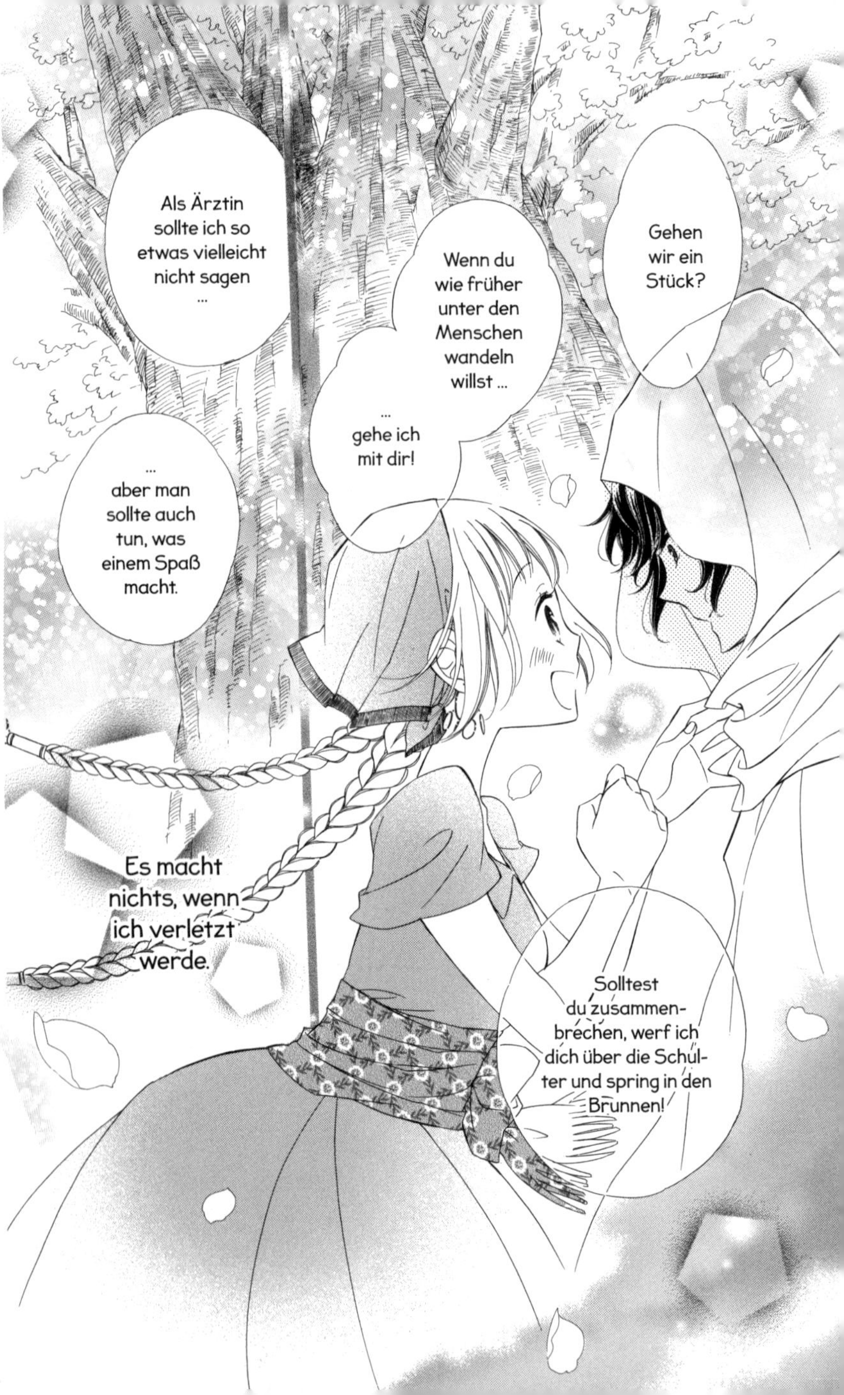
Gehen wir ein Stück?
Wenn du wie früher unter den Menschen wandeln willst ...
... gehe ich mit dir!
Als Ärztin sollte ich so etwas vielleicht nicht sagen ...
... aber man sollte auch tun, was einem Spaß macht.
Es macht nichts, wenn ich verletzt werde.
Solltest du zusammenbrechen, werf ich dich über die Schulter und spring in den Brunnen!

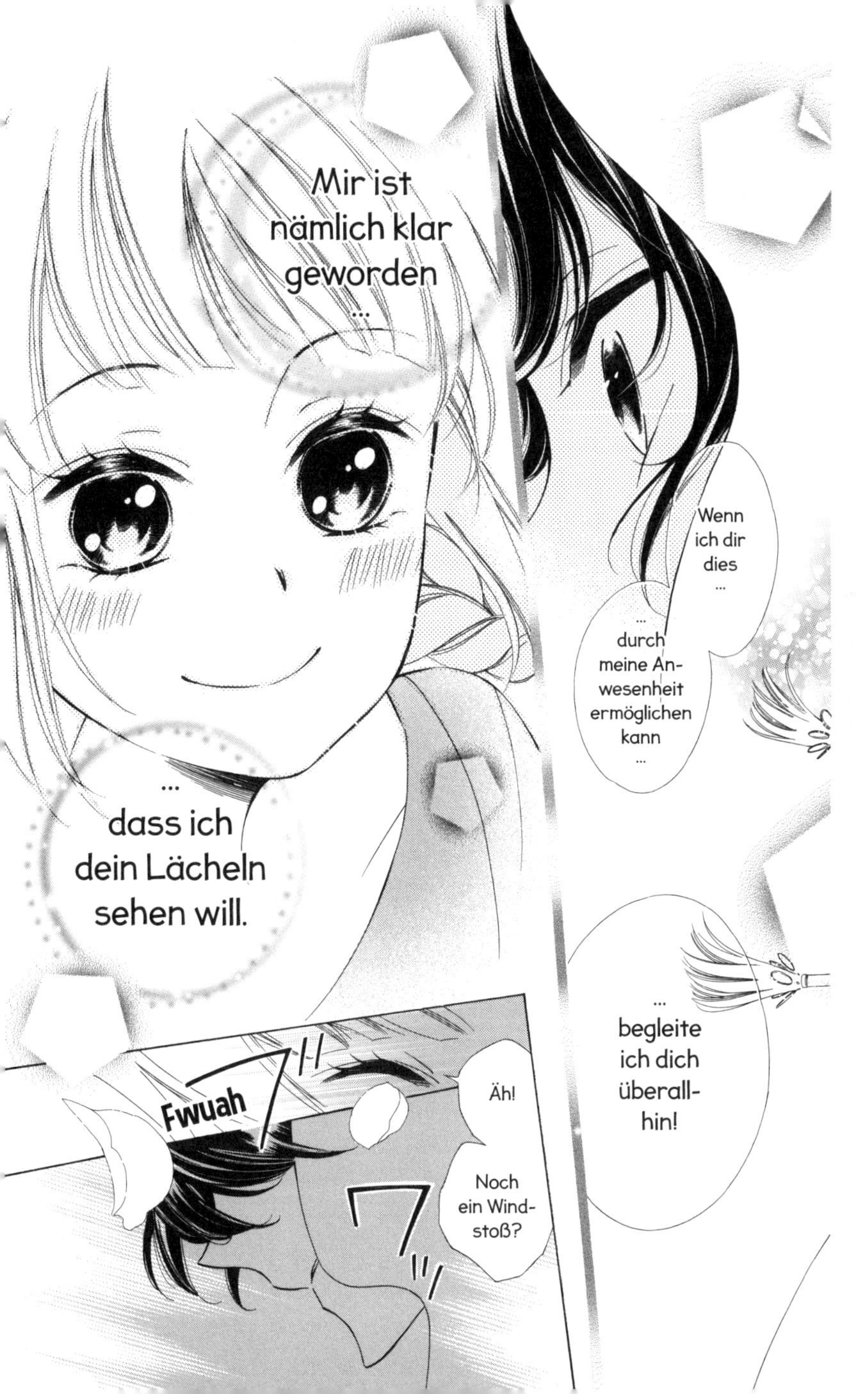
Mir ist nämlich klar geworden …
Wenn ich dir dies …
… durch meine Anwesenheit ermöglichen kann …
… dass ich dein Lächeln sehen will.
… begleite ich dich überallhin!
Äh!
Noch ein Windstoß?
Fwuah

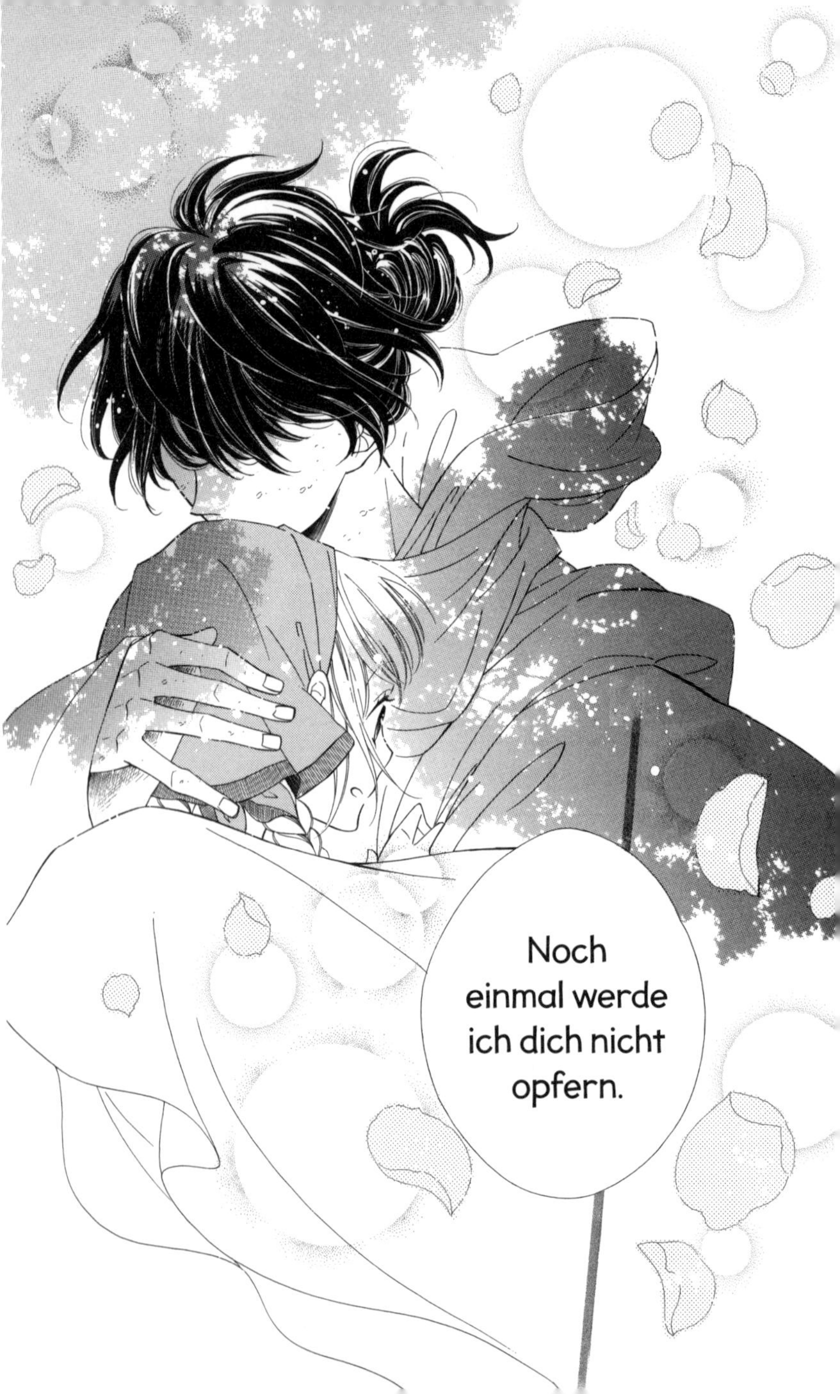
Noch einmal werde ich dich nicht opfern.

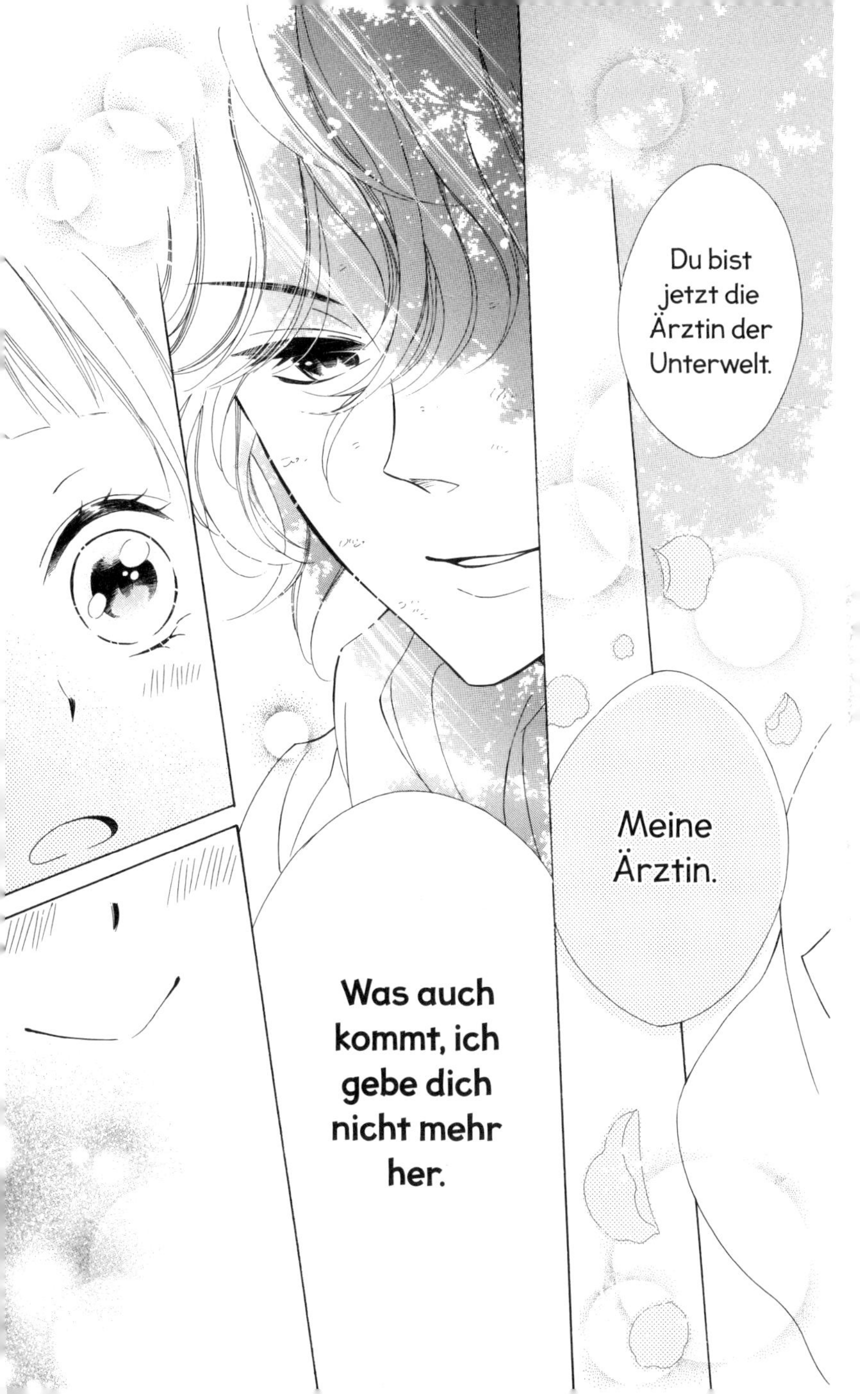
Du bist jetzt die Ärztin der Unterwelt.
Meine Ärztin.
Was auch kommt, ich gebe dich nicht mehr her.

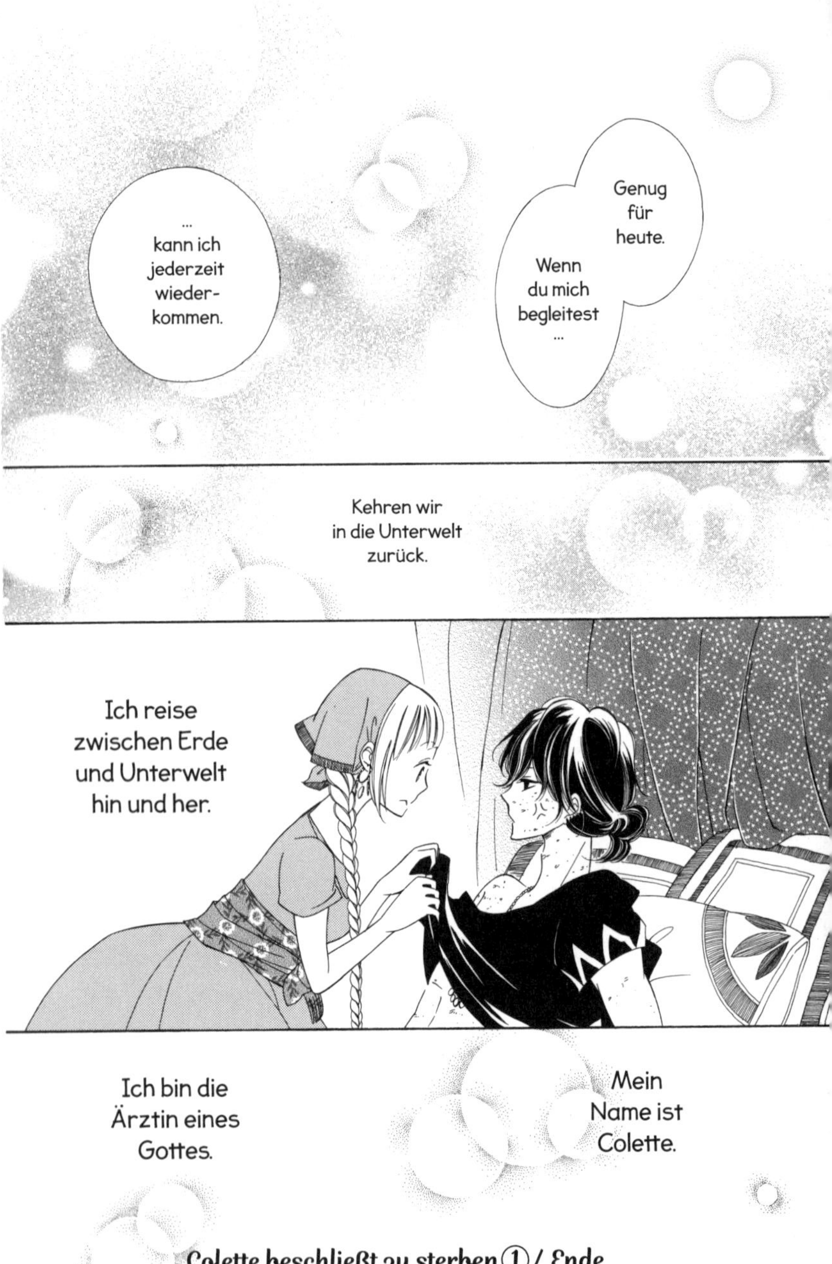

Colette beschließt zu sterben ① / Ende

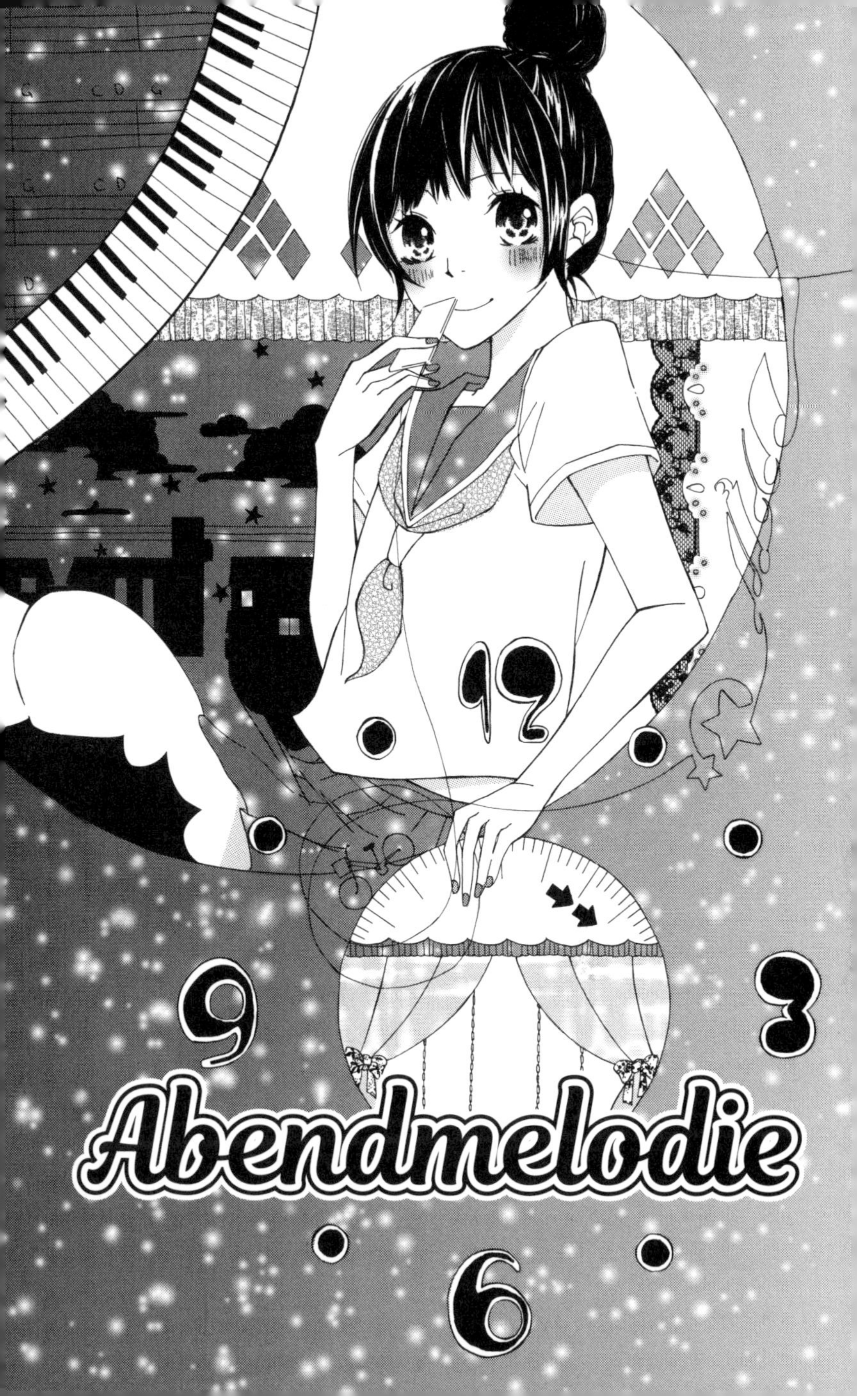

12
9
3
Abendmelodie
6

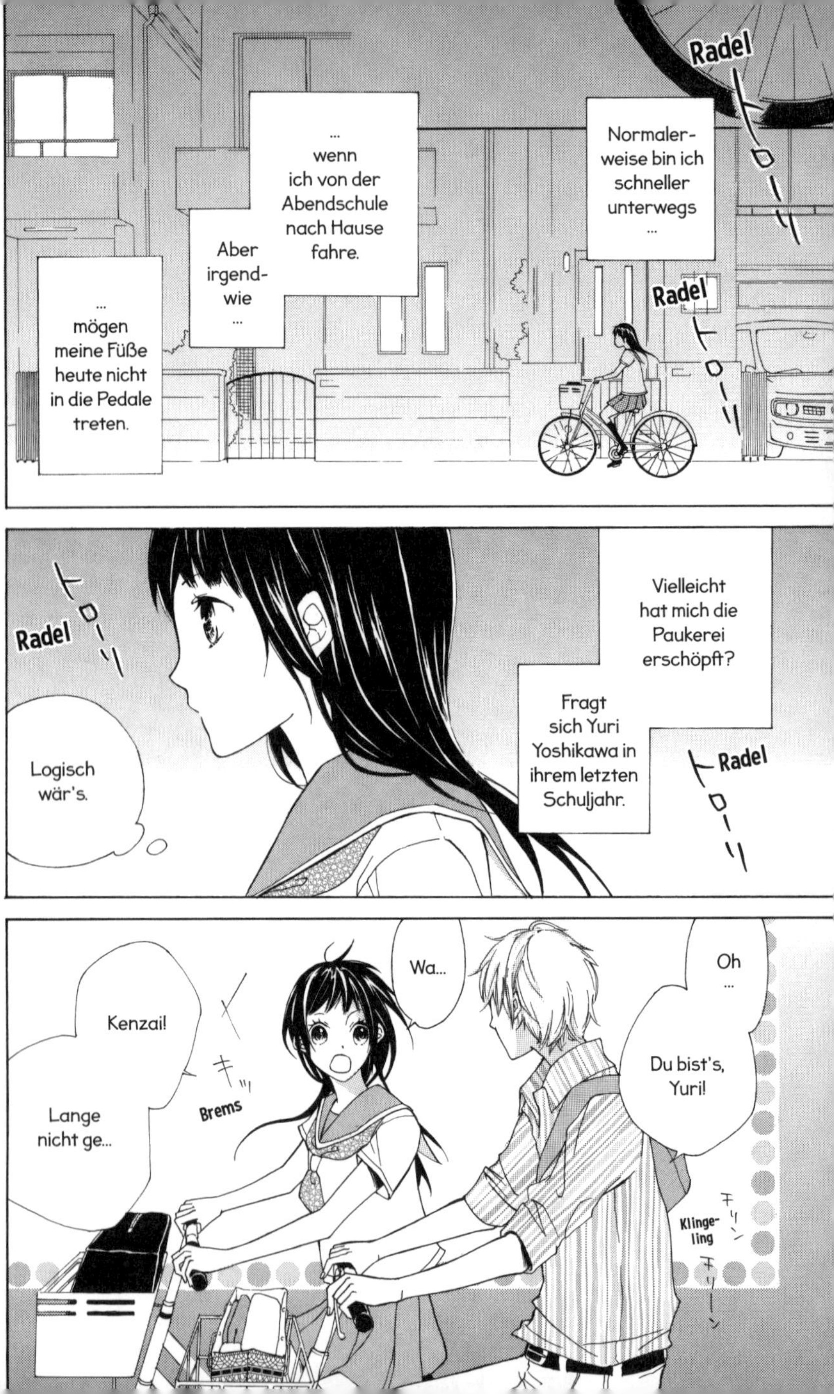
Radel
Normaler-
weise bin ich
schneller
unterwegs
...
Radel
... wenn ich von der Abendschule nach Hause fahre.
Aber irgend-
wie
...
... mögen meine Füße heute nicht in die Pedale treten.
Vielleicht hat mich die Paukerei erschöpft?
Fragt sich Yuri Yoshikawa in ihrem letzten Schuljahr.
Radel
Radel
Logisch wär's.
Oh
...
Du bist's, Yuri!
Klinge-
ling
Wa...
Brems
Kenzai!
Lange nicht ge...

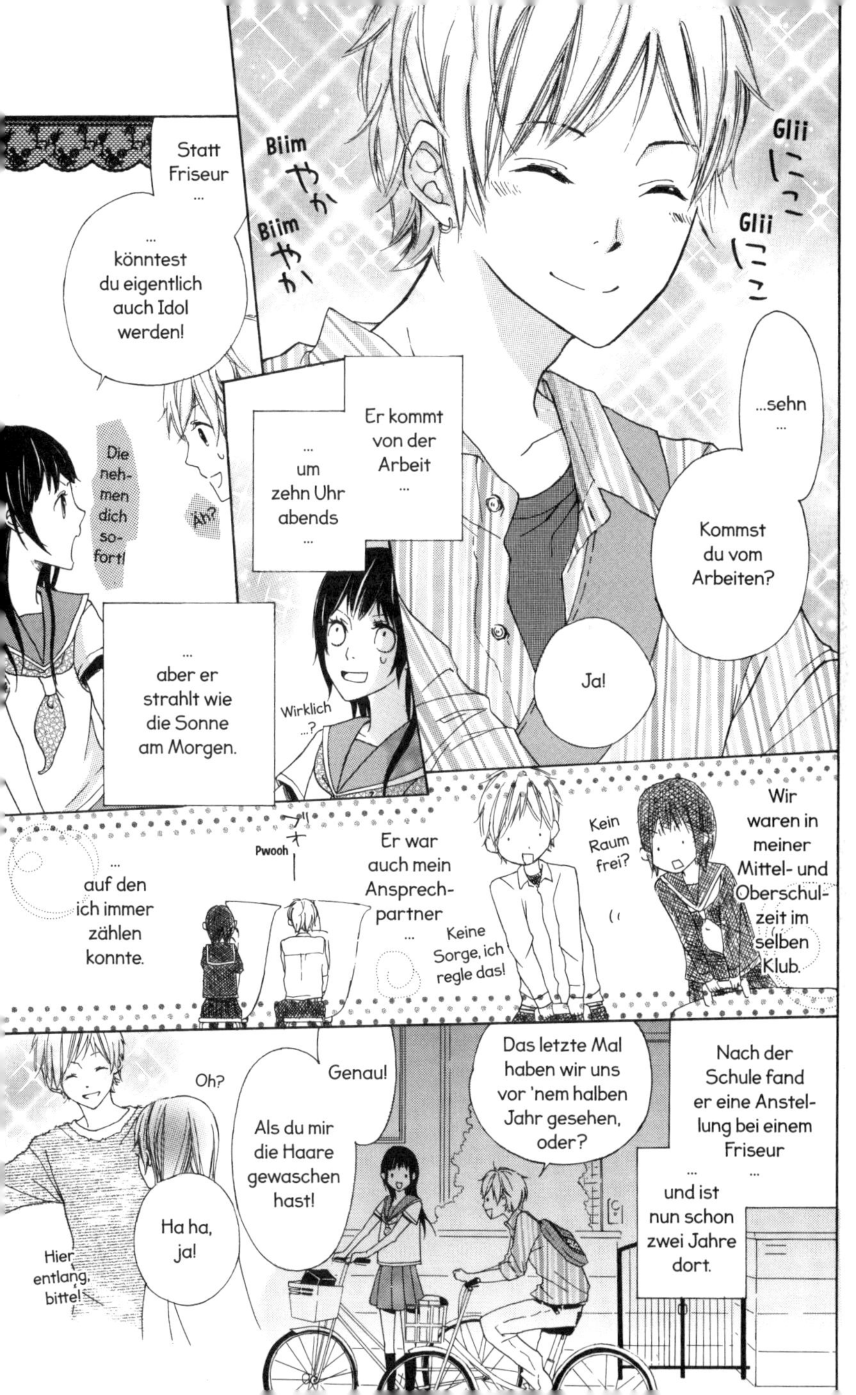

Glii にこ
Glii にこ
Biim やか
Biim やか
...sehn ...
Kommst du vom Arbeiten?
Ja!
Er kommt von der Arbeit ...
... um zehn Uhr abends ...
Wirklich ...?
... aber er strahlt wie die Sonne am Morgen.
Statt Friseur ...
... könntest du eigentlich auch Idol werden!
Ah?
Die nehmen dich sofort!
Wir waren in meiner Mittel- und Oberschulzeit im selben Klub.
Kein Raum frei?
Keine Sorge, ich regle das!
Er war auch mein Ansprechpartner ...
Pwooh
... auf den ich immer zählen konnte.
Nach der Schule fand er eine Anstellung bei einem Friseur ...
... und ist nun schon zwei Jahre dort.
Das letzte Mal haben wir uns vor 'nem halben Jahr gesehen, oder?
Genau!
Als du mir die Haare gewaschen hast!
Oh?
Ha ha, ja!
Hier entlang, bitte!

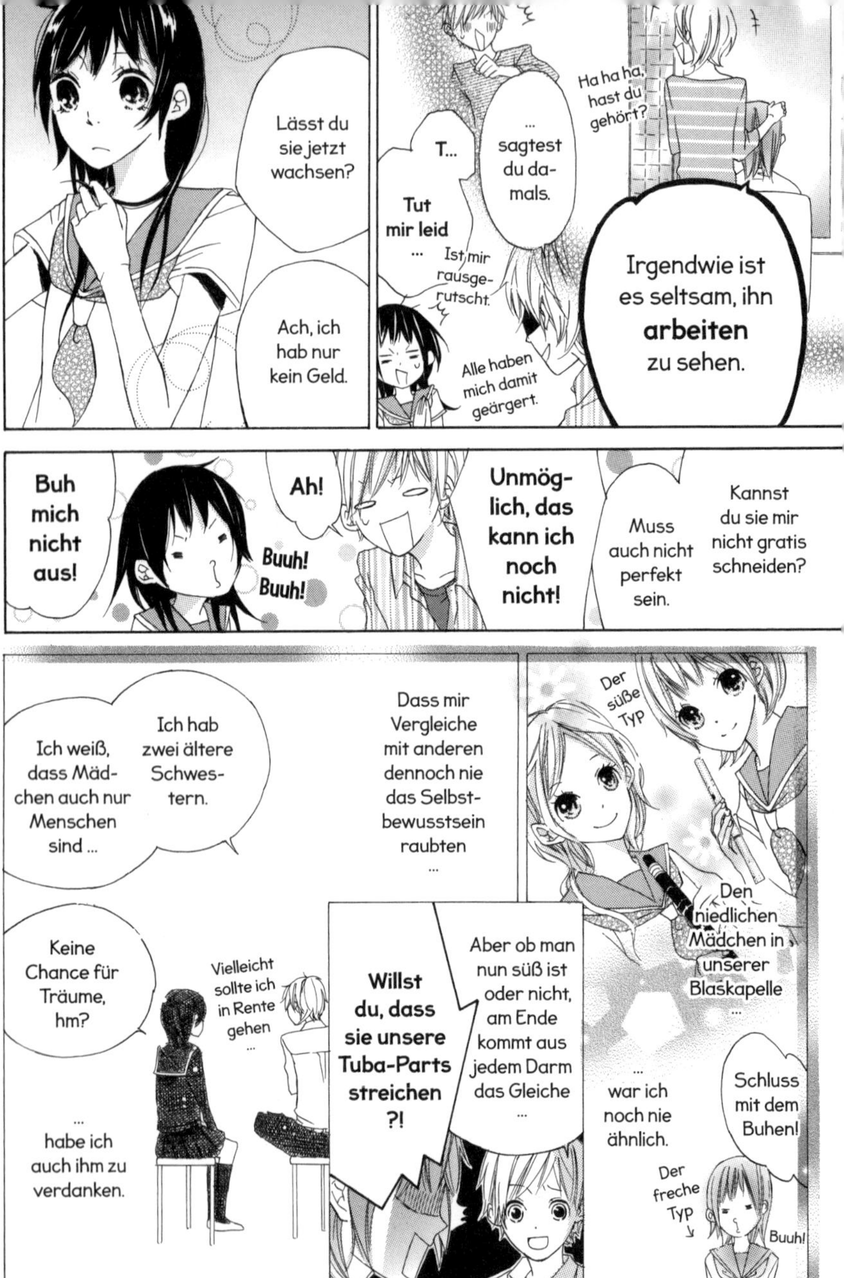
Ha ha ha, hast du gehört?
Irgendwie ist es seltsam, ihn arbeiten zu sehen.
... sagtest du damals.
T...
Tut mir leid ...
Ist mir rausgerutscht.
Alle haben mich damit geärgert.
Lässt du sie jetzt wachsen?
Ach, ich hab nur kein Geld.
Kannst du sie mir nicht gratis schneiden?
Muss auch nicht perfekt sein.
Unmöglich, das kann ich noch nicht!
Ah!
Buuh! Buuh!
Buh mich nicht aus!
Der süße Typ
Den niedlichen Mädchen in unserer Blaskapelle ...
... war ich noch nie ähnlich.
Schluss mit dem Buhen!
Der freche Typ
Buuh!
Dass mir Vergleiche mit anderen dennoch nie das Selbstbewusstsein raubten ...
Aber ob man nun süß ist oder nicht, am Ende kommt aus jedem Darm das Gleiche ...
Willst du, dass sie unsere Tuba-Parts streichen?!
Vielleicht sollte ich in Rente gehen ...
Ich hab zwei ältere Schwestern.
Ich weiß, dass Mädchen auch nur Menschen sind ...
Keine Chance für Träume, hm?
... habe ich auch ihm zu verdanken.

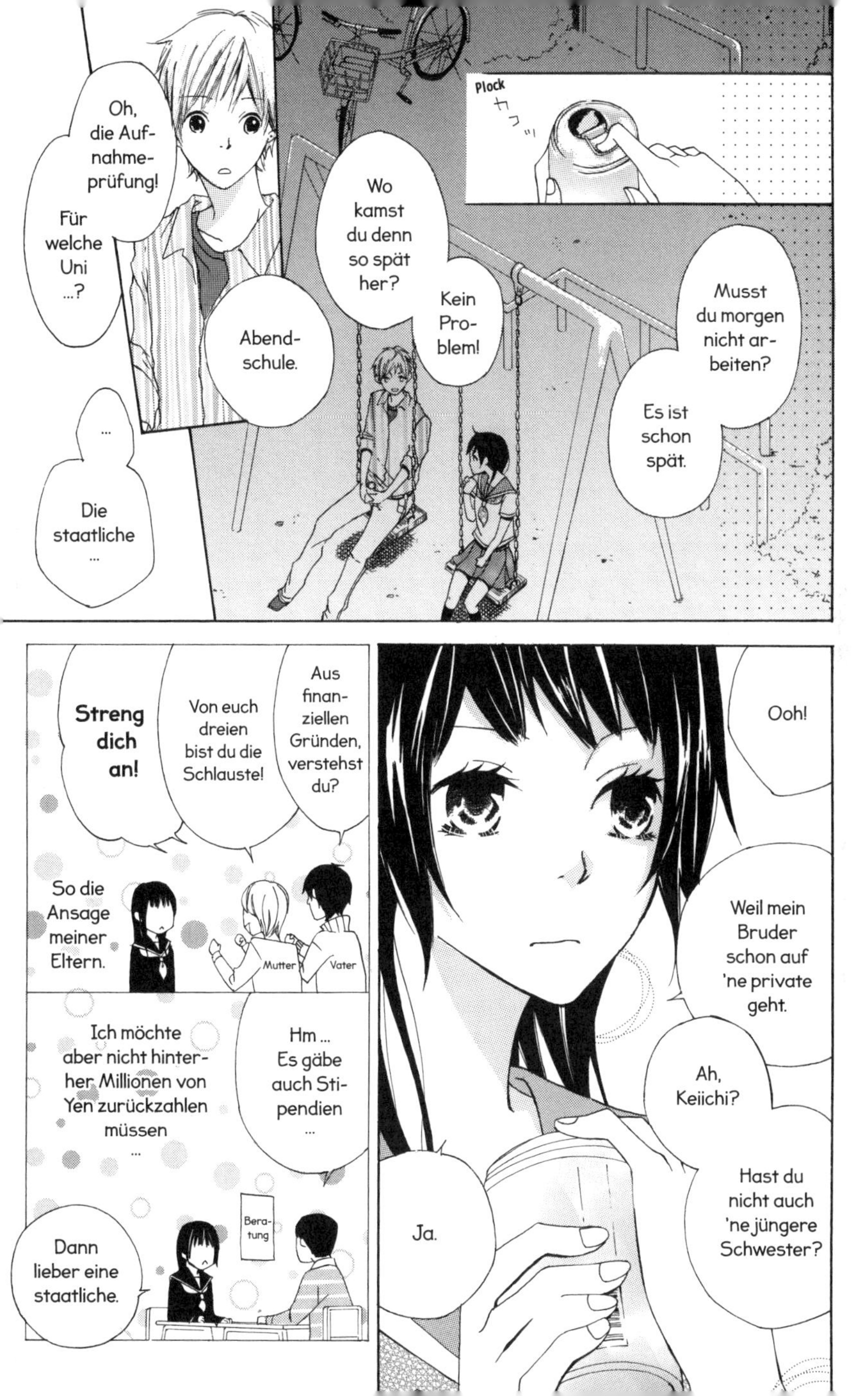
Plock
Musst du morgen nicht arbeiten?
Es ist schon spät.
Kein Problem!
Wo kamst du denn so spät her?
Abendschule.
Oh, die Aufnahmeprüfung!
Für welche Uni ...?
...
Die staatliche ...
Ooh!
Weil mein Bruder schon auf 'ne private geht.
Ah, Keiichi?
Hast du nicht auch 'ne jüngere Schwester?
Ja.
Aus finanziellen Gründen, verstehst du?
Von euch dreien bist du die Schlauste!
Streng dich an!
So die Ansage meiner Eltern.
Mutter
Vater
Hm ... Es gäbe auch Stipendien ...
Ich möchte aber nicht hinterher Millionen von Yen zurückzahlen müssen ...
Beratung
Dann lieber eine staatliche.

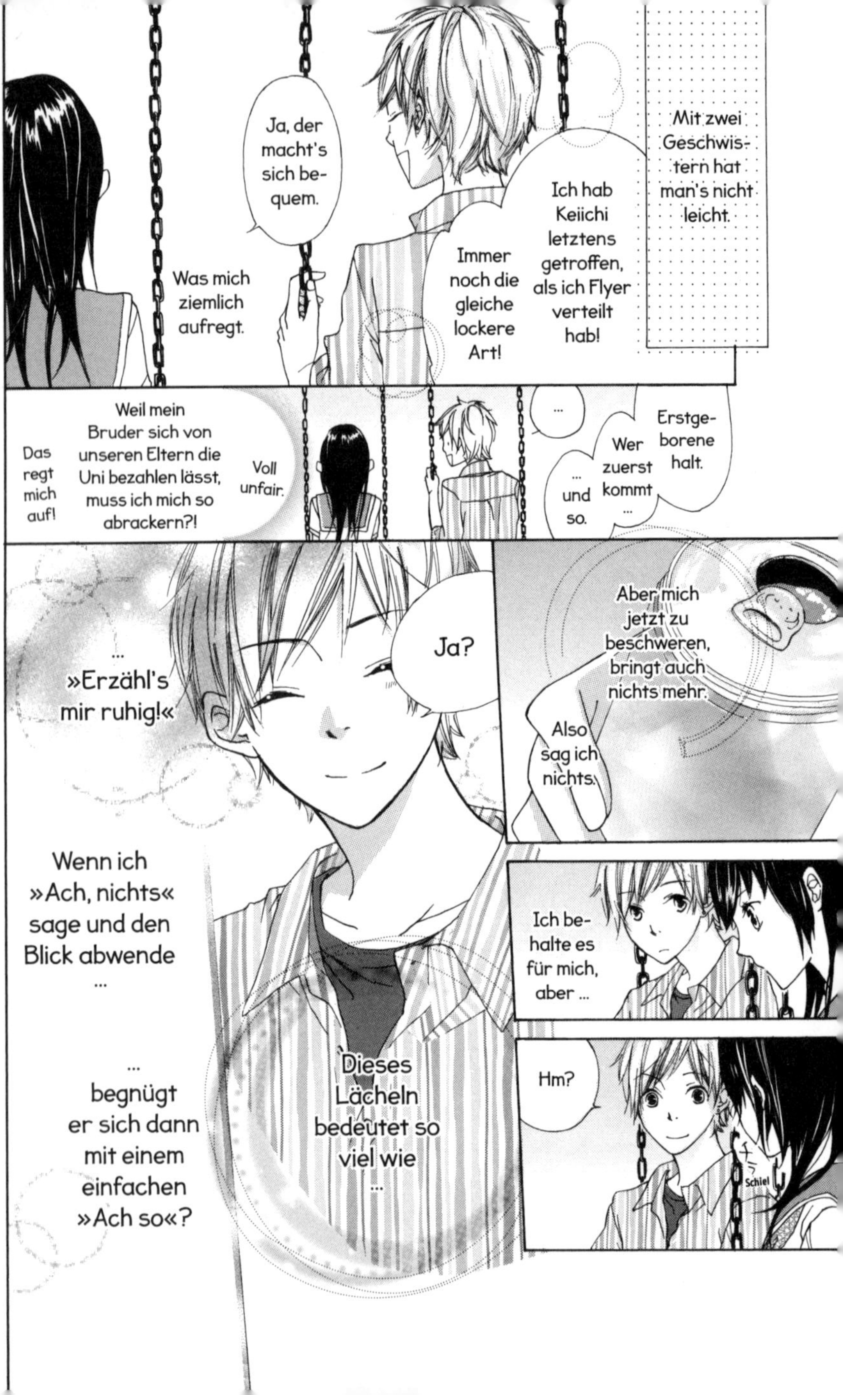
Mit zwei Geschwistern hat man's nicht leicht.
Ich hab Keiichi letztens getroffen, als ich Flyer verteilt hab!
Immer noch die gleiche lockere Art!
Ja, der macht's sich bequem.
Was mich ziemlich aufregt.
...
Erstgeborene halt.
Wer zuerst kommt ...
... und so.
Voll unfair.
Weil mein Bruder sich von unseren Eltern die Uni bezahlen lässt, muss ich mich so abrackern?!
Das regt mich auf!
Aber mich jetzt zu beschweren, bringt auch nichts mehr.
Also sag ich nichts.
Ja?
... »Erzähl's mir ruhig!«
Ich behalte es für mich, aber ...
Hm?
Schiel
Dieses Lächeln bedeutet so viel wie ...
Wenn ich »Ach, nichts« sage und den Blick abwende ...
... begnügt er sich dann mit einem einfachen »Ach so«?

5

Abendmelodie war, glaube ich, mein drittes veröffentlichtes Werk. Weil ich für Kenzai dieses Raster verwendete ...

... nenne ich es seitdem das Okada-Raster. Diesen Namen trägt es auch in meinem Rasterregal.

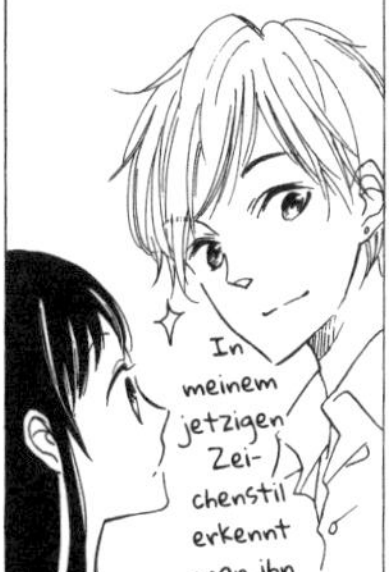

Das war's so weit mit dem Randspaltentalk. Ich bedanke mich für eure Aufmerksamkeit!

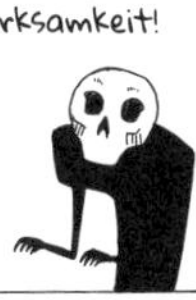

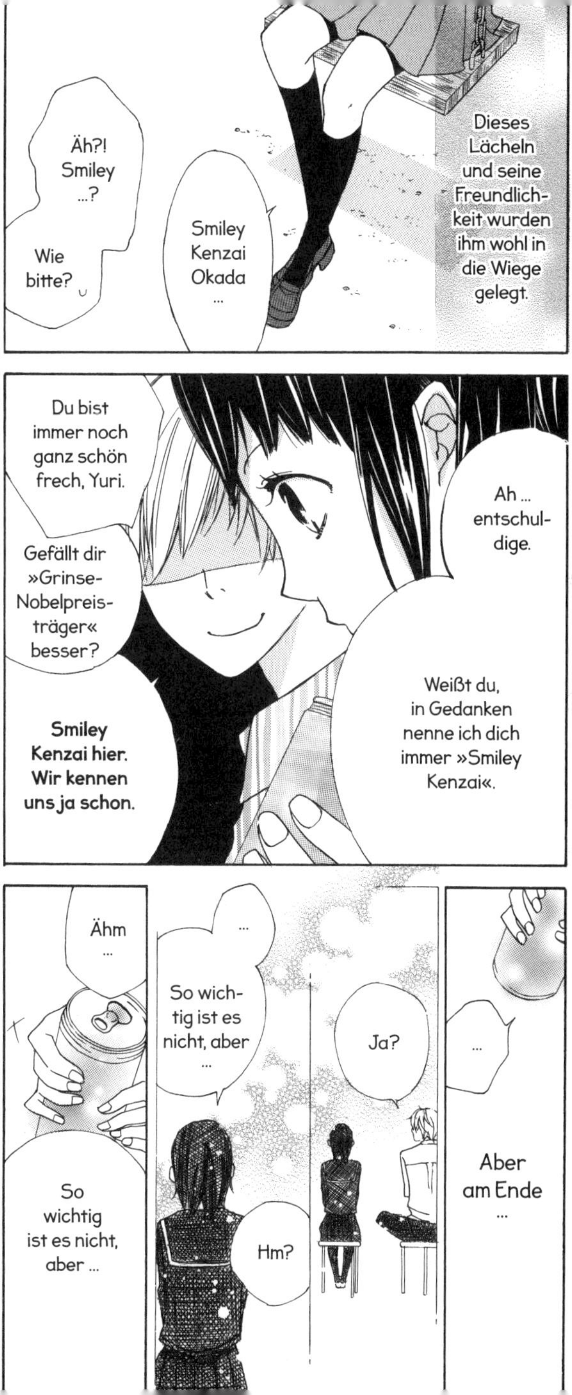

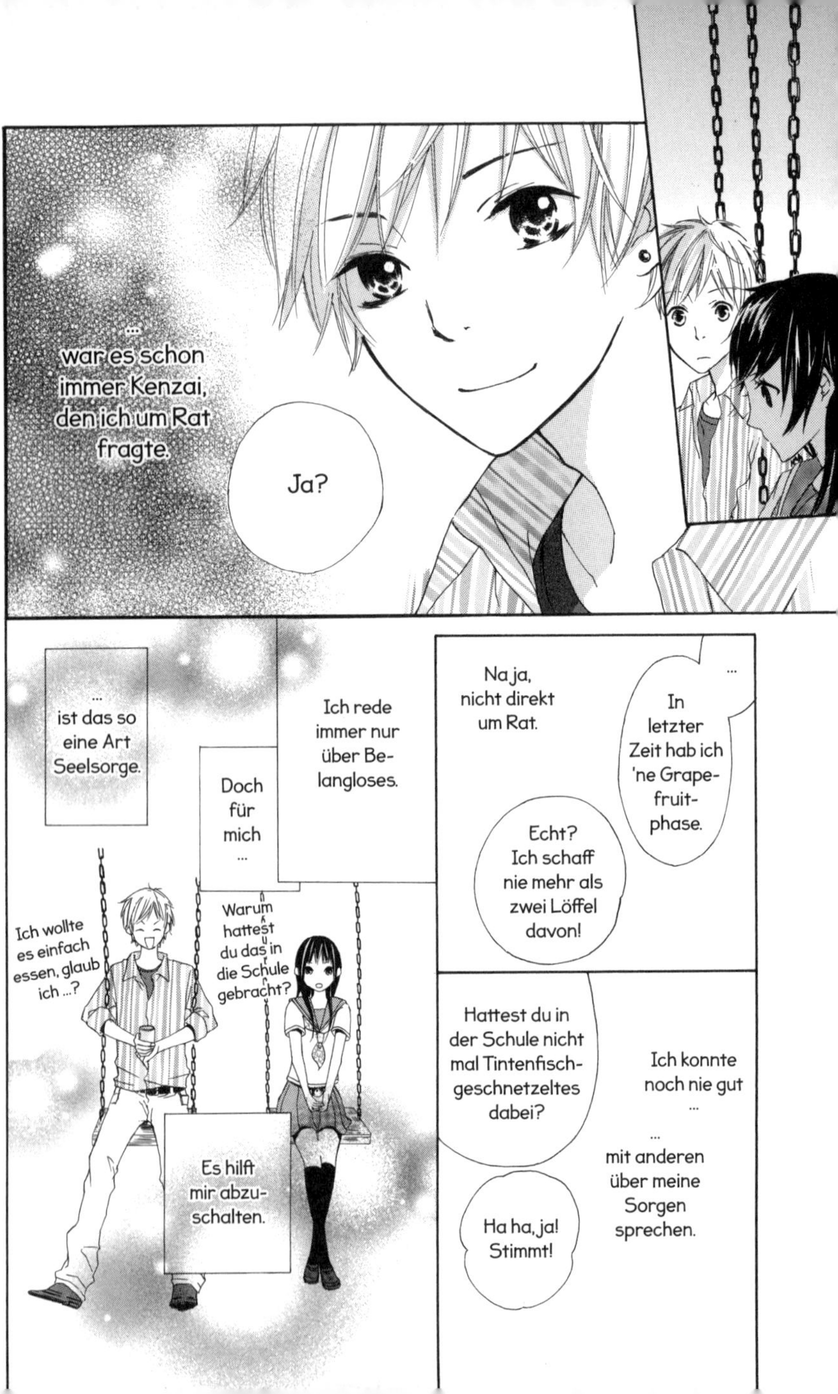

Ja?
... war es schon immer Kenzai, den ich um Rat fragte.
...
Na ja, nicht direkt um Rat.
In letzter Zeit hab ich 'ne Grapefruitphase.
Echt? Ich schaff nie mehr als zwei Löffel davon!
Ich konnte noch nie gut ...
... mit anderen über meine Sorgen sprechen.
Hattest du in der Schule nicht mal Tintenfischgeschnetzeltes dabei?
Ha ha, ja! Stimmt!
Ich rede immer nur über Belangloses.
Doch für mich ...
... ist das so eine Art Seelsorge.
Warum hattest du das in die Schule gebracht?
Ich wollte es einfach essen, glaub ich ...?
Es hilft mir abzuschalten.

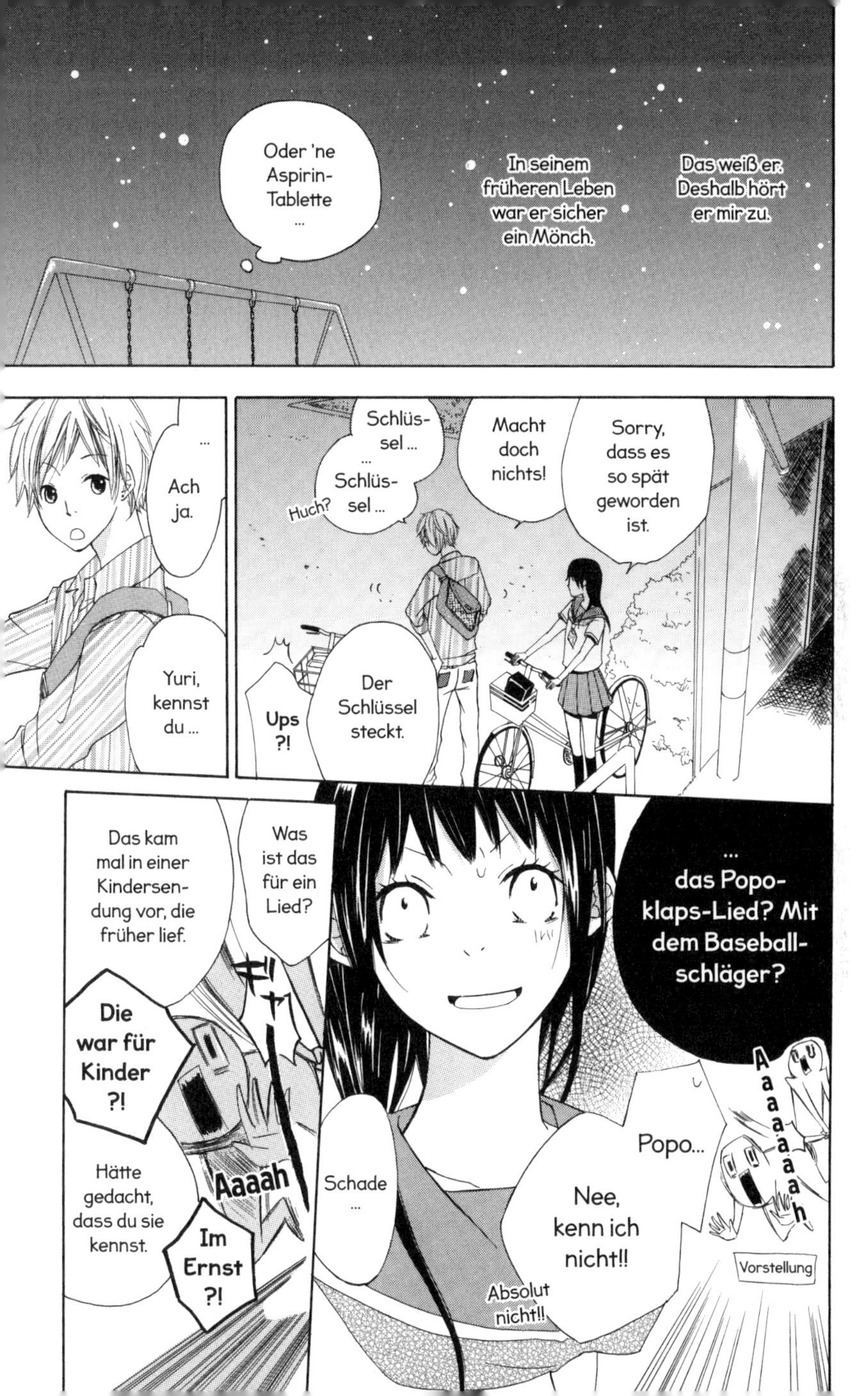
Das weiß er. Deshalb hört er mir zu.
In seinem früheren Leben war er sicher ein Mönch.
Oder 'ne Aspirin-Tablette ...
Sorry, dass es so spät geworden ist.
Macht doch nichts!
Schlüs-sel ...
... Schlüs-sel ...
Huch?
Der Schlüssel steckt.
Ups ?!
... Ach ja.
Yuri, kennst du ...
... das Popo-klaps-Lied? Mit dem Baseball-schläger?
Popo...
Aaaaaaaah
Nee, kenn ich nicht!!
Absolut nicht!!
Vorstellung
Schade ...
Was ist das für ein Lied?
Das kam mal in einer Kindersendung vor, die früher lief.
Die war für Kinder ?!
Hätte gedacht, dass du sie kennst.
Aaaah
Im Ernst ?!

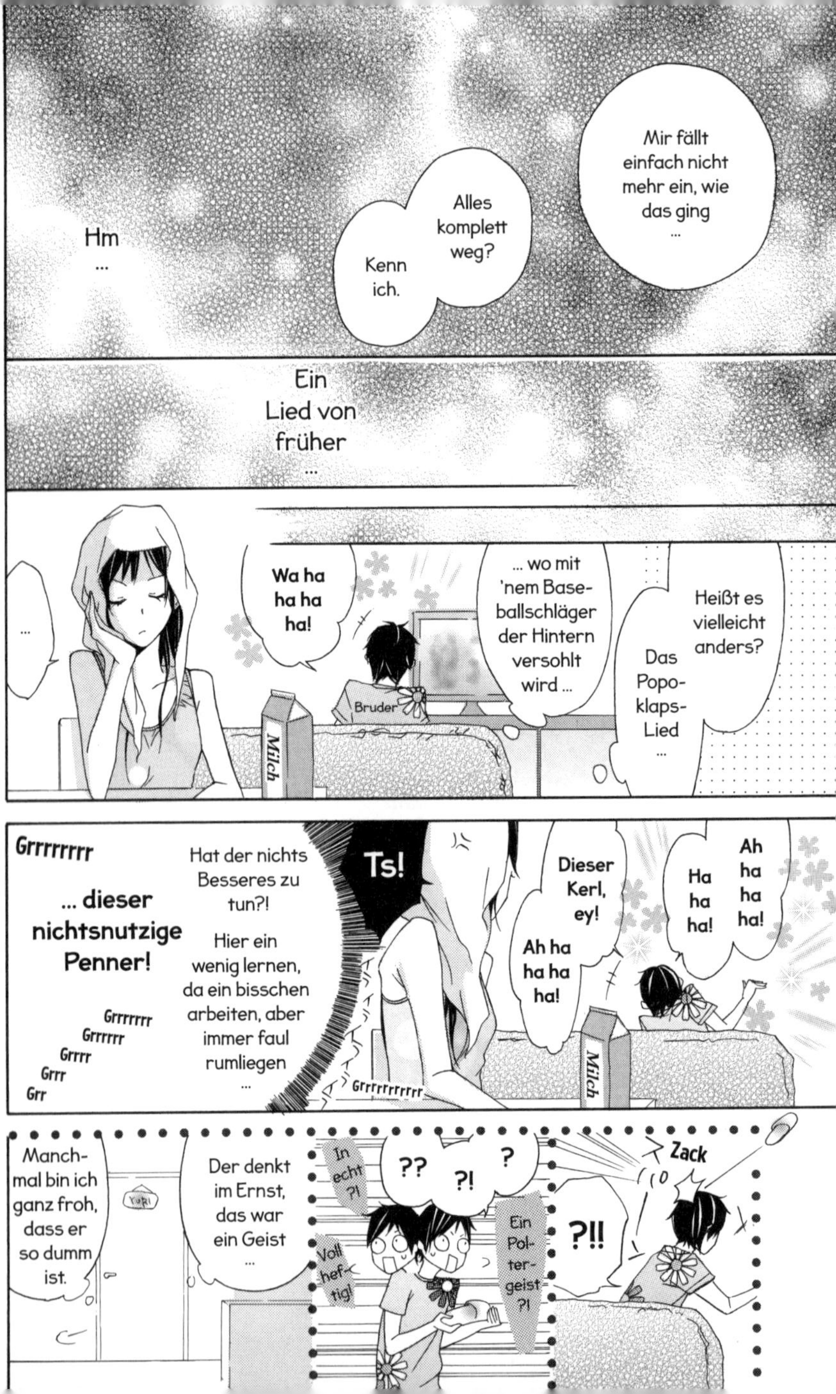
Mir fällt einfach nicht mehr ein, wie das ging ...
Alles komplett weg?
Kenn ich.
Hm ...
Ein Lied von früher ...
Heißt es vielleicht anders?
Das Popoklaps-Lied ...
... wo mit 'nem Baseballschläger der Hintern versohlt wird ...
Wa ha ha ha ha!
Bruder
Milch
...
Ah ha ha ha!
Ha ha ha!
Dieser Kerl, ey!
Ah ha ha ha ha!
Ts!
Hat der nichts Besseres zu tun?!
Hier ein wenig lernen, da ein bisschen arbeiten, aber immer faul rumliegen ...
Grrrrrrrr
... dieser nichtsnutzige Penner!
Grrrrrrr
Grrrrrr
Grrrr
Grrr
Grr
Grrrrrrrrrr
Milch
Zack
?!!
?
??
?!
In echt ?!
Ein Poltergeist ?!
Voll heftig!
Der denkt im Ernst, das war ein Geist ...
Manchmal bin ich ganz froh, dass er so dumm ist.
YURI

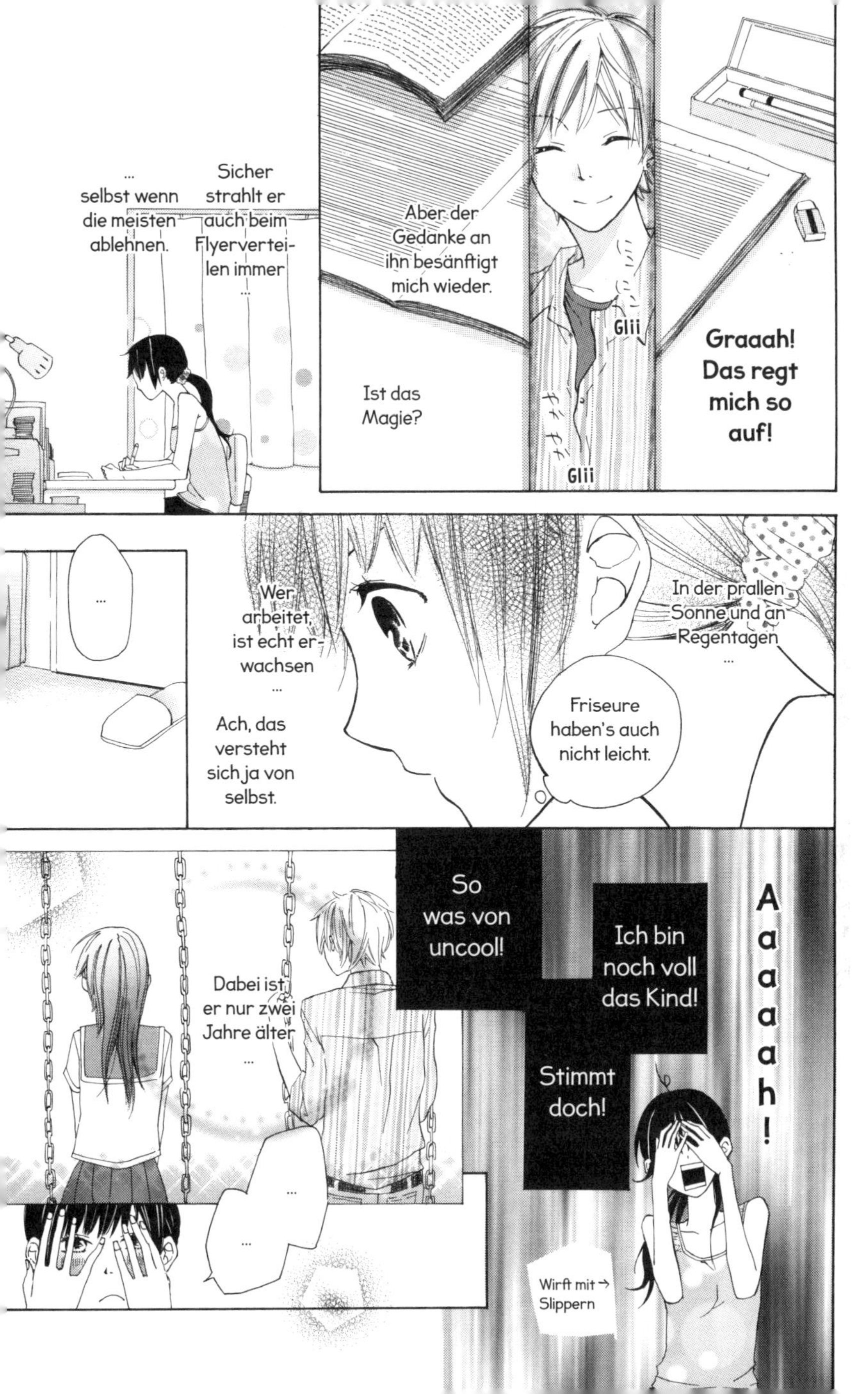
Graaah! Das regt mich so auf!
Glii
Glii
Aber der Gedanke an ihn besänftigt mich wieder.
Ist das Magie?
Sicher strahlt er auch beim Flyerverteilen immer ...
... selbst wenn die meisten ablehnen.
In der prallen Sonne und an Regentagen ...
Friseure haben's auch nicht leicht.
Wer arbeitet, ist echt erwachsen ...
Ach, das versteht sich ja von selbst.
...
Aaaaah!
Ich bin noch voll das Kind!
So was von uncool!
Stimmt doch!
Wirft mit → Slippern
Dabei ist er nur zwei Jahre älter ...
...
...

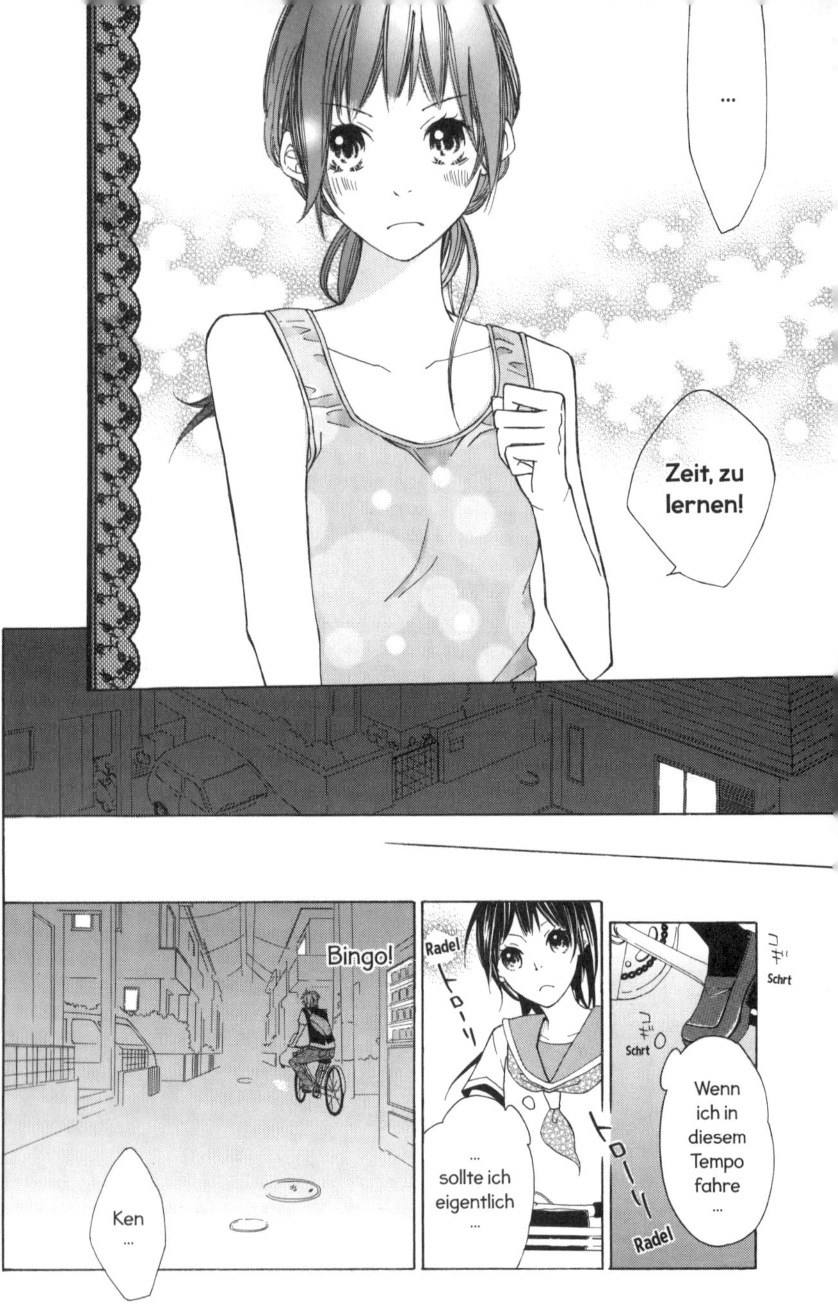
...
Zeit, zu lernen!
Schrt
Schrt
Wenn ich in diesem Tempo fahre ...
Radel
Radel
... sollte ich eigentlich ...
Bingo!
Ken ...

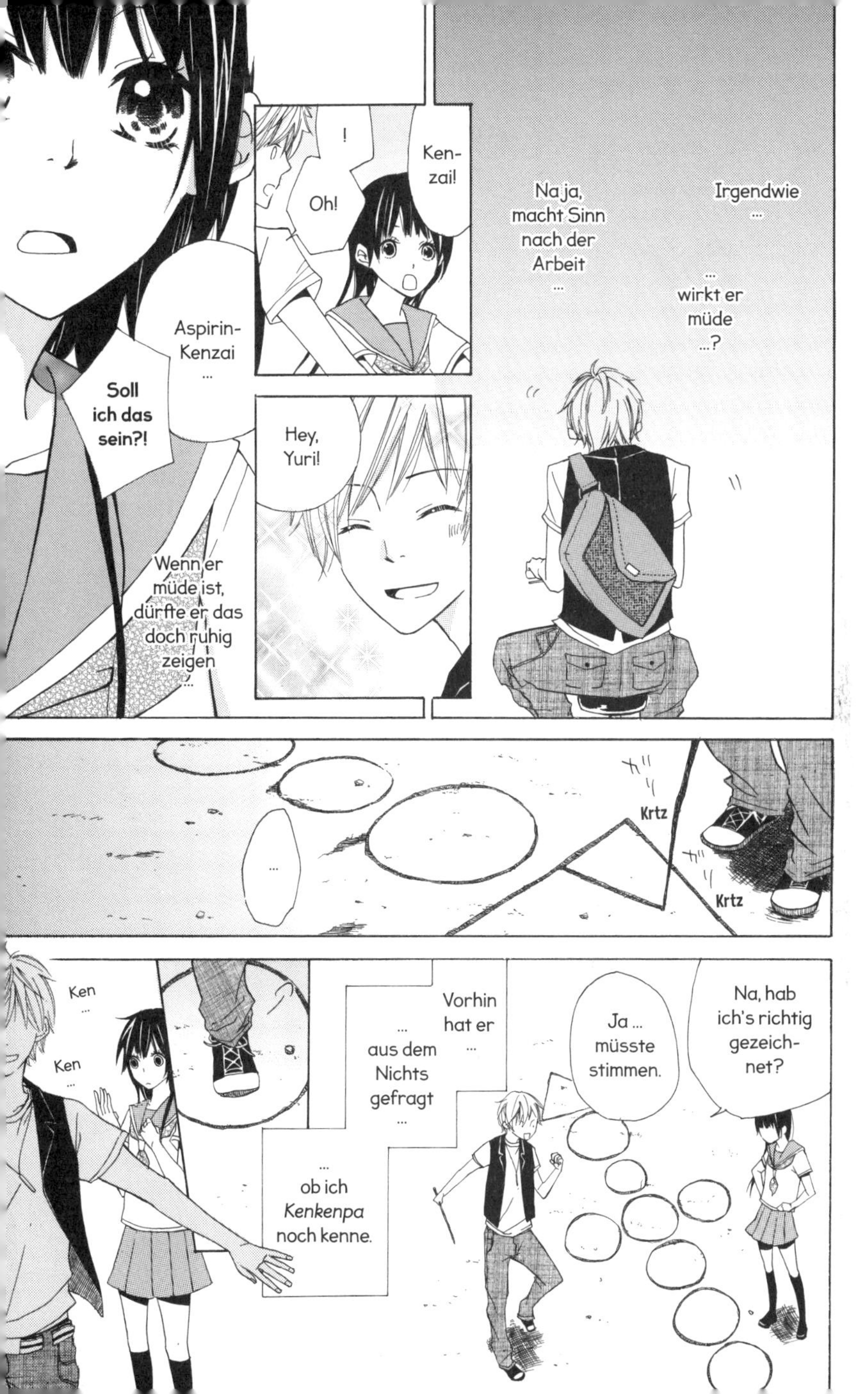
Irgendwie ...
... wirkt er müde ...?
Na ja, macht Sinn nach der Arbeit ...
Ken-zai!
!
Oh!
Hey, Yuri!
Aspirin-Kenzai ...
Soll ich das sein?!
Wenn er müde ist, dürfte er das doch ruhig zeigen ...
Krtz
Krtz
...
Na, hab ich's richtig gezeich-net?
Ja ... müsste stimmen.
Vorhin hat er ...
... aus dem Nichts gefragt ...
... ob ich *Kenkenpa* noch kenne.
Ken ...
Ken ...

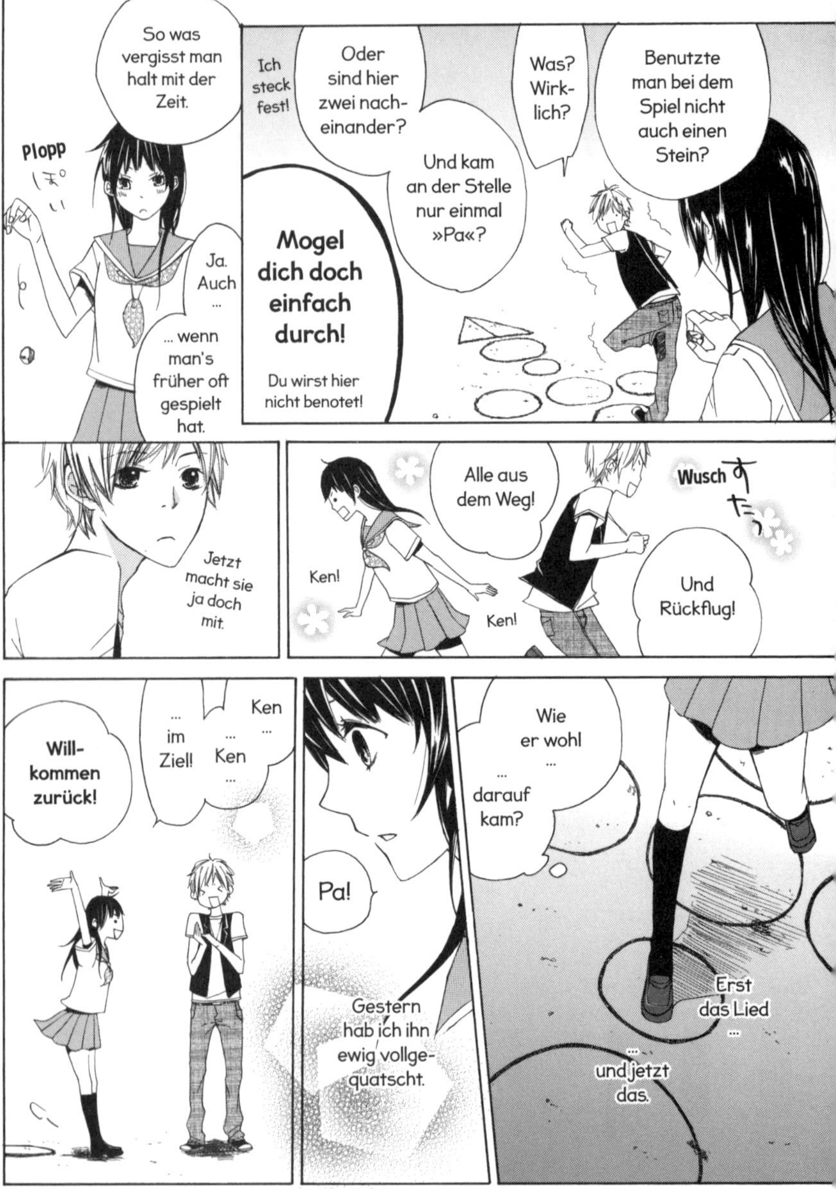

Benutzte man bei dem Spiel nicht auch einen Stein?
Was? Wirk-lich?
Oder sind hier zwei nach-einander?
Und kam an der Stelle nur einmal »Pa«?
Ich steck fest!
Mogel dich doch einfach durch!
Du wirst hier nicht benotet!
So was vergisst man halt mit der Zeit.
Plopp
Ja. Auch ...
... wenn man's früher oft gespielt hat.
Wusch
Alle aus dem Weg!
Und Rückflug!
Ken!
Ken!
Jetzt macht sie ja doch mit.
Wie er wohl ...
... darauf kam?
Erst das Lied ...
... und jetzt das.
Pa!
Gestern hab ich ihn ewig vollge-quatscht.
Ken ...
... Ken ...
... im Ziel!
Will-kommen zurück!

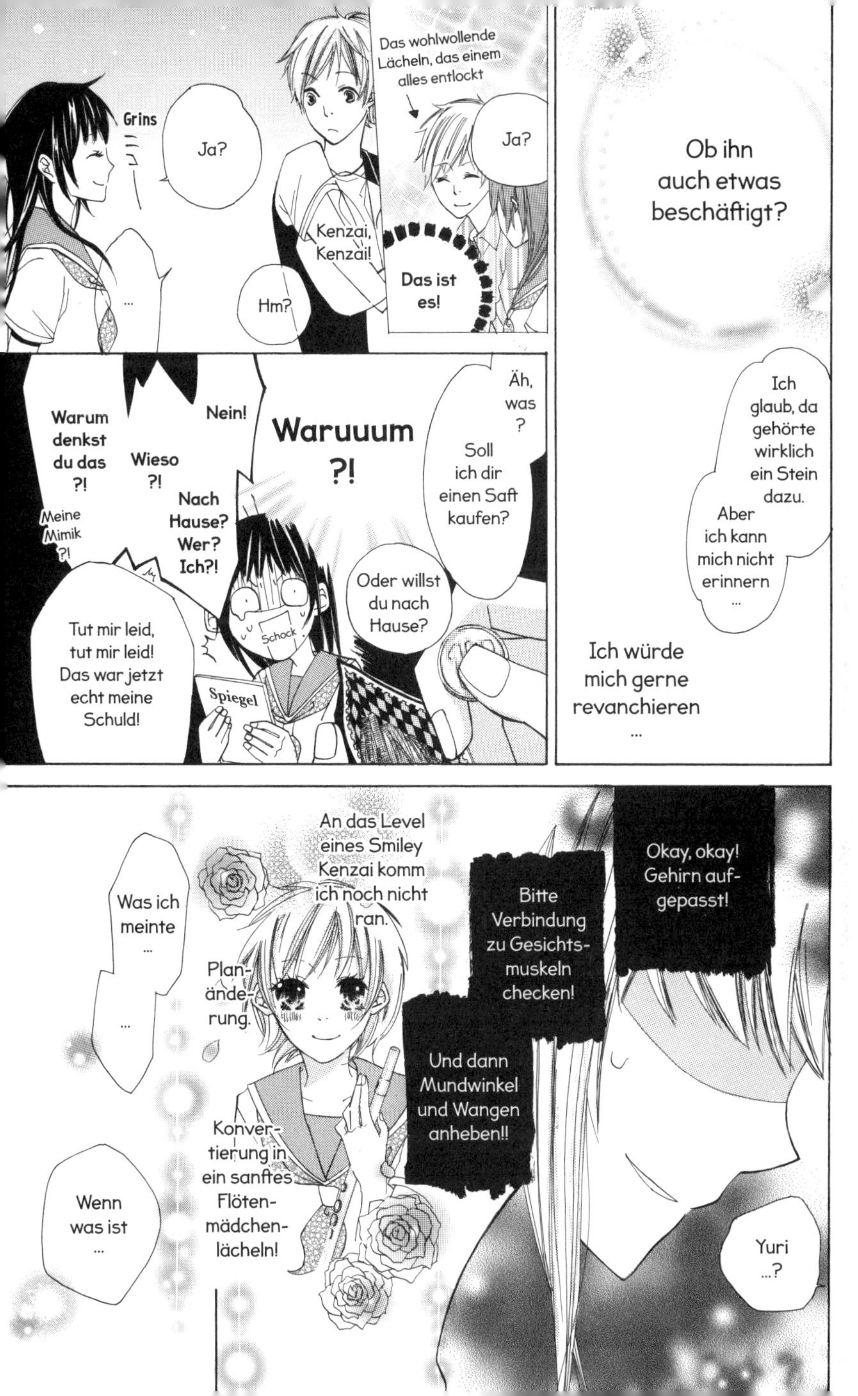
Ob ihn auch etwas beschäftigt?
Ich glaub, da gehörte wirklich ein Stein dazu.
Aber ich kann mich nicht erinnern ...
Ich würde mich gerne revanchieren ...
Das wohlwollende Lächeln, das einem alles entlockt
Ja?
Das ist es!
Kenzai, Kenzai!
Hm?
Grins
Ja?
...
Äh, was? Soll ich dir einen Saft kaufen?
Oder willst du nach Hause?
Waruuum ?!
Nein!
Warum denkst du das ?!
Wieso ?!
Nach Hause? Wer? Ich?!
Meine Mimik ?!
Schock
Spiegel
Tut mir leid, tut mir leid! Das war jetzt echt meine Schuld!
Okay, okay! Gehirn auf-gepasst!
Bitte Verbindung zu Gesichts-muskeln checken!
Und dann Mundwinkel und Wangen anheben!!
Yuri ...?
An das Level eines Smiley Kenzai komm ich noch nicht ran.
Plan-ände-rung.
Konver-tierung in ein sanftes Flöten-mädchen-lächeln!
Was ich meinte ... ...
Wenn was ist ...

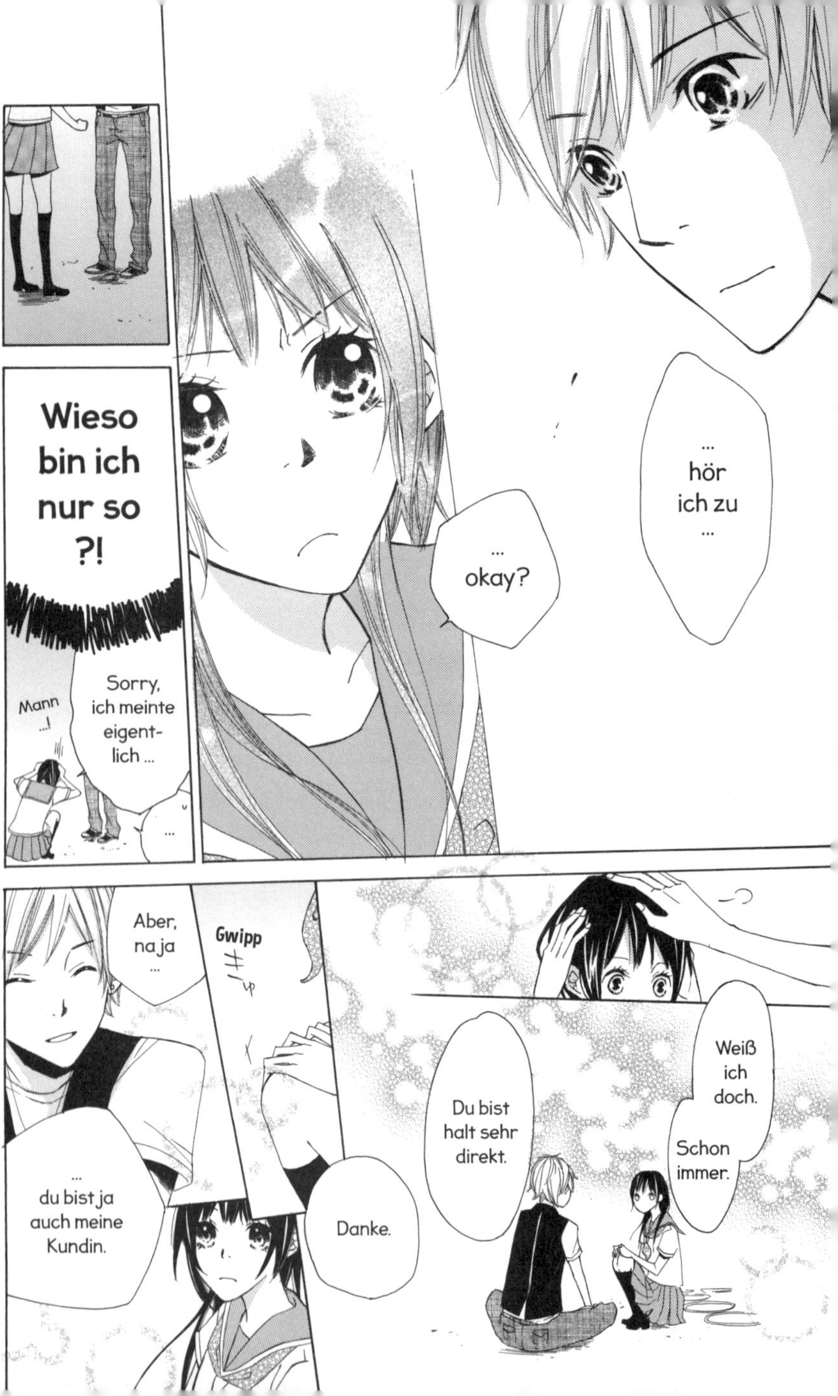

... hör ich zu ...
... okay?
Wieso bin ich nur so ?!
Sorry, ich meinte eigent-lich ...
Mann ...!
...
Weiß ich doch.
Schon immer.
Du bist halt sehr direkt.
Danke.
Gwipp
Aber, na ja ...
... du bist ja auch meine Kundin.

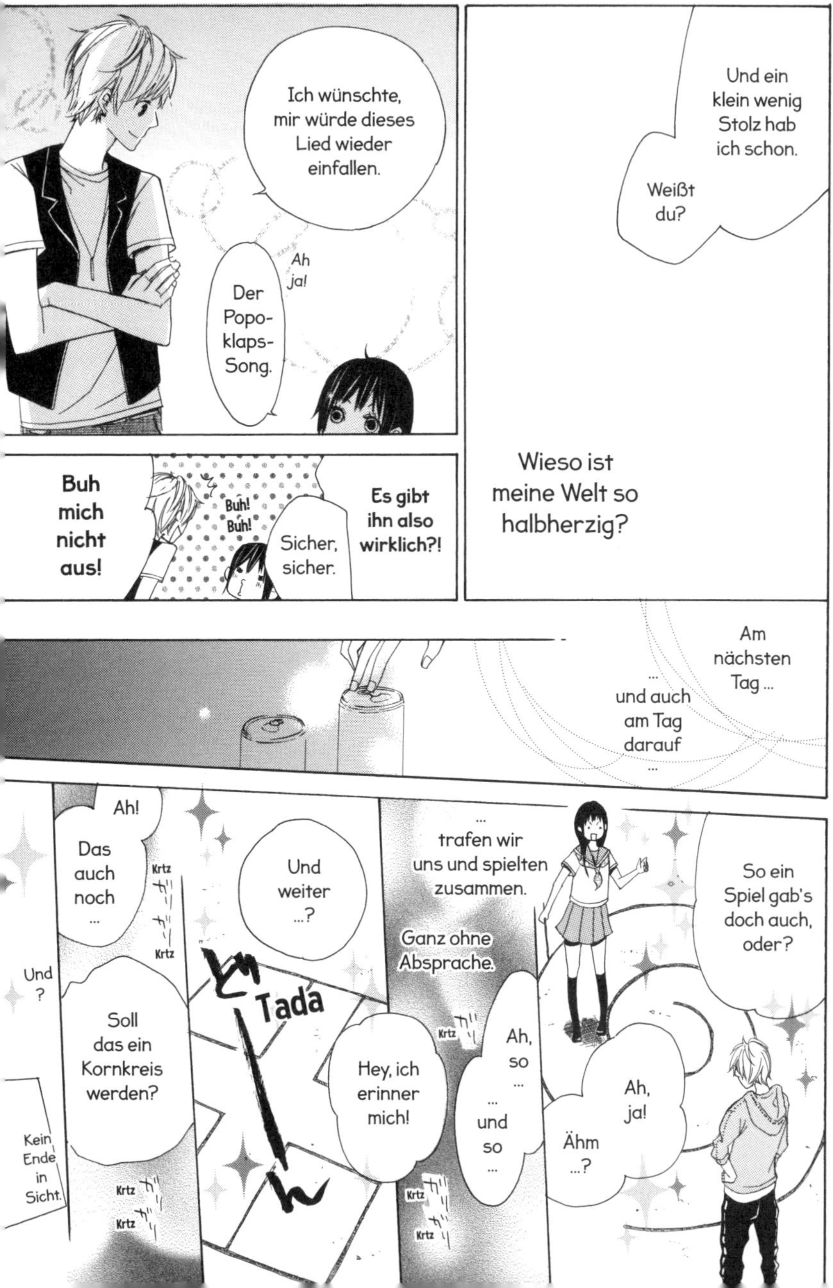
Und ein klein wenig Stolz hab ich schon.
Weißt du?
Wieso ist meine Welt so halbherzig?
Ich wünschte, mir würde dieses Lied wieder einfallen.
Ah ja!
Der Popo-klaps-Song.
Es gibt ihn also wirklich?!
Sicher, sicher.
Buh! Buh!
Buh mich nicht aus!
Am nächsten Tag ...
... und auch am Tag darauf ...
So ein Spiel gab's doch auch, oder?
... trafen wir uns und spielten zusammen.
Ganz ohne Absprache.
Ah, ja!
Ähm ...?
Ah, so ...
... und so ...
Krtz
Krtz
Krtz
Hey, ich erinner mich!
Tada
Und weiter ...?
Ah!
Das auch noch ...
Krtz
Krtz
Soll das ein Kornkreis werden?
Krtz
Krtz
Und ?
Kein Ende in Sicht.

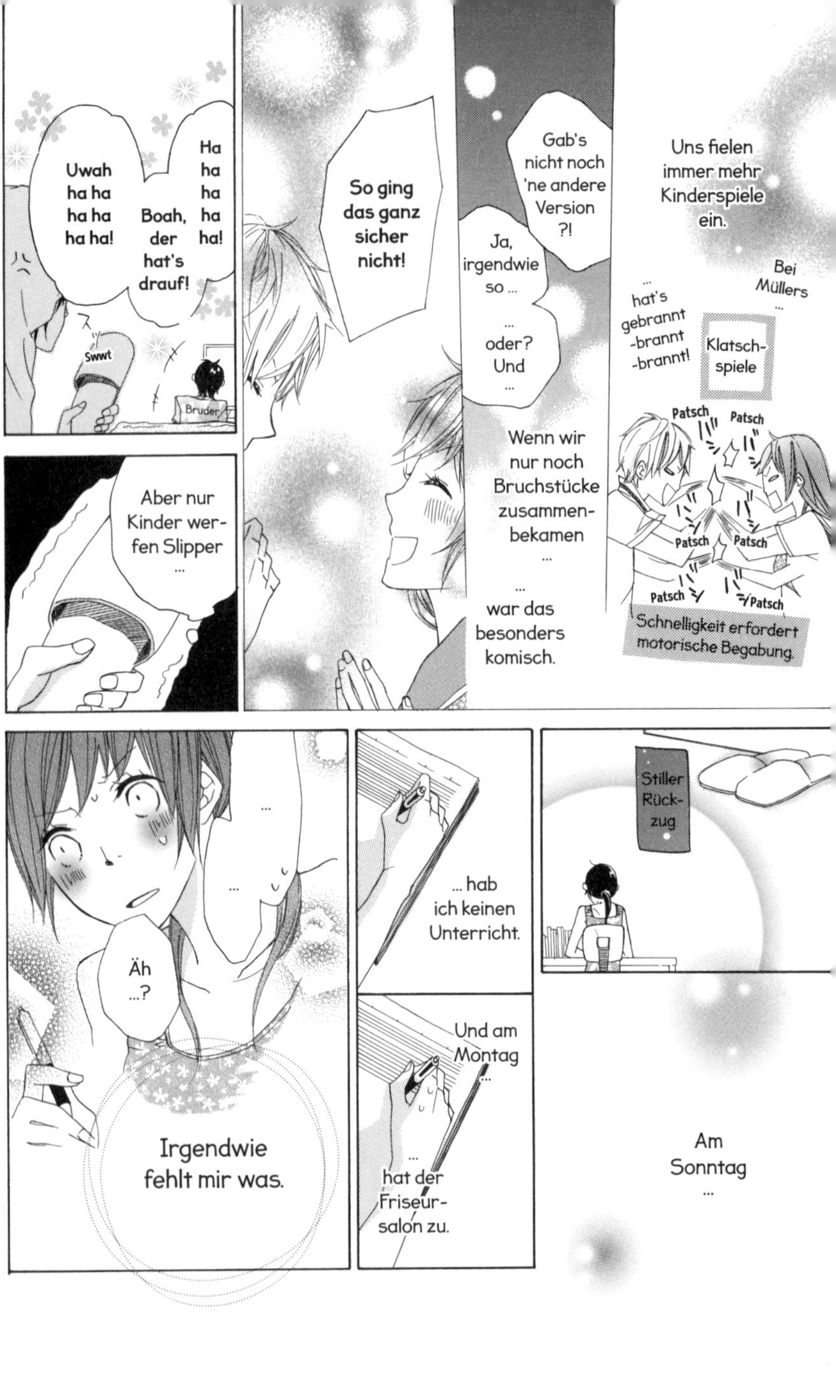
Uns fielen immer mehr Kinderspiele ein.
Bei Müllers ...
... hat's gebrannt -brannt -brannt!
Klatsch-spiele
Patsch
Patsch
Patsch
Patsch
Patsch
Patsch
Schnelligkeit erfordert motorische Begabung.
Gab's nicht noch 'ne andere Version ?!
Ja, irgendwie so ...
... oder? Und ...
Wenn wir nur noch Bruchstücke zusammenbekamen ...
... war das besonders komisch.
So ging das ganz sicher nicht!
Ha ha ha ha ha!
Boah, der hat's drauf!
Uwah ha ha ha ha ha ha!
Swwt
Bruder
Aber nur Kinder werfen Slipper ...
Stiller Rückzug
Am Sonntag ...
... hab ich keinen Unterricht.
Und am Montag ...
... hat der Friseursalon zu.
...
...
Äh ...?
Irgendwie fehlt mir was.

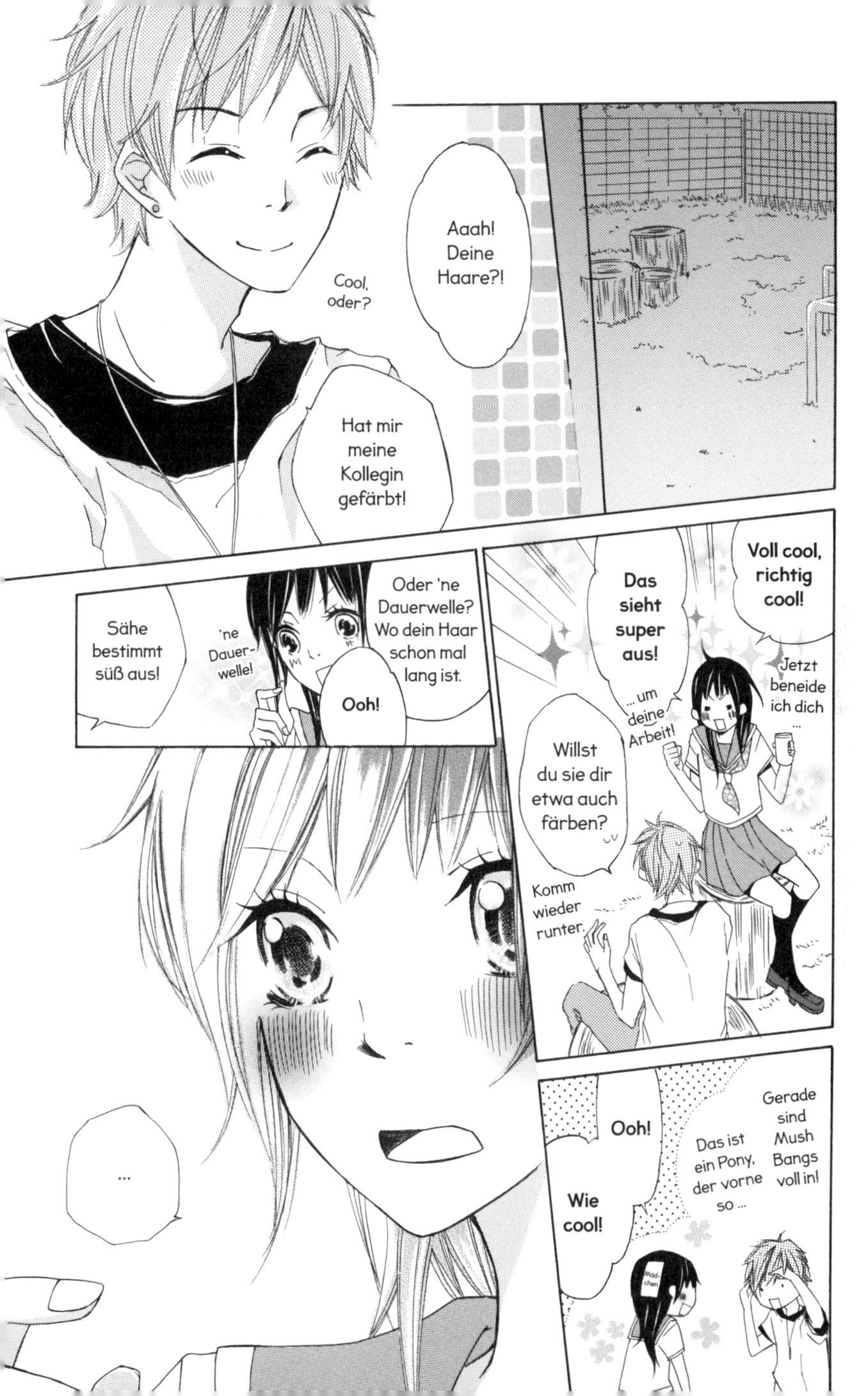
Aaah! Deine Haare?!
Cool, oder?
Hat mir meine Kollegin gefärbt!
Voll cool, richtig cool!
Das sieht super aus!
Jetzt beneide ich dich ...
... um deine Arbeit!
Willst du sie dir etwa auch färben?
Komm wieder runter.
Oder 'ne Dauerwelle? Wo dein Haar schon mal lang ist.
Ooh!
'ne Dauerwelle!
Sähe bestimmt süß aus!
Gerade sind Mush Bangs voll in!
Das ist ein Pony, der vorne so ...
Ooh!
Wie cool!
Mädchen
...

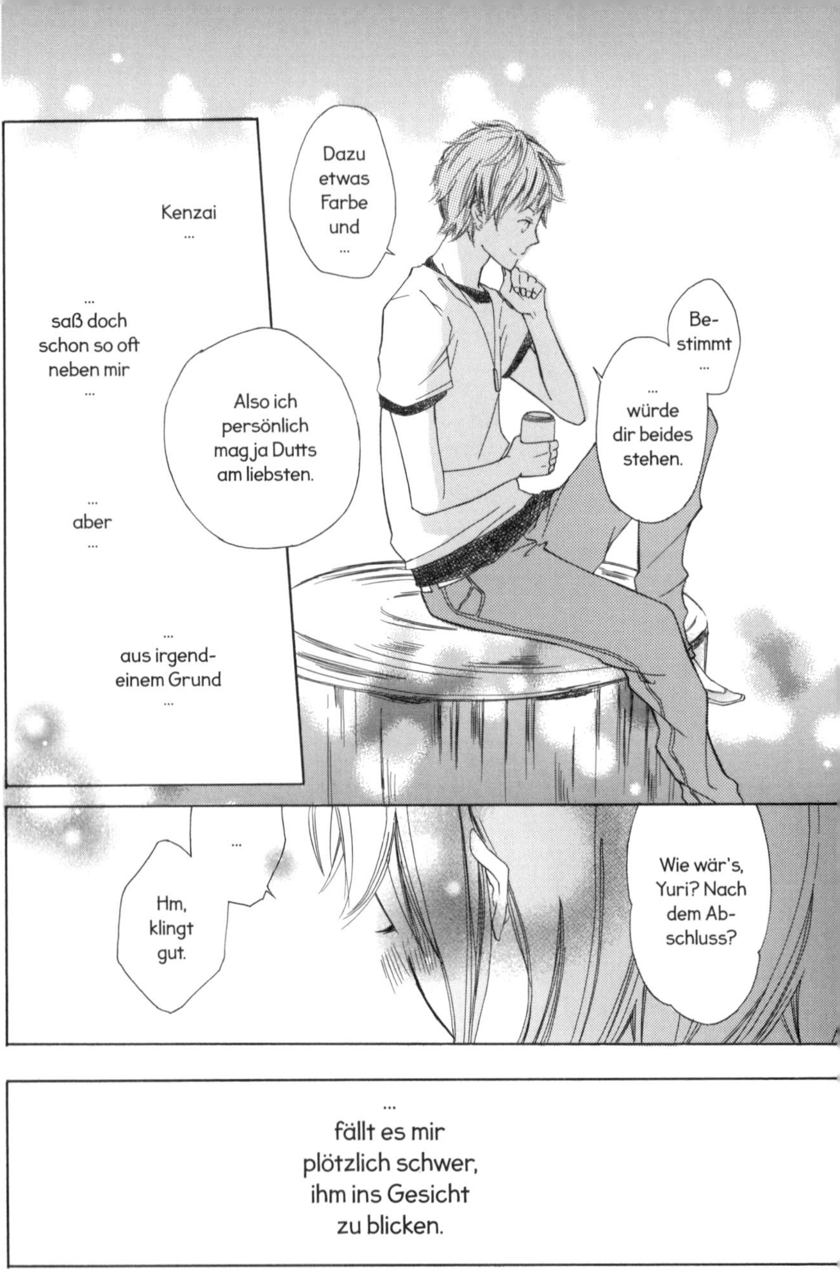
Be-stimmt …
… würde dir beides stehen.
Dazu etwas Farbe und …
Also ich persönlich mag ja Dutts am liebsten.
Kenzai …
… saß doch schon so oft neben mir …
… aber …
… aus irgend-einem Grund …
Wie wär's, Yuri? Nach dem Ab-schluss?
…
Hm, klingt gut.
… fällt es mir plötzlich schwer, ihm ins Gesicht zu blicken.

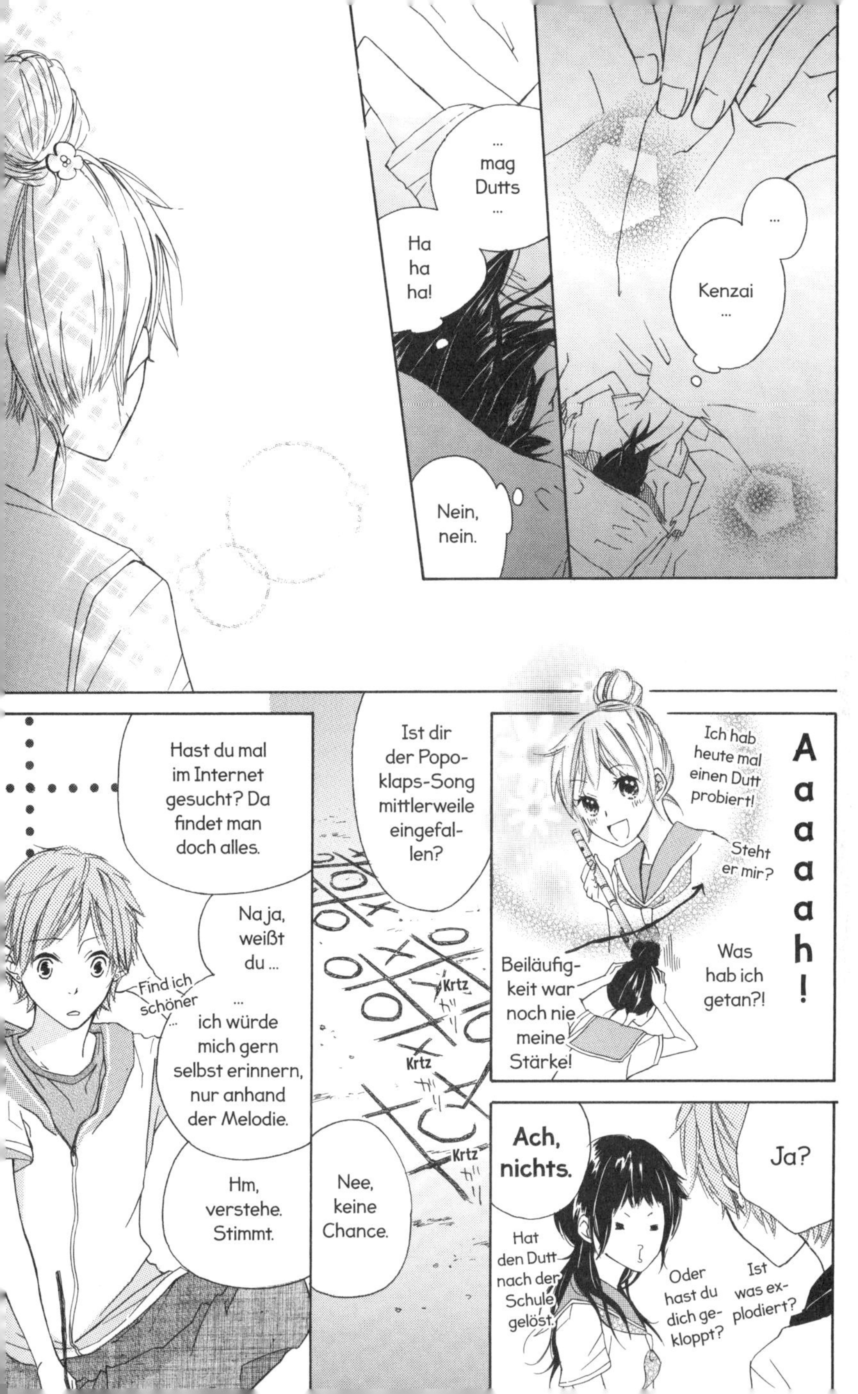

... Kenzai ...
... mag Dutts ...
Ha ha ha!
Nein, nein.
Aaaaah!
Ich hab heute mal einen Dutt probiert!
Steht er mir?
Was hab ich getan?!
Beiläufigkeit war noch nie meine Stärke!
Ja?
Ist was explodiert?
Oder hast du dich gekloppt?
Ach, nichts.
Hat den Dutt nach der Schule gelöst.
Ist dir der Popoklaps-Song mittlerweile eingefallen?
Hast du mal im Internet gesucht? Da findet man doch alles.
Na ja, weißt du ...
... ich würde mich gern selbst erinnern, nur anhand der Melodie.
Find ich schöner ...
Krtz
Krtz
Krtz
Nee, keine Chance.
Hm, verstehe. Stimmt.

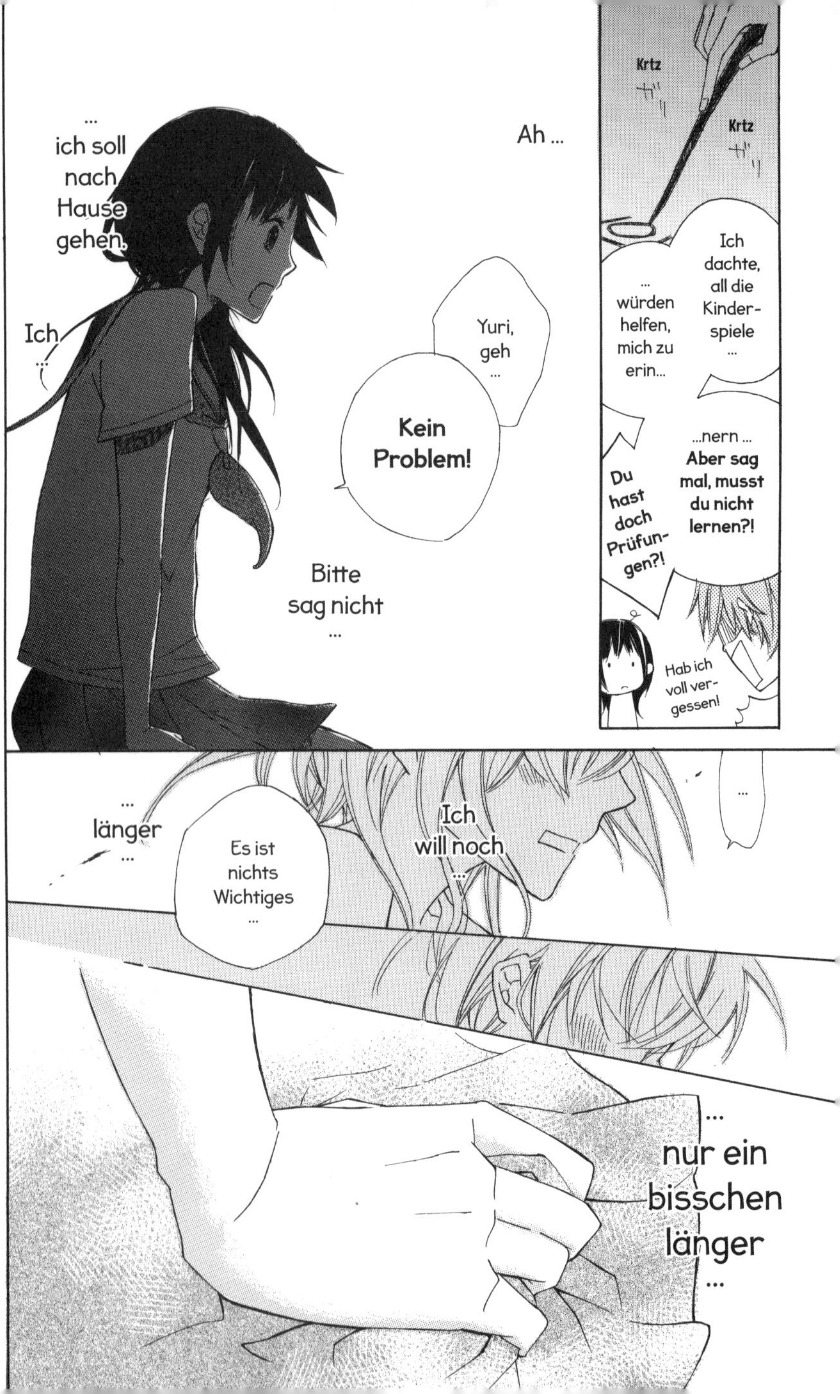

Krtz
Krtz
Ich dachte, all die Kinderspiele ...
... würden helfen, mich zu erin...
...nern ... Aber sag mal, musst du nicht lernen?!
Du hast doch Prüfungen?!
Hab ich voll vergessen!
Ah ...
Yuri, geh ...
Kein Problem!
Bitte sag nicht ...
... ich soll nach Hause gehen.
Ich ...
...
Ich will noch ...
Es ist nichts Wichtiges ...
... länger ...
... nur ein bisschen länger ...

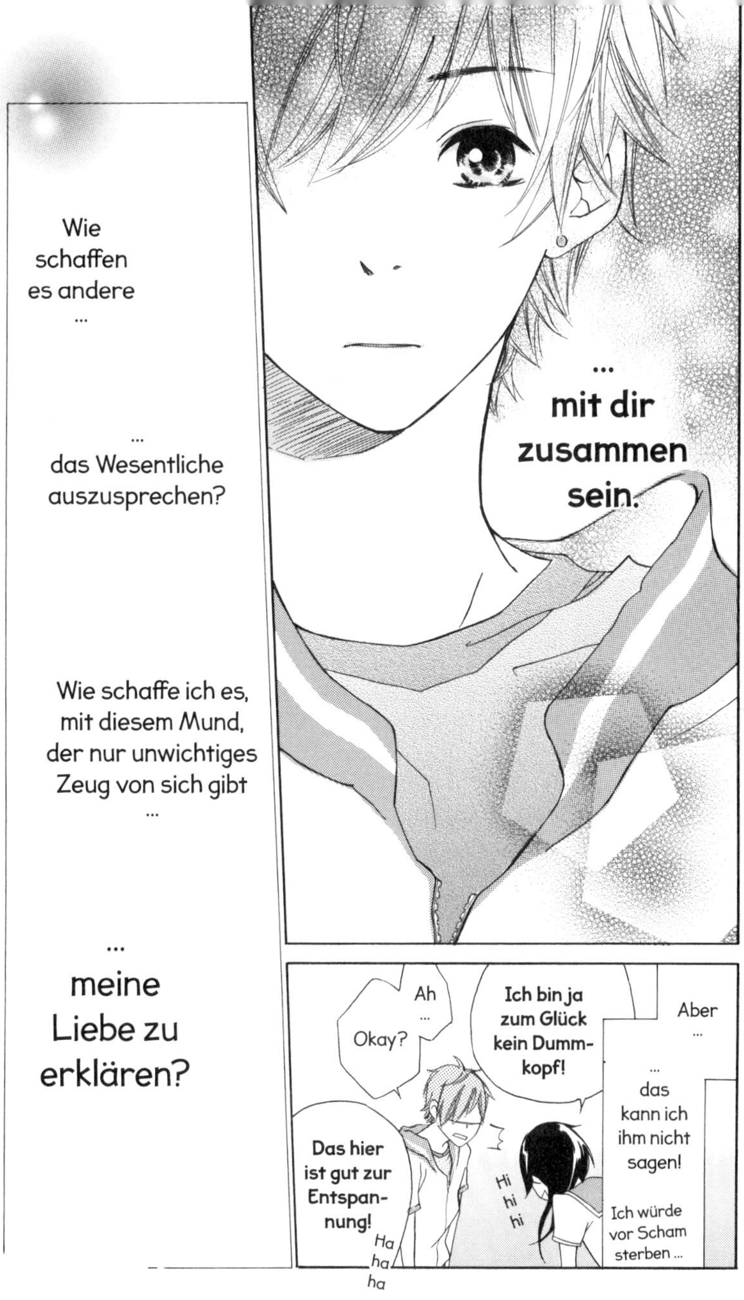

... mit dir zusammen sein.
Wie schaffen es andere ...
... das Wesentliche auszusprechen?
Wie schaffe ich es, mit diesem Mund, der nur unwichtiges Zeug von sich gibt ...
... meine Liebe zu erklären?
Aber ...
... das kann ich ihm nicht sagen!
Ich würde vor Scham sterben ...
Ich bin ja zum Glück kein Dummkopf!
Hi hi hi
Ah ...
Okay?
Das hier ist gut zur Entspannung!
Ha ha ha

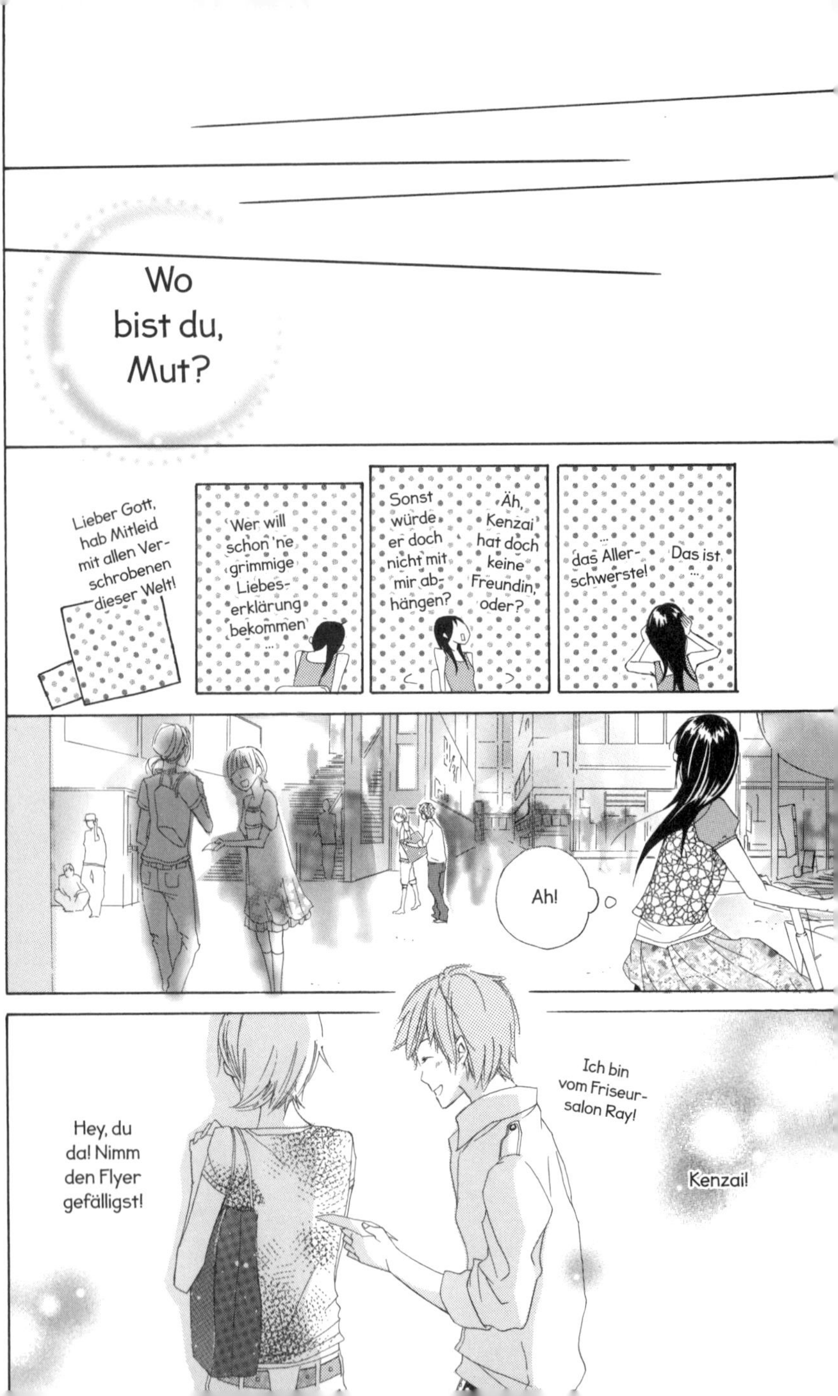
Wo bist du, Mut?
Das ist ...
... das Allerschwerste!
Äh, Kenzai hat doch keine Freundin, oder?
Sonst würde er doch nicht mit mir abhängen?
Wer will schon 'ne grimmige Liebeserklärung bekommen ...
Lieber Gott, hab Mitleid mit allen Verschrobenen dieser Welt!
Ah!
Kenzai!
Ich bin vom Friseursalon Ray!
Hey, du da! Nimm den Flyer gefälligst!

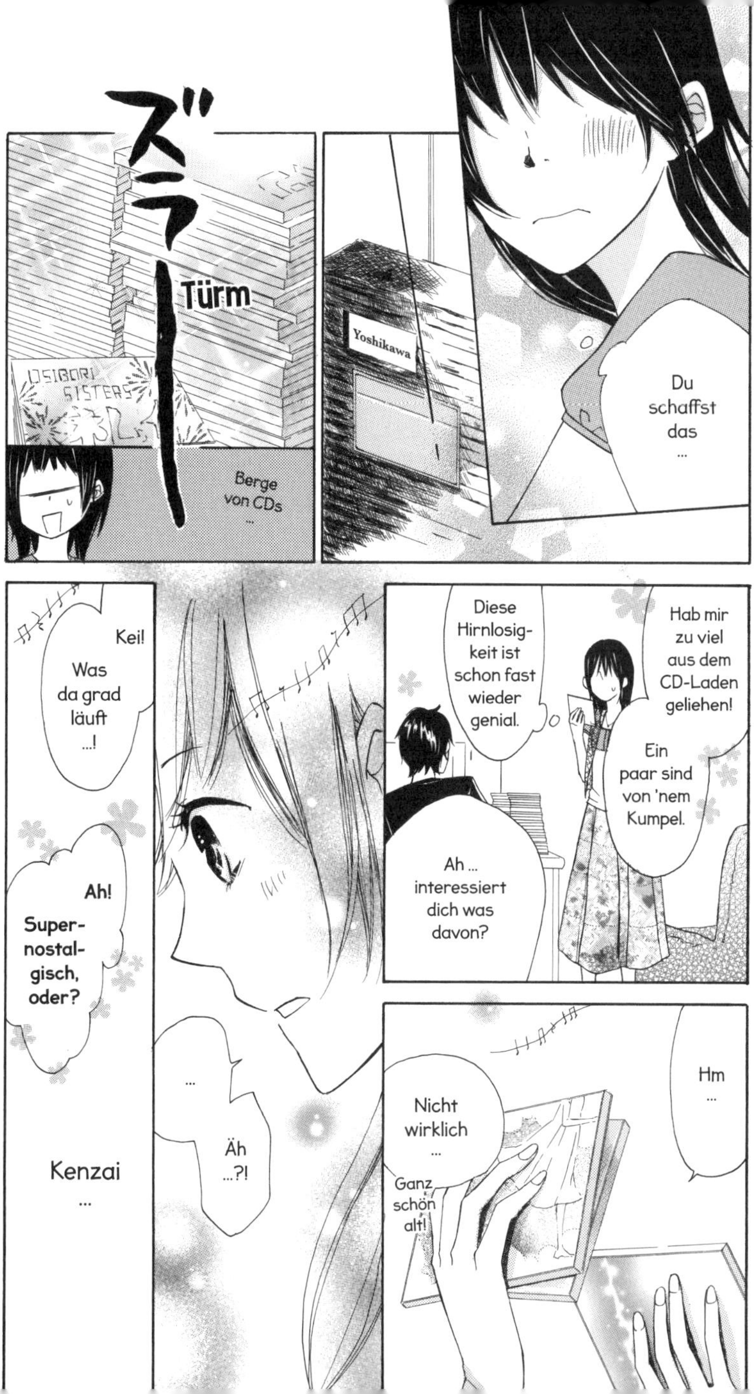

Du schaffst das ...
Yoshikawa
ズラー
Türm
Berge von CDs ...
Hab mir zu viel aus dem CD-Laden geliehen!
Ein paar sind von 'nem Kumpel.
Diese Hirnlosigkeit ist schon fast wieder genial.
Ah ... interessiert dich was davon?
Kei!
Was da grad läuft ...!
Ah! Super-nostalgisch, oder?
Hm ...
Nicht wirklich ...
Ganz schön alt!
...
Äh ...?!
Kenzai ...

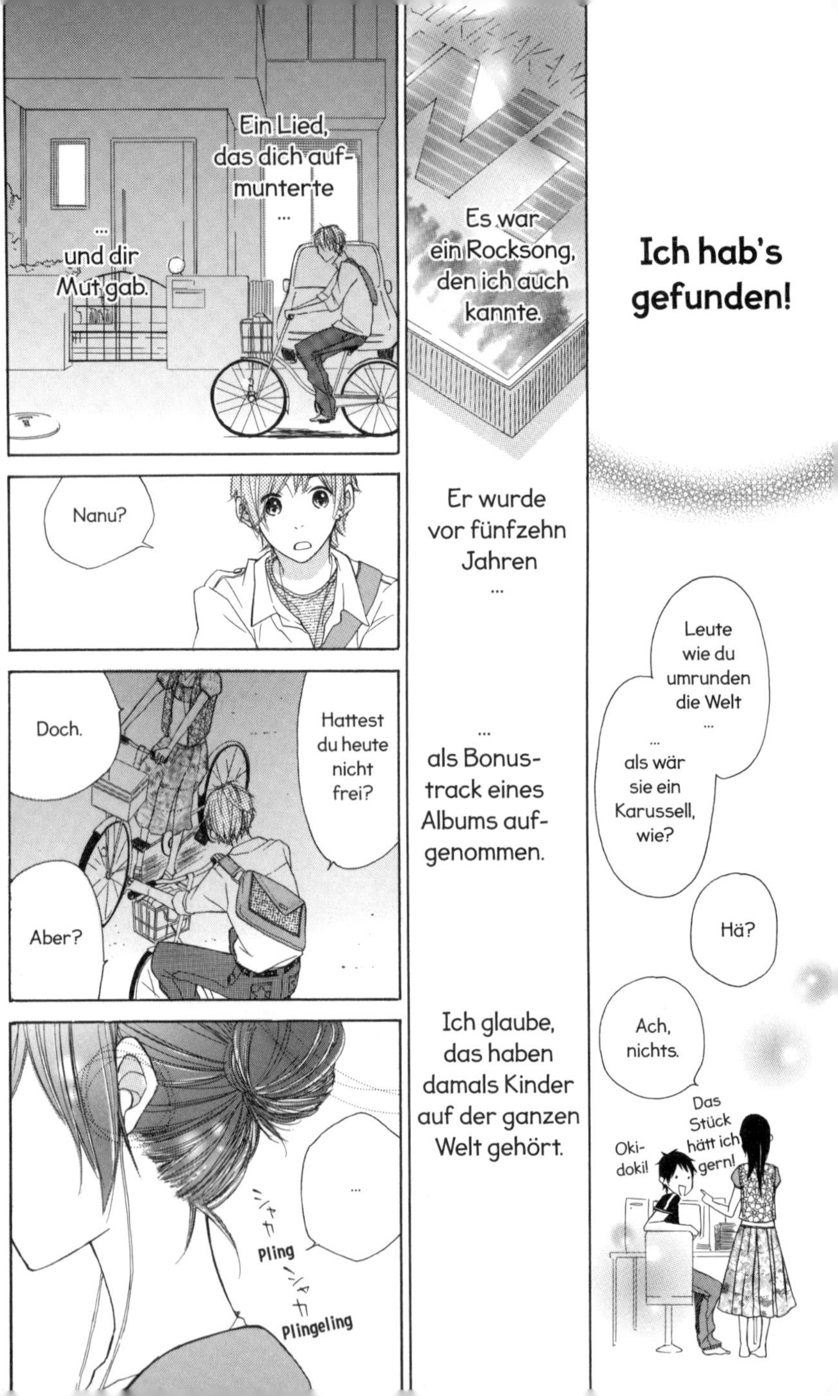
Ich hab's gefunden!
Leute wie du umrunden die Welt ...
... als wär sie ein Karussell, wie?
Hä?
Ach, nichts.
Das Stück hätt ich gern!
Oki-doki!
Es war ein Rocksong, den ich auch kannte.
Er wurde vor fünfzehn Jahren ...
... als Bonus-track eines Albums auf-genommen.
Ich glaube, das haben damals Kinder auf der ganzen Welt gehört.
Ein Lied, das dich auf-munterte ...
... und dir Mut gab.
Nanu?
Hattest du heute nicht frei?
Doch.
Aber?
...
Pling
Plingeling

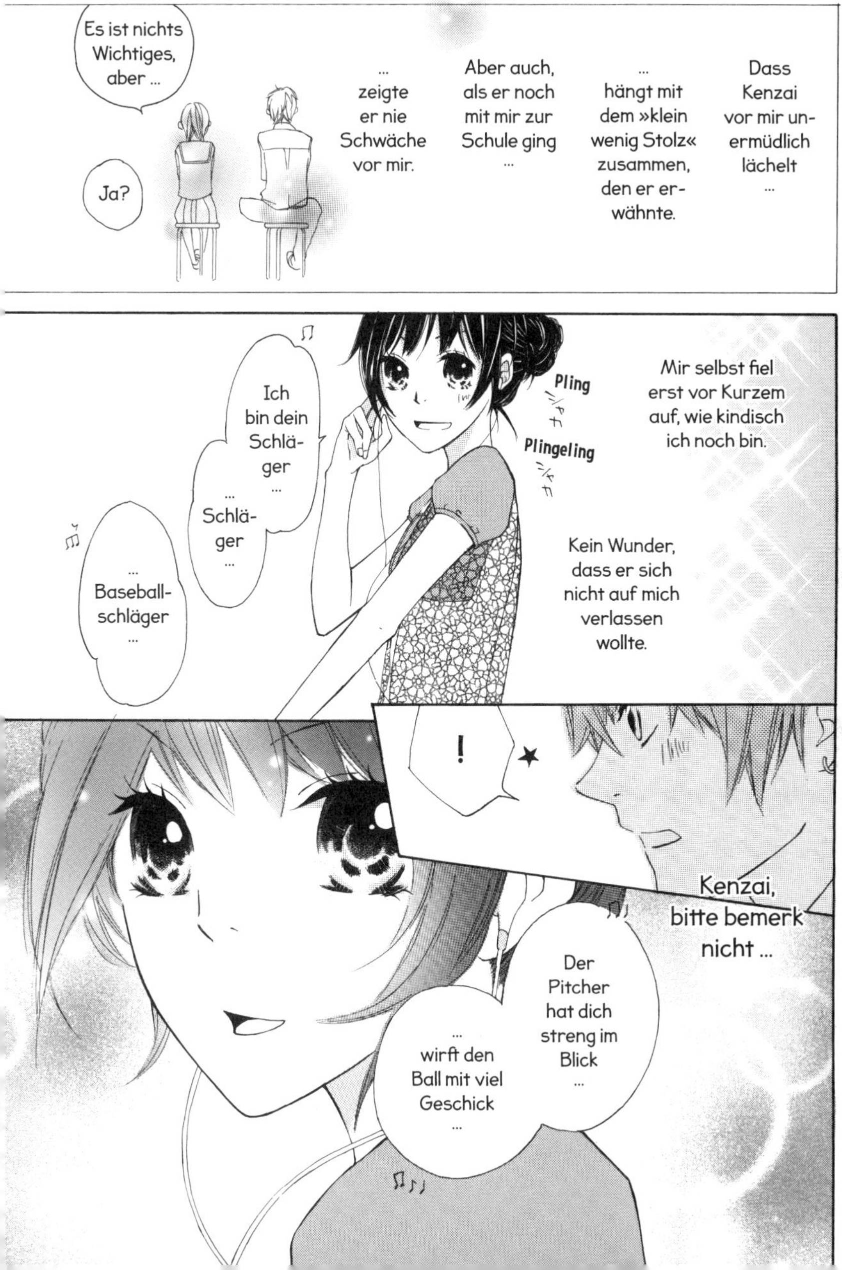
Dass Kenzai vor mir unermüdlich lächelt …
… hängt mit dem »klein wenig Stolz« zusammen, den er erwähnte.
Aber auch, als er noch mit mir zur Schule ging …
… zeigte er nie Schwäche vor mir.
Es ist nichts Wichtiges, aber …
Ja?
Mir selbst fiel erst vor Kurzem auf, wie kindisch ich noch bin.
Pling
Plingeling
Ich bin dein Schläger …
… Schläger …
… Baseballschläger …
Kein Wunder, dass er sich nicht auf mich verlassen wollte.
!
Kenzai, bitte bemerk nicht …
Der Pitcher hat dich streng im Blick …
… wirft den Ball mit viel Geschick …

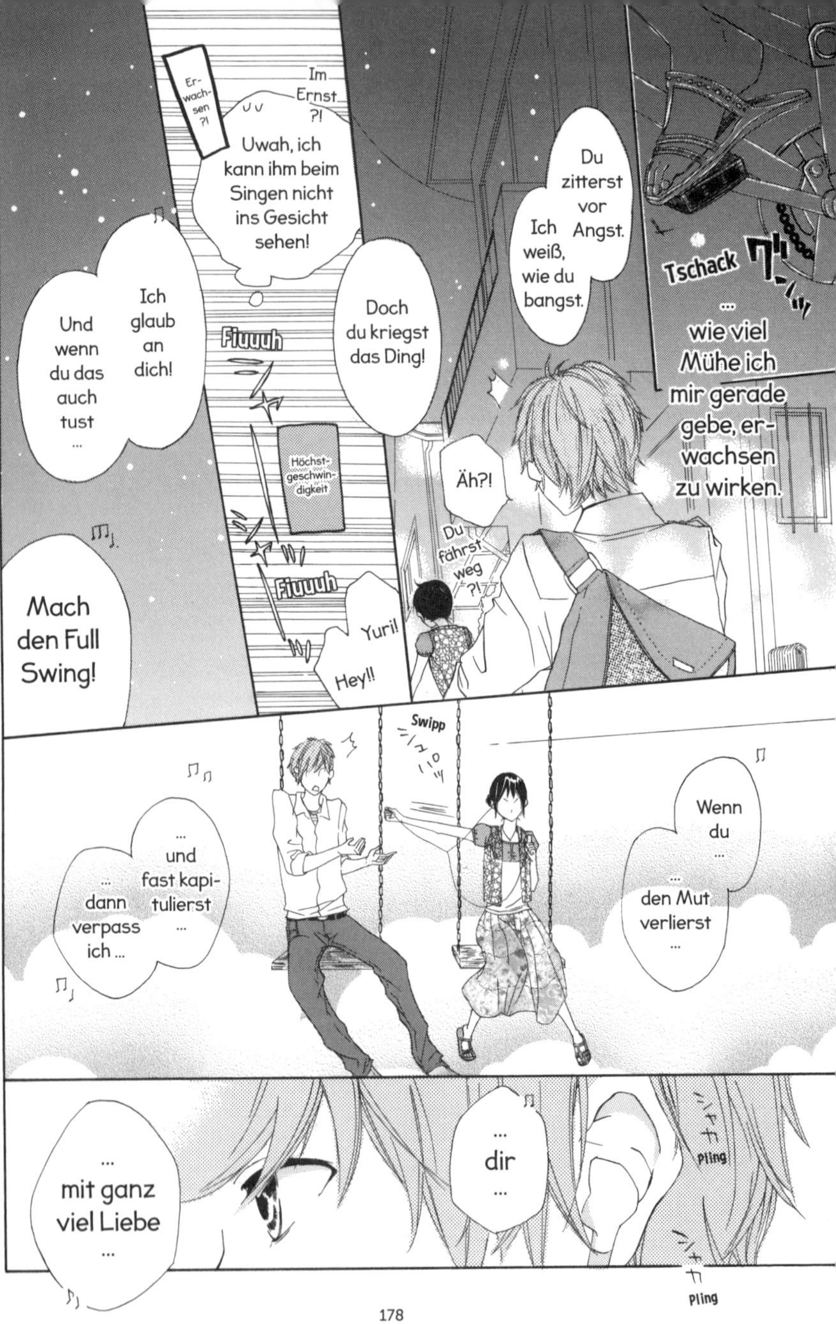
Tschack
... wie viel Mühe ich mir gerade gebe, er-wachsen zu wirken.
Du zitterst vor Angst.
Ich weiß, wie du bangst.
Äh?!
Du fährst weg?!
Doch du kriegst das Ding!
Yuri!
Hey!!
Er-wach-sen ?!
Im Ernst ?!
Uwah, ich kann ihm beim Singen nicht ins Gesicht sehen!
Fiuuuh
Höchst-geschwin-digkeit
Fiuuuh
Ich glaub an dich!
Und wenn du das auch tust ...
Mach den Full Swing!
Swipp
Wenn du ...
... den Mut verlierst ...
... und fast kapi-tulierst ...
... dann verpass ich ...
Pling
... dir ...
... mit ganz viel Liebe ...
Pling

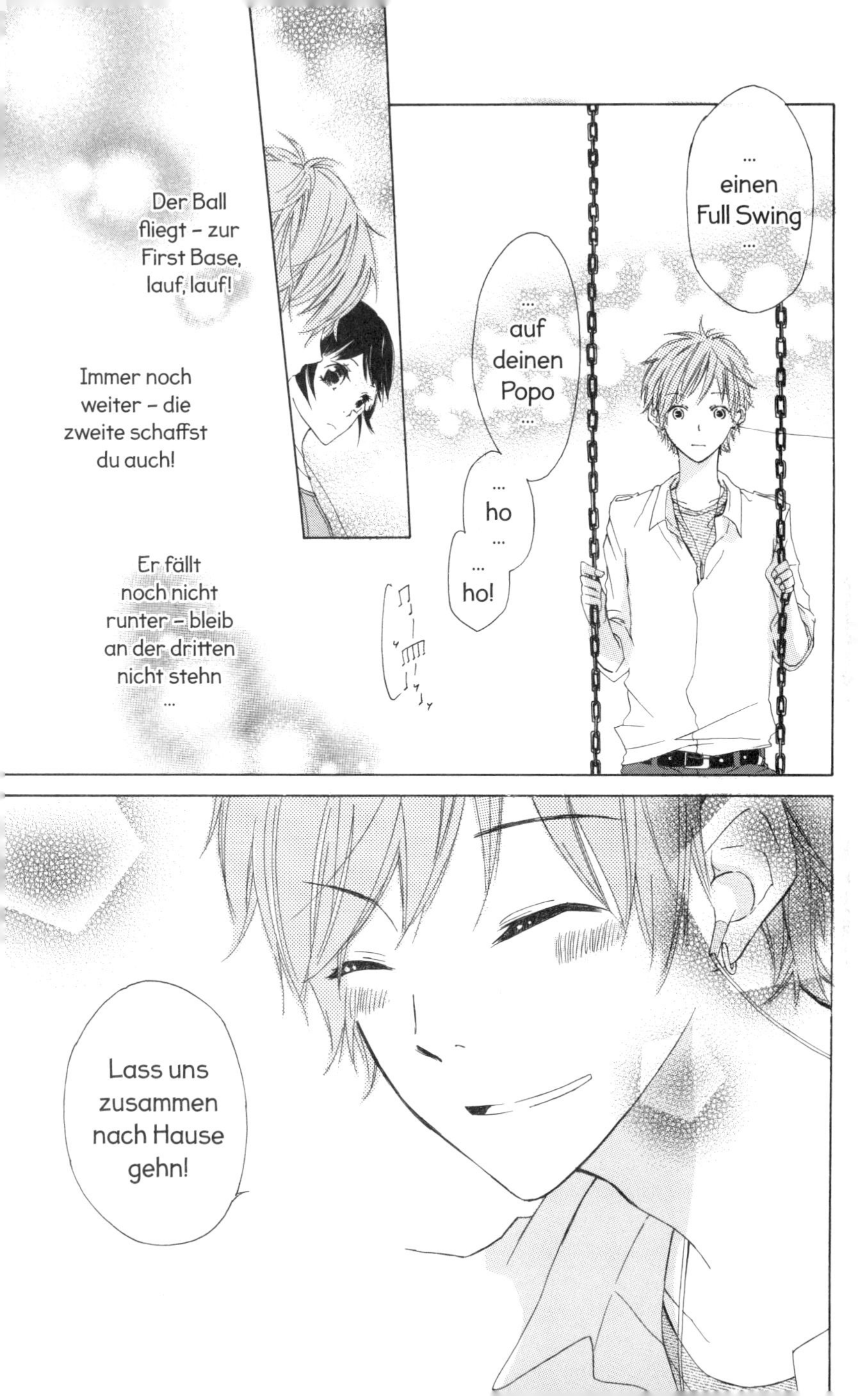
... einen Full Swing ...
... auf deinen Popo ...
... ho ... ... ho!
Der Ball fliegt – zur First Base, lauf, lauf!
Immer noch weiter – die zweite schaffst du auch!
Er fällt noch nicht runter – bleib an der dritten nicht stehn ...
Lass uns zusammen nach Hause gehn!

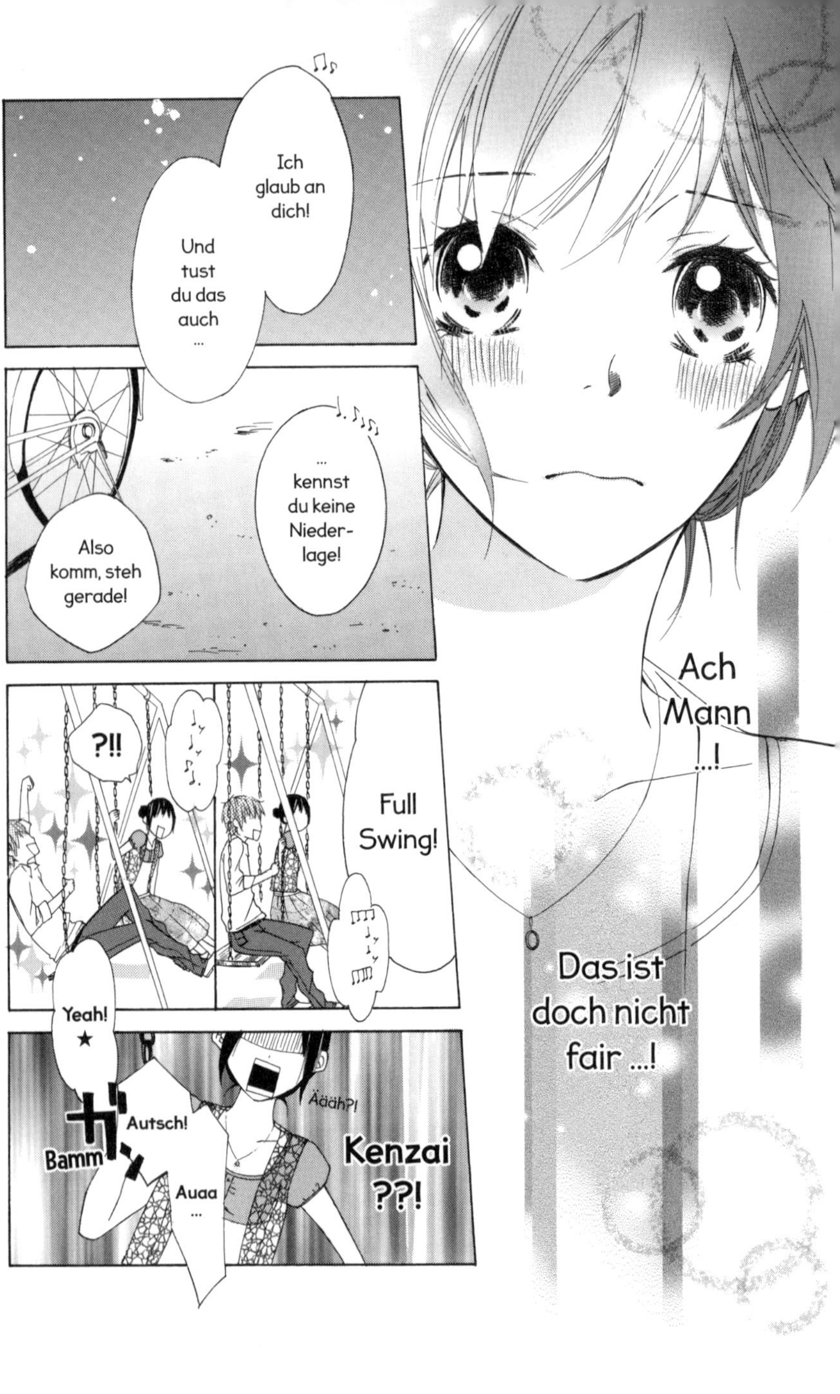
Ach Mann ...!
Das ist doch nicht fair ...!
Ich glaub an dich!
Und tust du das auch ...
... kennst du keine Nieder-lage!
Also komm, steh gerade!
Full Swing!
?!!
Kenzai ??!
Äääh?!
Yeah! ★
Autsch!
Bamm
Auaa ...

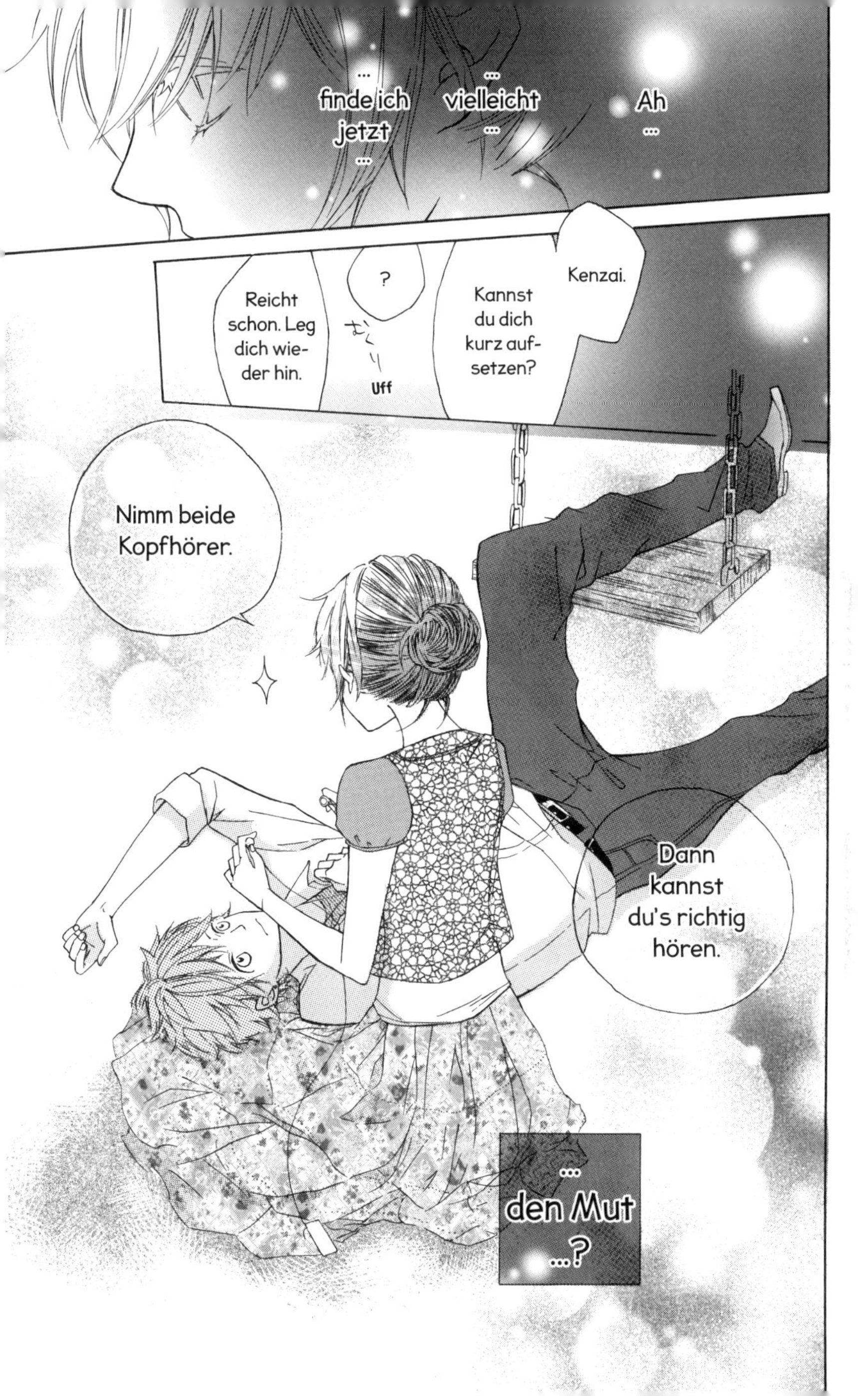
Ah ...
... vielleicht ...
... finde ich jetzt ...
Kenzai.
Kannst du dich kurz aufsetzen?
Uff
?
Reicht schon. Leg dich wieder hin.
Nimm beide Kopfhörer.
Dann kannst du's richtig hören.
... den Mut ...?

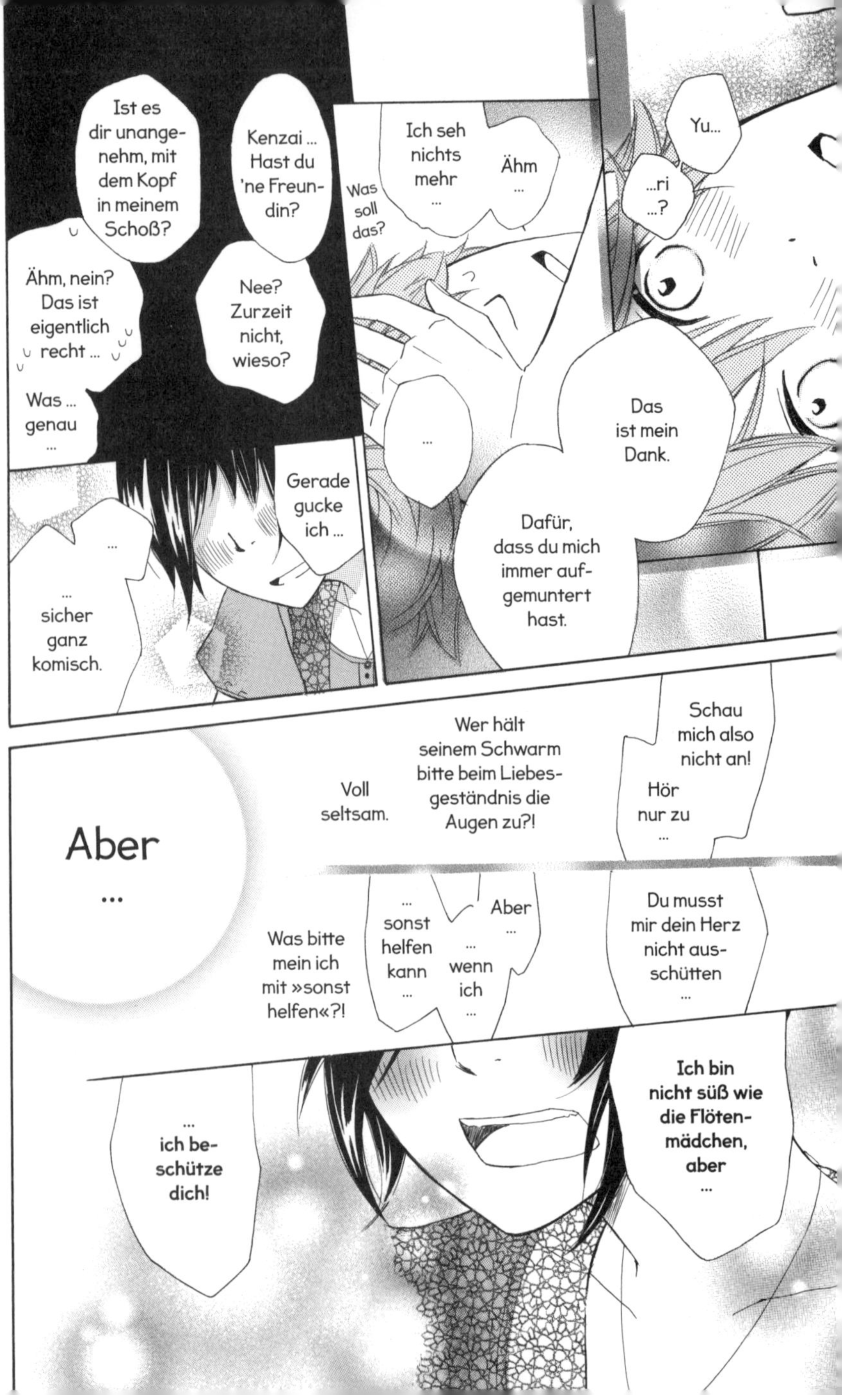
Yu…
…ri …?
Das ist mein Dank.
Dafür, dass du mich immer aufgemuntert hast.
…
Ähm …
Ich seh nichts mehr …
Was soll das?
Kenzai … Hast du 'ne Freundin?
Nee? Zurzeit nicht, wieso?
Ist es dir unangenehm, mit dem Kopf in meinem Schoß?
Ähm, nein? Das ist eigentlich recht …
Was … genau …
Gerade gucke ich …
…
… sicher ganz komisch.
Schau mich also nicht an!
Hör nur zu …
Wer hält seinem Schwarm bitte beim Liebesgeständnis die Augen zu?!
Voll seltsam.
Aber …
Du musst mir dein Herz nicht ausschütten …
Aber …
… wenn ich …
… sonst helfen kann …
Was bitte mein ich mit »sonst helfen«?!
Ich bin nicht süß wie die Flötenmädchen, aber …
… ich beschütze dich!

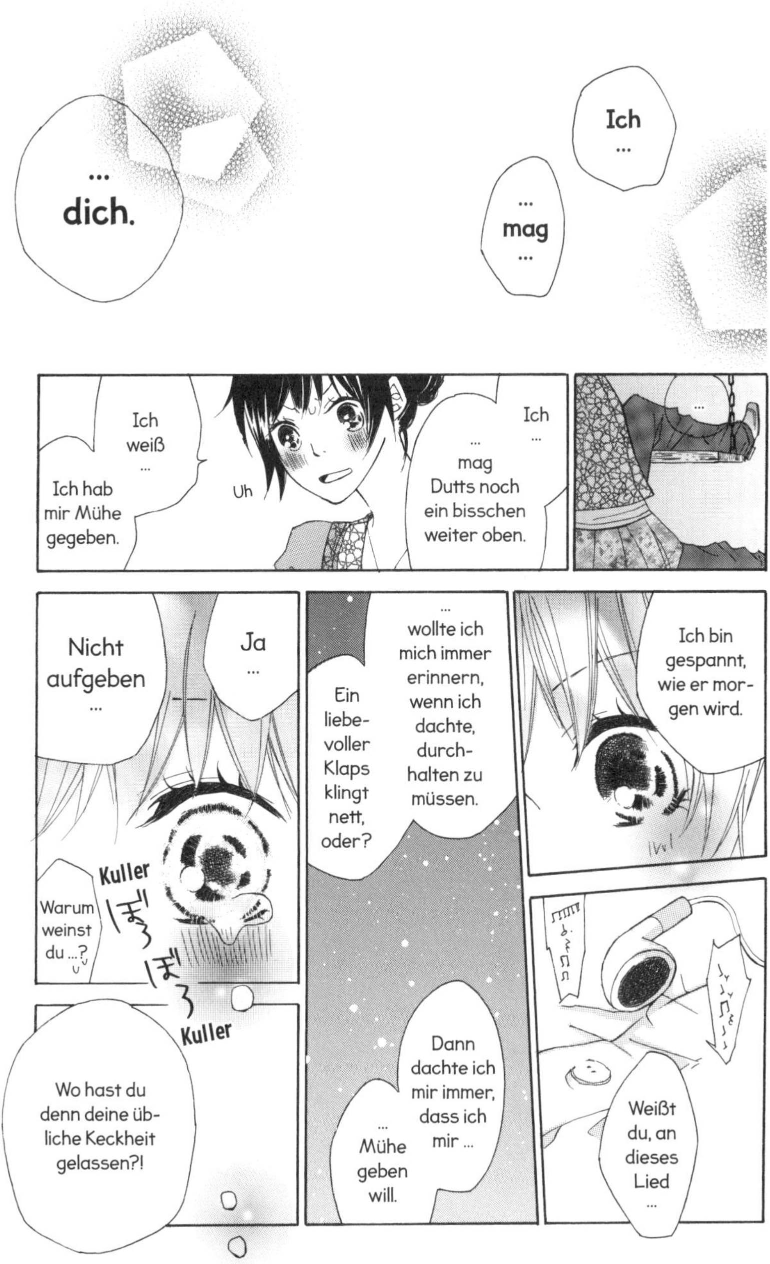

Ich …
… mag …
… dich.
…
Ich … … mag Dutts noch ein bisschen weiter oben.
Uh
Ich weiß …
Ich hab mir Mühe gegeben.
Ich bin gespannt, wie er morgen wird.
… wollte ich mich immer erinnern, wenn ich dachte, durchhalten zu müssen.
Ein liebevoller Klaps klingt nett, oder?
Ja …
Nicht aufgeben …
Kuller
Warum weinst du …?
Kuller
Weißt du, an dieses Lied …
Dann dachte ich mir immer, dass ich mir …
… Mühe geben will.
Wo hast du denn deine übliche Keckheit gelassen?!

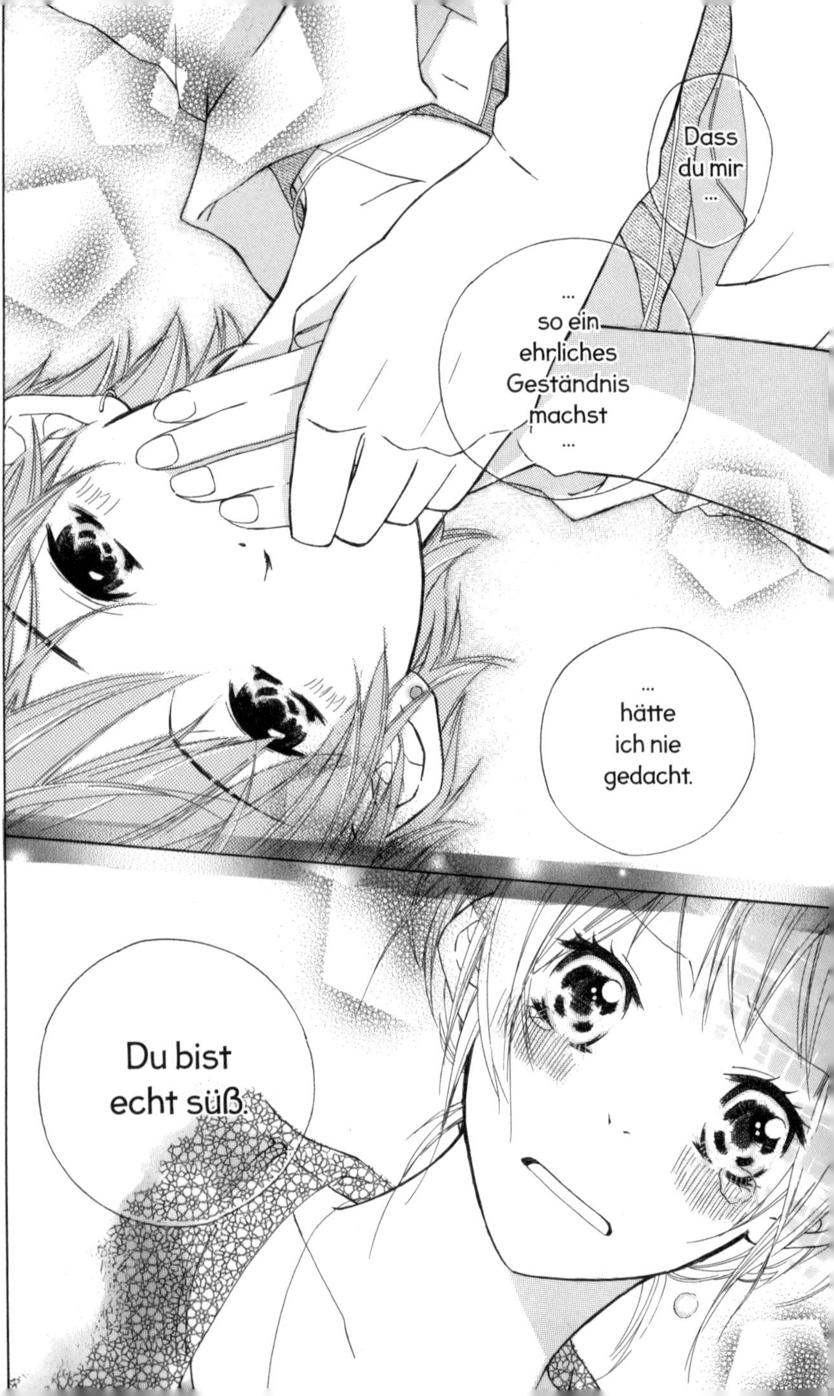
Dass du mir …
… so ein ehrliches Geständnis machst …
… hätte ich nie gedacht.
Du bist echt süß.

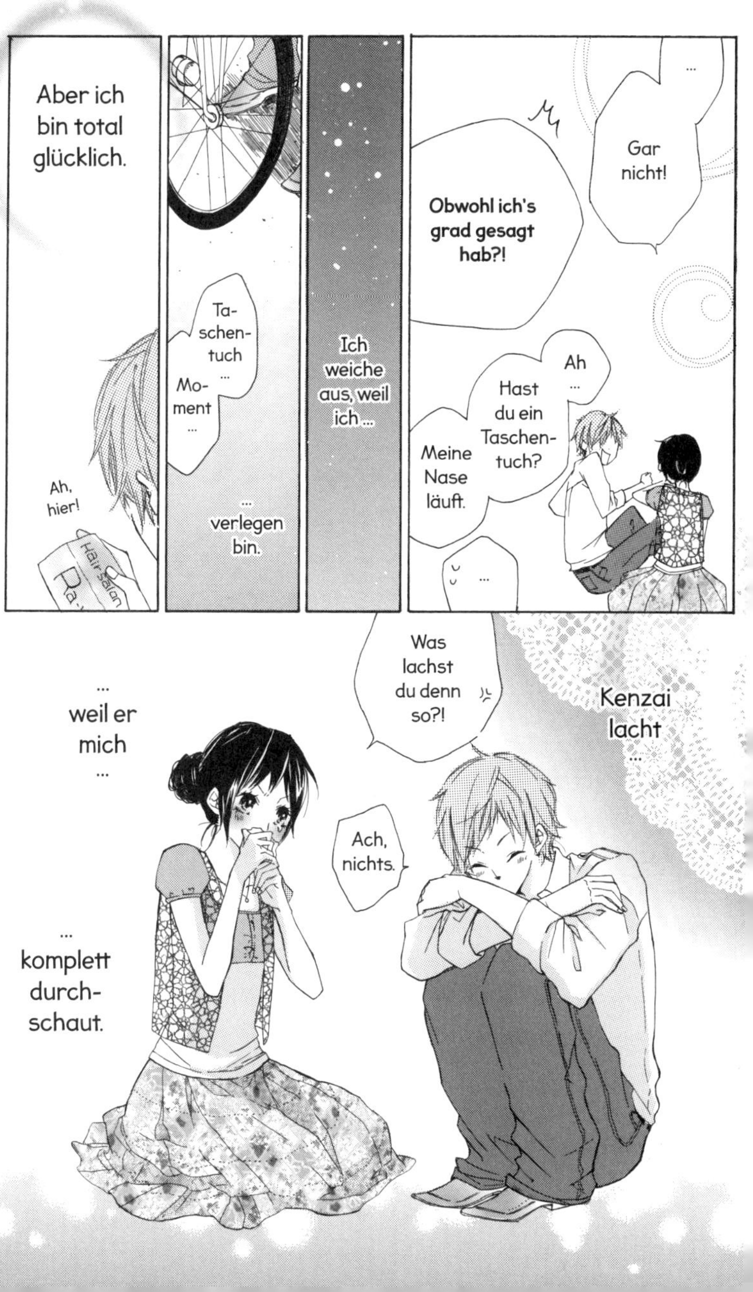
...
Gar nicht!
Obwohl ich's grad gesagt hab?!
Ah ...
Hast du ein Taschentuch?
Meine Nase läuft.
...
Ich weiche aus, weil ich ...
Taschentuch ... Moment ...
... verlegen bin.
Aber ich bin total glücklich.
Ah, hier!
Hair Salon
Kenzai lacht ...
Was lachst du denn so?!
Ach, nichts.
... weil er mich ...
... komplett durchschaut.

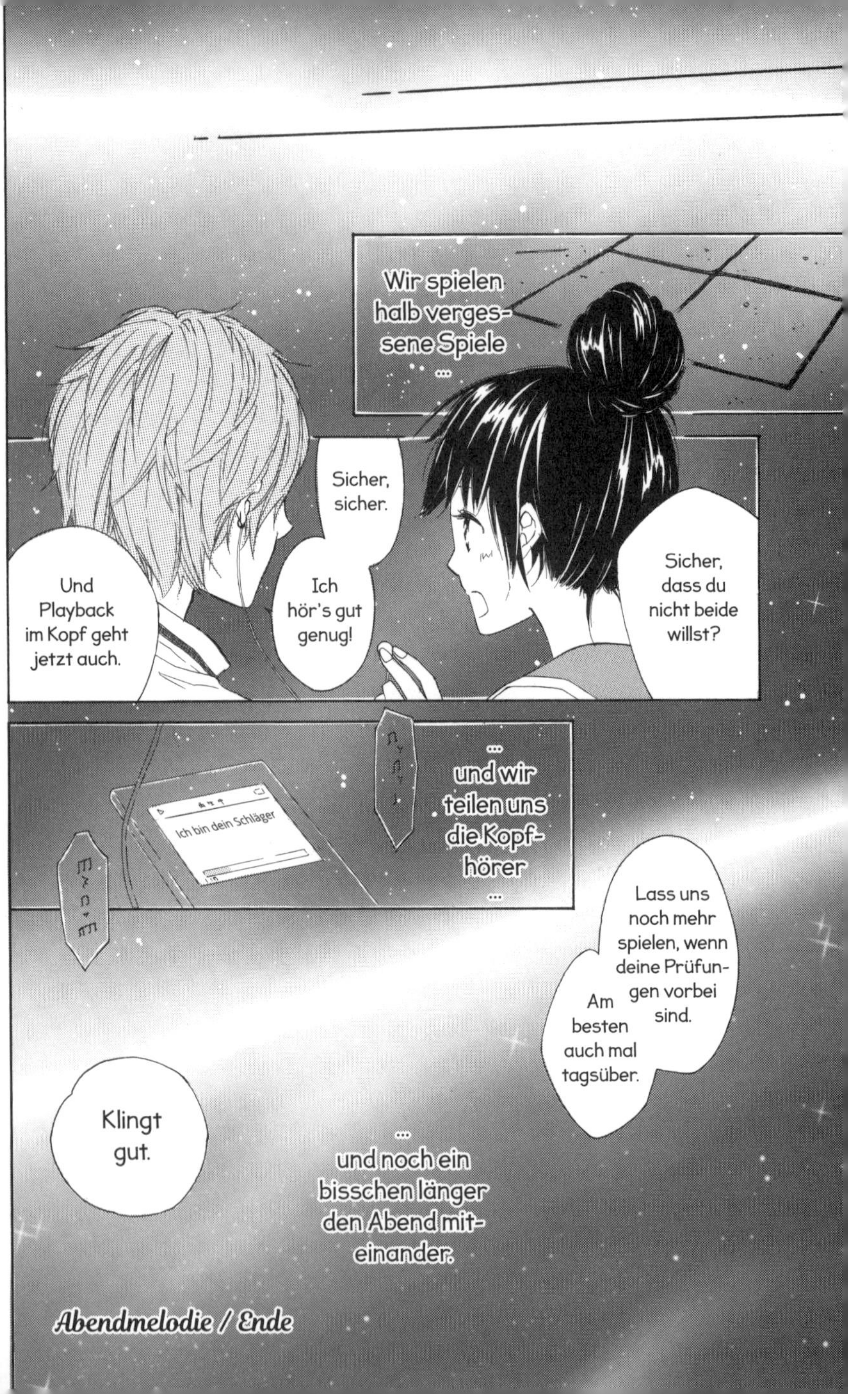
Wir spielen halb verges-sene Spiele ...
Sicher, dass du nicht beide willst?
Sicher, sicher.
Ich hör's gut genug!
Und Playback im Kopf geht jetzt auch.
... und wir teilen uns die Kopf-hörer ...
Ich bin dein Schläger
Lass uns noch mehr spielen, wenn deine Prüfun-gen vorbei sind.
Am besten auch mal tagsüber.
Klingt gut.
... und noch ein bisschen länger den Abend mit-einander.
Abendmelodie / Ende

Nachwort

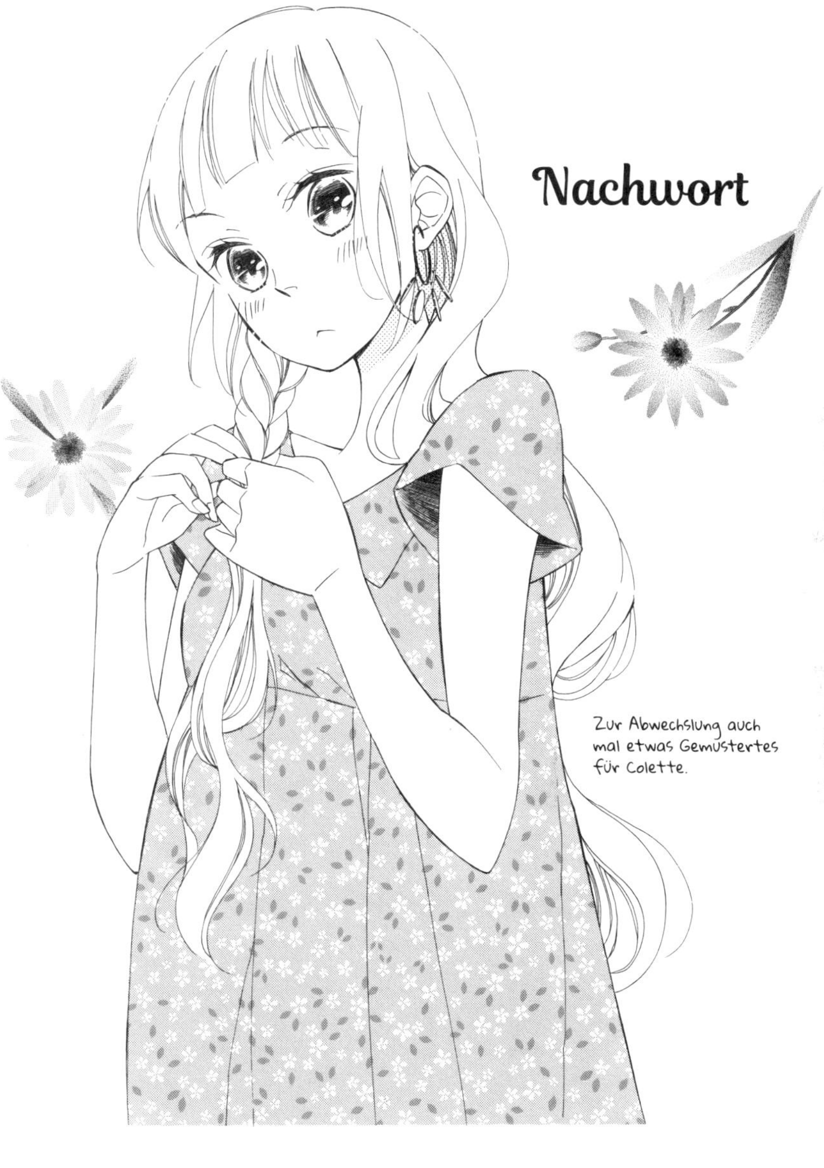

Zur Abwechslung auch mal etwas Gemustertes für Colette.

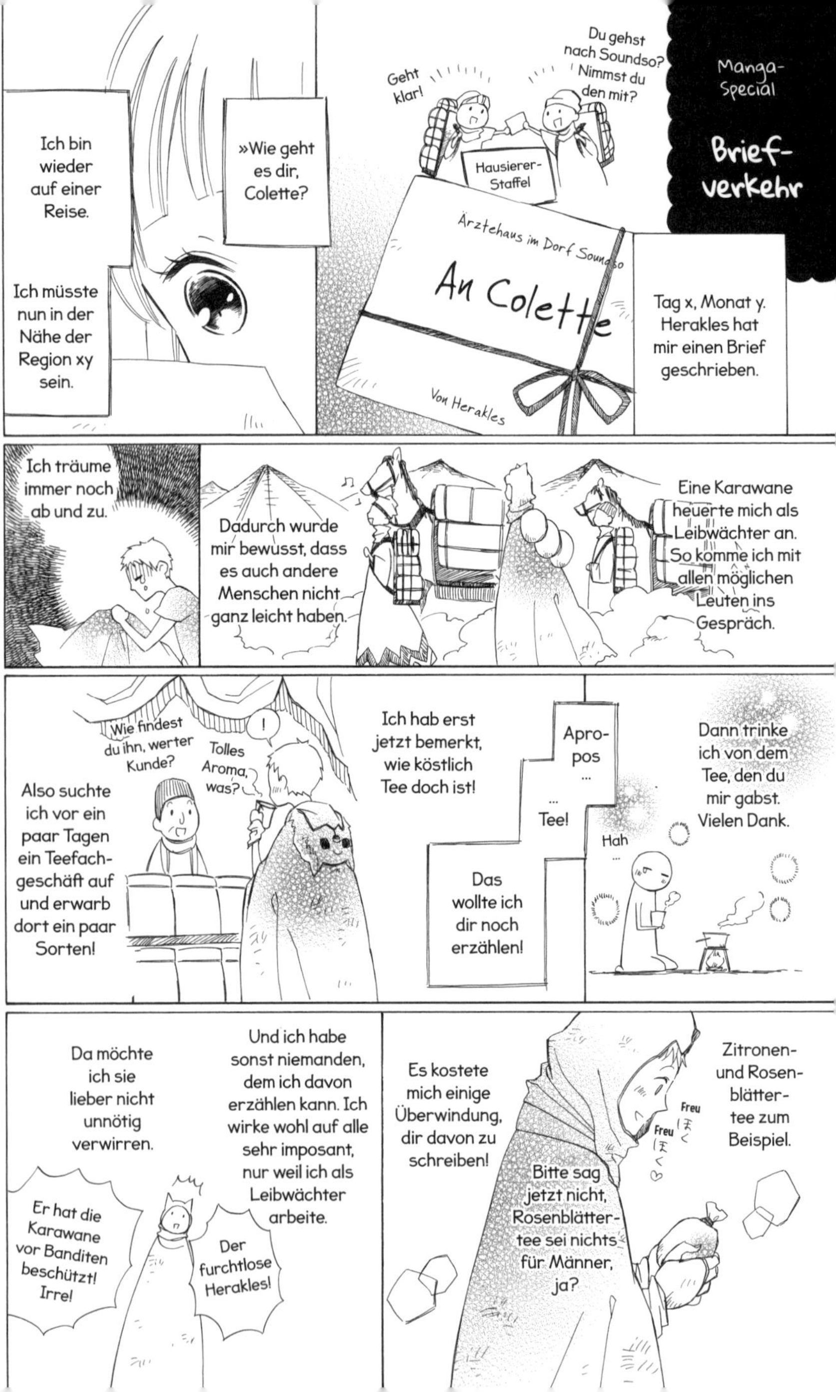
Manga-Special
Brief-verkehr
Du gehst nach Soundso? Nimmst du den mit?
Geht klar!
Hausierer-Staffel
Ärztehaus im Dorf Soundso
An Colette
Von Herakles
Tag x, Monat y. Herakles hat mir einen Brief geschrieben.
»Wie geht es dir, Colette?
Ich bin wieder auf einer Reise.
Ich müsste nun in der Nähe der Region xy sein.
Eine Karawane heuerte mich als Leibwächter an. So komme ich mit allen möglichen Leuten ins Gespräch.
Dadurch wurde mir bewusst, dass es auch andere Menschen nicht ganz leicht haben.
Ich träume immer noch ab und zu.
Dann trinke ich von dem Tee, den du mir gabst. Vielen Dank.
Hah …
Apropos …
… Tee!
Das wollte ich dir noch erzählen!
Ich hab erst jetzt bemerkt, wie köstlich Tee doch ist!
!
Tolles Aroma, was?
Wie findest du ihn, werter Kunde?
Also suchte ich vor ein paar Tagen ein Teefachgeschäft auf und erwarb dort ein paar Sorten!
Zitronen- und Rosenblättertee zum Beispiel.
Freu Freu
Es kostete mich einige Überwindung, dir davon zu schreiben!
Bitte sag jetzt nicht, Rosenblättertee sei nichts für Männer, ja?
Und ich habe sonst niemanden, dem ich davon erzählen kann. Ich wirke wohl auf alle sehr imposant, nur weil ich als Leibwächter arbeite.
Da möchte ich sie lieber nicht unnötig verwirren.
Der furchtlose Herakles!
Er hat die Karawane vor Banditen beschützt! Irre!

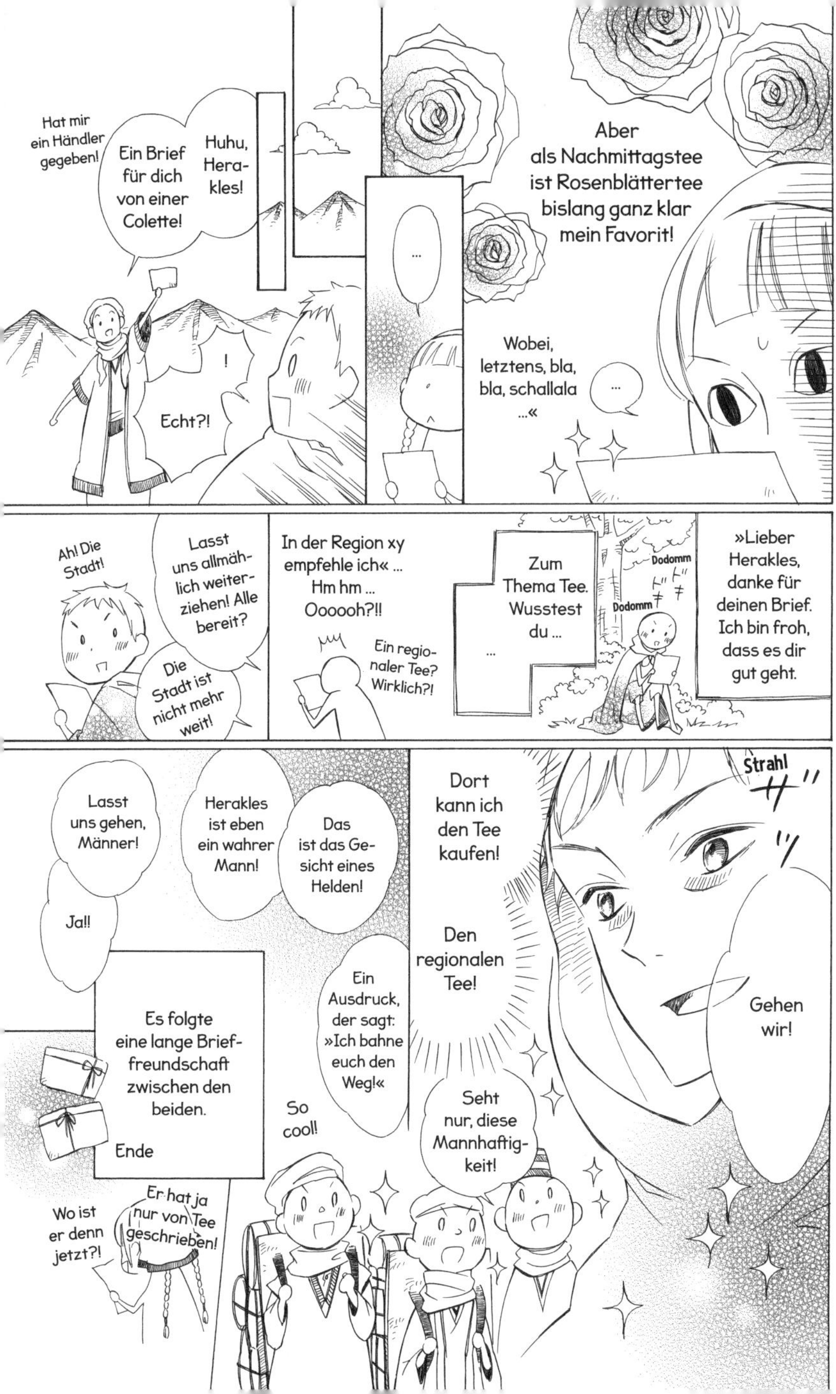

Aber als Nachmittagstee ist Rosenblättertee bislang ganz klar mein Favorit!
Wobei, letztens, bla, bla, schallala ...«
...
...
Huhu, Herakles!
Ein Brief für dich von einer Colette!
Hat mir ein Händler gegeben!
!
Echt?!
»Lieber Herakles, danke für deinen Brief. Ich bin froh, dass es dir gut geht.
Zum Thema Tee. Wusstest du ...
...
Dodomm
Dodomm
In der Region xy empfehle ich« ... Hm hm ... Oooooh?!!
Ein regionaler Tee? Wirklich?!
Lasst uns allmählich weiterziehen! Alle bereit?
Ah! Die Stadt!
Die Stadt ist nicht mehr weit!
Strahl
Dort kann ich den Tee kaufen!
Den regionalen Tee!
Gehen wir!
Seht nur, diese Mannhaftigkeit!
Das ist das Gesicht eines Helden!
Ein Ausdruck, der sagt: »Ich bahne euch den Weg!«
So cool!
Herakles ist eben ein wahrer Mann!
Lasst uns gehen, Männer!
Ja!
Es folgte eine lange Brieffreundschaft zwischen den beiden.
Ende
Er hat ja nur von Tee geschrieben!
Wo ist er denn jetzt?!

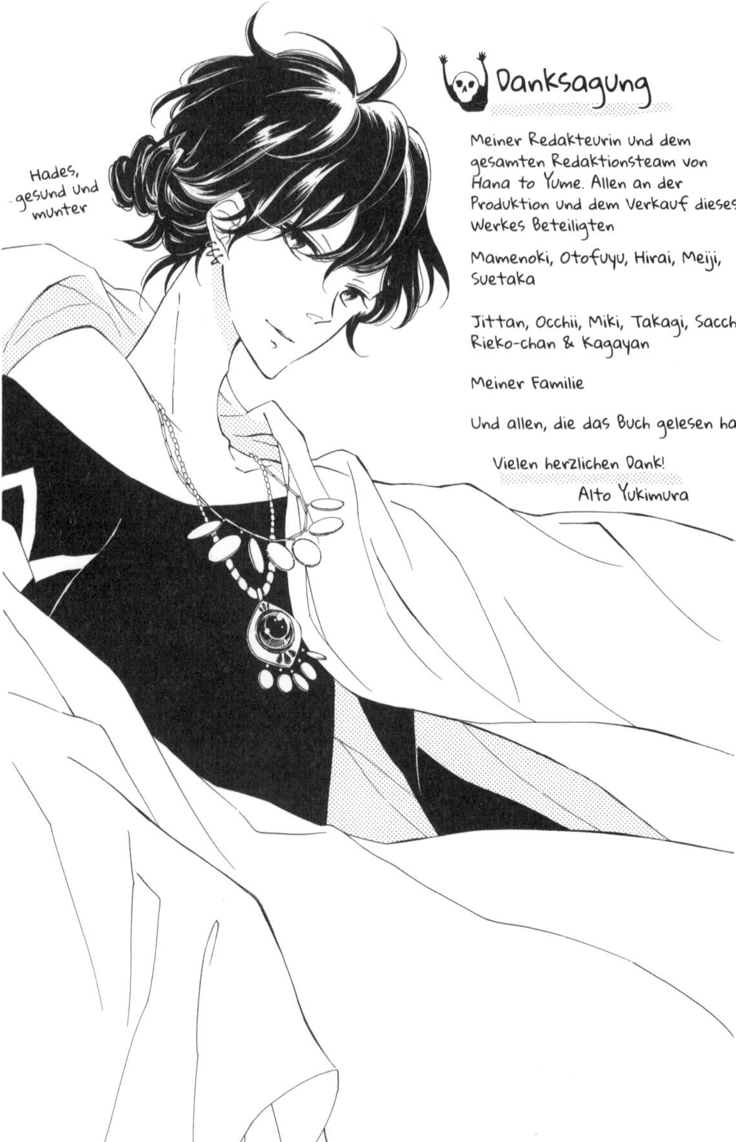

Danksagung

Meiner Redakteurin und dem gesamten Redaktionsteam von Hana to Yume. Allen an der Produktion und dem Verkauf dieses Werkes Beteiligten

Mamenoki, Otofuyu, Hirai, Meiji, Suetaka

Jittan, Occhii, Miki, Takagi, Sacchan, Rieko-chan & Kagayan

Meiner Familie

Und allen, die das Buch gelesen haben!

Vielen herzlichen Dank!

Aito Yukimura

Nachwort / Ende

altraverse

Deutsche Ausgabe / German Edition
Altraverse GmbH – Hamburg 2023
Aus dem Japanischen von Rahel Niedermann

Redaktion: Ulrike Gatzke
Herstellung: Cathrin Hamester
Lettering: Vibrant Publishing Studio

Druck: CPI books GmbH, Leck
Printed in Germany

MIX
Papier
FSC FSC® C083411

ISBN 978-3-7539-0518-1
3. Auflage 2023

www.altraverse.de

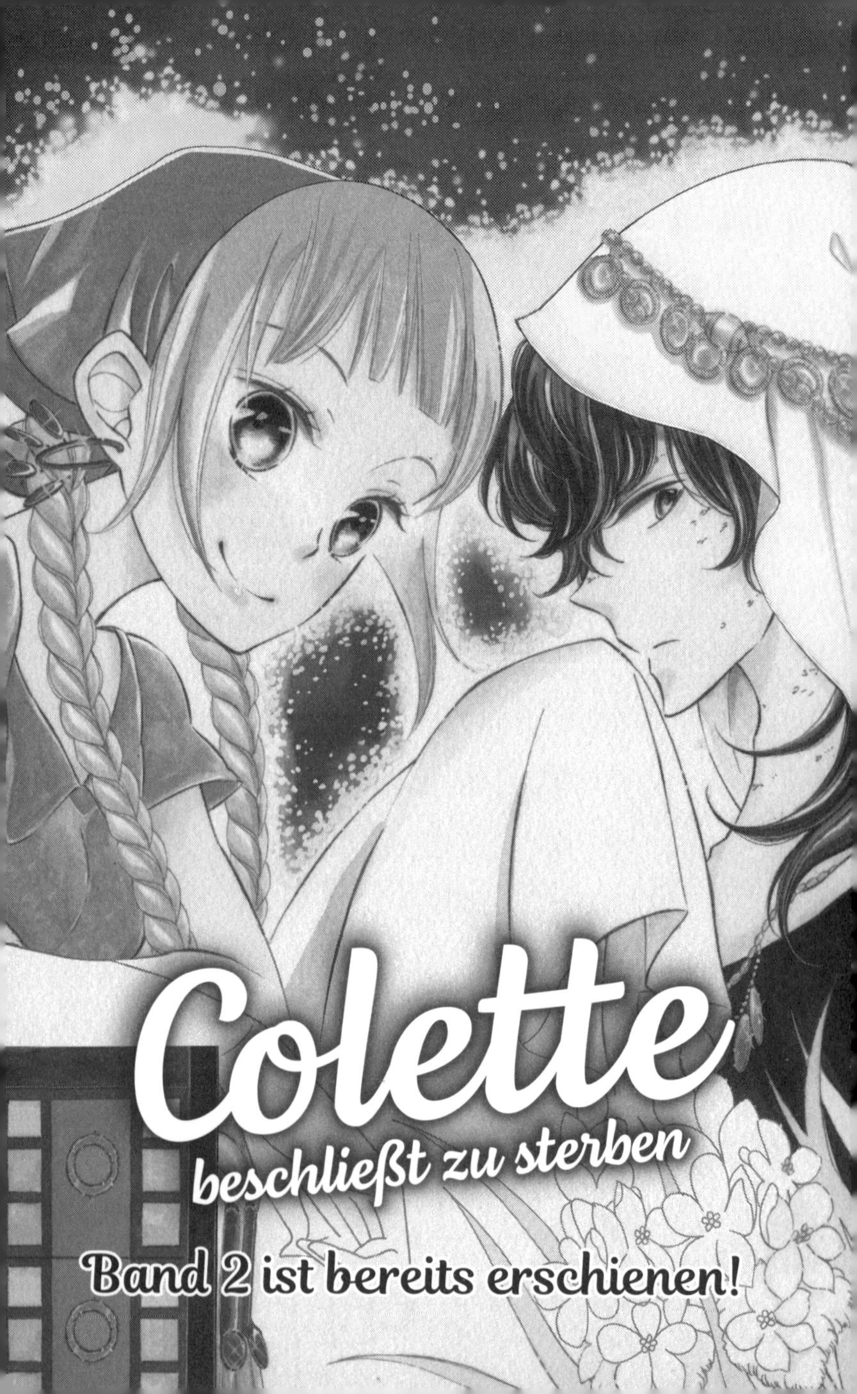
Colette
beschließt zu sterben
Band 2 ist bereits erschienen!